P.

P. 719.
P. 3.

21455.

ANTI-DICTIONNAIRE

PHILOSOPHIQUE.

TOME SECOND.

ANTI-DICTIONNAIRE
PHILOSOPHIQUE,

Pour servir de Commentaire & de Correctif au *Dictionnaire Philosophique*, & aux autres Livres qui ont paru de nos jours contre le Christianisme:

OUVRAGE

Dans lequel on donne en abrégé les preuves de la Religion, & la Réponse aux objections de ses Adversaires;

AVEC

La notice des principaux Auteurs qui l'ont attaquée, & l'apologie des Grands Hommes qui l'ont défendue.

Quatrieme Édition corrigée, considérablement augmentée, & entiérement refondue sur les Mémoires de divers Théologiens.

<small>*Debemus amando corripere, non nocendi aviditate, sed studio corrigendi.* (S. Aug. Serm. XVI. De Verbo Domini.)</small>

TOME SECOND.

A PARIS,

Chez SAILLANT & NYON, Libraires, Rue Saint Jean de Beauvais.

M. DCC. LXXV.
Avec Permission des Supérieurs.

ANTI-DICTIONNAIRE

PHILOSOPHIQUE.

LIBERTÉ.

Tous les Hommes sont intéressés à la reconnoître.

IL n'y a plus guére que des Philosophes qui nient la liberté, & la plûpart des Théologiens Protestans ont abandonné ces systêmes durs qui la détruisoient, ou qui paroissoient du moins si difficiles à concilier avec elle. N'est-il pas un peu honteux pour quelques prétendus Philosophes, que ces Théologiens qu'ils affectent tant de mépriser, dont ils font tant de railleries, qu'ils se plaisent à peindre comme des hommes qui ne reviennent jamais des préjugés de leur école, & qui nient ce qu'ils voient & ce qu'ils sentent, parce qu'on leur a fait un article de foi du contraire ? N'est-il pas, dis-je, honteux pour ces Philosophes, que des Théologiens soient pourtant revenus, plûtôt qu'eux, à se croire libres, parce qu'ils se sentent invinciblement tels, quoique *Luther* & *Calvin*, leurs maîtres, leur eussent enseigné qu'ils ne l'étoient pas. Un de ces Philosophes me disoit l'autre jour, & croyoit me dire une chose également ingénieuse & profonde : *Je me crois libre, je sais pourtant bien que je ne le suis pas.* Aussi le nouveau Traducteur de la dissertation de *Collin* contre la liberté, n'a-t-il donné sa traduction que sous le titre de *Paradoxes Métaphysiques*.

Au reste, il étoit naturel que des Théologiens revinssent plutôt sur la liberté, que des Philosophes. S'il n'y a point de liberté, il n'y a point de Religion : conséquence terrible pour un Théologien, indifférente, tout au moins, pour certains Philosophes. Disons tout : la conséquence a bien contribué à faire adopter le principe. Cela est affreux & n'est pourtant que trop vrai. Je prie ceux qui nient si hautement la liberté, de sonder de bonne foi leur cœur ; ils seront peut-être effrayés eux-mêmes de ce qu'ils y trouveront.

Je dis ceux qui nient la liberté, & non pas ceux qui en doutent. Car, malgré les objections subtiles de quelques Philosophes contre la liberté, le sentiment en est si vif dans tous les hommes, que je ne puis croire qu'aucun de ces Philosophes ait véritablement douté s'il étoit libre, ou s'il ne l'étoit pas. On pourroit donc dire des *Fatalistes*, comme on l'a dit des *Pyrrhoniens*, que c'est une secte de menteurs.

Les discussions métaphysiques sur la liberté sont à la portée de peu de Lecteurs. Ceux qui en seroient curieux & capables, peuvent consulter l'Ouvrage intitulé : *Examen du Fatalisme*, &c. par M. l'Abbé *Pluquet* en 3 vol. *in-*12. Paris, 1757 ; Ouvrage excellent, & où la matiere de la liberté est traitée avec autant de netteté que de profondeur. Nous mettrons pourtant ici quelques réflexions sur cette matiere ; & ce qu'il y a de singulier, c'est que nous les tirerons de M. *de Voltaire* qui, après avoir prouvé l'existence de la liberté dans ses premiers Ouvrages, a voulu la détruire dans les derniers, & en particulier dans le *Dictionnaire Philosophique*.

[On n'entend pas ici par liberté la simple puissance d'appliquer sa pensée à tel ou tel objet, & de commencer le mouvement. On n'entend pas seulement la faculté de vouloir, mais celle de vouloir très-librement, avec une volonté pleine & efficace, & de vouloir même quelquefois sans autre raison que sa volonté.

Par exemple, on me propose de me tourner à droite ou à gauche, ou de faire telle autre action, à laquelle aucun plaisir ne m'entraîne, & dont aucun dégoût ne me détourne. Je choisis alors, & je ne suis pas le *dictamen* de mon entendement, qui me représente le meilleur ; car il n'y a ici ni meilleur ni pire. Que fais-je donc ? J'exerce le droit que m'a donné le Créateur de vouloir & d'agir en certains cas, sans autre raison que ma volonté même.

Est-ce un autre qui fait tout cela pour moi ? si c'est moi, je suis libre ; car être libre, c'est agir : ce qui est passif n'est point libre. Est-ce un autre qui agit pour moi ? Je suis donc trompé par cet autre, quand je crois être un agent.

Quel est cet autre qui me tromperoit ? S'il y a un Dieu, c'est lui qui me trompe continuellement ; c'est l'Etre infiniment sage, infiniment conséquent, qui sans raison suffisante s'occupe éternellement d'erreur ? chose opposée directement à son essence qui est la vérité. Si ce n'est point Dieu, qui est-ce qui me trompe ? Est-ce la matiere qui d'elle-même n'a point d'intelligence ?

Pour nous prouver, malgré ce sentiment intérieur, malgré ce témoignage que nous nous rendons de cette liberté ; pour nous prouver, dis-je, que cette liberté n'existe pas, il faut prouver nécessairement qu'elle est impossible. Cela me paroît incontestable. Voyons comment la liberté seroit impossible ?

Cette liberté ne peut être impossible que de deux façons ; ou parce qu'il n'y a aucun être qui puisse la donner, ou parce qu'elle est en elle-même contradictoire avec notre malheureuse machine : comme un quarré rond est une contradiction, &c. Or, l'idée de la liberté de l'homme, ne portant rien en soi de contradictoire, reste à voir si l'Etre infini & créateur est libre, & si étant libre, il peut donner une petite partie de cet attribut à l'homme, comme il lui a donné une petite portion d'intelligence ?

Si Dieu n'est pas libre, il n'est pas un agent ; donc il n'est pas Dieu : or, s'il est libre, s'il est tout-puissant, il suit qu'il peut donner à l'homme la liberté. Reste donc à savoir quelle raison on auroit de croire qu'il ne nous a pas fait ce présent ?

On prétend que Dieu ne nous a pas donné la liberté, parce que si nous étions des agens nous serions en cela indépendans de lui. Que feroit Dieu, dit-on, pendant que nous agirions nous-mêmes ? Je réponds que Dieu fait, lorsque les hommes agissent, ce qu'il faisoit avant qu'ils fussent, & ce qu'il fera quand ils ne seront plus ; que son pouvoir n'en est pas moins nécessaire à la conservation de ses Ouvrages, & que cette communication qu'il nous a fait de la liberté, ne nuit en rien à sa puissance infinie.

On objecte que l'assentiment de notre esprit, est toujours nécessaire ; que la volonté suit cet assentiment, &c. ; donc, dit-on, nous voulons, nous agissons nécessairement. Je réponds qu'en effet on désire nécessairement ; mais désir & volonté sont deux choses très-différentes, & si différentes qu'un homme veut & fait souvent ce qu'il ne desire pas. Combattre ses desirs est le plus bel effet de la liberté; & je crois qu'une des grandes sources du malentendu qui est entre les hommes sur cet article, vient de ce que l'on confond souvent la volonté & le desir.

On objecte, que si nous étions libres, il n'y auroit point de Dieu. Je crois au contraire que ce n'est que parce qu'il y a un Dieu, que nous sommes libres; car si tout étoit nécessaire, si ce monde existoit par lui-même d'une nécessité absolue inhérente dans sa nature (ce qui fourmille de contradictions,) il est certain qu'en ce cas tout s'opéreroit par des mouvemens liés nécessairement ensemble; donc il n'y auroit alors aucune liberté; donc sans Dieu point de liberté. Je suis bien surpris des raisonnemens échappés sur cette matiere à l'illustre *Leibnitz*.

Le plus terrible argument qu'on ait jamais apporté contre la liberté, est la difficulté d'accorder avec elle la prescience de Dieu. Mais la liberté une fois établie, ce n'est pas à nous à déterminer comment Dieu prévoit ce que nous ferons librement. Nous ne savons pas de quelle maniere Dieu voit actuellement ce qui se passe. Nous n'avons aucune idée de sa façon de voir; pourquoi en aurions-nous de sa façon de prévoir? Tous ses attributs nous doivent être également incompréhensibles.

Une réflexion à faire, c'est que quelque systême qu'on embrasse, à quelque fatalité qu'on croie toutes nos actions attachées, on agira toujours comme si on étoit libre.]

LIBERTÉ DE PENSER.

Quelles bornes doit-on lui donner ?

LA liberté de penser est un privilege de l'homme. Ses opinions dépendent de son esprit ; personne n'a droit de les gêner. Mais les Philosophes de ce siécle donnent un sens bien plus étendu à ce privilege. Par-là ils entendent la liberté de produire au grand jour leurs sentimens les plus hardis, sans qu'aucune autorité humaine puisse les réprimer ; principe aussi faux, qu'il est pernicieux.

Quoique l'homme soit maître des opérations de son esprit & des mouvemens de son cœur, il a des regles immuables, auxquelles il doit se conformer. La vérité est la regle de son esprit, & la Loi de Dieu est la regle de son cœur. S'il s'en écarte volontairement, il est coupable. En ne considérant ces écarts que dans lui-même, il n'en est comptable qu'à Dieu. Les hommes ne peuvent ni juger, ni réformer ce qui est purement intérieur. Mais si non content de mal penser, un génie hardi veut insinuer ses erreurs aux autres, l'autorité légitime a droit de le punir. Oseroit-on donner aux Savans le privilege d'attaquer impunément la vérité & la vertu, de débiter des leçons du crime & de l'erreur ? Funeste liberté ! On ne peut faire des Loix trop séveres pour la réprimer.

Il est vrai que si tous les Auteurs étoient guidés par la raison, ils pourroient développer toute l'étendue de leur génie ; mais la plûpart suivant plutôt leurs préjugés que la raison, on est forcé de les retenir par un frein salutaire. Il est donc faux que, pour former un Philosophe, il faille laisser aux hommes la liberté de penser. Ce principe qui d'abord paroît fpécieux, ouvriroit la porte à une infinité d'abus. L'Impie s'en ferviroit pour femer fes noires leçons d'Athéifme, dans un *Dictionnaire Philofophique* ; le Débauché, pour répandre l'infâmie de fon cœur, dans une *Pucelle* ; le Rebelle, pour fouffler le feu de la fédition dans tous fes écrits ; le Cauftique, pour déchirer cruellement les objets de fa haine, dans fes *Facéties Parifiennes* ; en un mot, il n'eft aucun écart qu'on ne puiffe appuyer fur cette maxime. Mais, dira-t-on, il faut l'adopter, & en écarter les abus : & fur quelles regles en difcernera-t-on les abus ? Tous les efprits qui fe verront gênés, crieront toujours à l'injuftice. Les Auteurs les plus déteftables voudroient perfuader qu'ils difent la vérité, & qu'il ne faut pas les contraindre à la cacher. Leur prétention feroit jufte, fi on admettoit fans reftriction la liberté de penfer. Il faut donc néceffairement reftreindre ce principe fi goûté dans ce fiécle d'indépendance, & réprimer les plumes téméraires qui en abufent.

M. *de Voltaire* nous cite fans ceffe l'exemple des Anglois, qui, libres dans leurs productions, fe font mis au-deffus de tous les autres Peuples ; mais je lui demande en quoi confifte cette fupériorité du génie des Anglois ? Eft-ce fur la Religion ? Il feroit aifé de prouver que leur liberté n'a abouti qu'à établir la tolérance, qu'à fournir des armes aux Incrédules & aux Athées, qu'à énerver la pureté de la Morale. Eft-ce fur les fciences naturelles ? En rendant juftice à leurs recherches & à leurs découvertes, l'on ne peut nier que les François n'aient beaucoup contribué au progrès des Sciences. Cette queftion littéraire n'eft point de mon reffort ; je dois feulement montrer que la liberté des Anglois, & la contrainte prétendue des François, n'ont aucun rapport avec ces progrès. Cette contrainte n'a lieu que dans les points qui, étant fixés par la révélation, ne peuvent plus être l'objet de nos conjectures. Il seroit téméraire & même absurde, de prétendre examiner philosophiquement la vérité des oracles qu'on reconnoît émanés de la bouche de Dieu-même. C'est le seul frein que la foi & la Religion opposent à la raison ; & quoi de plus équitable ? A l'égard des Sciences naturelles, la Religion ne restreint en rien leurs ressorts ; les Savans peuvent librement les approfondir & les perfectionner. Plus leurs travaux seront pénibles ou leurs succès brillans & utiles, plus ils mériteront d'éloges. *Newton* auroit pu enfanter ses sublimes systêmes à Paris comme à Londres.

On ne veut donc pas gêner les Sciences, mais on veut que la Religion soit respectée. L'abandonnera-t-on à la langue des impies ? La liberté de penser, ira-t-elle jusqu'à autoriser l'Athéisme & le libertinage ? Les Philosophes les plus modérés ne pourront nier, que, si un Savant faisoit un usage aussi détestable de ses talens, il faudroit réprimer son audace, & lui arracher la plume, comme on arrache l'épée de la main d'un furieux. Si M. *de Voltaire* pense autrement, c'est qu'apparemment il a ses raisons.

Mais, dit-il, vous êtes sûrs que votre Religion est divine & vous n'avez rien à craindre pour elle. Nous l'avouons ; mais c'est précisément parce que cette Religion est véritable, que la raison exige qu'on la soutienne. Les écrits qui la combattent séduisent facilement les simples mal affermis ; & s'ils ne peuvent rien contre la Religion, ils peuvent influer sur la façon de penser de ceux qui la professent. Il est de la prudence du Gouvernement de prévenir cet écueil.

M. *de Voltaire* insiste, & dit, que la Religion

Chrétienne ne s'étant formée que par la liberté de penser, il est injuste & contradictoire de vouloir anéantir cette liberté, sur laquelle seule elle est bâtie. Mais ce raisonnement est fondé sur une fausse supposition. La liberté de penser qu'il donne aux premiers Chrétiens, est une chimere que nous avons détruite dans les Articles CHRISTIANISME & MARTYRS. (Voyez aussi les Articles PERSECUTION & TOLERANCE.)

LICENCE DU STYLE.

Combien elle est opposée à la vraie Philosophie ?

LA licence du style est une suite de la liberté de penser. M. *de Voltaire*, après avoir parlé très-bien contre cette licence dans sa jeunesse, a voulu la canoniser, (ce qui est bien étrange) dans ses vieux jours. Il s'éleve avec juste raison dans son Epître dédicatoire de *Zaïre*, contre l'indécence du Théatre Anglois. Il dit que *si c'est là la pure nature, c'est précisément cette nature qu'il faut voiler avec soin, & que ce n'est pas connoître le cœur humain de penser qu'on doive plaire davantage, en présentant des images licencieuses*. Mais comme il aime à soutenir les contraires, il a voulu prouver qu'il falloit découvrir ce qu'on voile ordinairement. Il falloit en effet débiter une pareille morale, après avoir produit la *Pucelle* & les *Contes* de *Guillaume Vadé* & la traduction du *Cantique des Cantiques*. Montrons en peu de mots le peu de justesse de ce paradoxe.

Employer un style libre & indécent, c'est manquer de respect au Public. On ne doit rien lui présenter, qui ne soit châtié; le Théatre même n'ose s'écarter de cette regle. S'il est des bienséances dans les conversations, ne sont-elles pas beaucoup plus rigides dans les écrits ? Ce n'est plus un son, une image rapide, c'est une peinture licencieuse & durable. La présenter à ses Lecteurs, c'est les supposer sans pudeur & sans retenue. Je sais que ce style plaît à certains esprits ; mais ces hommes qui n'ont ni mœurs, ni décence, sont-ils le vrai Public ? Faut-il, en faveur d'une classe vile, scandaliser, outrager tout ce qu'il y a de sage & de judicieux parmi les Lecteurs qui forment la partie choisie de la Nation & de la Littérature ?

Ce caractere de licence est déplacé, même dans les Romans. Est-il supportable dans un Ouvrage de Philosophie destiné à former les mœurs ? Quoi ! les anciens Philosophes auroient cru dégrader leurs leçons, s'ils les avoient revêtues d'images voluptueuses, leur nom même indiquoit les préceptes & l'amour de la sagesse ! & dans un siécle de vertu & de lumiere, en prétendant instruire, on ne gardera aucune réserve ! Les passions ont d'autres maîtres, d'autres écoles : tout ce qui présente la Morale, doit porter le caractere de la gravité & de la décence.

La liberté du style est un préjugé violent contre un Auteur : il se peint dans son Ouvrage. On peut écrire modestement, & penser mal. Mais comment, sous des Ouvrages déréglés, annoncer sa vertu ? Une production ténébreuse est un jugement secret, un monument d'opprobre, où sont imprimés les sentimens d'une ame terrestre.

Delà naît une conséquence simple & décisive. Ces Philosophes, malgré la licence de leurs écrits, prétendent tracer des maximes de sagesse ; ils osent critiquer la Morale & le culte de la Religion. Est-il à présumer qu'un Dieu qui est la pureté par essence, communique ses lumieres de prédilection à un cœur qui n'est que boue ? Dans tous les temps les ténébres ont été le châtiment de la volupté. Ce voile sombre & contagieux cache l'éclat de la vérité. On ne voit que par les sens ; on ne juge, on n'aime que par les sens : faut-il s'étonner, si on n'avance que des erreurs ? L'indécence dans un Ouvrage est une preuve du mensonge qui y regne.

D'ailleurs, quel écueil pour la jeunesse ! ennemie du sérieux, avide d'amusemens & de plaisirs, elle dévore ces malheureuses brochures qui portent dans son ame le feu des passions. Elle y cherche, non pas les traits de littérature & d'histoire, les regles d'équité, mais les images licencieuses. Oui, je le suppose : les Auteurs au-dessus des foibles humains, affermis dans la gravité & la vertu, traitent ces matieres avec détachement & réserve ; ils ne veulent que détourner du vice, en le dépeignant au naturel. Ces motifs prétendus ne les justifient point ; comptables à Dieu seul de leurs cœurs, ils sont comptables à l'Univers entier de leurs écrits. En séduisant la jeunesse, ils ravagent non-seulement la Religion, mais encore la Société.

LIVRES.

Si les mauvais Livres peuvent faire du mal ?

CEtte question est décidée pour quiconque a le sens commun. M. *de Voltaire* en a fait un problême ; & par une contradiction singuliere, il soutient tout-à-la fois que les Livres gouvernent le monde, & que ces mêmes Livres ne font ni bien, ni mal réel. Il avoue cependant que les *Athées de cabinet font des Athées de cour.* N'est-ce pas déclarer que les principes abominables des Ouvrages impies ont les plus dangereuses conséquences pour la Société?

Si pour l'avantage du genre humain, il faut admettre un Dieu rémunérateur & vengeur, qui nous serve à la fois de frein & de consolation, c'est faire le plus grand tort aux hommes que d'affoiblir cette idée si réprimante & si consolante. Et comment l'a-t-on affoiblie dans ces derniers temps? N'est-ce pas par des Livres? Depuis que l'Auteur du *Dictionnaire Philosophique*, en insinuant dans mille endroits que l'ame de l'homme est comme celle de la bête, n'a-t-on pas vu une révolution dans nos mœurs? Les hommes n'ayant plus de point fixe pour assurer leur Morale, ne se sont-ils pas dispersés de la pratiquer?

Les bons Ouvrages sont aussi utiles à l'humanité, que les mauvais lui sont funestes. L'effet des uns & des autres est également sensible pour ceux qui ont des yeux. " Qui mene le genre humain, ,, dit M. *de Voltaire*, dans les Pays policés? Ceux ,, qui savent lire & écrire. Vous ne connoissez ni ,, *Hyppocrate*, ni *Boerhaave*, ni *Sydenham*, mais ,, vous mettez votre corps entre les mains de ceux ,, qui les ont lus. ,, Le Peuple ne connoît ni les D. ni les D. ni les R. ni les V., mais il entend tôt ou tard raisonner ceux qui sont imbus de leurs malheureux principes, il les voit agir, & il finit par raisonner & par agir comme eux.

Les Ecrivains impies ont donc de grands reproches à se faire. Les Théologiens ne sont pas les seuls qui le leur ayent dit; tous les bons Citoyens, tous les vrais politiques ont élevé leurs voix contre leur audace. " N'est-ce pas, dit M. *Linguet*, une char-,, latanerie révoltante que cet acharnement théo-,, rique contre des dogmes qui gênent aussi peu ,, dans la pratique? Est-il permis à un homme rai-

,, fonnable, qui a paſſé trente ans, de mettre feu-
,, lement en queſtion s'il croira à ſon Catéchiſme ?
,, Fait-on des traités contre les Ordonnances de Po-
,, lice qui enjoignent de balayer les rues ? Des gens
,, ſenſés devroient-ils donc en faire contre celles qui
,, preſcrivent, avec la plus grande ſageſſe, de vénérer
,, des dogmes, des objets conſacrés par la Reli-
,, gion & enſuite incorporés à la Politique ? ,, Et
n'eſt-il pas à craindre que, ſous prétexte d'éclairer
les reſſorts qui dirigent l'Etat, on ne finiſſe par
embraſer toute la machine.

Le même M. *de Voltaire* qui croit que les ſatyres
contre Dieu ne ſont de nulle conſéquence, attache
beaucoup d'importance aux ſatyres écrites contre
lui & ſes amis. Il ne veut pas qu'on arrache la plume aux détracteurs de la divinité ; mais il a ſouvent
tâché d'ameuter les Puiſſances contre ſes plus petits Critiques. Il a voulu intéreſſer les Dieux de
la terre dans les querelles des rats & des grenouilles. On pourroit citer à l'honneur de la Littérature
& de la Philoſophie, une foule de Lettres qu'il a
adreſſées à des perſonnes en place pour nuire à des
Particuliers qui avoient eu le malheur de toucher
à ſes lauriers ou à ſes chardons. La plus légere attaque, livrée à la plus mince de ſes brochures
par un Journaliſte, le met hors de lui-même. Certainement ſi les Livres ne ſont ni bien, ni mal,
il pouvoit être plus tranquille ; & puiſque la Religion n'a rien à craindre de ceux qui ne ceſſent de
l'outrager, ſa réputation reſtera entiere, malgré
les efforts de tous ſes Cenſeurs. Mais s'il croit que
les *Frerons* & les la *Baumelle* peuvent affoiblir ſa
gloire, qu'il avoue ſincérement que les écrits des
du *Marſais*, des *Frerets*, des *Helvetius* doivent
pervertir les eſprits & les ont réellement pervertis.
C'eſt cependant ce qu'il n'avouera point ; & il

importe fort peu qu'il en convienne. Il est si accoutumé à soutenir le pour & le contre, qu'on lui fait trop d'honneur de compter son suffrage pour quelque chose.

LOI NATURELLE.

Dieu l'a gravée dans tous les cœurs.

IL n'y a point d'autre Dieu, dit *Spinosa*, que la substance universelle & aveugle; & par conséquent, point d'autre regle des mœurs que les forces & les desirs de chaque individu. Il n'y a rien de commandé ni de prohibé. Tout est bon, dès qu'on le peut impunément. Tout est une suite inévitable d'un destin nécessaire & de la mécanique de la nature. Cela est clair. Ses disciples de mauvaise foi tiennent le même principe; mais ils cachent & entortillent les conséquences. Cependant si tout est éternel, naturel & inévitable, à quoi bon les loix, les remords, les craintes? Il n'y a point de liberté, ni vice, ni vertu; tout est égal.

Ce systême affreux a tellement révolté les Incrédules-mêmes, que M. *de Voltaire* l'a réfuté dans son Poëme de la *Loi Naturelle*. Il prétend avec raison, que les remords nous sont aussi naturels que les autres affections de notre ame; si la fougue d'une passion fait commettre une faute, la nature rendue à elle-même sent cette faute. La Fille sauvage trouvée près de Châlons, avoua que dans la colere elle avoit donné à sa compagne un coup, dont cette infortunée mourut entre ses bras. Dès qu'elle vit son sang couler elle se repentit, elle pleura, elle étancha son sang, elle mit des herbes sur la blessure. Ceux qui disent que ce retour d'humanité n'est qu'une branche de notre amour propre, font bien de l'honneur à l'amour propre. Qu'on appelle la raison & les remords comme on voudra, ils existent, & ils sont les fondemens de la *Loi Naturelle*.

Il y a mille autres preuves que la vertu & le vice ne sont pas de vains noms. S'il existe un Dieu souverainement bon, juste, éternel, sage, il y a un ordre immuable qui regle les devoirs de l'homme. Donc il y a une distinction nécessaire entre le bien & le mal moral. S'il n'existoit pas des devoirs pour les hommes, il n'y auroit pas de différence entre les plus noirs Scélérats & les plus grands Saints. Il faudroit mettre dans le même rang *Cartouche* & St. *Augustin*. Les adulteres, les sacrileges, les parricides & les blasphêmes, ne seroient rien, ou plutôt seroient un bien.

Quelle affreuse doctrine! Non, il y a un ordre entre le Créateur & la Créature. Il y en a un pour les Créatures entr'elles. Cet ordre dit évidemment, que Dieu est préférable aux Créatures, l'esprit aux corps, l'homme à la bête; d'où il résulte qu'on doit plus à Dieu qu'à ses ouvrages, plus à l'homme qu'à la bête. Peut-on s'écarter de ce plan sans violer la raison? Voilà donc une loi éternelle qui oblige de rendre à chacun ce qui lui est dû; donc Dieu approuve celui qui la suit, comme il improuve celui qui la viole.

Or, l'idée de ces devoirs, de bien & de mal, ne vient point de préjugés; elle est dans tout homme raisonnable; elle est une suite de sa nature; la raison l'inspire, & elle fait le fondement de la Société. On fait donc bien de s'y conformer, & on péche en s'en éloignant.

Les Philosophes modernes ont beaucoup fait valoir avec raison cette loi naturelle, mais ils l'observent presque aussi peu que la Loi révélée. Cependant en bannissant celle-ci, ils n'en étoient que plus obligés de se soumettre à l'autre ? En effet, que prescrit cette loi naturelle ? Justice & bienfaisance. Mais est-il beaucoup de Justes bienfaisans parmi les Philosophes ? Font-ils le plus grand nombre dans le monde, ou plûtôt n'y sont-ils pas très-rares & plus rares de jour en jour. Le Satyrique effronté, le Cynique impudent, l'Auteur des *Contes de Vadé* & de la *Pucelle d'Orléans*, peut-il se dire un exact observateur de cette loi naturelle à laquelle il se retranche ? Est-ce celle qui lui a inspiré tant de déclamations contre la Religion, tant de sarcasmes contre les Rois, tant d'attentats contre les mœurs, tant de calomnies contre les Corps & les Particuliers. Hélas ! non : & s'il avoit consulté cette lumiere intérieure qu'il admet, il l'auroit trouvée aussi sévere que cette lumiere divine qu'il rejette. Les hommes ont fait de grands progrès dans les Arts & dans les Sciences, même dans celle de la Morale. La vertu est-elle bien connue ? Est-elle pratiquée ? Je dis la vertu purement humaine : la vertu de *Trajan*, de *Socrate*, *ce culte éternel dont la nature est l'Apôtre*, suivant l'expression de M. *de Voltaire* ? Non, encore une fois. Ainsi ce Poëte en n'ouvrant le Ciel qu'aux observateurs de la loi naturelle, le ferme presque entiérement au monde.

> Cette loi souveraine, à la Chine, au Japon,
> Inspira *Zoroastre*, illumina *Solon*;
> D'un bout du monde à l'autre, elle parle, elle crie :
> ADORE UN DIEU, SOIS JUSTE, ET CHERIS TA PATRIE.

Mais elle crie en vain d'un bout du monde à l'autre : on adore plusieurs Dieux ; on est injuste &
fort

LOI NATURELLE.

fort indifférent pour sa Patrie, ou Patriote jusqu'à n'être plus homme.

La loi révélée suppose la loi naturelle, & y ajoute. Mais ce qu'elle y ajoute, n'est si difficile à pratiquer, que parce que ce qu'elle suppose, l'est déja beaucoup.

On appelle donc loi naturelle, cette lumiere qui nous dicte nos premiers devoirs. Tels sont les hommages dus à l'Etre suprême, l'obligation de ne pas faire à autrui ce qu'on ne voudroit pas qui nous fût fait. De ces deux principes généraux coulent toutes les conséquences particulieres.

Mais le plus essentiel devoir de l'homme, c'est la Religion, ou son assujettissement à l'Auteur de son être. Dieu s'aimant nécessairement, n'a pu rapporter ses ouvrages qu'à lui-même. Il est donc lui seul notre fin. Nous devons donc l'honorer & l'aimer. Cette Religion à laquelle conduit la loi naturelle, a pour fondement la connoissance de Dieu. L'amour en est la perfection, & la conscience le prédicateur. C'est cette Religion naturelle qui dit à tous les hommes que l'injustice, la perfidie, l'assassinat, les blasphêmes, &c. sont des crimes que Dieu hait, & que sa justice punira. Il n'y a que les enfans & les fous, qui ferment les yeux à sa lumiere.

LUXE.

Dangers du Luxe.

M. *de Voltaire* prétend que le Luxe est avantageux aux Etats; comme si un torrent qui entraîne tout, étoit propre à fertiliser le terrein même qu'il décharne. Les vrais Philosophes ont toujours pensé différemment ; les Sages anciens & modernes conviennent que le luxe est non-seulement le corrupteur de la vertu, mais encore le destructeur des Empires.

Le luxe, on le sait, anime le commerce à un certain point ; il y a un rapport entre les dépenses des riches, fussent-elles même fausses & superflues, & les travaux des pauvres, ou le gain des Négocians. Mais cela suffit-il pour établir que le luxe est absolument & à tous égards avantageux à un Etat ? Il faudroit pour cela calculer exactement le pour & le contre, & voir, s'il n'y a pas plus d'inconvéniens encore que d'avantages.

En effet, si le luxe n'enrichit une famille qu'après en avoir ruiné deux ; s'il ne répand les biens dans des canaux, très-souvent inutiles, qu'après en avoir séché d'essentiels ; s'il donne à la splendeur & à la mollesse l'éducation des Enfans & le pain des Créanciers ; s'il n'anime des talens superflus & stériles, que pour en étouffer de solides ; s'il ne montre un éclat apparent, que pour cacher une misere réelle ; s'il fixe les dépenses sur les prodigalités & les caprices de certains Riches parvenus, tandis que pour les imiter, les Nobles dérangent & ruinent leurs maisons ; si pour arriver à la fortune, il multiplie les malversations & les crimes, c'est le plus cruel de tous les maux & celui que la politique d'un sage Monarque doit le plus réprimer. Que des esprits frivoles regardent encore le luxe comme le nerf & la splendeur d'un Etat, parce qu'il fait circuler les espêces ; d'autres jugeront différemment, & ils auront pour eux, outre les regles d'une saine morale, l'expérience de tous les temps, la voix de tous les Sages.

Remontons à la naissance & à la décadence des Empires : pas un seul, qui n'ait commencé par la frugalité, & fini par le luxe. C'est un *Sardanapale*

& un *Balthazar*, qui ont enseveli les Empires d'Assyrie. Les Perses sous le pere de *Cyrus*, & sous *Cyrus* lui-même, vivoient avec une frugalité presque austere; le luxe renversa au bout de deux siécles cet Empire formidable. Une poignée de Grecs, endurcis au travail & à la fatigue, subjuguerent ces Provinces immenses. Bientôt la mollesse & les délices renverserent les branches divisées de ce nouvel Empire. Les Romains nous offrent le même exemple. Leur frugalité les rendit maîtres de l'Univers; leur luxe énorme déchira l'intérieur de la République par les guerres civiles. Il fit périr par la main des Barbares Septentrionaux, un Empire qui sembloit devoir être éternel. Chaque Monarchie nous présente cette sorte de révolution. Jamais un Etat n'est plus foible, que quand il paroît le plus brillant de ce luxe dont nous parlons; son embonpoint n'est souvent qu'une enflure. Le luxe bien loin de nous enrichir, nous a appauvris: la France n'est pas aussi riche qu'elle l'a été sous *Henri* IV: pourquoi? c'est, dit M. *de Voltaire* lui-même, que les terres ne sont pas si bien cultivées; c'est que les hommes manquent à la terre, & que le journalier ayant encheri son travail, plusieurs Colons laissent leur héritage en friche.

D'où vient cette disette de manœuvres? De ce que quiconque s'est senti un peu d'industrie, a embrassé le métier de Brodeur, de Cizeleur, d'Horloger, d'Ouvrier en soie, de Perruquier, de Cuisinier, &c. Le luxe ayant amené le goût des plaisirs, & les plaisirs ayant amené la mollesse, chacun a fui autant qu'il a pu le travail pénible de la culture, pour laquelle Dieu nous a fait naître. Nous l'avons rendue ignominieuse, tant nous sommes sensés.

Une autre cause de notre pauvreté est, de l'aveu

de M. *de Voltaire*, dans nos befoins nouveaux. Il faut payer à nos voifins plufieurs millions pour mettre dans notre nez une poudre puante, venue de l'Amérique ; le caffé, le thé, le chocolat, la cochenille, l'indigo, les épiceries, nous coûtent plus de foixante millions par an. Tout cela étoit inconnu du temps de *Henri* IV. aux épiceries près, dont la confommation étoit bien moins grande heureufement pour notre fanté & notre bourfe.

Nous brûlons cent fois plus de bougie, & nous tirons plus de la moitié de notre cire de l'étranger, parce que nous négligeons les ruches. Nous voyons cent fois plus de diamans aux oreilles, au cou, aux mains de nos Citoyennes de Paris & de nos grandes Villes, qu'il n'y en avoit chez toutes les Dames de la Cour de *Henri* IV. en comptant la Reine. Il a fallu payer prefque toutes ces fuperfluités argent comptant. On s'eft appauvri pour étaler de vaines richeffes, plufieurs Citoyens ont été ruinés par l'exemple dangereux de quelques riches écervelés ou par les leçons non moins infenfées de quelques faux Politiques. M. *de Voltaire* le fait mieux que perfonne ; &, quoique l'apôtre du luxe, il ne craint pas de faire des aveux qui montrent combien il eft ridicule d'en faire l'apologie.

MAHOMET.

Fausseté & impiété du parallele de Jesus-Christ *& de* Mahomet.

Quelques Impies ont poussé la témérité jusqu'à comparer Jesus-Christ à *Mahomet*, & la Religion de l'Homme-Dieu avec la secte d'un vil esclave devenu Prophête & Conquérant; mais il est facile de faire sentir la fausseté de ce parallele entre le Fils de l'Eternel & l'heureux brigand d'Arabie.

1°. La Religion de *Mahomet* n'est pas appuyée sur des signes éclatans & divins, comme on a fait voir que l'étoit celle de Jesus-Christ. Il est vrai, que *Mahomet*, voulant être l'inventeur d'une Religion nouvelle, contrefit le Prophête. Comme il tomboit du haut-mal, il persuada premiérement à sa femme, & par elle à beaucoup d'autres, que ces accès d'épilepsie, étoient des extases qui lui survenoient des communications extraordinaires qu'il avoit avec l'Ange *Gabriel*. (*Petav. Rat. Temp. Part.* 1. L. 7.) Mais ce tour de Charlatan de Village ne peut certainement passer pour un prodige que dans l'esprit d'un Musulman hébété.

2°. Aucune Prophétie n'a annoncé le Destructeur du Christianisme, dont au contraire le Fondateur & le Chef a été clairement prédit.

3°. *Mahomet* s'est fait craindre par la terreur des armes; Jesus-Christ s'est fait suivre par la pureté de sa Morale; il n'a fondé sa Religion que sur l'humilité & les souffrances, c'est-à-dire, sur ce qui paroissoit devoir en éloigner les hommes.

4°. Les Soldats de *Mahomet* ont été ses Apôtres, & les Apôtres de Jesus-Christ ont été des Martyrs.

5°. Un Empire temporel, un joug tyrannique, un pouvoir despotique & cruel, sont les fruits de la doctrine du faux Prophête. Les Disciples du Sauveur n'ont prêché que le mépris du monde, la fuite de ses grandeurs, l'amour des abaissemens, la charité, la paix, la soumission aux Puissances légitimes.

6°. Il n'y a rien de plus important dans une Religion, que la fin & la récompense à laquelle doivent tendre ceux qui la suivent. Or, on peut dire que la béatitude que *Mahomet* a promise à ses Sectateurs, est une béatitude infâme. La seule idée de son paradis blesse l'imagination de toutes les personnes chastes ; elle n'est propre qu'à gagner des hommes brutaux. En un mot, la nature corrompue a tout fait dans le succès de l'*Alcoran*. Tout y flatte les sens ; tout y est humain. L'Evangile au contraire, combat les préjugés de la chair & du sang, il nous arrache à nous-mêmes. C'est en attaquant l'homme dans ce qu'il a de plus cher qu'il l'attire à lui. Le regne du Chrétien, comme celui de J. C., n'est point de ce monde. Ce n'est point ici-bas qu'il couronne ses Défenseurs ; il ne leur promet en cette vie que des croix & des tribulations. Sa Morale est austere & d'une observation difficile, & néanmoins on l'embrasse, & on est mort pour elle.

7°. Une ignorance grossiere, un silence prescrit par la politique du Législateur même, ensevelissent dans des ténébres épaisses l'absurdité des dogmes de *Mahomet*. Une nuit obscure couvre ses disciples aveuglés. Sa doctrine insensée n'a que des Sectateurs, qui, de peur de voir la vérité, ne veulent ni voir ni entendre. Jesus-Christ au contraire, expose sa Mission, ses Dogmes, sa Morale, à l'examen de toute la terre ; & toute la terre a confessé qu'il étoit l'Envoyé du Très-Haut & que sa Religion étoit la seule véritable.

8°. L'établissement prompt & rapide des Musulmans dans leur Religion, nous montre avec éclat le triomphe de la cupidité, de la violence, de la politique, du déguisement, de l'ignorance & de tous les vices. Faut-il s'étonner que le cœur humain lui ait été favorable, & que la nature corrompue n'ait fait aucun effort pour lui résister ! Mais le Christianisme ne doit sa naissance qu'à la vertu, à la droiture, à la simplicité, à l'humilité, à la patience, au désintéressement, au courage, à la charité. Quelle différence entre ces deux Religions ? Les succès de *Mahomet* peuvent-ils infirmer la preuve tirée des succès de JESUS-CHRIST ? Que ce parallele, au contraire, est glorieux pour lui !

Enfin, pour rassembler en peu de mots les caracteres de celui qui est le Prophète envoyé de Dieu, & ceux d'un Prophète visiblement imposteur, c'est que J. C. a établi sa mission par une infinité de miracles si certains, que ses ennemis-mêmes en sont demeurés d'accord. *Mahomet*, au contraire, n'a fait aucuns miracles, & ses disciples n'ont osé lui en attribuer aucun, du moins fondé sur des preuves incontestables.

JESUS-CHRIST est mort, & il est ressuscité ; sa Résurrection a été attestée par des témoins irréprochables, qui ont signé leur témoignage de leur sang. *Mahomet* est mort sans ressusciter, & l'on n'a pas eu même la hardiesse d'inventer qu'il soit ressuscité.

JESUS-CHRIST a annoncé aux hommes de grandes merveilles, mais il les a prouvées par ses miracles, par ses prophéties, & par sa résurrection. *Mahomet* a conté des fables impertinentes, & il ne les a établies ni sur des prophéties, ni sur des miracles, ni sur sa résurrection. Il n'y a point d'Imposteur habile qui ne puisse faire ce qu'a fait *Mahomet*; mais il n'y a aucun homme, ni aucune intelligence créée, qui puisse faire ce que Jesus-Christ a fait. D'où il faut conclure, qu'il n'y a rien de si raisonnable que de croire que J. C. est le Prophète envoyé du Ciel, & que sa Religion est la seule véritable; & qu'au contraire il n'y a rien de plus déraisonnable, que de supposer un seul moment, que *Mahomet* soit le vrai Prophète, & que sa Religion puisse être la véritable Religion.

Manichéisme; (voyez la réfutation de cette erreur & des raisonnemens dont *Bayle* a voulu l'étayer dans l'article Dieu, §. II. réponse à la 7me. & 8me. objections.

✢✢✢✢✢✢✢✢✢✢✢✢✢✢✢✢✢✢✢✢✢✢✢✢✢✢✢✢✢✢✢✢✢✢

MARM **.

Censure du Roman de Belisaire.

A Dieu ne plaise, que nous veuillions enlever à cet ingénieux Ecrivain la gloire d'être un des hommes les plus aimables que les Lettres, & l'usage du monde ayent formé. Ces qualités se font remarquer dans tous les Ouvrages légers qu'il a donnés au Public, & dans *Belisaire* même, ce roman moral si lu & si critiqué. Si nous parlons ici de ce Livre, ce n'est point pour en faire la censure littéraire, c'est seulement pour faire part à nos Lecteurs des excellens principes établis dans la censure théologique qu'en fit la Faculté de Théologie de Paris le 26 Juin 1767. On verra par ces principes quelles étoient les erreurs reprochées à l'Auteur de *Belisaire*, qui, dans le Chapitre quinzieme de son Livre, donnoit au Déisme les armes les plus fortes & les plus adroites.

„ Nous reconnoîtrons toujours, difent les Auteurs de la Cenfure, dans la perfonne de nos Rois une double qualité : celle de Souverain & celle de Chrétien.

„ En qualité de Souverain, le Prince a reçu de Dieu le glaive matériel pour réprimer avec la prudence, la fageffe & la modération, qui font un des principaux apanages de la Royauté, tout mal préjudiciable à la fociété, c'eft-à-dire, tout ce qui tend à corrompre les mœurs de fes Sujets, à déranger l'ordre public, & à enfreindre les Loix & les Ordonnances de fon Royaume. En conféquence, il a le pouvoir de réprimer toute publication, en quelque maniere qu'elle fe faffe, des fauffes maximes de l'Athéifme, du Déifme, du Matérialifme, &c. &c.

„ En qualité de Chrétien, le Prince a contracté l'obligation de procurer la propagation de la Foi & le bien de l'Eglife, ainfi que tout fidele y eft obligé, avec cette différence que, réuniffant fur fa tête la qualité de Souverain, il a acquis le titre facré de protecteur de l'Eglife; qu'il doit par conféquent employer plus éminemment que tous les autres fideles les moyens dont l'Eglife leur apprend à faire ufage, &c. &c.

„ L'autorité des Princes ne s'étend pas cependant fur les fimples penfées, fur des erreurs qui ne font manifeftées par aucun figne extérieur. Dieu qui connoît les fecrets des cœurs, a feul le droit de juger les penfées, &c. &c. „

La Faculté de Théologie conclut de ces principes, 1°. que c'eft une calomnie de mettre fur le compte de la Religion Chrétienne les perfécutions, les violences, les maffacres dont elle a peut-être été quelquefois le prétexte ou l'occafion, mais qui ont toujours été oppofés à fon véritable efprit.

2°. Qu'un Prince Chrétien fait un usage légitime de son autorité lorsqu'il l'emploie à faire respecter la Religion, à la protéger, & à réprimer ceux qui osent l'attaquer.

3°. Que quoique Dieu soit tout-Puissant & qu'il puisse soutenir sa cause indépendamment des Souverains, cependant il est dans l'ordre de la Providence que ceux qu'il a revêtus du pouvoir suprême fassent respecter son culte & maintiennent ses loix.

C'est le droit que paroissoit leur disputer l'Auteur de *Belisaire*, & qu'il a reconnu sans doute en se soumettant à la Censure de la Faculté de Théologie. M. *Marm* **. a pu être égaré par son imagination vive & forte ; mais son bon esprit l'a ramené à la vérité qu'il avoit un moment perdu de vue, en suivant le dangereux Auteur d'*Emile*.

MARTYRS.

L'opinion du petit nombre des Martyrs n'est pas fondée.

Quoique nous ayions traité en passant dans l'article CHRISTIANISME, la question du nombre des Martyrs, nous croyons devoir la remanier, parce que M. *de Voltaire* est venu plusieurs fois à la charge. Il n'est que l'écho de *Dodwel* ; ainsi nous croyons, avant que de répondre à l'un & à l'autre, devoir détailler les raisons que cet Anglois a fait valoir. Nous disons les raisons ; car on nous dispensera sans doute de retracer les plaisanteries, les bons mots, les saillies dont M. *de Voltaire* a voulu les assaisonner.

Dodwel expose d'abord des raisons générales ; les voici. " Plus les Martyrologes sont anciens,

„ moins ils font confidérables par le nombre des
„ Martyrs, quoique l'Eglife ait eu de tout temps
„ une extrême avidité pour leurs Actes, & une
„ grande facilité pour les recueillir. Auffi *Origene*
„ dit-il expreffément, qu'il n'y a eu qu'un petit
„ nombre de Martyrs. *Lactance* ne met pas au nom-
„ bre des perfécuteurs, plufieurs Empereurs, re-
„ gardés aujourd'hui comme les plus grands enne-
„ mis du Chriftianifme. Quelques-uns des Empe-
„ reurs furent même fes Défenfeurs. D'autres en
„ plus grand nombre, furent d'une clémence à
„ épargner le fang Chrétien, auffi-bien que celui
„ de leurs autres Sujets. „

Ces raifons particulieres font tirées du détail des dix premieres perfécutions, où *Dodvvel* prétend que tout eft plein d'exagération.

Pour répondre en premier lieu aux raifons générales de *Dodvvel*, on convient de l'empreffement qu'eurent de tout temps les Fideles, pour recueillir les Actes édifians des Martyrs. Mais qu'il ait été facile d'en favoir le nombre, quand on a fait les Martyrologes, c'eft ce qui ne paroîtra nullement vraifemblable à tout homme inftruit & non prévenu.

Il eft certain que la plûpart des anciens monumens Religieux de cette efpêce, ont péri par le ravage des perfécutions, par les inondations des Barbares, par l'injure des temps, & même par la témérité de quelques Auteurs, qui, en voulant les embellir, les ont rendus méconnoiffables.

D'ailleurs, les compilateurs des Martyrologes que nous avons, font du huitieme ou du neuvieme fiécle, bien éloignés par conféquent du temps des perfécutions. De deux Ouvrages qu'*Eufebe* de Céfarée avoit compofés fur les Martyrs, nous n'avons plus que celui des Martyrs de la Paleftine. L'autre Ouvrage d'*Eusebe* devoit être bien plus considérable. Mais qui assurera qu'il fût complet, c'est-à-dire, qu'il contînt un Catalogue exact des Martyrs de toutes les Eglises? Il eût fallu parcourir le monde entier, ou établir par-tout des correspondances. Ce dessein étoit trop vaste pour un simple particulier, sur-tout dans un temps où l'Imprimerie n'étoit pas inventée, & où on n'avoit pas les mêmes facilités qu'aujourd'hui, pour savoir ce qui se passe dans les pays lointains.

Pour diminuer la multitude des Martyrs, M. *de Voltaire* nous oppose après *Dodwel*, un passage d'*Origene*, dans son troisieme Livre contre *Celse*. " Dieu
„ a permis, dit ce Pere, que de temps en temps,
„ quelques Chrétiens en petit nombre, soient morts
„ pour la profession du Christianisme, afin que
„ la vue de leur foi & de leur constance, affermît
„ les autres dans la piété & dans le mépris de la
„ mort. Mais il n'a jamais souffert que toute leur
„ Société fût détruite. „

Nous avons cité ce passage tel qu'il est dans *Origene*. M. *de Voltaire* le défigure étrangement dans son *Dictionnaire Philosophique*, & voici comme il le cite. *On peut compter facilement les Chrétiens qui sont morts pour leur Religion, parce qu'il en est mort peu, & seulement de temps en temps, & par intervalle.*

A présent, voyons quel est le véritable sens d'*Origene* dans le passage cité. Il vouloit faire sentir qu'une protection visible avoit conservé les Chrétiens, & parloit en faveur de leur innocence. Il a permis à la vérité, dit-il équivalemment, que quelques-uns aient été martyrisés; mais ce nombre est peu de chose en comparaison de ceux qui ont échappé aux persécutions par lesquelles ils devoient être anéantis. Il faut remarquer encore qu'*Origene* paroit avant l'affreuse persécution de *Dece* & de quelques autres monstres, qui inonderent l'Empire de sang.

Si la nature de cet Ouvrage nous permettoit d'entrer dans le détail de chaque persécution en particulier, on verroit combien *Dodwel* s'est trompé, en diminuant le nombre des Martyrs.

Dodwel veut que *Néron* n'ait persécuté les Chrétiens qu'à Rome, & que sous le prétexte de l'embrasement de la Ville, dont il se déchargeoit sur eux. Quand cela seroit, le nombre de ces premiers Martyrs ne laisseroit pas d'être très-considérable. *Tacite* dit expressément, qu'il y en a eu une grande multitude; il nous a conservé le détail des cruautés inouies, que ce Tyran fit exercer contre eux. Il en fit revêtir de peaux de bêtes, selon cet Historien, pour les faire dévorer par les chiens. Il en fit attacher d'autres en croix. Il en fit mourir d'autres par les flammes; & après les avoir fait enduire de cire & d'autres matieres combustibles, il les faisoit servir de flambeau pour éclairer pendant la nuit.

Mais c'est gratuitement que *Dodwel* avance que le seul prétexte de l'incendie de Rome, fit persécuter les Chrétiens par *Néron*. Le Dissertateur Anglois le veut ainsi, mais il n'en allegue aucune raison. Il est au moins constant, que dès-lors on entreprit de faire passer les Chrétiens pour les plus odieux des hommes. Dès-lors commencerent les plus énormes calomnies qu'on vomit contre eux, & qui donnerent lieu à plusieurs autres persécutions, après celle de *Néron*. Et pour celle-ci, *Tacite* fait entendre, que les Chrétiens passoient pour des gens exécrables, en disant qu'on étoit persuadé qu'ils méritoient toute l'horreur des supplices qu'il vient de décrire. *Suétone* ajoute que les Chrétiens condamnés par *Néron*, étoient une secte d'une superstition nouvelle ou malfaisante; ce qui signifie sans doute les pratiques de magie, dont la calomnie les accusa tant d'autres fois.

De plus, on publia des Edits qui défendoient d'embrasser la Foi Chrétienne; & ces Edits n'étoient pas pour la seule Ville de Rome, mais pour toutes les Provinces de l'Empire. *Sulpice Severe* dit formellement, qu'on fit des loix pour défendre la Religion, & que par des Edits solemnellement promulgués, il n'étoit pas permis d'être Chrétien. *Orose* dit de même, que *Néron* persécuta les Chrétiens dans toutes les Provinces, & qu'il s'efforça d'anéantir jusqu'à leur nom; ce qui ne se peut faire que par des loix. Nous ne finirions point si nous voulions rapporter les témoignages de tous les Auteurs qui disent, ou qui du moins insinuent la même chose de la maniere la plus claire.

Dodwel voudroit faire croire que dans la persécution de *Domitien*, l'on ne condamnoit les Chrétiens qu'à l'exil; mais sans entasser bien des exemples particuliers qui démentent cette opinion, *Dion* ou son abréviateur *Xiphilin*, assure que *Domitien* condamna à la mort plusieurs personnes, pour avoir embrassé les mœurs des Juifs; ce qui ne se peut entendre que des Chrétiens, selon *Dodwel* lui-même.

Les bonnes qualités de plusieurs Empereurs, tels que *Trajan*, *Adrien*, *Marc Aurele*, *Sévere*, forment un préjugé pour leur douceur à l'égard des Chrétiens, comme à l'égard de leurs autres Sujets. Mais ces conjectures vagues & générales qui font la plus grande raison de l'opinion de *Dodwel*, & de M. *de Voltaire*, sont détruites par mille faits précis.

Nous convenons que ces Empereurs étoient Philosophes, pieux, vertueux; mais leurs liaisons avec

MARTYRS.

les Philosophes, nos plus grands ennemis, les indisposoient contre nous. Leur piété ou leur superstition leur persuadoit qu'ils soutenoient la cause des Dieux, de l'Empire & de la Religion, en s'opposant au culte des Chrétiens, qui n'en souffroit aucun autre. Leurs vertus les irritoient contre des hommes chargés des calomnies les plus atroces par la voix publique, & qu'on accusoit d'être la cause de toutes les calamités de l'Empire. Souvent ils avoient la foiblesse de céder aux cris du Peuple ou du Soldat, " pouvons-nous, disoient les Idolâtres, " négliger l'honneur de nos Dieux ? Souffrirons-" nous impunément le sacrilege & le blasphême ? " Cette Secte nouvelle est la cause de tous nos " malheurs ; la grêle ravage nos campagnes ; la " peste désole nos Villes ; les rivieres submergent " nos champs ; nos armées sont battues. Tant d'in-" fortunes ne peuvent être que l'effet de la colere " des Dieux qu'on abandonne. " Tel étoit le langage des Prêtres & de la populace animée par eux & toujours prête à se jetter sur les Chrétiens comme des tigres altérés de sang. Sa fureur étoit telle que l'autorité des Empereurs ne suffisoit pas à empêcher les émeutes dans les Provinces, ou les manœuvres indignes des Proconsuls, dont une infinité de Chrétiens furent souvent les victimes.

Pour quelques persécutions, comme celle de *Dece*, de *Gallus*, de *Valerien*, *Dodvvel* veut les restreindre, ou à un certain ordre de personnes, ou à certaines Provinces particulieres ; mais sans aucun fondement. On a prouvé, de la maniere la plus convaincante, que le dissertateur Anglois, tout savant qu'il est, est encore plus fécond en conjectures qu'en citations.

Dodvvel ne nie pas que la persécution de *Dioclétien* n'ait été très-violente ; mais il prétend encore, qu'on a exagéré. Il n'avoit pas sans doute *Eusebe* sous les yeux, lorsqu'il avançoit cette proposition.

Au reste, quoique *Dodwel* ait soutenu l'opinion du petit nombre des Martyrs, il ne le faisoit pas par les mêmes motifs que M. *de Voltaire*. Celui-ci veut anéantir une des preuves de la Religion, au lieu que l'autre cherchoit seulement à prouver qu'il y avoit eu moins de Martyrs que l'Eglise Romaine n'en reconnoît; mais la prévention se montre dans tous les deux. Dans l'Ecrivain François, c'est celle d'un Déiste acharné; dans l'Auteur Anglois, c'est celle d'un Théologien Anglican.

MATÉRIALISME.
Auteurs qui le réfutent.

CEtte doctrine abominable reparoît sous plusieurs faces différentes dans les Articles *Ame*, *Bêtes*, *Matiere*, *Sensation*, *Sens commun*, *Songes*, du *Dictionnaire Philosophique*. Nous aurions réfuté ces différens Articles, si ce sujet n'avoit été traité si souvent, & par tant d'habiles Ecrivains. Contentons-nous de renvoyer à un Ouvrage qui est entre les mains de tout le monde, au *Dictionnaire des Hérésies*. On y trouvera une réfutation aussi forte que profonde des principes dangereux, répandus dans les différens écrits de M. *de Voltaire*.

L'Auteur prouve 1°. que le Matérialisme n'est pas un sentiment probable. 2°. Qu'on ne trouve rien dans la nature & dans l'essence de la matiere, qui autorise à juger qu'elle peut penser. 3°. Que nulle expérience ne nous autorise à croire que la matiere puisse penser. 4°. Que le sentiment des Philosophes qui ont cru l'ame corporelle, ne forme pas une probabilité en faveur du Matérialisme.

5°.

5°. Que les Peres ont combattu le Matérialisme. 6°. Que Saint *Irénée* n'est point favorable au sentiment, qui suppose que la matiere peut penser. 7°. Qu'*Origene* n'a point douté de l'immatérialité de l'ame. 8°. Que *Tertullien* n'est point favorable au Matérialisme. 9°. Que Saint *Hilaire* croyoit l'immatérialité de l'ame. 10°. Que St. *Ambroise* croyoit l'ame immatérielle, & que l'on ne trouve dans ce Pere rien qui favorise le Matérialisme. 11°. Que l'immatérialité de l'ame est une vérité démontrée. (Voyez aussi les Articles, AME, CORPS, BÊTES, IMMATÉRIALITÉ, &c.)

MÉCHANT.

L'Homme est-il méchant ?

IL est de foi, que l'homme créé bon, est devenu méchant. Il naît dans le péché & avec la pente au péché; l'expérience ne confirme que trop la foi sur ce point. L'homme est malheureux, parce qu'il a péché; & souvent il ne péche que parce qu'il est malheureux, qu'il voudroit ne le point être, & même être de plus en plus heureux par la possession des biens auxquels il attache son bonheur; surtout par les richesses, les honneurs, les plaisirs. La passion pour ces biens est la source de tout le mal, qui se fait dans le monde. Or elle est presque générale. Donc la plûpart des hommes font plus ou moins de mal pour la satisfaire; & par conséquent ils sont méchans, d'une méchanceté que j'appelle de passion. Mais cette passion est balancée dans presque tous par quelque amour de la justice, reste précieux de notre premiere nature; & il arrête un grand nombre d'hommes sur les grandes injustices, indépendamment du frein des Loix, de la Religion, & même du secours de la grace.

Il y a de plus dans le commun des hommes un fonds de compassion pour leurs semblables, qui non-seulement empêche beaucoup de crimes, mais encore produit beaucoup de bonnes actions. Plusieurs hommes ne voudroient pas du plus grand bonheur, acheté par un grand malheur d'autrui, sur-tout s'ils étoient les témoins de ce malheur; c'en seroit un pour eux. Il faut avouer en même-temps que dans quelques autres hommes il y a une méchanceté, que j'appelle de malice, qui leur fait prendre plaisir au mal d'autrui. Cependant cette malice vient encore de quelque passion, par exemple, de jalousie, d'envie, &c. Toute passion nous porte à haïr ceux qui possédent un prétendu bien que nous desirons, & dès-lors non-seulement à leur enlever ce bien, s'il nous est possible, mais encore à souhaiter qu'ils le perdent, dûssions-nous n'en pas profiter, & en général à leur souhaiter quelque mal. En un mot, le plus grand nombre des hommes est misérable, & dit : *ne soyons pas seuls misérables.* Cette disposition diabolique n'est que trop commune.

Le comble du malheur des hommes est, qu'en naissant au milieu de tout ce qu'ils appellent bien, ou en les acquérant, ils n'en sont pas ordinairement moins malheureux. Le bonheur, si je puis m'exprimer ainsi, n'est pas une affaire de situation, mais de caractere; & il est aussi grand qu'il peut l'être sur la terre, quand la grace se joignant à un caractere doux, modéré, gai & raisonnable, elle fait pratiquer la vertu avec une forte confiance d'une récompense éternelle. Voilà les heureux, & il y en a plus qu'on ne croit; mais le monde ne les connoît guéres; il s'en trouve bien peu au milieu de lui. Il s'en trouve encore moins parmi les Philosophes modernes ; & si quelque chose doit dégoûter de la sagesse philosophique, c'est le tableau de la vie tumultueuse, inquiete & bizarre de certains Philososophes. (Voyez VOLTAIRE.)

MER ROUGE.

Réponses aux difficultés des Incrédules, sur le passage de la Mer rouge, par les Israélites.

QUelques critiques téméraires ont prétendu que *Moyse*, au lieu de faire passer les Israélites d'un bord à l'autre, s'étoit contenté de leur faire côtoyer la mer comme en demi-cercle, pour les ramener à peu-près à l'endroit d'où ils étoient venus, à la faveur du flux & reflux de cette mer. Ils s'appuyent, 1°. Sur ce que le Golphe que la mer rouge forme à l'endroit du passage, a douze ou quinze milles d'Allemagne de largeur. 2°. Sur ce qu'il est dit que *Moyse* les ramena à Etham, c'est-à-dire, précisément à l'endroit où ils étoient le jour avant qu'ils passassent la mer. 3°. Sur ce qu'il est dit que les Israélites étant sortis de la mer, virent sur le bord les corps des Egyptiens, que les flots y avoient rejettés ; d'où il résulte qu'ils étoient sur les bords qui regardent l'Egypte, parce que la mer rejette naturellement les corps au plus prochain rivage.

On répondra, 1°. Que l'Ecriture emploie le terme d'*Abar*, qui signifie traverser. 2°. Que si les Israélites n'avoient pas pris cette route, ils n'auroient évité ni les Egyptiens, ni les Philistins, & qu'ils n'auroient pas tourné leur marche du côté de Sinaï. 3°. Des Voyageurs ont remarqué que la mer rouge, pendant son flux & reflux, laissoit à sec un espace d'environ trois cens pas, pendant une demi-heure ; ce qui ne pouvoit suffire pour une si grande multitude. 4°. Que les Egyptiens qui devoient en être instruits, ne s'y feroient point engagés. 5°. Que les Voyageurs ne connoissoient point encore la largeur de ce Golphe. 6°. Que si ce passage s'étoit fait naturellement, la bonne foi & la sincérité de *Moyse*, prouvées en mille endroits, deviendroient suspectes. 7°. Enfin, que la tradition de cet événemeut singulier s'est même conservée chez les Payens. Les Prêtres d'Héliopolis le racontoient ; & *Diodore* de Sicile, en parlant des Jétyophages, dit que ces Peuples qui demeuroient aux environs de la mer rouge, rapportoient que la mer se retira un jour si loin, qu'elle laissa à sec toute cette partie de son fond, & que revenant tout-à-coup, elle se remit dans son lit.

Le témoignage de *Diodore* est une nouvelle preuve contre l'Auteur du *Dictionnaire Philosophique*. Il veut que nul Auteur n'ait parlé des prodiges opérés en Egypte. Voilà pourtant un Historien Grec, très-accrédité & très-véridique, qui constate nos Traditions sacrées. D'ailleurs, quand l'ancienne histoire des Nations n'auroit pas parlé de *Moyse* & de ses miracles, il n'en faudroit rien conclure contre son récit. Ce Législateur vivoit dans un temps reculé où les Peuples anciens n'écrivoient pas encore leurs annales. Il suffit pour nous qu'à travers les ténébres des siécles il se soit échappé quelque lueur, qui répande aux yeux des Incrédules un nouveau jour sur les Mémoires de notre Religion.

MESLIER.

Son impie testament ; travers de son esprit.

JEAN Meslier, fils d'un ouvrier en serge de Mazerni dans le Duché de Rethel, parvint par son application, au Sacerdoce & à la Cure d'Etrepigni en Champagne. Il mourut en 1733, avec la réputation d'un homme vertueux & austere, mais de cette vertu qui est plûtôt dictée par la misantropie que par la Religion. La manie sombre & triste qui le dominoit, avoit été renfermée pendant sa vie dans son village ; elle éclata malheureusement après sa mort.

On trouva chez lui une espêce de *Testament* en plusieurs cahiers, couvert d'un papier gris & adressé à ses Paroissiens. Ce Testament ne renfermoit pas des dispositions pour les pauvres, des legs pieux, &c. ; il n'offroit qu'une déclamation emportée contre nos dogmes, écrite du style d'un forgeron des Ardennes. L'Auteur dans un avertissement dit qu'il a reconnu les abus, les erreurs, les folies, les méchancetés des hommes, & que si la crainte lui a fermé la bouche, il veut du moins leur témoigner sa haine en mourant. En effet, il ne pouvoit leur en donner une plus forte preuve qu'en tâchant de détruire une Religion, principe de toutes les vertus & de toutes les vérités, & qui seule pouvoit remédier aux abus dont il se plaint.

Le Curé Champenois avoit laissé trois copies de ce singulier Testament. Il y en eut une qui se répandit à Paris, je ne sais comment, & de laquelle on fit plusieurs extraits. Le plus connu est celui qui se trouve dans le recueil intitulé si mal à propos : *l'Evangile de la raison*. L'Editeur de cette collection, que nous n'avons déja que trop nommé, & qu'il faudra nommer encore, quoique son nom soit un scandale, y a ajouté une péroraison, qui est beaucoup mieux écrite que le corps de l'Ouvrage. Il tâche d'y déployer toutes les ressources de l'éloquence contre la Religion que l'Auteur & l'Editeur paroissent avoir également en horreur. L'un & l'autre répétent toutes les objections qui se trouvent dans tous les cahiers de Théologie ; mais ils n'ont garde d'en rapporter les réponses solides & péremptoires. Chose étrange ! les impies de nos jours ont été chercher leurs erreurs dans les Livres qui les réfutent. Croiroit-on que l'Auteur de la *Philosophie de l'Histoire* & du *Dictionnaire Philosophique*, qui a entassé tant de difficultés contre les Livres saints, les a presque toutes prises dans les Commentaires de Dom *Calmet* ? C'est ce qu'on prouvera un jour avec la derniere évidence. Ainsi le Curé *Meslier*, par un travers d'esprit inconcevable, fouilla dans la Bible, dans les Peres & dans les Livres théologiques, pour composer un Livre contre la Bible, les Peres & les Théologiens.

Ce qu'il y a de plus déplorable, c'est que ce Prêtre maniaque veut non-seulement détruire la Religion Chrétienne, qu'il avoit prêchée toute sa vie; ses coups portent jusques sur la Religion naturelle. En faut-il davantage pour prouver que la révolte de cet infidele contre le Christianisme, n'étoit que le fruit d'un cerveau ardent, troublé par la vie solitaire & par l'étude, & animé par le vain espoir de jouir de quelque réputation après sa mort.

Au reste, il ne faut pas conclure de cet article, *qu'il y aye beaucoup de Prêtres qui ne croient rien,* comme un ennemi de la Religion les en accuse. Si cela étoit, il faudroit s'en prendre aux Incrédules mêmes & à la multitude de leurs ouvrages contre le Chriſtianiſme. Convient-il à un Empyrique d'inſulter aux malades qu'il eſt parvenu à empoiſonner? C'eſt la réflexion de M. l'Abbé *Bergier*. Mais il eſt faux que l'incrédulité ſe ſoit emparée du Sacerdoce; & c'eſt un effet de la perverſité de nos Adverſaires de ſuppoſer que tout le monde penſe comme eux. Ce ſont des coupables qui, pour s'excuſer, cherchent à multiplier leur nombre.

MESSIE.

§. I.

Réflexions générales ſur les Prophéties qui regardent le Meſſie.

LE Meſſie eſt le centre de la révélation, le grand objet des œuvres de Dieu. Le Peuple, dépoſitaire de la promeſſe, eſt formé, conduit & conſervé dans la terre promiſe, pour l'y montrer en ſpectacle à tout l'Univers. C'eſt par une ſuite de prodiges connus qu'il a paſſé le Jourdain, que Jéricho a été renverſé, que le Soleil s'eſt arrêté, que ſes ennemis ont été vaincus. Bientôt le Seigneur fixe la famille d'où le Meſſie naîtra; il la choiſit dans la Tribu de *Juda*, dans la maiſon de *David*, Roi & Prophête, mais il n'eſt pas le ſeul Prophête occupé du Libérateur. Tous les autres de ſiécle en ſiécle, l'annoncent, & en renouvellent les promeſſes, faites dès l'origine du monde, par *Adam, Noé, Abraham* & *Moyſe*.

La premiere Prophétie qui annonce un Libérateur fut faite à *Adam*. Le fils de la femme écraſera la tête de celui qui a été la cauſe de la ſéduction & de la mort. Mais de quelle Nation ſortira-t-il? Une ſeconde Prophétie fixe ce fils de la femme, dans la postérité d'*Abraham*. En lui toutes les Nations seront bénies. Mais ce fils descendra-t-il d'*Agar* ou de *Céthura*? Non; une troisieme Prophétie nous dit qu'il sortira de *Sara*. *In Isaac vocabitur tibi semen.* Mais *Isaac* a deux fils. Une quatrieme nous avertit de l'attendre de *Jacob*. Une cinquieme va plus loin. Elle écarte toutes les autres Tribus pour placer nos espérances dans la Tribu de *Juda*. Suivons les autres prédictions qui nous fixent le fils de bénédiction à la branche sortie de *David*. Suivez les siécles & les oracles successifs. *Canaan* est le lieu choisi d'où on doit montrer le Messie. C'est pour lui que l'héritage est promis, accordé & conservé jusqu'à ce qu'il vienne. Et afin qu'on ne puisse s'y méprendre, long-temps avant on désigne son nom, & la fin de sa venue, le lieu où il naîtra, le temps précis où il viendra, la Ville où il demeurera, tous les caracteres qu'il portera. Sa vie, sa mort, sa résurrection, sa gloire & les effets qui en résulteront, y sont marqués d'une façon si claire, qu'on diroit que tous ces Ecrivains n'ont pas quitté un moment JESUS-CHRIST, tandis qu'il a été sur la terre. On les prendroit autant pour des Historiens, que pour des Prophêtes.

(Voyez le développement des différentes Prophéties concernant la venue du Messie, aux articles JACOB & DANIEL.)

§. II.

Prophéties concernant les circonstances de la vie & de la mort du Messie.

I. SA NAISSANCE. Bethléem est désigné pour le lieu où il naîtra. *Et vous, Bethléem Ephrata, vous n'êtes pas la plus petite d'entre les villes de Juda; c'est de vous que sortira celui qui doit regner* en Israël : *Sa naissance est dès les jours de l'éternité. C'est lui qui sera la paix.* (*Michée*, ch. 5.) Il n'y a qu'un Messie-Dieu qui puisse avoir une autre naissance éternelle, & être la paix du monde. Or, Jesus-Christ est né à Bethléem, & il a réconcilié les hommes avec Dieu.

II. SES ANCÊTRES. *Isaie*, & *Jérémie*, font descendre le Messie de *Jessé* & de *David*. *Il sortira un rejetton du tronc coupé de Jessé ; & une fleur naîtra de sa racine.* (*Isaie*, ch. 11.) Or, Jesus-Christ est sorti de *Jessé*, lorsque le Sceptre fut hors de cette famille, & qu'elle fut tombée dans l'obscurité. Mais les paroles suivantes dépeignent le seul Messie. *Sur ce rejetton se reposera l'Esprit du Seigneur, afin qu'il inspire la crainte de Dieu ; il jugera les pauvres dans sa justice ; il se déclarera le juste vengeur des humbles de la terre. Il tuera l'Impie par le souffle de ses lévres ; la justice sera sa ceinture, & la fidélité son bouclier.* (Jérémie, c. 22.) *Le temps vient*, dit le Seigneur, *& je susciterai à David une race juste ; un Roi regnera avec équité, il rendra la justice sur la terre : voici le nom qu'on lui donnera : le Seigneur est notre Justice.* Or, y a-t-il quelqu'un, depuis la captivité, à qui on ait pu attribuer ces paroles, qu'à Jesus-Christ ? Certes, nul autre n'a été le Seigneur & notre Justice.

III. SA MERE. *Isaie* donne au Messie une Vierge pour Mere. C'est le grand miracle qu'il promet à *Achas*, en preuve de la délivrance prochaine qu'il n'osoit espérer. *Voici qu'une Vierge concevra & enfantera un fils, qui sera appellé Emmanuel, Dieu avec nous* ; ce qui ne peut être dit d'un pur homme. Il ajoute : *il mangera le beurre & le miel, jusqu'à ce qu'il sache rejetter le mal & choisir le bien.* C'est-à-dire, qu'il sera élevé & nourri comme les autres enfans, sans encore donner aucune marque sensible

MESSIE.

qui le distingue, jusqu'au temps où il fera paroître sa sagesse & son discernement. Et afin qu'*Achas* soit assuré de ce grand prodige futur, il lui prédit que les deux Royaumes de ces Princes qui l'assiegent, seront désolés dans trois ans. Or, Jesus-Christ est né d'une Vierge, & il a été nommé *Emmanuel*; il est donc le Messie.

IV. SES NOMS & SA PAUVRETÉ. *Zacharie*, nomme le Messie Sauveur : *Filles de Sion, voici votre Roi, le Juste & le Sauveur, il annoncera la paix aux Nations, & sa puissance s'étendra depuis une mer jusqu'à l'autre.* Il répéte encore : *voici votre Roi, le Juste, le Sauveur, & il est pauvre.* (Zach. ch. 9.) *Il s'élevera devant le Seigneur comme un rejetton qui sort d'une terre séche; il est sans beauté & sans éclat.* (Isaïe, ch. 55.) Voilà le portrait de Jesus-Christ même.

V. SON PRÉCURSEUR. *J'envoie mon Ange, il préparera la voie devant moi.* (Malachie, c. 3.) *On entend la voix qui crie dans le désert; préparez les voies du Seigneur, rendez droits les chemins du Seigneur : toute vallée & tout chemin raboteux seront applanis, & la gloire du Seigneur se manifestera, & toute chair verra que c'est le Seigneur qui a parlé.* (Isaïe, c. 40.) J. C. s'est appliqué tous ces traits.

VI. SON MINISTERE. *Isaïe* fait ainsi parler le Messie : *L'Esprit du Seigneur s'est reposé sur moi & m'a rempli de son onction, pour annoncer l'heureuse nouvelle aux pauvres & aux humbles. Il m'a envoyé pour bander les plaies de ceux qui sont brisés, pour prêcher la liberté aux Captifs & la délivrance aux Prisonniers, pour publier l'année de la miséricorde du Seigneur, & le jour de la vengeance de notre Dieu, pour consoler ceux qui pleurent.* (Isaïe, c. 61.) Tel fut à la lettre le ministere de J. C. *Moyse* annonce le Messie semblable à lui, c'est-à-dire, Législateur & puissant en œuvres. *Dieu viendra lui-même & il vous sauvera. Alors les yeux des Aveugles, & les oreilles des Sourds s'ouvriront, le Boiteux bondira comme le Cerf, & la langue du Muet éclatera en cantiques de louanges.* (*Isaïe*, ch. 35.) Zacharie dit : *voici votre Roi, le Sauveur ; il vient à vous ; il est pauvre & plein de douceur ; il est monté sur une ânesse.* Telle fut l'entrée triomphante de Jesus-Christ dans Jérusalem. *Le Messie établira une alliance nouvelle avec Israël & Juda ; elle ne sera point semblable à celle que je fis avec leurs Peres, lorsque je les tirai de l'Egypte. Ils y furent infideles, & moi je les ai traités en maître sévere. Mais voici l'alliance que je ferai après certains jours : je mettrai ma loi dans leur intérieur ; je l'écrirai dans leurs cœurs, je serai leur Dieu, & ils seront mon Peuple : tous me connoîtront, parce que je leur pardonnerai leur iniquité, & que je ne me souviendrai plus de leurs péchés.* (*Jérémie*, c. 31.) C'est évidemment ce que J. C. a fait.

VII. SON SACRIFICE. Dieu reprochant aux Prêtres Juifs leur négligence & leur avarice, promet le Messie, comme l'instituteur d'un Sacrifice pur & universel. *Vous ne me plaisez point, dit le Dieu des armées, & je ne veux plus recevoir de vos mains aucune oblation : car depuis le lever du Soleil jusqu'à son coucher, mon nom est grand parmi les Nations, & dans tout lieu on m'offre une oblation pure, parce que je suis le grand Roi, & que mon nom est craint par tous les Peuples.* (*Malachie*, ch. 1.) Ce Sacrifice opposé aux anciens, doit être non-seulement intérieur, mais encore visible, perpétuel, unique & universel ; c'est à cette marque qu'on adorera, qu'on craindra par tout le monde le Seigneur. Cette oblation sera pure, indépendamment des offrans. Elle ne sera donc pas bornée à des louanges & à des vœux ; elle sera pure par la victime, offerte au Dieu saint & terrible ; c'est le Messie qui la fournira aux Nations, qui sera lui-même cette victime.

Ce Messie sera Prêtre. *Le Seigneur l'a juré.... Vous étes le Prêtre éternel selon l'ordre de Melchisedech.* (Pf. 109.) *Mais après avoir converti les Nations ; il choisira parmi elles des Prêtres & des Lévites, pour continuer le Sacrifice nouveau.* (*Isaïe*, ch. 66.) Or, je trouve tout cela en Jesus-Christ. Il a porté le nom de Sauveur, il a été pauvre, il a eu un Précurseur, il a prêché l'Evangile, la bonne nouvelle, il est entré à Jérusalem sur une ânesse, il a établi l'Alliance & le Sacrifice pur. Il est donc le Messie.

VIII. SA MORT. Les Prophêtes tous remplis de ce grand objet, en tracent d'avance toutes les circonstances. Ils le voient trahi par un ami. (Pf. 40.) Vendu pour trente pieces d'argent. (*Zacharie*, c. 11.) Abandonné de ses Disciples, accusé par de faux témoins. (Pf. 40.) Tout le Pseaume 31. regarde le Messie ; il convertira toutes les Nations au vrai Dieu, il formera un Peuple nouveau ; & lui-même se plaint d'avoir été livré à ses ennemis, d'avoir été attaché à une croix, d'avoir expiré dans les supplices ; on a déchiré ses habits, à l'exception de sa robe qu'on a jettée au sort sous ses yeux, on l'a cloué à une croix, on l'a mis au tombeau, & il ressuscite plein de vie & de gloire.

Cet Agneau, dit *Isaïe*, *s'est laissé conduire à la mort sans résistance & sans plainte ; il a été offert parce qu'il l'a bien voulu ; il a été notre caution ; il a livré son ame ; il a été mis au nombre des Scélérats ; il a porté les péchés de plusieurs ; il a prié pour ses Bourreaux ; ils ont*, dit-il, *percé mes pieds & mes mains ; on pourroit compter tous mes os découverts par mes blessures ; ils ont partagé mes vêtemens ; ils ont* jetté ma robe au fort. Tous ceux qui me voyoient en cet état, se mocquoient de moi, & me méprisoient en branlant la tête, & en disant: il a mis sa confiance dans le Seigneur; qu'il le délivre; qu'il le sauve donc. (Isaïe, ch. 53.) Il ajoute: je mettrai son sépulchre avec les Impies, & son tombeau avec un homme riche. Voilà l'histoire de la mort de Jesus-Christ même.

IX. SUITES DE SA MORT. 1°. Il doit descendre aux Enfers pour en tirer les anciens Justes. Pour vous, ô Sion! J'ai fait sortir vos Captifs du profond abîme, en considération du sang qui a scellé votre alliance. (Zacharie, chap. 9.) 2°. Il doit ressusciter. S'il livre son ame en hostie pour le péché, il verra une longue postérité, ce sera le fruit de ce que son ame aura souffert; je lui donnerai en partage une multitude de Peuples; il distribuera les dépouilles des forts, parce qu'il a livré son ame à la mort. (Ps. 53.) Le Messie dit: vous ne laisserez point mon ame dans l'enfer, & vous ne permettrez point que votre Saint éprouve la corruption. (Ps. 15.) Après ma mort j'annoncerai votre nom à mes Freres, & je vous louerai au milieu d'une grande assemblée. (Ps. 21.) 3°. Il doit monter au Ciel. Vous êtes monté en-haut, vous avez mené en triomphe ceux qui étoient captifs, & vous avez fait des dons aux hommes. (Ps. 67.) Le Seigneur a dit à mon Seigneur: asseyez-vous à ma droite, jusqu'à ce que je réduise vos ennemis à vous servir de marchepied. (Ps. 109.) Or, tout cela s'est vérifié en Jesus-Christ: il est donc le Messie.

X. EFFETS DE L'AVÉNEMENT DU MESSIE. 1°. Il convertira les Gentils par ses Disciples. Car le Messie doit bénir toutes les Nations, il en est l'attente & le désiré. Il leur annoncera la paix, & sa puissance s'étendra jusqu'aux extrêmités de la terre. Voilà le langage des Prophètes. Les Gentils, ô Sion! verront votre justice, & tous *les Rois connoîtront votre gloire* , (Isaïe, c. 62.) *Voici mon serviteur que j'ai choisi, en qui j'ai mis mes complaisances. Je le remplis de mon esprit, il apprendra la justice aux Gentils. Je vous ai établi pour être le médiateur de l'alliance du Peuple, & pour être la lumiere des Nations. C'est par vous que je sauverai tous les Peuples d'un bout du monde à l'autre*, (ch. 42.) *Tous les Peuples de la terre se ressouviendront du vrai Dieu, & se convertiront à lui. Toutes les Nations se prosterneront devant lui pour l'adorer*. (ch. 21.)

Mais c'est par ses Disciples qu'il convertira les Gentils. *Des hommes viendront, qui annonceront la justice au Peuple qui naîtra, & qui sera l'ouvrage du Seigneur*, (Ps. 21.) *Le temps viendra, dit le Seigneur, que j'assemblerai tous les Peuples de la terre & de toutes les langues. Ils viendront & ils verront ma gloire. Je choisirai parmi ceux qui seront échappés de l'incrédulité générale, des hommes que je marquerai d'un signe particulier. Je les enverrai aux Nations, en Afrique, en Lydie, en Italie, en Grece, aux Isles les plus reculées qui n'ont point entendu parler de moi, & qui n'ont point vu ma gloire; mes Envoyés la feront connoître aux Nations; ils tireront du milieu d'elles tous ceux qui deviendront vos freres; je prendrai même parmi eux, des Prêtres & des Lévites, dit le Seigneur*. (Isaïe, c. 66.)

2°. Les Juifs dans leur aveuglement rejetteront le Messie. Ainsi les Gentils appellés & les Juifs réprouvés sont deux événemens liés & prédits. *Moyse* annonce cette substitution des Gentils aux Juifs. *Ils m'ont piqué de jalousie, dit le Seigneur, & moi je les piquerai aussi de jalousie, par un Peuple, qui n'est point mon Peuple, & j'exciterai leur indignation par une Nation insensée*. (Deut. c. 32.) En effet, ce ne fut que par punition que la Jérusalem aveugle & meurtriere fut détruite. *Nous l'a-*

vons vu, mais sans le discerner, & nous l'avons méconnu, (Isaïe, c. 53.) *Ceux qui ne s'informoient point de moi, sont venus vers moi; ceux qui ne me cherchoient point m'ont trouvé; j'ai dit à une Nation qui n'invoquoit point mon nom, me voici. Au contraire, j'ai étendu mes bras pendant tout le jour vers un peuple incrédule, qui marche dans de mauvaises voies, & qui ne suit que ses pensées.* Isaïe, ch. 65. en parlant de l'*Emmanuel*, dit : *Il sera une pierre d'achoppement & de scandale pour les deux maisons d'Israël ; il sera un piege & un filet aux habitans de Jérusalem ; ils tomberont & ils se briseront, en se heurtant à cette pierre ; ils s'engageront dans le filet & ils y seront pris.* (ch. 8.) Montrons maintenant que toutes ces Prophéties ont été littéralement consommées en J. C. notre Messie.

§. III.

JESUS-CHRIST a porté le caractere du Messie ; il a consommé la révélation & l'alliance nouvelle.

1°. Quand même un seul homme auroit publié toutes les Prophéties que nous venons de voir, dès que JESUS-CHRIST les auroit toutes accomplies, pourroit-on y méconnoître le caractere de l'inspiration, & attribuer à des conjectures humaines la prédiction de tant d'événemens si éloignés, si variés & si peu vraisemblables ? Mais il y a plus. C'est une suite d'hommes durant quatre mille ans, qui constamment viennent l'un après l'autre, prédire le Messie. C'est un Peuple qui l'annonce, & qui subsiste près de deux mille ans, pour rendre en corps témoignage des assurances qu'il en a.

2°. Peut-on soupçonner ces Prophéties d'imposture, ou d'avoir été faites après coup ? Car, quel seroit l'Imposteur ? Le Gentil ? Mais le Juif en est le porteur ; il en tire toute sa gloire, il en conserve la teneur avec un zele singulier. Auroit-il reçu d'une main qu'il déteste des titres contre lui-même ? Le Juif à son tour seroit-il l'Imposteur ? Mais auroit-il prophétisé contre lui-même, en faveur du Gentil, à qui il céde ses privileges ? Se seroit-il rendu l'opprobre du genre humain ?

3°. Quelle instruction la Providence nous donne-t-elle par l'aveuglement & la conservation des Juifs ! Rien de plus grand, de plus nécessaire qu'un Libérateur ; pour être attendu, il devoit être annoncé. Ne pouvant vivre dans tous les temps, c'est à nous de profiter des lumieres répandues sur tous les siécles. Il ne faut qu'être certain que les Prophéties ont été conservées avec une exactitude incorruptible. Or, dans l'aveuglement des Juifs qui rejetterent le Messie, nous trouverons ce fait porté jusqu'à la derniere certitude. Que le Messie vienne plusieurs siécles avant nous, un Peuple entier, fait exprès pour nous servir de témoin, s'offre à nous. Il est plein de zele pour la Loi & les Prophêtes, il les conserve religieusement. Nous les recevons de sa main, nous les comparons avec l'événement. S'il y a une entiere conformité entre ces Prophéties & notre Messie, nous plaindrons ce Peuple, de porter avec tant de fidélité sa condamnation, & d'en être lui-même la preuve complette. Si le Peuple Juif, en rejettant le Messie, étoit totalement exterminé, nous n'aurions point de témoins ; s'il recevoit le Messie, ces témoins seroient suspects.

4°. Si les Prophéties sont vraies, la conversion des Gentils par le Messie & ses Disciples, & la réprobation des Juifs, seront des témoignages authentiques de leur vérité. Et tandis que ces deux effets subsisteront, cette preuve vivante ne fera qu'acquérir de nouveaux degrés de force & d'évidence dans la suite des siécles. Un homme attentif

qui

qui vivra deux mille ans après le Meſſie, trouvera, dans la foi des Gentils & dans l'incrédulité des Juifs, un argument auſſi évident de la vérité des Prophéties, que s'il avoit été témoin oculaire de ces événemens dans leur origine. La raiſon en eſt claire. Plus l'effet d'une Prophétie a de durée & d'éclat, plus elle eſt vraie & notoire. C'eſt un miracle ſubſiſtant; & voilà notre ſituation.

5°. Le Peuple Juif ſubſiſte, & ſubſiſte miſérable. Ces Juifs ſont déſunis, ſéparés en une infinité de familles particulieres, exilés dans des pays de langues & de mœurs différentes, ſans avoir une ſeule Ville pour y vivre ſelon leurs loix, ſans chefs, ſans ſacrifices, ſans Ephod, ſelon la prédiction d'*Ozée*, (c. 3.) haïs, mépriſés, errans, fugitifs & tremblans. Ils ſubſiſtent néanmoins depuis dix-ſept ſiécles. Ils ſe multiplient, quoique viſiblement ſéparés de tous les autres Peuples, & malgré la puiſſance & la haine de toutes les Nations qui les ont en leur pouvoir. Ainſi malgré tous les obſtacles humains, ils ſont conſervés. Tout l'Orient & l'Occident ont changé de face, tous les Peuples ſe ſont confondus; mais les Juifs ſurvivent à tous, & remontent juſqu'à la tige d'*Abraham*. Je reçois de leurs mains *Moyſe* & les Prophétes. Leur état me prouve qu'ils ſont les meurtriers du Meſſie, depuis plus de dix-ſept cens ans; que chaſſés de Jéruſalem où ils ne ſeroient pas reçus, même comme étrangers, ils ſont comme une poudre agitée par le vent, & répandue par le ſouffle de l'Etre ſuprême ſur toute la ſurface du globe terreſtre.

6°. Les Nations au contraire qui étoient les plus attachées à l'idolâtrie, n'adorent que le ſeul Dieu véritable. Il n'y a plus d'Idoles. Cette converſion générale étoit promiſe au Meſſie; elle lui étoit réſervée, elle devoit ſervir de preuve à ſa venue. Ce changement si extraordinaire subsiste depuis dix-sept siécles. il y a donc, des deux côtés, dix-sept siécles que le Messie est venu, & c'est JESUS-CHRIST. Car, conformément aux Prophéties, il est né en ce temps, dans la Judée, où il a signalé sa puissance & sa bonté. C'est-là que sa Nation l'a rejetté & mis à mort : c'est de-là que les Gentils ont été convertis par ses Disciples, qui leur ont annoncé & persuadé les merveilles de sa vie. Donc ces Gentils ont pu & ont dû vérifier l'histoire, sur le rapport même des Juifs incrédules.

MÉTEMPSYCOSE.

Examen de ce Systême.

CE systême extravagant, mort depuis tant de siécles, vient de renaître dans le nôtre ; fait pour réunir toutes les contradictions & tous les délires des siécles passés.

On sait que *Pythagore* fut l'auteur ou le restaurateur de la Métempsycose. Ce Philosophe florissoit cinquante-quatre ans avant JESUS-CHRIST. Ce fut lui qui changea le titre présomptueux de Sage en celui de Philosophe, c'est-à-dire, amateur de la sagesse. Il se retira dans la grande Grece, où il fit triompher la vertu & l'erreur.

Sa doctrine de la Métempsycose n'étoit point nouvelle ; suivant quelques-uns, il l'avoit puisée en Egypte, le berceau de quelques Arts & d'une foule de mensonges. Il disoit pour l'accréditer, qu'il avoit d'abord été *Céthalide*, fils putatif de *Mercure*, puis *Euphorbe* qui fut blessé par *Ménélas* au siege de Troye, ensuite *Hermotime*, puis un pêcheur de Délos, nommé *Pyrrhus*, & enfin *Pythagore*. Il se souvenoit de toutes ces tranfmigrations, & de ce qu'il avoit fouffert, ou vu fouffrir dans les Enfers. On rapporte fa mort de tant de manieres, qu'on ne peut rien affurer de certain fur ce fait. (Voyez l'article JAMBLIQUE.)

Parmi les défenfes qu'il fit à fes Difciples, une des plus fingulieres eft celle de l'ufage de la feve. Il croyoit que ce légume avoit été produit en même temps que l'homme, & formé de la même corruption. Comme il trouvoit dans la feve je ne fais quelle reffemblance avec les corps animés, il ne doutoit pas, qu'elle n'eût auffi une ame fujette, comme les autres, aux viciffitudes de la tranfmigration; & par conféquent que quelques-uns de fes parens ne fuffent devenus feves; de-là le refpect qu'il avoit pour ce légume, & l'interdiction de fon ufage à tous fes difciples.

La principale erreur de *Pythagore*, outre l'Idolâtrie, a été d'enfeigner que l'ame n'étoit immortelle, que par fa tranfmigration d'un corps dans un autre, & fouvent du corps de l'homme dans celui d'une bête, & du corps de la bête dans celui de l'homme. C'eft par une fuite de ce fyftême que beaucoup de Pythagoriciens s'exemptoient de manger de la chair des animaux, de crainte de manger une partie de la chair que l'ame de leurs parens avoit animée.

Ces extravagances eurent beaucoup de cours; quelques-uns de fes difciples les outrerent, & d'autres les modérerent. Il y eut des Pythagoriciens qui difoient que Dieu, felon le bien ou le mal que les hommes avoient fait pendant leur vie, plaçoit leur ame dans différens corps; que celle du jufte étoit tranfmife dans le corps d'un homme de haute ou de médiocre condition, felon le degré de vertu où il étoit parvenu. Ainfi l'ame d'un homme qui avoit été parfaitement sage, entroit dans le corps de celui qui devoit être Roi. Au contraire, l'ame d'un impie alloit dans le corps d'un animal, plus ou moins vil, selon la griéveté de ses crimes.

On ne sauroit donner un sens plus forcé à l'Ecriture, que celui que les défenseurs de la Métempsycose lui donnent. Il suffit de lire tout le premier chapitre de l'*Ecclésiastique*; on y voit que son Auteur n'a d'autre dessein que de montrer la grandeur de Dieu dans tous ses Ouvrages; que les hommes sont bornés dans leurs idées; qu'ils se trompent, lorsqu'ils croient imaginer ce qui n'a jamais été, parce que leurs desseins ne sont qu'une vicissitude de sentimens qui se succédent les uns aux autres. C'est dans cette vue que le même Auteur compare l'esprit en général au Soleil qui tourne de toutes parts & revient à son centre. Ainsi l'homme, après avoir eu beaucoup d'imaginations différentes, revient à lui-même, c'est-à-dire, à ce qui lui est naturel & commun avec les autres hommes. Saint *Athanase* dans son septieme Livre de la *Béatitude du Fils de Dieu*, a combattu le systême de la Métempsycose. Il est en effet opposé à ce que la foi enseigne sur le Jugement, & à ce que dit St. *Paul* dans sa Lettre aux Hébreux, (chap. IX.) *Tout homme est condamné à une seule mort, & cette mort sera d'abord suivie d'un jugement*. Il est condamné par le quatrieme & cinquieme Concile de Latran.

Tout ce qu'on peut dire de plus plausible sur la Métempsycose, c'est que si les ames ne passent pas d'un corps dans un autre, les vices & les travers semblent y passer. Ainsi nous voyons aujourd'hui l'impiété de *Diagoras*, l'impudence cynique de *Diogene*, la méchanceté satyrique de *Lucien*, &c. &c. Les sottises des peres ne sont pas perdues pour les enfans; nos sages se chargent de les faire revivre.

LA METTRIE.

Idée de son caractere & de son esprit.

§. I.

JUlien Offray La Mettrie étoit d'un caractere aussi bouillant que singulier. La fureur d'écrire selon la Philosophie du temps, l'obligea de quitter la place de Médecin du Régiment des Gardes Françoises, que M. le Duc de *Grammont* lui avoit obtenu. Ce malheureux n'est que trop connu par son *Homme Machine*, par son *Homme plante*, par son *Histoire de l'Ame*, par son *Discours sur la vie heureuse*, par son *Art de jouir*. " Notre ame (selon
,, lui) est de la même pâte que celle des animaux.
,, Ce qui flatte le corps est le seul pilote qui con-
,, duit à la félicité. La vertu & la vérité sont des
,, êtres, qui ne valent qu'autant qu'ils servent à
,, celui qui les posséde. Il n'y a en soi ni vertu, ni
,, vice, ni bien, ni mal moral, ni juste, ni in-
,, juste : tout est arbitraire & fait de main d'hom-
,, me. Les animaux formés d'un germe éternel,
,, quel qu'il ait été, à force de se mêler entr'eux,
,, ont produit ce beau monstre qu'on appelle homme.
,, Par rapport à la félicité, le bien & le mal sont
,, bien indifférens ; & celui qui aura une plus gran-
,, de satisfaction à faire le mal, sera plus heureux,
,, que quiconque en aura moins à faire le bien.
,, Pour être heureux, il faut étouffer les remords ;
,, inutiles avant le crime, ils ne servent pas plus
,, après, que quand on le commet. La bonne Phi-
,, losophie se déshonoreroit, en s'occupant de ces
,, fâcheuses réminiscences.

Il pose pour base du bonheur, qu'il faut étouffer les remords, & se livrer à tous ses penchans. Il conseille au Brigand de voler ; au Tyran, de se baigner dans le sang de ses Sujets ; au Débauché, de se vautrer pour être heureux, à la maniere des animaux les plus immondes. Telle est la morale de ce Matérialiste & de ses disciples. Les sages du jour n'ont pas voulu l'inscrire sur leur liste ; cependant son nom ne pouvoit que leur faire honneur.

La Mettrie étoit un fou qui se paroit du titre de Philosophe, & qui méritoit bien ce titre aujourd'hui si avili. Il séduisit une foule de sots, qui se rangeoient autour de son théatre. Quoique son orvietan ne se soit pas soutenu, il eut une certaine vogue parmi la Populace Philosophique. Ce charlatan mettoit tout en usage pour l'attirer. Il se laissoit aller à toutes les extravagances qui se présentoient à son esprit. Se figurant un jour qu'un des plus savans hommes & des plus vertueux de l'Allemagne étoit un Athée, aussi-tôt il imagine une histoire. Il raconte qu'il a vu ce Savant à Gottingue dans un mauvais lieu, & qu'il lui a entendu combattre l'existence de Dieu. L'horreur que tous les gens de lettres conçurent pour cette infamie, vengea bien mieux M. *Haller* que tout ce qu'il auroit pu répondre.

Le mépris de *la Mettrie* pour ce que nous avons de plus sacré, doit être attribué à la même folie, jointe à l'ignorance. Cet homme n'avoit aucune lecture ; il écrivoit comme un Energumene. Il savoit à peine assez de latin pour entendre les Livres de Médecine ; il ignoroit toutes les autres langues. Sa mort fut la suite d'un trait de cette folie, qui paroissoit dans toute sa conduite. Il avoit une fievre d'indigestion ; un Chirurgien lui conseilla l'émétique ; non, dit-il, *je veux accoutumer l'indigestion à la saignée, & démentir tous les raisonnemens des Médecins Allemands.* Il se fit saigner huit fois, & mourut à Berlin en 1751, âgé de quarante-trois ans.

Il fut plaint plûtôt que regretté des perfonnes qui l'avoient connu. Il étoit amufant lorfque fa gaieté n'alloit pas jufqu'à cette étourderie qui caractérife un écervelé. On le voyoit tout-à coup jetter fa perruque par terre, fe déshabiller & fe mettre prefque tout nud au milieu d'une grande compagnie, qui rioit de lui comme d'un infenfé renfermé aux petites maifons.

La Mettrie étoit encore un de ces Philofophes qui ont répandu dans leurs Livres les germes de la fédition. Après avoir confeillé aux Princes cruels de s'abandonner à toute leur férocité, il confeille à leurs Sujets de fe défaire de ces Princes. *Je te plains, mais qui ne plaindroit encore plus un Etat, où il ne fe trouveroit pas un homme affez vertueux pour le délivrer d'un monftre tel que toi.* Que ce langage eft différent de celui de tous les vrais Philofophes Chrétiens!

§. II.

Témoignages contre cet Auteur.

Les Philofophes ont défavoué *la Mettrie* après fa mort, quoiqu'ils le flattaffent de fon vivant. Cependant par un refte d'intérêt, ils ne voudroient pas qu'on le peignît tel qu'il étoit. Ils crient à la calomnie; empruntons donc le langage de la vérité. Il y a dans le *Journal Chrétien* du mois de Juin 1758, un bon morceau fur *la Mettrie*, par un de fes compatriotes, M. l'Abbé *Trublet*, dont on ne recufera pas le témoignage. Nous croyons que le Public nous faura gré de lui en faire part, quoique nous en ayons déja affez dit pour le commun des Lecteurs.

[Peu d'Ecrivains impies ont été auffi loin que celui-ci; mais outre que cet excès même le rend moins dangereux, il ne l'eft nullement par fa maniere de raisonner & d'écrire. Nous l'avons connu personnellement ; la même Ville, (Saint Malo) nous avoit vu naître, & sa mort nous permet d'en parler librement. Avec quelque apparence d'esprit, il en avoit très-peu en effet. Aussi cette apparence n'étoit-elle que dans sa conversation. Dès qu'il écrivit, il perdit tout auprès de ceux qui avoient conçu pour lui quelque estime ; ou s'il se releva un peu dans la suite, ce fut par la satyre, l'impiété & l'obscénité. Ces trois genres-là, sur-tout réunis, ne demandent guéres d'esprit ; ils plaisent par eux-mêmes.

Au reste, le P. *Hayer* (*) a su, & nous avons su, comme lui, que M. de *la Mettrie* s'étoit repenti à la mort de ses égaremens ; nous le lui avions souvent prédit, & nous fûmes consolés de l'apprendre. Quelques Impies au contraire en furent bien fâchés, en furent honteux ; & l'un d'eux ne put s'empêcher de dire que *la Mettrie les avoit déshonorés pendant sa vie, & sur-tout à sa mort.* Pendant sa vie, il avoit imprudemment avoué toutes les conséquences de ses principes ; à sa mort, il avoit lâchement abandonné les principes même.

Un des Livres de M. de *la Mettrie* a pour titre l'*Homme machine* ; & il a osé entreprendre d'y expliquer comment la pensée & le sentiment pouvoient naître du seul méchanisme. C'est n'être guéres Philosophe ; les Matérialistes un peu éclairés, conviennent qu'il n'explique rien. Le P. *Hayer* a pourtant la complaisance de suivre M. de *la Mettrie* dans ses prétendues explications ; & il lui est aisé d'en faire voir l'absurdité, & même le ridicule. M. de *la Mettrie* n'étoit pas un adversaire digne de lui, &

(*) Ce morceau se trouve dans l'extrait du Livre du P. *Hayer* sur l'immortalité de l'Ame.

nous croyons que sans manquer à sa cause, il pouvoit être beaucoup plus court sur un pareil Ecrivain.

On peut voir dans le troisieme volume des Œuvres de *Maupertuis*, édition de Lyon 1756, sa réponse à une Lettre de M. le Baron de *Haller*, si célebre par ses savans Ouvrages de Médecine & de Physique, & par ses belles Poésies.

M. de *la Mettrie* avoit dédié son *Homme machine* à M. de *Haller* qu'il n'avoit jamais vu ni connu, & dont il se dit néanmoins, dans l'Epître dédicatoire, le *Disciple & l'Ami*. M. de *Haller* plein de Religion, comme ses Ouvrages le prouvent, fut infiniment blessé d'une pareille dédicace, & s'en plaignit dans une lettre qu'il fit inférer dans plusieurs Journaux, & entr'autres dans le *Journal des Savans*. M. de *la Mettrie* se vengea des plaintes de M. de *Haller* par une Satyre; & comme ils étoient l'un & l'autre de l'Académie de Berlin, M. de *Haller* écrivit à M. de *Maupertuis*, Président de cette Académie, & Compatriote de l'Auteur, pour lui en demander réparation. M. de *la Mettrie* étoit mort le 11 Novembre 1751, lorsque M. de *Maupertuis* reçut la Lettre de M. de *Haller*. Il y répondit le 25. du même mois. Il n'y avoit qu'un moyen d'excuser M. de *la Mettrie*, & de consoler M. de *Haller*; c'étoit de dire que le premier étoit un fou. M. de *Maupertuis* le dit & le prouve; mais M. de la *Mettrie* n'étoit-il que fou? Voilà la question. M. de *Haller*, de l'aveu de M. de *Maupertuis*, ne parut pas satisfait de sa réponse, & il nous semble qu'il ne devoit pas l'être. Quoi qu'il en soit, voici quelques traits de la Lettre de M. de *Maupertuis*, par lesquels on jugera du caractere & de la sorte d'esprit de M. de *la Mettrie*.

,, Il m'a juré cent fois, (dit M. de *Maupertuis*)
,, qu'il n'écriroit jamais rien de contraire à la Re-

,, ligion ni aux Mœurs; & bientôt après reparoif-
,, foit quelque Ouvrage de la nature de ceux dont
,, nous nous plaignons....

,, Peu de temps après, c'est-à-dire, après l'arri-
,, vée de *la Mettrie* à Berlin, j'eus le chagrin de
,, voir la licence de sa plume augmenter de jour en
,, jour. Je me reproche toujours cet écrit qu'il a mis
,, au devant de son *Sénéque*. Je connoissois sa fu-
,, reur d'écrire, & en redoutois les suites; je l'a-
,, vois engagé à se borner à des traductions, l'en
,, croyant plus capable que d'autres Ouvrages, &
,, pensant brider par-là sa dangereuse imagination.
,, Le hazard qui lui fit trouver *Sénéque* ouvert sur
,, ma table, lui fit choisir le chapitre de la vie heu-
,, reuse. Je partois pour la France. A mon retour,
,, je trouvai sa traduction imprimée, & précédée
,, d'un Ouvrage aussi détestable, que le Livre qu'il
,, avoit traduit est excellent. Je lui en fis les repro-
,, ches les plus forts: il fut touché, promit tout
,, ce que je voulus & recommença.

,, Il faisoit ses Livres sans dessein, sans s'embar-
,, rasser de leur sort, & quelquefois sans savoir ce
,, qu'ils contenoient. Il en avoit fait sur les matie-
,, res les plus difficiles, sans avoir ni réfléchi, ni
,, raisonné. Il a écrit contre tout le monde.... Il
,, a excusé les mœurs les plus effrénées........

M. de *Maupertuis* revient à la Satyre de *la Mettrie*, contre M. de *Haller*, & lui dit: " Ses plaisan-
,, teries ne pouvoient pas plus vous faire de tort,
,, qu'elles n'en ont fait aux vérités qu'il a attaquées.
,, Ceci n'est donc que pour rejetter ses fautes sur
,, son jugement.... Tout le monde sait, qu'il ne
,, vous a jamais vu, ni connu: il me l'a dit cent
,, fois. Il ne vous avoit mis dans ses Ouvrages, que
,, parce que vous étiez célebre, ou que les esprits
,, qui couloient au hazard dans son cerveau avoient
,, rencontré les syllabes de votre nom. ,,]

MINISTRES DE L'EGLISE.

Leur Apologie.

LE respect pour les Ministres de l'Eglise, date depuis la naissance du Christianisme. Du temps de St. *Paul* ils accommodoient les différends ; ils maintenoient l'union & la charité parmi les Fideles ; enfin ils étoient les Pasteurs & les peres de leur Peuple. Cette autorité n'étoit point fondée sur les Loix, puisque les Princes étoient Payens ; elle supposoit seulement le respect & la docilité des Peuples pour les Pasteurs. Les Empereurs protégerent ensuite ces arbitrages si utiles & si édifians.

Honorius étant à Milan en 398. déclara que ceux qui consentiroient de plaider devant l'Evêque, n'en seroient point empêchés ; mais qu'il les jugeroit comme arbitre volontaire, en matiere civile seulement.

Les autres Empereurs leur accorderent des privileges & des honneurs. Si les Peuples Payens nous montrent le même usage, c'est qu'ils l'ont puisé dans la même idée, quoique dégradée & obscurcie parmi eux. La Religion & la raison nous crient, qu'en adorant un Etre suprême, nous devons honorer ceux qui prêchent & exercent son culte. La charité immense des Pasteurs de l'Eglise naissante, leur zele, leurs travaux, leurs vertus, la soumission & la candeur des Peuples, tout concourut à augmenter ce respect. Voilà où il falloit chercher le principe de l'autorité ecclésiastique, & non dans l'Anarchie du Gouvernement féodal, comme a fait M. de *Montesquieu.*

On ne nie pas que les fiefs donnés aux Evêques, ne leur aient acquis le rang & le crédit des Seigneurs dans les Assemblées de la Nation. S'ils influerent davantage dans les résolutions de nos Rois, la raison en est bien simple. Les Seigneurs francs se piquoient de bravoure ; c'étoit comme l'apanage de la Noblesse ; mais ils négligeoient, ou même ils méprisoient les sciences ; la plûpart ne savoient pas lire ; est-il surprenant que les Rois cherchassent parmi les Prélats instruits & lettrés, des lumieres & des secours pour le Gouvernement ? Dans ces temps de confusion & de troubles qui suivirent la chûte de l'Empire Romain, les Evêques ne pouvoient servir plus utilement & la Religion & l'Etat qu'en aidant les Princes de leurs conseils.

Il seroit d'ailleurs très-injuste de chercher dans l'ambition des Ministres, ou dans la foiblesse & la crédulité des Princes l'origine de l'élévation temporelle des Prélats. Elle naquit visiblement de la nouvelle constitution des Etats formés des débris de l'Empire. Les Rois vainqueurs, maîtres de Provinces immenses, donnoient des terres & des fiefs à certaines conditions. Les Prélats en obtinrent, & par ces concessions se virent insensiblement au rang des Seigneurs Laïcs. Ce fut là l'effet d'un nouveau gouvernement ; & s'il changea le rang temporel du Clergé, il ne changea pas moins celui des Seigneurs. Il ne faut pour s'en convaincre que comparer le temps des fiefs aux siécles de l'Empire Romain ; on n'y voit rien de semblable ; & les Prélats, en acquérant de l'autorité, ne firent que suivre, ainsi que les autres Seigneurs, le cours & les principes du Gouvernement : ce changement n'eut aucun rapport avec la Religion.

※

MIRACLES.

§. I.

Notions préliminaires. Examen des Miracles de Moyse.

I. Nier la possibilité des Miracles, ce seroit nier l'existence d'un Dieu. S'il en est un, c'est lui qui a établi & fixé les loix de la nature; il peut donc aussi les arrêter & les changer à sa volonté. Celui qui remue la planete qu'il a formée, peut en suspendre le mouvement; celui qui a créé l'homme vivant, le peut ressusciter mort. Dieu n'a pu se dépouiller de son empire sur ses Créatures, & les miracles ne lui coûtent pas plus que les effets naturels. Nous savons que les loix qu'il a établies sont immuables; mais il ne s'est pas tellement assujetti à les maintenir qu'il ne se soit réservé le pouvoir d'en changer le cours quand il voudroit. Ainsi admettre des miracles, n'est pas, comme le prétend M. *de Voltaire*, détruire l'immutabilité de Dieu, mais reconnoître sa souveraine puissance. En faisant un miracle, il ne viole pas les loix de la nature; car par ces loix, on ne peut entendre que sa suprême volonté à laquelle il ne déroge jamais, puisqu'il a résolu de toute éternité de faire en tel temps & en tel lieu, une chose qui ne feroit pas dans la classe des événemens ordinaires. Si Dieu en créant le monde s'est proposé de lui donner de temps en temps des avertissemens salutaires, il n'est pas contradictoire qu'il les lui donne, soit en changeant l'ordre physique pour procurer le bien moral, soit en produisant ce bien moral par des coups inespérés de la grace.

II. On entend par miracle, tout effet supérieur

aux loix de la nature & au pouvoir de la créature. Par exemple, que le soleil ou la terre s'arrêtent à la voix d'un homme; qu'un mort ressuscite; qu'un bras desséché reprenne à l'instant sa vigueur; qu'un homme parle diverses langues qu'il n'a point apprises, &c. &c. La raison, l'évidence, l'aveu des humains, tout se réunit à dire, que ces effets ne sont point dans le cours ordinaire, & viennent d'un Agent supérieur.

Qui sait, dit l'Incrédule, *jusqu'où vont les forces de l'art de la nature ? Ainsi qui peut juger qu'un tel effet est surnaturel & miraculeux ?*

Réponse. Quoiqu'on ne connoisse pas précisément le dernier degré des forces de la nature & de l'art, cependant on les connoit assez, pour décider que l'effet ne peut être attribué qu'au Créateur. Il y a des marques distinctives entre les miracles de Dieu & les prestiges des Agens créés.

Ainsi la premiere regle est, que le miracle surpasse les forces connues de la nature, & s'il y a quelque difficulté sur ce point; la seconde regle éclaircit tous les doutes, c'est que ce miracle soit opéré au nom de Dieu, Créateur du Ciel & de la terre. Car Dieu étant la vérité même, ne peut jamais permettre qu'une fourberie soit autorisée par le concours de l'opération divine. Si le cas arrivoit, sa sagesse se prêteroit à la séduction. On est donc assuré qu'un miracle fait au nom de Dieu Créateur, est une preuve évidente de la vérité. Dieu ne peut agir contre lui-même, ni nous forcer à croire un Imposteur, ou à renoncer à notre raison. Sur ces deux principes, jugeons des miracles de *Moyse*. A-t-il opéré des prodiges supérieurs à la nature? Les a-t-il fait au nom du Créateur? Or, l'un & l'autre est évident & toujours lié ensemble.

J'ouvre l'*Éxode* : une voix sort d'un buisson qui

MIRACLES.

brûle sans se consumer. Cette voix appelle *Moyse*, & l'envoie délivrer les Hébreux des fers de l'Egypte. Il demande qui est celui qui l'envoie. On répond : ,, c'est le Dieu de vos Peres ; c'est l'Etre Souverain ; ,, celui qui est. ,, Mais *Moyse* demande un miracle, pour être assuré de sa mission. " Jettez votre ver-,, ge, ,, lui dit le Seigneur. Il la jette à terre, & c'est un serpent ; il en prend la queue, & il revoit son bâton. Il met la main dans son sein, la voilà couverte de lepre ; il la remet, & elle ressort saine. Voilà donc la mission de *Moyse* assurée pour lui par deux miracles.

Réuni à son frere *Aaron*, il va trouver les anciens de son Peuple, & annoncer à *Pharaon*, que Dieu lui ordonne de laisser sortir les Hébreux. En preuve de sa mission & des ordres du Seigneur, *Aaron* jette sa verge devant le Roi & toute sa Cour ; la verge est changée en serpent. A la priere de *Moyse*, il en frappe l'eau, l'eau devient du sang ; il l'étend sur l'Egypte, la voilà couverte de grenouilles, de moucherons, de sauterelles, de ténebres, d'ulceres, & enfin de morts.

Tous ces fléaux sont annoncés avant qu'ils arrivent : ils sont arrêtés, ou ils disparoissent à la voix de l'Envoyé de Dieu. Ils sont réiterés pendant plusieurs jours ; & les Hébreux seuls sont préservés de leurs funestes effets. *Pharaon* est forcé de se rendre. Les Hébreux partent. La colonne de feu paroît, les guide & les protége ; la mer se divise & leur laisse un passage libre, où les Egyptiens n'entrent que pour y rester sous les flots. Le Peuple a faim ; la manne tombe régulièrement & les nourrit pendant quarante ans ; l'eau sort d'un rocher aride ; la montagne est en feu ; la terre entr'ouverte engloutit les murmurateurs ; le feu consume les sacrileges ; &c.

Voilà des prodiges. Sont-ils des effets de la nature ? Y a-t-il quelque liaison entre la cause & les événemens ? Ils sont opérés à la face du ciel & de la terre : ils sont suivis & multipliés. Les Egyptiens, si éclairés & si opiniâtres, ne peuvent tenir contre ces merveilles. Les Hébreux en furent tous convaincus. Nier ces miracles, c'est vouloir ne croire à rien. Les admettre, & chercher une autre cause que Dieu, c'est renoncer à la raison. *Moyse* n'a pu les prédire sans une révélation surnaturelle ; il n'a pu les exécuter, que par une puissance divine. C'est au nom de Dieu & par son ordre qu'il les fait. Il n'a que ces mots à la bouche : *Dieu m'envoie, Dieu vous ordonne. Voici ce que dit le Seigneur, le Créateur, le Dieu d'Abraham.* Donc sa mission & ses Livres prouvent une révélation. Ecoutons les chicanes des Incrédules.

I. *Les Magiciens de Pharaon firent aussi des prodiges, qui ne prouvent rien.*

Reponse. Ils firent des prestiges, & non des miracles ; leur puissance étoit bornée. Ils firent changer leur bâton en serpent ; celui de *Moyse* les dévora. Ils firent paroître des grenouilles ; mais ils ne purent, comme *Moyse*, les détruire. Aussi avouerent-ils leur impuissance : *Digitus Dei hic est.* Ils avoient pu, par le moyen de quelque artifice, tromper les yeux des spectateurs ; mais ils ne purent se mettre au-dessus du pouvoir suprême qui opéroit par les mains de *Moyse*.

II. *Le flux & le reflux de la mer rouge rend le passage des Hébreux très-naturel.*

Reponse. Ce reflux est chimérique. Les Egyptiens ne l'auroient pas ignoré. Ils n'auroient pas laissé les Hébreux tranquilles jusqu'au lendemain ; ils ne se seroient pas exposés à être noyés ; on n'auroit pas cité ce passage comme miraculeux ; les Nations

Nations voisines n'en auroient été ni étonnées, ni effrayées. Les Hébreux-mêmes en auroient vu tous les jours la répétition. De plus, où est le reflux qui se fait en un instant, & à la voix d'un homme ? Qui retire tout-à-fait ses eaux pour laisser un long trajet à sec ? Les bords diminuent il est vrai ; mais le bassin reste toujours mer. Supposons même ce reflux entier, donnoit-il naturellement assez de loisir au passage de plus d'un million d'hommes & d'enfans, de bestiaux sans nombre, & d'un bagage proportionné ? Enfin, *Moyse* ne dit pas que les eaux se retirerent, mais qu'elles se fendirent & demeurerent suspendues. On ne peut douter du fait, ni l'expliquer physiquement & naturellement. (Voy. cette réponse plus développée à l'article MER ROUGE.)

III. *Il y eut des machines secretes, cachées dans la montagne, avec lesquelles Moyse sut intimider le Peuple, pour accréditer sa loi.*

REPONSE. Quelle machine, quelle poudre mystérieuse auroit produit si long-temps le son des trompettes, des tonnerres, les éclairs & les feux ? Où *Moyse* avoit-il ramassé, préparé & ajusté ces machines ? Faisoit-il jouer ces ressorts tout seul ? Que d'yeux ouverts sur lui, sans pouvoir découvrir l'artifice ? Les lumieres de son siecle étoient-elles assez vives, les Arts assez perfectionnés pour pouvoir découvrir & faire jouer les instrumens de fourberies, auxquels les Impies veulent attribuer ses miracles ?

IV. *Est-il probable que Dieu ait fait tant de merveilles pour une poignée de monde si méprisable ?*

REPONSE. Est-ce là une raison contre des faits publics & avérés ? Ce Peuple étoit l'Enfant de la Providence, le dépositaire de la vraie Religion. Sa destination intéressoit tout le genre humain. Il falloit le montrer d'une maniere frappante, & le con-

Tome II. E

ferver de même jufqu'à l'accompliffement total des promeffes. Il ne faut pas juger des Juifs anciens par les modernes. Ceux-ci font en général la lie des peuples. Aveuglés par leur opiniâtreté, ils cherchent à fe faire illufion au milieu de la lumiere des Prophêtes qui les éclaire. Ils croupiffent dans l'erreur & dans la mifere. Il n'en étoit pas de même des anciens Hébreux ; conduits, gouvernés par Dieu-même, ils voyoient la vérité fans nuage ; ils avoient tout ce qui rend les hommes recommandables, de grandes vertus & de vives lumieres.

§. II.

Examen des Miracles de JESUS-CHRIST.

L'Hiftoire de JESUS-CHRIST offre une foule de faits décififs. Si les Miracles font vrais, tout eft vrai. Or, il y en a de toute efpêce, & en grand nombre. Voyons fi ceux que nous choifirons étoient d'une notoriété fi publique dans le temps qu'on les publia, qu'il eût été entiérement inutile de tromper fur ces faits, quand même on auroit voulu tromper.

I. *Guérifons de malades de toute efpêce.* Tous les Evangéliftes affurent que JESUS en paffant par les Villes & les Bourgades, guériffoit tous les malades qu'il rencontroit, ou qu'on lui amenoit ; & qu'il délivroit ceux qui étoient tourmentés du malin Efprit. Or, fans nous arrêter à aucun de ces faits en particulier, faifons fimplement les réflexions fuivantes. 1°. Quelle effronterie de multiplier, d'entaffer ces guérifons les unes fur les autres, d'en nommer les perfonnes, d'en défigner les lieux, les témoins, d'en tracer toutes les circonftances, fi tout cela n'eft qu'un fonge & que fauffeté ! Que de Villes & d'Hommes fe feroient recriés contre ces faits, s'ils euffent été fuppofés !

2°. Ces guérisons sont miraculeuses ; elles sont faites à l'instant, à la parole de Jesus, sur toutes sortes de sujets, sans le concours d'aucun remede naturel. Elles sont aussi réelles, aussi constantes, aussi publiques que l'étoient les maux des malades. Elles sont si avérées, que tous sont ravis d'admiration, & publient la puissance du Sauveur, que la plûpart des malades guéris ou délivrés, s'attachent à lui & veulent le suivre. Ici, je demande aux Incrédules où est, où peut être la fraude ? Par exemple, dans la guérison de l'Aveugle né : (*Joan.* c. 9.) Cet homme est connu de toute la ville ; il voit & il déclare que c'est Jesus qui lui a rendu la vue. Ses parens déposent devant la Synagogue assemblée ; il y paroît lui-même ; on est convaincu du miracle ; & on ne s'y rend pas.

Le Paralytique de trente-huit ans est guéri publiquement : il saute, il emporte son lit devant une foule de témoins, qui se plaignent seulement que sa guérison ait été opérée le jour du Sabbat. (*Joan.* c. 5.)

II. *Multiplication des pains dans le désert.* Les quatre Evangélistes racontent ce miracle avec tous ses détails & toutes ses circonstances ; preuve de la réalité, & exclusion de toute supercherie. Car, 1°. les Disciples sont les premiers à avertir Jesus, qu'il est temps de renvoyer cette foule pour chercher de la nourriture. Il n'y avoit donc point de complot tramé entre le Sauveur & les Apôtres. 2°. Comment tromper & faire accroire à une multitude d'hommes qu'ils ont faim, qu'ils ont mangé, qu'ils se sont rassasiés, qu'il y a douze corbeilles pleines de restes, s'ils n'ont rien vu, ni reçu en nourriture ? 3°. Jesus & ses Disciples étoient pauvres ; ils n'avoient aucune provision ; mais auroit-on pu cacher ces provisions, ces amas suffisans pour plus de cinq mille perfonnes, fans avoir été apperçus par tant de curieux, & paifiblement affis par pelotons ? Tous furent fi pleinement, fi intimement convaincus du prodige, qu'ils le reconnurent pour le grand Prophête, & qu'ils effuyerent en filence le lendemain les reproches de Jesus, qu'ils le fuivoient plus pour la nourriture qu'il leur avoit donnée, que pour le falut de leurs ames. Enfin, fi ce miracle eft une fable, elle a contr'elle cinq mille témoins, & le Sauveur en renouvellant cette multiplication devant quatre mille perfonnes, dans une autre occafion, n'a fait que multiplier les armes contre lui, fi ces miracles font faux & illufoires.

III. *Réfurrection de la fille de Jaïre.* (*Mat. c.* 5.) Jesus en marchant s'apperçoit qu'une femme qui l'a touché a été guérie d'un mal incurable, & cette femme avoue publiquement la réalité du miracle. Dans le même moment *Jaïre* vient lui demander tout haut, & devant la multitude du peuple qui le fuit, qu'il veuille bien guérir fa fille malade à l'extrêmité. Le Sauveur y va ; mais bientôt on court avertir le pere, que fa fille eft morte, & qu'il eft inutile que Jesus aille plus loin. *Jaïre* confterné ne demande plus rien ; mais le Sauveur l'exhorte à efpérer, & continue fa route. La mort de la fille devient certaine & publique ; la maifon eft déja remplie de pleureufes & de tout l'attirail funebre ; fi le Sauveur dit que la fille ne fait que dormir, on fe moque de lui. Il entre dans la chambre de la défunte, accompagné du pere, de la mere & de trois de fes Difciples : il prend la morte par la main; à fa voix elle fe leve, elle marche, elle eft en pleine fanté. Voilà le fait : Peut-il être faux ? Peut-on fuppofer un complot entre Jesus & un Militaire, Chef de la Synagogue, homme inftruit & même prévenu ? *Jaïre* demandoit-il une réfurrection ? Dès que sa fille est morte, il pleure & n'espére plus rien. Si le miracle avoit été concerté, il auroit fallu faire entrer dans le secret les domestiques, les témoins & tout le quartier : en un mot, si la résurrection est fausse, *Jaïre* & toute sa maison démentiront publiquement l'Historien.

IV. *Résurrection du fils de la veuve de Naïn.* (*Luc.* c. 7.) Un Imposteur eût évité les détails qui sont ici. Ce fils est bien mort ; la mere en est désolée, on le porte au tombeau. Jesus ému de pitié approche, il touche le cercueil, il commande ; le mort se leve, il parle, il marche, il est rendu à sa mere ; les témoins étonnés glorifient Dieu & répandent par-tout ce prodige. Que dira ici l'Incrédule ? Est-ce ici une léthargie ? Y a-t-il de la collusion entre Jesus & le jeune homme ? Si ce n'est qu'un jeu, il avoit besoin de plusieurs acteurs, qui devoient participer à la fraude, comme ceux qui avoient lavé & lié le corps, ceux qui le portoient, la mere-même & tous les voisins. Si ce n'est qu'une léthargie, qui l'a dit à Jesus, comment le fait-il ? Comment ne parle-t-il qu'à l'instant où le mal cesse ? Car personne n'a senti dans la biere aucun changement, & le mort tout lié se leve & agit. Si ce miracle est faux, la fausseté est notoire : tout Naïm déposera contre, au lieu d'admirer une résurrection qui ne fut jamais, & qui ne fut qu'une comédie.

V. *Résurrection du Lazare.* (*Joan.* c. 11.) Jesus est loin de Béthanie & *Lazare* tombe malade ; ses sœurs l'avertissent de l'état de leur frere, il meurt. Sa mort est si publique, que les Juifs de Jérusalem viennent à ses funérailles ; ils y restent même pour consoler ses sœurs. Il est mis dans le tombeau ; ils sont témoins de tout. Ils accompagnent Jesus au sépulcre, on ne peut soutenir la puanteur qu'exhale un cadavre de quatre jours. Enfin, ils entendent les paroles de Jesus, & à l'inftant ils voient *Lazare* fe lever & fortir, quoique les pieds & les mains liés de bandelettes, le vifage même enveloppé du fuaire. On le délie; il va, il mange & il vit encore long-temps. Si *Lazare* n'étoit pas mort, quand on l'enterra, comment ne fut-il pas étouffé? S'il eft mort, comment fe leve-t-il malgré tant de liens? Le miracle eft évident; toute une famille l'a vu, les principaux des Juifs qui y étoient préfens, vont le publier à Jérufalem, les Princes des Prêtres envoient exprès examiner le fait; le rapport les confond & les embarraffe; ne pouvant nier cette réfurrection, le réfultat du Confeil eft de faire périr en fecret *Lazare* & *Jesus*, afin du moins d'arrêter les fuites du prodige; il eft fi avéré & fi éclatant que le peuple, dès qu'il voit le Sauveur, le conduit en triomphe avec mille acclamations de joie. Écoutons les Incrédules.

§. III.

Objections des Incrédules.

I. " Les miracles ne font fondés que fur les Evan-
" giles. "

Reponse. Ils font bien antérieurs. Avant les Evangiles, il y avoit des Chrétiens & des Eglifes, qui croyoient & qui mouroient pour attefter ces prodiges récens & publics. Ce font les Eglifes convaincues des miracles, qui ont conftaté les faits évangéliques. Jamais perfonne n'a ofé s'infcrire en faux. Ils font donc vrais.

II. " Saint *Jean* eft le feul qui rapporte la plûpart
" de ces miracles. Quelle foi mérite-t il?

Reponse. Chacun des Evangéliftes ne pouvoit pas tout écrire, & ceux qu'ils nous ont raconté font aussi merveilleux : la variété de leurs histoires en assure la vérité. Saint *Matthieu* écrivoit pour les Juifs ; il s'attache à citer les Prophéties, & à décrire l'origine de l'humanité du Sauveur ; il montre par-tout l'accomplissement des oracles & la concorde de l'ancien Testament avec le nouveau dans JESUS-CHRIST ; Saint *Luc* combat exprès les faux Evangélistes qui couroient. C'est pourquoi il fait l'histoire du Sauveur dès ses commencemens ; il entre dans des détails nécessaires pour réfuter les faits contraires, ou trop peu fondés. Saint *Jean* écrivit à la sollicitation des Evêques d'Asie, pour soutenir la divinité de JESUS-CHRIST, déja attaquée par les nouveaux Hérétiques ; il fait le supplément des autres Evangiles. Il joint aux œuvres les discours sublimes de l'Homme-Dieu à *Nicodeme*, à la Samaritaine, & à ses Disciples dans la Cene. Mais tous ces Ecrivains ne tendent qu'à l'unité & à la vérité de l'histoire du CHRIST. (Voyez cette réponse plus développée dans l'article EVANGILE.)

III. " Les Apôtres ont dit ce qu'ils vouloient. „ Personne n'a daigné examiner leurs contes ; le „ monde ne prenoit aucun intérêt aux fables de ces „ rêveurs. „

RÉPONSE. Tout l'Univers étoit intéressé à cette Religion nouvelle, qui décidoit du sort de tous les hommes ; il falloit la recevoir ou la combattre & l'anéantir. Il étoit question pour les Payens de quitter leur Religion sensuelle, commode aux passions, accréditée par-tout, pour en embrasser une qui paroissoit terrible aux sens, qui est supérieure à la raison, qui est opposée à tous les préjugés, & qui étoit en butte à toutes les persécutions. Cette Religion appuyée sur les Prophéties, sur sa morale, sur la sainteté des premiers Chrétiens, l'est principalement sur les miracles. S'ils sont faux, elle tombe,

& les Payens font des fous s'ils l'embrassent, sans être bien assurés de ses miracles. Il s'agit pour les Juifs légitimement attachés à la Loi de *Moyse*, d'en recevoir une autre, qui abroge la premiere. Il s'agit d'adorer celui qu'ils ont crucifié, de se regarder comme des Déicides, de changer toutes leurs idées & leurs pratiques. Il est donc essentiel qu'ils examinent aussi ces miracles, qui sont les fondemens du Christianisme.

Les uns & les autres cependant se sont fait Chrétiens, malgré les railleries & les menaces, les oppositions & les dangers de toute espêce; & cela sans repentir, sans retour. Ils n'ont pu être ébranlés jusques dans les tourmens les plus cruels, sans auparavant avoir été bien convaincus de la certitude des faits, qui les ont fait changer. Tous étoient donc interessés à examiner ces miracles; les Apôtres en les publiant, perdoient toute la Synagogue, s'ils étoient vrais; ils se perdoient eux-mêmes, s'ils étoient faux.

S'ils sont faux, la Judée n'a qu'à protester contre ces prétendues merveilles & en punir les Prédicateurs. Leur Religion, leur sûreté les y engagent. Cependant ils se sont tus, personne ne s'est inscrit en faux. Les miracles sont donc vrais?

S'ils sont faux, les Gentils doivent aussi confondre & arrêter ces fourbes, qui viennent par leurs mensonges impies décréditer leurs Idoles, faire taire leurs oracles, & répandre mille nouveautés dangereuses. Il n'y a qu'à éclaircir les faits, envoyer à Jérusalem pour s'instruire sur les lieux, consulter les Juifs, témoins oculaires & non suspects. Rien de plus simple & de plus aisé. Ils l'ont fait, & il résulte de leur conversion que nul miracle n'a été trouvé faux, qu'aucun des témoins cités par les Apôtres n'a réclamé contre, qu'on ne leur a jamais donné le démenti sur la moindre circonstance des faits énoncés. Ces miracles étoient si certains, que tous les ennemis de la Religion ont été forcés d'imputer, les uns, comme les Juifs, à *Jéhova*, dont le Sauveur savoit le secret ; & les autres, comme les Payens, à la magie, dont JESUS, disoient-ils, connoissoit les profondeurs. Mais comment douter des miracles de J. C., tandis qu'ils les voyoient répétés, multipliés par les Apôtres & par les nouveaux Fideles, en preuve de ce qu'ils disoient & de ce qu'ils croyoient ?

IV. " Si ces prodiges étoient si évidens, comment ,, tous les témoins ne se sont-ils pas convertis ? ,,

RÉPONSE. La malice du cœur humain, ses passions indomptables en furent les obstacles, comme elles le sont à l'égard des Incrédules, qui se roidissent contre toutes les preuves de la Religion. Dieu nous donne quelquefois de grands avertissemens ; en sommes-nous meilleurs ? Non. Marseille après le fléau de la peste, Lisbonne après les secousses qui ont englouti ses habitans, n'en ont pas valu mieux. Or, si des punitions aussi terribles ne changent pas le cœur des méchans ; comment des miracles qui ne leur causent qu'une admiration stérile, pourroient-ils opérer leur conversion ?

V. " L'Empereur Romain, le Sénat, les Histo-,, riens auroient dû du moins y faire attention ; ce-,, pendant personne n'en fut instruit ni touché. ,,

RÉPONSE. Les Juifs & leur Religion étoient trop peu connus & trop méprisés par ces Idolâtres orgueilleux. La Morale de l'Evangile étoit trop opposée à leurs préjugés, à leurs passions, à leur entêtement. Cette Religion nouvelle étoit décriée & persécutée par-tout. Sans examiner les miracles attribués à la magie, on traitoit les Chrétiens de fanatiques superstitieux. La Cour, le Sénat donnoient le ton aux Historiens du temps, comme à *Tacite* & à *Suétone*. Enfin, quand les Juifs se seroient tous convertis, quand Rome même auroit autorisé l'Evangile, comme elle le fit après, les Incrédules les imiteroient-ils pour cela ? Ils ne veulent que nier & contredire.

VI. " Les Juifs même, *Joseph* & *Philon*, Auteurs ,, distingués & contemporains, ne disent pas un ,, mot de Jesus-Christ & de ses miracles. ,,

Réponse. 1°. Leur silence est une preuve pour nous, ils n'ont osé combattre des faits avérés, & ils n'ont pas voulu les accréditer. Tous les deux étoient Pharisiens. 2°. *Philon* avoit écrit avant Jesus-Christ, & *Joseph* qui l'a copié, a parlé de J. C. & de ses miracles. Il n'étoit pas loin de la vérité ; mais plus politique que religieux, il prétendit que le triomphateur *Vespasien*, étoit le Messie promis. (Voyez Joseph.) Voyez la même objection & une réponse plus ample dans l'article de Jesus-Christ.

VII. " Le Paganisme vantoit aussi ses miracles, ,, & qu'en conclure ? ,,

Reponse. 1°. *Tite-Live*, *Quinte-Curce* les regardoient comme douteux & sans preuves. 2°. On cite quelques faits rares & opérés dans les ténébres, tous naturels ou artificieux. 3°. Au nom de qui, & pour quelle fin étoient-ils opérés ? Au lieu que les miracles de Jesus-Christ & des Apôtres, étoient fréquens, publics, de toute espèce, opérés pour la gloire de Dieu & le bien des hommes.

VIII. " Les Dieux *Esculape* & *Sérapis* opéroient ,, des guérisons publiquement. *Vespasien* rendit la ,, vue à un aveugle, & rétablit la main d'un estro- ,, pié. *Apollone de Tyane* ressuscita une fille morte, ,, & fit plusieurs autres prodiges. ,,

Reponse. 1°. Demandons aux Incrédules s'ils ajoutent foi à ces prodiges prétendus ? Les témoins qu'ils nous donnent de ces faits, sont-ils oculaires, désintéressés, sincères? Ont-ils examiné ces prodiges? Ont-ils fait aussi des miracles en témoignage? Sont-ils morts pour les certifier? Les ont-ils persuadés à toute la terre, comme ont fait les Apôtres? Ces prodiges ont-ils été salutaires aux hommes? N'ont-ils point été contestés par des Auteurs très-graves? Car pour soutenir la comparaison, tout doit être égal. 2°. Les guérisons attribuées à *Esculape*, à *Sérapis*, ne sont que des fables populaires, au jugement même des Payens. 3°. Ce que *Suétone* & *Tacite* appliquent à *Vespasien*, n'est qu'une supercherie. Cet Empereur se disoit descendu des Dieux, pour s'affermir sur le trône. Pour lui attribuer donc un commerce divin, des gens gagnés contrefirent les infirmes, afin qu'il parût les guérir, s'ils étoient malades, ou par des secrets naturels, ou par des remedes magiques. *Apollone* faisoit de même; *Philostrate*, Auteur faux en tout, n'a écrit les merveilles de cet imposteur que cent ans après. Il a, dit-on, ressuscité un mort. Etoit-il mort comme *Lazare*? C'est une jeune Romaine prête à se marier; on la croit morte; on la met sur un lit. *Apollone* la touche, dit des paroles, la fille se leve, parle, & retourne chez son pere. Mais les témoins n'oserent assurer qu'elle fût morte, puisqu'il sortoit encore de son visage de la fumée & de la sueur; les admirateurs même du prodige le disent. Tandis qu'on menoit cette fille vers les funérailles, une rosée qui tomboit alors la fit revenir de sa syncope: voilà le miracle. Quant aux apparitions d'*Apollone* & aux révélations qu'il faisoit de ce qui se passoit au loin, ce n'étoient que des illusions, ou les sottises d'un charlatan habile. (Voyez l'article APOLLONE.)

Vespasien guérit un aveugle & une main malade. Mais étoit-ce un aveugle de naissance, ou une main desséchée par une paralysie invétérée ? C'est un aveugle qu'on peut guérir, c'est une main qu'on peut redresser par des remedes. Tel fut le jugement des Médecins, que l'Empereur consulta sur ces guérisons. Les uns ne les crurent pas, les autres s'en moquerent, quelques autres les expliquerent à leur maniere.

Enfin, ces prodiges sont vrais ou faux. S'ils sont faux, pourquoi les objecter ? S'ils sont vrais, peut-on les attribuer à la nature ? Doit-on les attribuer à Dieu ? Ils ne sont faits ni en son nom, ni à sa gloire. *Esculape* est une Idole, *Apollone* s'en dit le favori ; c'est dans le temple de *Sérapis* que les malades s'adressent à *Vespasien*. Donc s'il y a du réel (ce que nous ne croyons point) il vient de l'esprit du mensonge, & Dieu le permet dans sa colere. Ainsi la différence est trop grande, & dans la certitude & dans l'espêce, & dans le principe & dans la fin de ces prodiges. (Voyez APOLLONE, & l'article RELIGION, §. III. Réponse à la VI. objection.)

MOINES.
Leur Apologie.

UN des premiers préceptes de la Loi naturelle, dont M. *de Voltaire* se dit l'apôtre, est de nous mettre à la place des autres, & de mettre les autres à notre place. Suivons cette regle à l'égard des Moines. Supposons que M. *de Voltaire* condamné par son pere à *s'embarquer pour les Isles*, (*) *avec du pain & de l'eau*, après ses étourderies de Hol-

---

(*) Ces mots sont tirés d'une Lettre de M. *de Voltaire* à Mademoiselle du *Noyer*.

lande, eût eu l'option entre l'Amérique & le Cloître. Suppofons qu'il fe fût fait Carme, Cordelier, Capucin ou Picpus, auroit-il été flatté de lire dans les écrits les plus répandus, que ces Moines font *des gueux qui font vœu de vivre aux dépens des laïques & de tourmenter les laïques : des ennemis du genre humain & ennemis les uns des autres ; des gredins, qui n'ont d'autre mérite que l'enthoufiafme, l'ignorance & la craffe*, inutiles pendant leur vie, & dignes d'un eternel oubli après leur mort, *qu'ils fe font une gloire de l'oifiveté & de la gueuferie*, &c. &c. Le Reverend Pere *Arou***. auroit fans doute déchiré l'écrit, où il auroit trouvé toutes ces politeffes ingénieufes dont il a régalé des hommes qui ne lui difoient rien.

Le bien public doit être préféré à toute fociété particuliere, & l'Etat aux Moines ; perfonne n'en doute : mais cette préférence ne doit pas aller jufqu'à infulter divers membres de l'Etat, qu'on croit moins utiles que les autres. Le Gouvernement veut qu'on lui préfente des projets de réformation, & non pas des fatyres atroces. M. *de Voltaire*, le plus grand défenfeur de l'humanité, oublie toujours que les Moines font une partie du genre humain. Il eft vrai qu'il a dit dans un de fes Ouvrages, que *les Religieux étoient hommes*, & qu'ils avoient même *produit de grands hommes*. Mais cet exorde fi obligeant produit un très-mauvais fermon ; on voit qu'il n'eft pas fait pour louer, encore moins pour louer long-temps. Il eft rentré tout de fuite dans fon élément, dans la fatyre. Il les traite comme des Galériens *garrotés de chaînes éternelles* ; comme des efclaves abrutis, *qui ont les yeux fi fafcinés que la plûpart ne voudroient pas de la liberté, fi on la leur rendoit. Ce font les compagnons d'Uliffe, qui refufent de reprendre la forme humaine.*

Cette belle comparaison est-elle juste ? Nous en appellons du V. Poëte au V. froid & tranquille. Pourquoi voudroit-il que les Moines reprissent la forme humaine ? Pour être célibataires dans le monde ? mais inutile pour inutile, autant vaut-il l'être dans le Cloître. Il y a au moins quelques vertus & quelques lumieres, comme M. *de Voltaire* est forcé d'en convenir ; mais que trouve-t-on dans ce monde où il voudroit les faire rentrer ? des crimes & des vices. Il l'a peint lui-même comme un Enfer, où le foible est vendu au plus fort, où l'intérêt, ce Dieu de la terre, a établi son empire avec tous les forfaits qui en sont la suite.

Mais les Moines, dit M. *de Voltaire*, nuisent à la population, à l'Agriculture, aux Arts nécessaires ; non, ce ne sont point les Moines ; c'est cette foule de célibataires oisifs, vermine qui ronge l'Etat, & qui sans faire du bien, n'est occupée qu'à faire du mal ou à en dire. M. *de Voltaire* ne pourroit-il pas s'élever contre ces gens-là avec encore plus de raison ? Oui, il le pourroit sans doute ; mais il faut respecter la famille & la société dont on est membre. Il y a de l'inutile & du superflu dans tous les états ; que d'Avocats sans causes ! que de Médecins sans malades ! chaque profession regorge de sujets ; le grand nombre les étouffe ; comment après cela peut-on accuser les Moines de nuire à la population d'un Royaume ? *Tous les grands Hommes, dit M. de Voltaire, dont le mérite a percé du cloître dans le monde, ont tous été persécutés par leurs confreres. Tout savant, tout homme de génie y essuie plus de dégoûts, plus de traits de l'envie qu'il n'en auroit éprouvé dans le monde.* Nous convenons avec lui que la jalousie d'un hypocrite ignorant & ambitieux a pu troubler pendant quelque temps la tranquillité d'un savant qui ne plioit point devant son orgueil.

Nous avouons même qu'un Supérieur subalterne a pu empoisonner sa vie par de lâches soupçons, ou par des impostures ténébreuses. Mais la vérité perce tôt ou tard le nuage ; le mérite obscurci se fait jour. Sa réputation parle pour lui ; & dès qu'il s'est fait entendre, les premiers Supérieurs qui ont presque toujours l'ame noble & qui connoissent tout le lustre que les sciences répandent sur un Ordre, se tiennent sur leurs gardes contre le calomniateur. Ils récompensent le savant calomnié, ou persécuté, ou dédaigné. Ils l'encouragent dans la carriere épineuse des sciences. Ils opposent leur bouclier aux traits qu'on pourroit lancer contre lui. C'est de quoi on pourroit citer plus d'un exemple.

Les Moines ont été, dit M. *de Voltaire*, quelquefois dangereux. Quel Corps ne l'a pas été ? Ecoutons un homme qui n'étoit pas porté à flatter les Moines, & qui ne les a pas flatté non plus ; (le Président de *Montesquieu*) nous appliquons aux Religieux ce qu'il a dit sur la Religion. " C'est
„ mal raisonner contre la Religion, de rassembler
„ dans un grand Ouvrage une longue énumération
„ des maux qu'elle a produit, si l'on ne fait de
„ même celle des biens qu'elle a fait. Si je voulois
„ raconter tous les maux qu'ont produit dans le
„ monde les Loix civiles, la Monarchie, le Gou-
„ vernement Républicain, je dirois des choses ef-
„ froyables. „ (Voyez l'*Esprit des Loix*, Liv. XXIV. chap. 2.)

Nous n'avons raisonné qu'humainement dans tout le cours de cet article, pour montrer à M. *de Voltaire* qu'il est presque aussi coupable contre la politique que contre la Religion, en déclamant sans cesse contre les Moines. Que n'aurions-nous pas dit, si nous avions raisonné en Chrétien ! mais cette matiere a été traitée tant de fois, que nous n'avons pas voulu y revenir. (Voyez cependant les articles Religieux & Religieuses.)

MONDE.

Si le monde est aussi ancien que le prétendent les Incrédules ?

„ Presque tous les Peuples de l'Asie comptent
„ une suite de siécles qui nous effraie. Cette idée
„ qu'ils ont de leur antiquité mérite bien, dit M.
„ *de Voltaire*, qu'on l'examine ; & bien loin de
„ s'élever contre l'orgueil de ces Nations fastueuses,
„ il étale les difficultés, soit pour former un lan-
„ gage, soit pour le peindre par l'écriture, soit
„ pour inventer des Arts. En un mot, dit-il, pour
„ qu'une Nation soit rassemblée en un corps de Peu-
„ ple, qu'elle soit puissante, aguerrie, savante, il
„ faut un temps prodigieux. „

On en veut encore ici à *Moyse*. L'Ecrivain sacré représente *Noé* après le déluge comme le pere du nouveau monde, comme un homme juste, connoissant son Dieu & l'adorant, instruit des Arts nécessaires à la vie ; sachant exprimer ses pensées & ses connoissances par le langage, en état par conséquent de communiquer ses lumieres à ses enfans & à ses petits enfans, dont les familles repeuplerent la terre. C'est en effet de cette époque qu'on voit sortir les loix, les premiers Arts, les premiers Empires, sans qu'il soit possible à aucune Nation de produire des monumens qui remontent au-delà. Rejetter donc l'histoire de *Moyse* pour imaginer le genre humain comme sorti de la terre & vivant dans un état de brute pendant des millions de siécles, avant de parvenir à se former un langage & à vivre en société, est-ce être Philosophe ? Opposer à *Moyse* cette effrayante suite de siécles que comptent des Peuples de l'Asie, ou cet état de brute dans lequel ont vécu & vivent encore des Peuples dans l'Amérique & dans l'Afrique, est-ce être Philosophe ? De quelle autorité peut être aux yeux d'un vrai Philosophe la vanité des Peuples, qui destitués de tout monument, aiment à se perdre dans une suite effrayante de siécles ? On peut bien chercher les causes de la stupide ignorance où sont tombés certains Peuples ; mais en peut-on inférer, ou que ces Peuples ont toujours été dans cet état d'ignorance & de stupidité, ou que les autres Peuples ont tous passé par cet état ? De quelles ténébres épaisses ne furent pas susceptibles des familles errantes, absorbées par les besoins de la nature, & sans aucun soin de cultiver leur raison après leur séparation de la tige commune du genre humain !

Nous avons dans le Livre le plus ancien qui soit au monde, une histoire suivie de la formation de la terre, de ses révolutions, de l'invention des premiers Arts, des peuplades, des commencemens des Empires ; & nos nouveaux Philosophes aiment mieux se livrer à toutes les fictions de leur imagination que de recevoir une Histoire de ce mérite. Quelle manie ! (Voyez CHINE.)

MONTESQUIEU.

Caractere de ses Ouvrages.

CE célebre Ecrivain s'annonça en 1721, par ses *Lettres Persannes*. Cet Ouvrage, en faisant honneur au génie, à l'esprit & au style de *Montesquieu*, fit naître des soupçons très-graves sur la Religion. On reprocha à l'Auteur de faire le monde éternel ; de nier la prescience de Dieu, à l'égard des volontés libres ; de mettre des impiétés sur le compte des Livres Saints, & d'avancer plusieurs blasphêmes, qui pour être dans la bouche d'un Persan, n'en devoient pas moins être attribués au François qui le faisoit parler. Il y a quelques vérités importantes dans ce Livre exprimées avec force ; mais il y regne un caractere de licence qui choqueroit même dans un Roman. Le vice y est peint sous des couleurs qui alarment la vertu, & qui peuvent l'ébranler, lorsqu'elle est mal affermie. Quelle peinture du Paradis où entra cette femme d'*Ibrahim* qui se poignarda aux yeux de son mari jaloux ! l'Alcoran n'a rien tracé d'aussi impur. Mais le grand objet du François travesti en Musulman, est de faire une critique amere & secrete de la Religion. N'osant pas attaquer directement la certitude des dogmes de l'Evangile, l'évidence de ses miracles, il peint, sous l'emblême des mysteres absurdes & des prodiges ridicules de l'Alcoran, ceux de J.C. Ce seroit une injustice criante que d'interpréter des paralleles qu'un Auteur n'auroit pas développés, s'il n'avoit pas choisi à dessein les traits les plus frappans & les plus propres à insinuer ses injurieuses comparaisons. Appliquons à cette occasion aux Philosophes ce que M. de *Montesquieu* a dit des beaux esprits François : *la fureur des Sophistes est de raisonner, & la fureur des raisonneurs est de faire des livres. La nature sembloit avoir sagement pourvu à ce que les erreurs des hommes fussent passageres ; l'impression les immortalise.* Celles de M. de *M.* seroient mortes avec lui ; elles subsisteront éternellement pour faire gémir le Christianisme & la vertu.

Les plaintes des gens de bien se firent encore entendre, lorsque l'*Esprit des Loix* parut en 1748, en trois volumes *in-12*. On accufa l'Auteur 1°. d'avoir avancé fyftématiquement, qu'il s'en faut bien que le monde intelligent foit auffi bien gouverné que le monde phyfique. 2°. Que dans les Monarchies la politique fait faire les grandes chofes avec le moins de vertu, qu'elle peut, qu'elles n'en ont aucun befoin, &c. 3°. D'avoir mis fur la même ligne les Moines les plus faints de l'Eglife Catholique, & les Pénitens idolâtres des Indes, & les Derviches de la loi Mahométane. 4°. D'avoir prétendu que, lorfque l'Eglife fit une loi du célibat pour le Clergé, il en fallut tous les jours de nouvelles, pour réduire les hommes à l'obfervation de celle-ci; que le Légiflateur fe fatigua, qu'il fatigua la Société, &c. 5°. Que la Religion Catholique convient mieux à une Monarchie, & la Proteftante à une République; & quand *Montezuma* difoit que la Religion des Efpagnols étoit bonne pour leur pays, & celle du Mexique pour le fien, il ne difoit pas une abfurdité, &c. 6°. Que les loix que Dieu a établies pour le Gouvernement du monde font auffi inévitables que la fatalité des Athées. 7°. Que les hommes ont été créés avec l'ignorance & la concupifcence, fujets aux maladies & à la mort. 8°. Qu'il n'y a jamais eu de Religion plus digne de l'homme, & plus propre à former des gens de bien, que celle des Stoïciens; qu'elle feule favoit faire les Citoyens, les grands Hommes, les grands Empereurs, &c. &c.

Au milieu de ces traits repréhenfibles, M. de *Montefquieu* énonce non-feulement, mais prouve les grandes vérités de l'exiftence d'un Etre fuprême, de l'immortalité de l'ame, de la liberté, de la diftinction du jufte & de l'injufte; & s'il a fait naufrage dans la foi, tout n'a pas péri dans ce naufrage. Mais les richeffes qui lui reftent, ne valent pas celles qu'il a perdues ou abandonnées. Tout tend à faire penser que l'Auteur n'étoit qu'un Déiste déguisé ; & les accusations intentées contre lui, ne peuvent être regardées comme téméraires.

Ce fut le *Nouvelliste Ecclésiastique*, qui les consigna dans ses feuilles. M. de *Montesquieu* y fut très-sensible. Il crut se disculper en publiant sa *Défense de l'Esprit des Loix*. Cette brochure ingénieuse est un modele de bonne plaisanterie, mais ce n'est guére autre chose. L'Auteur peu occupé du soin de se justifier, n'osant même le faire sur plusieurs articles, n'y cherche qu'à décliner le combat, qu'à jetter du ridicule sur son Adversaire, & qu'à faire rire à ses dépens ; mais il n'eut pas tous les rieurs de son côté. Le Censeur opposa à cette réponse une replique, dans les feuilles du 24 Avril & du 1er. Mai 1750. Il y dévoile pleinement les petites ruses de l'Auteur de la *Défense*. Il démontre deux choses, 1°. qu'à l'égard des reproches dont le Président s'efforçoit de se laver, il n'y réussissoit en aucune façon. 2°. Qu'il y en avoit un très-grand nombre, sur lesquels il n'osoit même entreprendre sa justification.

La mort du Président de *Montesquieu* fut digne d'un Chrétien, suivant les Ministres qui l'assisterent à la mort. Il laissa cependant des additions pour ses *Lettres Persannes* & pour l'*Esprit des Loix*, qu'il ne voulut pas remettre au P. *Routh* Jésuite son Confesseur. N'a-t-on pas lieu d'être surpris, dit un Ecrivain, qu'un homme aussi éclairé, dans un moment où les nuages des passions n'offusquent plus l'esprit, n'ait pu prendre sur lui de sacrifier à la Religion alarmée, des additions à un Livre scandaleux, & se soit chargé devant Dieu des suites terribles, que pouvoit avoir la décision des amis, auxquels il les confioit ? Il reçut cependant les Sacremens avec édification, & il promit que si Dieu lui rendoit la santé, il feroit publiquement aux Pâques prochaines ses dévotions dans sa Paroisse. Il avoua (à ce que dit son Confesseur dans une lettre à M. *Gualterio* Nonce de France) que ce qui l'avoit jetté dans des écarts au sujet de la Religion, étoit *le goût du neuf, le desir de passer pour un génie supérieur aux préjugés, l'envie de plaire aux personnes qui donnent le ton à l'estime publique*, &c. Les amis de M. de *M.* se sont inscrits en faux contre cet aveu; mais s'il ne l'a pas fait, il devoit le faire. Car si les Incrédules examinoient bien pourquoi ils ont cessé de croire, la plûpart trouveroient que leur incrédulité n'est pas aussi philosophique, aussi exempte de toute passion qu'ils le pensent, ou du moins qu'ils le disent.

Toutefois en détestant les principes du Président de *Montesquieu*, nous rendons justice aux qualités qui le distinguoient dans la société. Sa façon de vivre & de penser dans le monde étoit digne de sa naissance. Il plaisoit aux Grands, & il ne dédaignoit pas les petits. Son commerce étoit enchanteur; & ce qui vaut encore mieux, il étoit très-sûr. Les malheureux pouvoient compter sur son crédit & les indigens sur sa bourse. Il ne se déshonora ni par des querelles scandaleuses, ni par les travers de cette Philosophie altiere & dédaigneuse qui ramene tout à soi. Il sut être homme, Magistrat & Citoyen.

Au reste, M. *de Voltaire* est si accoutumé à se contredire, qu'il n'est pas étonnant qu'il nous ait reproché d'avoir cité M. de *Montesquieu* parmi les Incrédules. A-t-il oublié que dans son *Discours sur les contradictions de ce monde* il l'avoit dénoncé dès 1744, c'est-à-dire du vivant de l'Auteur, comme un impie? Qu'il a répété & envenimé plusieurs fois les traits hardis de l'Auteur des *Lettres Persannes*; qu'il a dit derniérement que ces traits étoient plus scandaleux que les blasphêmes qui conduisirent en 1766 le Chevalier de la *Barre* sur l'échaffaud ? Non content de développer malignement pendant la vie de M. de *Montesquieu* sa façon de penser sur la Religion, il l'a critiqué durement après sa mort.

Il a dit que l'*Esprit des Loix* n'étoit qu'un recueil d'épigrammes; il a trouvé du ridicule dans le titre & une foule de paradoxes & d'erreurs dans le corps de l'Ouvrage. Lui sied-il bien après cela de nous faire des reproches à nous, qui en avons parlé avec plus de modération & par de meilleurs motifs ? Si M. de *Montesquieu* vivoit, il sentiroit quelles vûes ont inspiré les deux critiques; & ayant toujours pensé que M. *de Voltaire* étoit un *bel esprit* & non un *bon esprit*, il le penseroit plus que jamais.

(*N. B.*) Voyez ce que M. *de Voltaire* a dit de M. de *Montesquieu* dans son *Discours sur les contradictions de ce monde*; dans son *Supplément au siécle de Louis* XIV; dans la *Liste des Ecrivains de ce siécle*, dans sa *Lettre à l'Abbé d'Olivet*, écrite en 1767; Dans ses Dialogues intitulés: *L'A. B. C.*; dans sa *Rélation de la mort du Chevalier de la Barre*, imprimée en 1768 & dans vingt autres endroits; & décidez après cela lequel de lui ou de nous a le plus manqué de respect à la mémoire du célèbre Président.

MORALE DE JESUS-CHRIST.
Si celle des Payens peut lui être comparée ?

QUE nous a appris JESUS-CHRIST, difent les Déiftes, & en particulier M. *de Voltaire*, qu'*Epictete*, *Plutarque*, *Cicéron*, *Marc-Aurele* ne nous euffent déja enfeigné avec plus d'énergie ?

Il eft vrai que les Philofophes Payens ont dit d'affez bonnes chofes fur les devoirs de l'homme ; mais on peut fe convaincre de la différence qu'il y a entre leur morale & celle de J. C. par la lecture de plufieurs Ouvrages, faits pour en montrer le contrafte. On peut même fe contenter de lire le jugement des Saints Peres, fur la Morale de la Philofophie Payenne, par le Pere *Baltus*, ou le parallele de la Morale Chrétienne avec celle des Philofophes par le Pere *Mourgues*. " Tous les Traités des „ Philofophes Payens enfemble, ne valent pas, dit „ M. *Pluche*, cette regle fi courte, de chercher en „ tout à plaire à Dieu, & à obliger le prochain. „ La Loi des deux amours eft fimple, lumineufe & populaire, tous les autres préceptes n'en font que le développement. L'amour de Dieu eft le nœud qui unit toutes les branches de la Morale & de la Religion. Quelle fublime fimplicité ! quel Philofophe Payen en a jamais approché, a jamais prêché le dépouillement de toutes affections terreftres, l'obligation de porter fa croix, les préceptes qui en découlent, & l'humilité prife dans le fens de l'Evangile ? (*a*) Quels Philofophes infpirerent le defir de

---

(*a*) On a fait voir que chez les Payens, l'humilité ne s'eft jamais prife que pour la baffeffe de la naiffance, de la condition & des fentimens.

F 4

posséder Dieu, apprirent à lui rapporter toutes nos actions, &c. à lui demande la vertu (a) & les graces dont nous avons besoin ? La perte de Dieu, dit un Savant, ne les affligeoit point ; ils n'étoient touchés ni de leur état, ni de ce qui devoit le suivre, & rien n'étoit plus éloigné de leur cœur que la pénitence & l'humilité ; ils ne connoissoient ni le mal, ni le médecin, ni le remede. Quels poids pouvoient ils donner à leur Morale ? les regles des mœurs avoient besoin d'être appuyées sur l'autorité divine.

Combien de rêveries dans la Théologie des Philosophes Grecs, à commencer depuis *Thalès* jusqu'à *Carnéade* ? Quoi de plus absurde, par exemple, que la Théologie d'*Anaximandre* qui croyoit que les Dieux recevoient l'être, qu'ils naissoient & mouroient, de loin à loin, & que c'étoient des mondes innombrables ; que celle de *Xénophane* qui enseignoit que toutes choses ne sont qu'une même substance immuable, éternelle, de figure ronde, qui est le vrai Dieu. *Xénocrate* admettoit huit Dieux : les Planettes en faisoient cinq, selon lui, les Etoiles fixes un toutes ensemble, le Soleil le septieme & la Lune le huitieme. Le Chef de la Secte des Stoïciens, *Zénon* donna dans ces opinions & dans d'autres encore plus ridicules.

Platon, le divin *Platon*, est rempli de folies. *Bayle* si prôné par les Incrédules, s'accorde avec *Ciceron*, en convenant que la doctrine Platonique n'est qu'un tissu de suppositions arbitraires, qui se combattent les unes les autres. En voici un échantillon : il dit dans le Timée & dans les Loix, " le
„ Monde, le Ciel, les Astres, la Terre, les Ames,

(a) Virtutem nemo unquam acceptam Deo retulit. *Cic. de Nat. Deor. lib.* 3.

,, les Divinités que nous enseigne la Religion de ,, nos Peres, tout cela est Dieu. ,, C'est dans ses Ouvrages, au rapport de *Tertullien*, que tous les Hérétiques ont puisé leurs erreurs. Il seroit inutile de nous étendre sur les chimeres des Philosophes Payens. On peut voir dans les ouvrages des premiers Docteurs de l'Eglise, les systêmes théologiques des Philosophes bien développés & réfutés. Les erreurs de ces Savans montrent de quels égaremens la raison est capable, lorsque Dieu la livre à elle-même.

Mais il falloit, disent nos Adversaires, *que la Morale des anciens Grecs fût bien pure & bien austere, puisqu'elle fut adoptée par les Esséniens les plus vertueux des Juifs.* C'est ce qu'il faudroit prouver. Nous ne connoissons les Esséniens que par les descriptions qu'en ont fait *Philon*, *Joseph* & *Pline*; tous les autres Auteurs qui en ont parlé, excepté *Dion-Chrysostome*, dont l'Ouvrage est perdu, ont tiré de ces premiers ce qu'ils en ont dit. Aucun d'eux n'a avancé qu'ils eussent adopté les maximes des Grecs sur le réglement des mœurs. Une Morale fine & recherchée auroit été bien mal assortie avec leur genre de vie. Uniquement occupés à l'Agriculture, à des Metiers, loin des grandes Villes & du tumulte des affaires, ils n'avoient pour maître dans la Morale que les Loix Divines & *Philon* le dit expressément. Il est vrai qu'ils vivoient en commun, ainsi que les Disciples de *Pythagore*; mais cela ne prouve rien. Ce fut *Pythagore* qui dans ses Voyages profita lui-même des connoissances des Juifs.

Le Philosophe *Hermippus*, cité par *Origene*, rapportoit dans son *Traité des Législateurs*, que *Pythagore* avoit puisé sa Philosophie chez les Juifs, & l'avoit ensuite portée dans la Gréce. *Moyse*, dit *Joseph* a précédé d'un grand nombre d'années tous les autres Légiſlateurs. C'eſt de nous que ſont venues les Loix que tant d'autres ont embraſſées ; & quoique les plus ſages des Grecs obſervent en apparence celles de leur Pays, ils ſuivent en effet les nôtres. Ils enſeignent à vivre de la même ſorte. Pluſieurs s'abſtiennent comme nous de manger de certaines viandes, & tâchent d'imiter l'union dans laquelle nous vivons, la communication que nous faiſons de nos biens, notre induſtrie dans les Arts, &c. Ainſi les Juifs n'ont point réglé leurs mœurs ſur les maximes des Grecs ; mais ſur les Loix ſacrées qui renferment une excellente Morale.

Nos Adverſaires ſe trompent également, en diſant que toutes les honnêtes gens parmi les Juifs ſuivoient la Morale répandue dans les Ouvrages de *Joſeph*. Cet Hiſtorien rapporte que les perſonnes de condition avoient embraſſé la Secte des Saducéens, & que leur opinion étoit que les Ames mouroient avec le Corps ; que Dieu ne prenoit pas garde au mal que faiſoient les hommes. Ils ſont d'une humeur ſi farouche, ajoute-t-il, qu'ils ne vivent pas moins groſſiérement entr'eux, qu'ils feroient avec des étrangers : il les dépeint ailleurs, comme des hommes ſans humanité. Voilà les gens qui régloient leurs mœurs ſur les maximes fines & recherchées que nos Critiques prétendent qu'ils avoient empruntées des Grecs.

Ils demandent pourquoi JESUS-CHRIST annonce ſans ceſſe, comme nouvelles, des maximes qui devoient être déja très-vieilles & uſées pour un grand nombre de Juifs ? Nous répondons, que la Nation Juive n'ayant pas bien compris toute l'étendue & les motifs des anciens préceptes, ils devenoient nouveaux en quelque ſorte par la maniere épurée dont le Meſſie apprenoit à les remplir.

La ſublimité de la Morale Evangélique eſt ſi

frappante, que dans ce siécle d'erreurs & de blasphêmes un Philosophe (J. J. *Rousseau*) n'a pu s'empêcher d'en faire ce bel éloge. " La sainteté de
,, l'Evangile parle à mon cœur. Voyez les Livres
,, des Philosophes avec toute leur pompe ; qu'ils
,, sont petits auprès de celui-là ! Se peut-il qu'un
,, Livre à la fois si sublime & si simple, soit l'ou-
,, vrage des hommes ! Se peut-il que celui dont il
,, fait l'Histoire, ne soit qu'un homme lui-même ?
,, Est-ce là le ton d'un enthousiaste, ou d'un am-
,, bitieux Sectaire ? Quelle douceur, quelle pu-
,, reté dans ses mœurs, quelle grace touchante
,, dans ses instructions ! Quelle élévation dans ses
,, maximes ! Quelle profonde sagesse dans ses dis-
,, cours ! Quelle présence d'esprit, quelle finesse
,, & quelle justesse dans ses réponses ! Quel empire
,, sur ses passions ! Où est l'homme, où est le sage
,, qui peut agir, souffrir & mourir sans foiblesse
,, & sans ostentation ! Quand *Platon* peint son
,, juste imaginaire couvert de tout l'opprobre du
,, crime, & digne de tous les prix de la vertu, il
,, peint trait pour trait JESUS-CHRIST ; la ressem-
,, blance est si frappante, que tous les Peres l'ont
,, sentie, & qu'il n'est pas possible de s'y tromper...
,, *Socrate* mourant sans douleur, sans ignominie,
,, soutint aisément jusqu'au bout son personnage ;
,, & si cette facile mort n'eût honoré sa vie, on
,, douteroit si *Socrate*, avec tout son esprit, fut
,, autre chose qu'un Sophiste. Il inventa, dit-on,
,, la Morale. D'autres avant lui l'avoient mise en
,, pratique ; il ne fit que dire ce qu'ils avoient fait ;
,, il ne fit que mettre en leçons leurs exemples.
,, *Aristide* avoit été juste avant que *Socrate* eût dit
,, ce que c'étoit que justice ; *Léonidas* étoit mort
,, pour son pays avant que *Socrate* eût fait un de-
,, voir d'aimer la patrie ; *Sparte* étoit sobre avant

„ que *Socrate* eût loué la fobriété ; avant qu'il eût
„ défini la vertu, la Gréce abondoit en hommes
„ vertueux. Mais où JESUS avoit-il pris chez les
„ fiens cette morale élevée & pure, dont lui feul
„ a donné les leçons & l'exemple ? La mort de *So-*
„ *crate*, philofophant tranquillement avec fes amis,
„ eft la plus douce qu'on puiffe défirer ; celle de
„ JESUS expirant dans les tourmens, injurié, rail-
„ lé, maudit de tout un Peuple, eft la plus hor-
„ rible qu'on puiffe craindre. *Socrate* prenant la
„ coupe empoifonnée, bénit celui qui la lui pré-
„ fente & qui pleure ; JESUS au milieu d'un fup-
„ plice affreux prie pour fes bourreaux. Oui, fi la
„ vie & la mort de *Socrate* font d'un Sage, la vie
„ & la mort de JESUS font d'un Dieu. Dirons-nous
„ que l'Hiftoire de l'Evangile eft inventée à plai-
„ fir ? Non, ce n'eft pas ainfi qu'on invente, &
„ les faits de *Socrate*, dont perfonne ne doute, font
„ moins atteftés que ceux de JESUS-CHRIST. Au
„ fond, c'eft éluder la difficulté fans la détruire.
„ Il feroit plus inconcevable que plufieurs hommes
„ d'accord euffent fabriqué ce Livre, qu'il ne l'eft
„ qu'un feul en ait fourni le fujet. Jamais des Au-
„ teurs Juifs n'euffent trouvé ni ce ton, ni cette
„ morale, & l'Evangile a des caractères de vérité
„ fi grands, fi frappans, fi parfaitement inimita-
„ bles, que l'inventeur en feroit plus étonnant que
„ le Héros. „

MOYSE.

§. I.

Y a-t-il eu un Moyse ?

M. *de Voltaire* dans sa *Philosophie de l'Histoire* fait tous ses efforts pour prouver que *Moyse* n'est autre chose que *Bacchus*, & que son histoire n'est que celle de ce Dieu défigurée & reproduite sous un autre nom. Pour pouvoir juger ce procès, il faut voir les titres & entendre les raisons de part & d'autre ; les Juifs s'expriment ainsi : " *Moyse* est
„ né parmi nous ; nos Peres ont vu ce grand Hom-
„ me ; ils ont connu ceux dont il a reçu la nais-
„ sance ; ses vertus héroïques ont attiré sur lui la
„ bénédiction du ciel ; Dieu l'a choisi pour être le
„ Chef de sa Nation ; ils ont été témoins de ses
„ miracles ; ils ont vu l'Egypte changer de face à
„ sa volonté, la terre & la mer obéir à ses ordres ;
„ c'est lui qui les a délivrés ; il les a conduits pen-
„ dant quarante ans dans le désert ; c'est lui qui
„ nous a donné des Loix ; ce sont ces Loix que
„ nous suivons encore ; il a établi l'Arche de l'al-
„ liance qui étoit le sanctuaire de notre Religion,
„ & qui a donné la forme à notre culte ; culte qui
„ s'est maintenu parmi nous sans interruption ; les
„ Egyptiens eux-mêmes témoins des prodiges qu'il
„ a opérés, ne les ont jamais désavoués : ils ont
„ eu nos Livres entre leurs mains, qui portent té-
„ moignage contre leur injustice & leur endurcis-
„ sement ; qui racontent les châtimens que Dieu
„ leur a fait éprouver ; & malgré cela ils ne se
„ sont jamais plaints d'être accusés faussement. A
„ une premiere génération de deux millions de

„ personnes en a succédé une autre qui a conversé
„ avec ce Législateur, qui a obéi à ses ordres, qui
„ l'a vu se choisir un successeur, & enfin disparoî-
„ tre du milieu de son Peuple : la nation a obéi à
„ ce successeur, & c'est lui qui nous a mis en pos-
„ session de la terre que nous avons habitée pen-
„ dant seize siécles. Les Livres de *Moyse* ont été
„ écrits en présence de la nation, & nous ont été
„ transmis d'âge en âge sans que jamais personne
„ ait osé se les attribuer ; ces Livres ont toujours
„ été l'objet de notre foi, la regle de nos mœurs
„ & le fondement de nos espérances ; ils disent
„ encore que les nations voisines ont connu *Moyse* ;
„ que leurs plus anciens Auteurs en ont parlé ; ,,
& en effet les anciens Perses, au rapport de M.
Hide, connoissoient *Moyse*, ils l'appelloient le *Berger Rousseau*. Voilà une partie des titres que les Juifs nous montrent : examinons présentement ceux de l'Auteur.

Ses titres se réduisent à des raisonnemens qui ne prouvent rien. Il prétend que *Bacchus* & ses orgies étoient célébrés par les Grecs avant qu'ils eussent pu connoître les Livres de *Moyse* ; & qu'ils n'ont pas pu prendre l'idée de *Bacchus* sur les Livres Juifs qu'ils n'entendoient pas ; & que dans les vers attribués à l'ancien *Orphée* on y célebre les conquêtes & les bienfaits de ce demi-Dieu. Je ne sais pas comment le Public a trouvé ce raisonnement ; quant à moi, il me paroît de la plus grande foiblesse.

En effet, est-ce sur l'histoire de *Moyse* que les fables de *Bacchus* & d'*Hercule* ont été prises ? Est-ce sur quelqu'autre histoire ? Personne ne le sait. Y a-t-il eu un *Bacchus* & un *Hercule* conquérans, dont les Grecs grands amateurs du merveilleux, aient embelli l'histoire ? Cela peut être sans avoir vu les Livres Juifs ; ils auront pu aisément inventer ou

MOYSE.

embélir l'histoire de *Bacchus* & d'*Hercule*. *Orphée* qui vivoit cinq cens ans après *Moyse*, & les autres Grecs ont-ils appris les grandes choses opérées par le ministere de ce Législateur? Cela est très-présumable; & ne voulant pas en faire honneur aux Juifs avec lesquels ils n'avoient aucun commerce, ils auront défiguré ces faits, comme cela leur étoit fort ordinaire, & ils les auront ensuite attribués à des hommes qu'ils avoient divinisé; cela est très-possible.

Voilà tout ce qu'on sait sur la ressemblance de *Moyse* avec *Bacchus*, & tout ce qu'on peut conjecturer de plus raisonnable; mais dans tout cela, y a-t-il quelque chose qui puisse affoiblir l'histoire de *Moyse*? Ajoutez qu'il est faux que l'Orient & l'Occident aient jamais retenti des orgies de *Bacchus*. L'Orient & l'Occident ne connoissoient ni *Bacchus*, ni les orgies, pas même le terme; ces sottises n'étoient connues que dans la Grece, & tout au plus dans quelques Provinces voisines; encore *Bacchus* prenoit-il une autre forme: si elles furent connues dans la suite à Rome, ce fut à l'imitation des Grecs. Il paroît que *Bacchus* est un être imaginaire, ou que ce n'est qu'*Adonis*, époux de *Venus*; les Egyptiens les adoroient sous les noms d'*Isis* & *Osiris*, les Phéniciens sous les noms d'*Adonis* & *Venus*: voici comme en parle le Poëte *Ausonne*.

> *Orgia me* Bacchum *canit : Osirim*
> *Ægyptus ; vocat Arabica gens* Adonacum.

> Je suis *Bacchus* dans les Orgies ;
> En Egypte je suis *Osiris* ;
> Les Arabes me nomment *Adonis*.

Macrobe nous dit que les Babyloniens & les Assyriens célébroient aussi le culte d'*Adonis* & les lamentations de *Proserpine*.

Suivons notre Philosophe : *aucun Auteur Grec n'a cité* Moyse *avant Longin.* Voilà qui est d'une fausseté évidente ; car *Diodore* de Sicile, qui vivoit sous *Jules-César*, par conséquent trois cent ans avant *Longin*, nous dit que *Moyse* s'appliqua à la guerre avec beaucoup de prudence, & obligea les jeunes gens de sa nation à en faire les exercices, & à en supporter les fatigues ; qu'il entreprit plusieurs guerres contre les nations voisines, & laissa aux Juifs un fort beau pays. Ce même *Diodore* de Sicile parle de *Moyse* en ces termes : *Moyse Législateur des Juifs assura que Dieu qu'il appelle* Jao *lui avoit dicté ses loix.* Artapane en a parlé mille ans avant *Longin*, & les Ouvrages de cet Egyptien se lisoient dans la chronique d'Alexandrie.

D'ailleurs, que prouveroit le silence des Grecs qui, pleins de mépris pour les autres peuples qu'ils regardoient comme des barbares, ne s'occupoient que de leurs affaires ? Ne savons-nous pas que lorsqu'ils ont écrit l'histoire des autres peuples, le plus souvent ils nous ont conté des fables ? S'ils n'ont pas parlé de *Moyse*, je ne vois pas non plus qu'ils nous aient parlé des Législateurs qui ont pu paroître chez les Scythes, les Sarmates & les Colchiens, dont ils étoient plus voisins que des Juifs. (Voyez les articles de BACCHUS & des JUIFS.)

§. II.

Examen de la premiere révélation faite à Moyse.

I. Nous venons de voir qu'il y a eu un *Moyse* Auteur du *Pentateuque* & Législateur des Hébreux. La tradition des Payens & des Chrétiens l'attestent sans variation. (*) Ce Livre seul m'instruit solide-

---

(*) Voyez les Ouvrages de *Joseph* ; M. *de Voltaire* dit
ment

ment fur la nature de Dieu, fur l'origine du monde, fur l'état actuel de l'homme. Il éclaircit ces abîmes impénétrables à tous les génies. Il remplit nos defirs, nos befoins : premiere indice de la révélation. Ce Livre eft un monument des plus importans pour le Peuple qui l'a confervé. Il contient tout ce que ce Peuple a de plus cher, fon origine, fa Religion, fa police, fes privileges, fes droits & fes efpérances. Auffi a-t-il été également connu & refpecté de toute la Nation dans tous les temps.

II. Ce Livre n'a pu être fabriqué ni par les Chrétiens qui l'ont reçu des Juifs, ni par les Juifs, qui dans tous les temps l'ont regardé comme l'ouvrage de *Moyfe*. Sept cens ans avant JESUS-CHRIST les Samaritains divifés d'avec les Juifs, le confervoient avec la vénération qu'ils avoient pour fon Auteur. Ces deux Peuples toujours divifés, ne s'accordent que fur l'origine & l'ancienneté de ce Livre. Trois cens ans avant le Chriftianifme, *Ptolomée*, Roi d'Egypte, en fait faire à grands frais, une verfion de l'Hébreu en Grec ; verfion authentique, qui fuppofe non-feulement l'original préexiftant, mais l'aveu de toute la Nation. L'hiftoire de *Juda* & d'*Ifraël*, Schifmatiques, attefte qu'il n'a point été fuppofé dans les fiécles fuivans ; il eft donc antérieur aux Rois, aux Juges ; il eft donc de *Moyfe*.

III. Ce Livre n'a pu être falfifié ni altéré. Qui l'auroit ofé, après les menaces de l'Auteur ? Tout l'ouvrage eft tellement lié, que l'altérer dans quelques points, c'eût été dénaturer le *Pentateuque*. Il annonce des faits à venir, & ces faits arrivés & infcrits dans des actes publics le confirment, & at-

---

qu'il ne cite aucun Auteur qui parle de *Moyfe* ; qu'on l'ouvre & on verra le contraire.

testent également sa vérité & son antiquité. Tous les Livres suivans, qu'on peut regarder comme les archives de la Nation Juive, le citent & le célebrent. Le second temple ramene au premier, bâti par *Salomon*. La paix, les richesses dont jouit ce Prince, sont les fruits des conquêtes de ce Peuple, sous *David*, sous *Saül*, sous les *Juges*, jusqu'à *Josué*, jusqu'à la sortie d'Egypte. Il en sort, & on se souvient comment il y est entré. Les douze Patriarches paroissent, & toutes ces branches vont aboutir à un tronc commun, à *Abraham*. Les Machabées, les Rois, les Prophêtes, tous rappellent la loi & les récits de *Moyse*. Toute l'histoire des Juifs sert donc de certificat solemnel à l'intégrité du premier Historien du monde; Ecrits, chants sacrés, événemens, témoignages, tout la constate.

D'ailleurs, que d'obstacles invincibles à la falsification de ce Livre ! Une Providence supérieure ménage jusqu'au Messie, une suite de faits qui en montre la pureté. Après *Josué*, l'état des Juifs n'est qu'un cercle de captivité & de liberté. On y voit l'exécution des menaces de *Moyse*. Au lieu de haïr & de supprimer cette histoire de leurs malheurs, elle est l'objet de leur confiance. Peu-à-peu les divisions éclatent; *Israël* ou *Juda* auroit divulgué l'attentat; cependant, ni les Tribus séparées, ni les Rois ennemis, ni les Samaritains irréconciliables, n'y font jamais aucune altération. Tous gardent ce Livre & y vont puiser, comme dans un dépôt pur & sacré, les grands événemens qui les intéressoient si particuliérement. La Manne, la Verge d'*Aaron*, les Tables de l'Alliance, l'Agneau Pascal, n'eussent ils pas servi de témoignage contre quiconque eût osé, ou douter des faits, ou altérer le Livre, dans lequel ils étoient consignés ? (Voyez PENTATEUQUE.)

Mais, dit l'Incrédule, *fous* Josias, Ammon & Manassés, *le Livre de* Moyse *avoit disparu. Le Prêtre* Helcias *en le ressuscitant, y mit ce qu'il voulut.*

Réponse. *Helcias* retrouva seulement l'ancien original sacré, mais les copies qui étoient entre les mains du Peuple eussent mis au grand jour son infidélité, s'il eût été assez téméraire pour hazarder cet attentat ; il n'est pas douteux que les Livres de *Moyse* étoient communs & répandus avant le regne de *Josias*. Ils sont cités dans le IVe. Livre des Rois, (chapitre 14.) à l'occasion des meurtriers du pere d'*Amasias*. Il est sans cesse parlé dans *Salomon* & dans *David* de la loi du Seigneur ; or, cette loi n'étoit autre chose que celle que les Juifs tenoient de *Moyse*.

Les Impies ont beau dire que *Moyse* ne pouvoit pas écrire dans un désert. Comment prouvent-ils cette assertion ? Connoissent-ils l'antiquité des Arts ? Celui de l'écriture est plus ancien qu'ils ne pensent. L'Auteur du *Dictionnaire Philosophique* ramasse en vain des contradictions apparentes, pour prouver que *Moyse* n'est pas l'Auteur du *Pentateuque*. Les objections qu'il fait peuvent se résoudre facilement, en avouant qu'il y a quelques endroits ajoutés ou changés dans le Texte, comme la mort & la sépulture de *Moyse* rapportées dans le dernier chapitre du *Déuteronome*, comme le nom & la position de quelques Villes, &c. &c.

„ On veut trouver dans le *Pentateuque*, dit l'Au-
„ teur *des Mémoires de Trévoux*, (Journal de Janvier
„ 1765, page 215.) des anachronismes ; mais on
„ oublie que *Moyse* n'étoit pas moins le Prophète
„ que le Législateur de son Peuple. On critique l'an-
„ ticipation des noms, qui ne furent donnés aux
„ Villes qu'après la mort de *Moyse* ; mais outre
„ qu'elles peuvent être ainsi nommées par prédic-

„ tion, comme *Cyrus* le fut par son nom deux sié-
„ cles environ avant sa naissance, seroit-il contre
„ la pureté & l'intégrité du Texte, que les reviseurs
„ & les copistes pour le rendre plus intelligible,
„ eussent remplacé par des noms plus connus, les
„ noms donnés anciennement aux Villes dans le
„ *Pentateuque* ? On voudroit qu'une Religion cé-
„ leste dans son origine, son objet & sa fin, ne fît
„ point venir à l'appui de ses loix, des récompen-
„ ses & des châtimens temporels ; mais le génie
„ du Peuple, la nature du Gouvernement Théocra-
„ tique, dont *Moyse* étoit le Ministre, n'exigeoit-
„ il pas ces ressorts, pour contenir un Peuple dont
„ les révoltes réitérées, nous prouvent assez la
„ grossiéreté & l'inconstance ? Ce que nous lisons
„ de la vie de ses Patriarches nous apprend, que ce
„ Peuple n'a pu ignorer les promesses de sa Reli-
„ gion pour l'autre vie, consignées dans le dépôt
„ des Saintes Ecritures ; & sa conduite nous dé-
„ montre, que cette croyance n'étoit pas un frein
„ pour la dureté de son caractere. „ (Voyez la *Défense de la Religion*, par M. *François*.)

Les Incrédules insistent & disent que si le Prêtre *Helcias* ne ressuscita pas le *Pentateuque*, ce Livre périt ou fut oublié dans la captivité. *Esdras & Néhémie saisirent ce temps d'ignorance pour donner une fable à ce Peuple superstitieux.*

REPONSE. Les Juifs même captifs savoient & gardoient scrupuleusement la Loi. Ils étoient instruits par *Ezéchiel, Jérémie, Daniel & Baruch*, qui citoient ce Livre sans cesse. Un faussaire auroit-il pu, en changeant le *Pentateuque*, changer tous les Livres où il étoit cité, & y inférer les Prophéties accomplies depuis ? La rigueur & la sévérité d'*Esdras* n'eussent-elles pas porté quelques mécontens à lui reprocher son innovation ? Les Samaritains eussent-ils toujours gardé le silence ? *Esdras* eût-il ofé , en vertu de la loi de *Moyfe* , ôter les terres aux ufurpateurs , & chaffer les femmes étrangeres ? Enfin , qu'auroient dit les Prophêtes *Aggée*, *Zacharie*, *Malachie* , à la vue de ces nouveautés ?

IV. *Moyfe* a pu être inftruit de tout ce qu'il raconte. Cet Hiftorien a pu percer dans le chaos de 2433 ans, qui l'avoient précédé, & puifer dans des fources pures & lumineufes. La longue vie des hommes offroit un petit nombre de générations écoulées, & le rapprochoit du berceau du monde. *Amram* fon pere avoit vécu avec *Lévi*, fon ayeul; *Lévi*, avec *Ifaac*; *Ifaac*, avec *Sem*, fils de *Noé*; *Noé*, avec *Mathufala*, durant fix cents ans; & celui-ci plus de deux cents ans avec *Adam*. Tout ne rouloit donc que fur fix têtes, & paroiffoit encore récent. Notre ignorance vient du peu de temps que nous vivons avec nos ayeux. Les petits enfants étoient inftruits autrefois par les trifayeux. Il étoit encore plus aifé à *Moyfe* de favoir ce qui étoit arrivé depuis le déluge. Les vieillards de fon temps avoient converfé avec *Jacob*, & *Jacob* avec *Abraham*. La mémoire de *Jofeph* étoit fraîche en Egypte. Que de facilité pour recueillir les anciennes traditions du monde !

Une autre fource de lumiere étoit les monumens que les Patriarches avoient érigés des principaux événemens de leur vie. On montroit les lieux où ils avoient habité; les puits qu'ils avoient creufés; les monts où ils avoient facrifié, où Dieu leur étoit apparu, & les tombeaux où repofoient leurs cendres. Leur mémoire étoit célebre dans tout l'Orient. Sans écriture on favoit ce que vouloit dire un tas de pierre, une colonne, &c. Enfin les noms fignificatifs des Patriarches avoient rapport à quelque trait fingulier, qu'on expliquoit aux enfans.

On confervoit dans la ligne des chefs de famille, des mémoires tracés, ou fur des écorces d'arbre, ou dans des chants ufités dès les premiers temps.

Entrons maintenant dans le fond des inftructions de *Moyfe*. Elles renferment des faits & une morale ; & l'un & l'autre pour annoncer la révélation, doivent être conformes à la raifon, à l'expérience & à la Religion naturelle. Car le Dieu de la nature doit être le même que celui de la révélation.

§. III.

Examen des faits que Moyfe raconte. Ils font conformes à la raifon & à la nature.

I. Tout l'Univers, le cours des Aftres, les changemens des Saifons, les progrès de la Société, des Sciences & des Arts, prouvent la création du monde depuis un certain nombre de fiécles.

II. L'œuvre des fix jours terminée par un feptieme jour de repos, eft atteftée par les fix jours de la femaine, en ufage chez les Nations les plus anciennes. La fanctification du feptieme jour diftinguoit le Peuple Juif. Elle réfutoit l'éternité du monde, & le culte des fept Planetes ou de l'armée des cieux.

III. La diftinction de la lumiere d'avec le foleil, confondoit les Idolâtres qui adoroient le foleil comme l'Auteur de tout. L'expérience démontre cette diftinction. La lumiere eft indépendante du foleil ; elle ne reçoit des aftres que fes déterminations diverfes. L'air fubfifte avant le fon & la lumiere, avant l'impulfion du foleil.

IV. L'ufage des aftres eft de régler les fêtes, les travaux, & de fixer les jours, les mois & les ans. Tel fut le Calendrier de tous les Peuples.

V. La multiplication des efpêces par les germes

contenus dans leur principe, même avant l'action du soleil ou l'induſtrie des hommes, eſt ſenſible. Tout fut fait; & rien, dans le monde matériel, n'eſt créé de nouveau; & ainſi Dieu n'accorde la fécondité qu'aux eſpêces, dont il a créé & béni, dès le commencement, les germes deſtinés à en produire d'autres.

VI. L'homme pour qui tout eſt fait, en eſt le ſouverain. En général, il eſt Géometre, Mécanicien, Aſtronome, Navigateur, Architecte, Roi. Sa double compoſition & ſon origine, ont été connues dans tous les temps, & célébrées par les premiers Poëtes Payens; les hommages envers le premier Etre, pratiqués par les vœux, l'abſtinence, les obligations, ou ſacrifices, ſe ſont trouvés chez toutes les Nations.

VII. La chûte de l'homme & ſon banniſſement du lieu de félicité, peuvent ſeul être le dénouement de ces myſteres, qui nous font voir alternativement, dans la nature humaine, des prodiges de grandeur & de miſere. L'homme étoit fait pour le bien & le vrai : il ſe dégrade : il en porte la peine. Mais après le péché les ſacrifices devinrent néceſſaires. Dieu voulut bien agréer le ſang des animaux à la place de celui du coupable : ce rachat ne fut cependant reçu qu'en vue de la victime future, qui devoit ſatisfaire pour tous. Point de Peuple qui n'ait offert des ſacrifices. Témoignage éclatant & public de dépendance, de confiance envers la divinité. Delà encore, le reſpect pour les vieillards, pour les morts, les repas communs, les fêtes; autant de pratiques traditionnelles inſpirées aux premiers hommes avec la Religion naturelle & tranſmiſes à leurs deſcendans; autant de preuves d'une origine commune, d'une regle paſſée reçue. Il n'y a que l'Idolâtrie, qui ait corrompu cette ſource pure.

MOYSE.

VIII. Après avoir tracé le tableau de la dépravation de l'homme, *Moyse* raconte les progrès de la malice de son cœur, dans *Caïn*, *Lamech*, *Nemrod*, enfin dans tous les hommes. Le déluge purge la terre & sert de leçon terrible aux siécles futurs. L'antiquité payenne en a conservé la mémoire, & les attestations en sont publiques, comme la vie des hommes raccourcie, la variété des saisons & les météores dont *Moyse* ne parle qu'après le déluge. Le *Deucalion* sauvé du naufrage & repeuplant la terre, signifie, en langue orientale, l'*affoiblissement du soleil*; les corps marins, les coquillages trouvés jusques sur les montagnes les plus éloignées des mers, prouvent & ce déluge & le déplacement des eaux. Enfin, il falloit que *Moyse* fût bien instruit des dimensions de l'Arche si bien proportionnée à ce qu'elle devoit contenir, que tous les calculateurs y ont trouvé les mesures géométriques.

IX. *Moyse* qui connoissoit si bien les titres Egyptiens, ne craint point de faire remonter l'origine du genre humain au seul *Adam*. Il en fixe le berceau, les âges & les générations. Tous partent de Babel huit cents ans avant lui. Il ne s'embarrasse point comme ils ont passé les mers, pourquoi les uns sont blancs, les autres noirs. Or, l'histoire confirme son récit. La plaine de Sennaar, au confluent du Tigre avec l'Euphrate, la beauté, la fertilité de ce Pays plat, l'Alphate & le Bithume naturels au sol, sont attestés par *Amien Marcellin*, qui suivoit l'Empereur *Julien*, & par *Pline* & *Ptolomée*. La tour du ralliment, la confusion, l'origine des Langues, la dispersion des hommes, tout cela est connu & devance les histoires. De la Chaldée, tous, selon les desseins de Dieu, vont peupler les climats éloignés. Chaque colonie unie par son lan-

MOYSE.

gage, s'arrête & se fixe : ailleurs on ne les entendroit pas. Tout part de l'Orient, les hommes & les arts, & se répand au Midi, à l'Occident & au Nord. Les trois premieres colonies se multiplient en paix sur les côtes de l'Asie, en Egypte & à la Chine. Tous conservent la premiere tradition, dont on reconnoît les traces dans les fables même qui l'ont altérée. Les autres colonies dispersées & séparées de toute société avec les premieres, tomberent dans un abrutissement & une barbarie, dont elles ne sont sorties que par leur commerce ouvert avec l'Orient, qui fut toujours le siege des sciences & des arts, d'où ils se sont toujours répandus dans le reste du monde, comme l'histoire l'atteste. Tout concourt donc à certifier le récit de *Moyse*. La Géographie même est pour lui. Tout y est placé dans ses vraies positions locales. *Moyse* est bien plus exact qu'*Homere* & *Tite-Live*, & 1500 ans avant *Auguste*, il ose raconter l'enfance du monde, & partager la terre entre les fils & petits-fils de *Noé*. *Japhet* va au Nord de l'Asie, dans les Pays maritimes de l'Europe. *Cham* au Midi & dans l'Afrique ; c'est le *Hamon* des profanes. *Sem* reste en Asie, en deça & au delà de l'Euphrate. Ce partage se trouve chez les Poëtes dans le fatras de leurs fables.

Moyse place tous les autres dans leurs cantons, y assigne les peres des peuples divers, & les fondateurs des Nations connues. Lui seul a pu avoir ce détail précieux, ou par révélation, ou par une tradition fidele. Il est donc le seul à consulter, comme le flambeau de l'érudition historique. Les Auteurs profanes nous mettent ou nous laissent dans les ténebres. L'Ecriture seule nous montre les lieux, les dates, les coutumes & les faits. Dans le récit de *Moyse* tout est lié & suivi. Dès la naissance du monde *Adam* est créé pour Dieu. Il sort de l'ordre : il est puni, mais il lui reste un culte & une espérance : la terre est noyée par ses crimes ; mais elle est bientôt repeuplée. Les cœurs se dépravent encore ; mais Dieu met à part un Peuple qui conserve la pureté de son culte & de ses oracles. Il lui donne une loi ; il lui confirme les promesses du salut. Mettez à côté de cette histoire, les fables Payennes, les histoires Egyptiennes, Chinoises, & celles même du Chevalier *Marsham*, copiste de *Manethon*, le plus infidele des Auteurs, & jugez.

§. IV.

Examen de la morale de Moyse ; *elle est conforme à la Religion naturelle & prouve la révélation.*

I. Quelle idée magnifique de Dieu ! il est, dit *Moyse*, infini, éternel, tout-puissant ; tout existe par lui, il conduit tout. On sent qu'un Dieu doit être tel. Comparez ces notions pures aux rêveries des hommes ; il restera évident que *Moyse* seul a connu le vrai Dieu. Quels devoirs prescrit-il aux mortels ? Aimer le Seigneur de tout son cœur : par un seul mot, voilà toutes les Idoles renversées. Le culte suprême est donc l'adoration, l'obéissance, la confiance.... Tout est renfermé dans l'amour : quoi de plus simple, de plus juste, de plus naturel au cœur humain ! Nulle autre Religion n'a appris à aimer Dieu. Que les autres préceptes, qui en dérivent, sont raisonnables ! Tels que ceux-ci : *Ne point prendre en vain son saint Nom ; lui rendre en certains temps des hommages publics*, &c. Le reste des loix qui concernent le prochain, n'est évidemment que le développement de la loi naturelle ; & une société fidele au Décalogue seroit parfaite.

II. Que nous apprend-il sur l'origine des créatures ? Les Payens ne nous débitent que des chimeres : ici, tout part de la volonté puissante d'un Dieu qui fait tout à son gré. Il veut ; déja la terre & le ciel sont, la lumiere est faite, le soleil brille, la mer séparée est remplie de poissons, l'air est peuplé d'oiseaux, les animaux couvrent la surface de la terre, la nature dans l'étonnement attend un Maître. Le Créateur forme l'homme à son image, tracée dans son ame qui n'est faite que pour Dieu. L'homme est heureux : il connoît son Dieu, il l'aime, & il aime en lui tous ses ouvrages ; son corps est soumis à son esprit, qui y excite des mouvemens ou les arrête à sa volonté : maître des impressions extérieures, il les régit selon les regles de sa raison & de sa Religion ; il reçoit une compagne : ces deux chefs sont heureux parce qu'ils sont dans l'ordre. Le souverain Etre leur donne une loi sainte & aisée. *Adam* la viole, alors tout change en lui. Le châtiment suit la révolte ; il faut mourir, & déja il sent le coup porté à l'innocence de son ame. Son malheur retombe sur tous ses descendans. Fils d'un pere coupable, ils partagent son sort. Nous sentons la punition & nous la portons. Sans cette dégradation de l'humanité, comment expliquer ses contrariétés ? Les recherches des Philosophes n'ont abouti qu'à des plaintes aveugles ou à un désespoir insensé. C'est qu'en connoissant nos maux, ils en ignorent les causes & les remedes. *Moyse* éclaircit tout : la nature n'est plus marâtre ; elle n'est que malheureuse, parce qu'elle est criminelle ; Dieu n'est plus injuste, mais miséricordieux.

Mais, dit l'Incrédule, *peut-on être coupable avant l'usage de sa liberté ?*

Reponse. Oui, comme on seroit innocent, si *Adam* étoit demeuré fidele. Nous naissons pécheurs en *Adam*; c'est une vérité dont le sentiment intérieur est la preuve. Le *comment*, Dieu nous l'a caché. Quelle différence de nous, avec *Adam* sortant des mains du Créateur! D'où viendroient donc nos maux? Du hazard? Du caprice de la nature? D'une métempsycose? D'un double principe? Pitoyable ressource! Reste donc le seul dénouement qu'en donne *Moyse*. *Adam* en recevant la défense, reçoit les menaces du châtiment qui suivroit sa rébellion. En désobéissant, il en sent l'exécution. Son crime & sa punition nous deviennent communs, par le pacte, ou le plan dont le Créateur lui fit part; savoir, que sa destinée seroit la nôtre, par une ressemblance d'inclinations & d'état attachées à son sang, par-tout où il couleroit. Tout est donc équitable; & convenoit-il qu'*Adam* péchant, Dieu revoquât ou changeât ses décrets?

Mais Dieu prévoyoit cette chûte; il pouvoit l'empêcher: étant si bon, comment n'a t-il pas prévenu un mal qui entraînoit des suites si funestes?

Reponse. Rien ne prouve que Dieu ait dû empêcher la chûte d'*Adam*. L'ayant créé libre & le maître du sort de sa postérité, c'étoit à ce chef si puissamment secouru & si foiblement tenté de diriger ses voies pour le bonheur de tous. La raison ne peut attaquer ce mystere, ni l'expliquer autrement; elle doit se contenter dans les ressources, qu'elle trouve dans les miséricordes du Seigneur.

III. Dieu seul a pu inspirer à *Moyse* une loi si parfaite. Devant elle, disparoissent les *Solon*, les *Licurgue*... Le culte de Dieu & l'amour du prochain sont le fondement de cette loi. La Religion est supérieure à l'Etat. Elle en fait le soutien, en réglant les mœurs, en dirigeant la police; en un mot, elle commande toutes les vertus & elle condamne tous les vices. Tant que la République Juive a subsisté, il n'a été besoin d'y rien ajouter, ni d'en retrancher. Tous les changemens survenus au Gouvernement étoient prévus: caractere unique, témoignage de révélation, qu'on ne reconnoît pas dans les fables d'Athenes, de Lacédémone & de Rome.

A quoi bon cette distinction des viandes, ces purifications, ces sacrifices si multipliés?

REPONSE. Le caractere des Hébreux, les coutumes des Peuples voisins, les vues du Législateur rendoient ces loix nécessaires, une sagesse supérieure mettoit cette barriere à l'Idolâtrie, conservoit la pureté des mœurs de Juda; elle offroit mille moyens de sanctification.

Moyse tenoit donc ces pratiques des Nations voisines & non d'aucune révélation?

REPONSE. Ce que ces pratiques avoient de commun avec celles des autres Nations, comme l'offrande des fruits, les sacrifices, les libations, les lieux sacrés, les fêtes, &c. leur avoit été enseigné par la tradition. Cette tradition s'étoit perpétuée même chez les Idolâtres, où on conservoit soigneusement ces restes précieux de la Religion naturelle. Mais le détail des loix, de la morale, des cérémonies, du culte, étoit dirigé par une révélation, ou une inspiration spéciale. Le tout tendoit à préserver les Hébreux de l'idolâtrte & à leur présenter des ombres du Libérateur promis,

Quelle loi, qui n'offre que des promesses & des menaces temporelles?

REPONSE. Des hommes grossiers doivent être frappés par les sens, pour être retenus dans le devoir. L'exécution de ces promesses & de ces menaces attestent la fidélité, la volonté, la puissance de l'Etre suprême. Cependant les Hébreux y découvrent aussi les biens & les maux invisibles: ils y voient l'annonce d'une vie future; & l'attente du Messie disoit tout.

Pourquoi confiner la révélation dans un coin de la terre, & supposer tout l'Univers dans les ténebres?

Réponse. Les autres Peuples avoient la Religion naturelle. En l'oubliant ou en la corrompant, ils se rendoient indignes des faveurs particulieres de la Providence. D'ailleurs, la révélation faite aux Hébreux se manifestoit aux Nations, témoins des merveilles opérées en faveur du Peuple choisi. Il ne tenoit qu'à elles de participer aux bénédictions de la loi. La Nation Juive étoit célebre; elle habitoit le centre des trois continens; lieu fréquenté de toutes parts. Ce Peuple reçoit les promesses; sédentaire, il les conserve; dispersé, il en administre par-tout les preuves; & en cessant de faire corps, il demeure pour témoin de l'accomplissement de tous les oracles de la divinité. (Voyez le §. 1. de l'article Miracles, & Mer Rouge.)

MYSTERES.

Raisons que le P. Bourdaloue donne pour les croire.

JE permets à l'impie, dit le P. *Bourdaloue* dans ses Pensées, de former sur les Mysteres de la Religion toutes les difficultés qu'il lui plaira, de les grossir & de les exagérer. J'irai même, s'il est besoin, jusqu'à tolérer ses mauvaises plaisanteries; je les laisserai passer, & là-dessus je n'entreprendrai point de lui fermer la bouche. Je consens qu'avec ses grandes exclamations, ou avec ses airs moqueurs, il me redise ce qu'il a dit cent fois: *Hé! qu'est-ce qu'un seul Dieu en trois Personnes? Hé! qu'est-ce que les trois Personnes dans un seul Dieu? Hé! qui peut s'imaginer un Dieu tout esprit de sa nature comme Dieu, mais revêtu de notre chair & homme comme nous ? Quoi ! ce Dieu qu'on me dit être d'une puissance, d'une grandeur, d'une majesté infinies, je me figurerai qu'il est descendu sur la terre, qu'il y a pris une nature semblable à la nôtre, qu'il est né dans une étable, qu'il a vécu dans la misere & dans la souffrance, enfin qu'il est mort dans l'opprobre & dans l'ignominie de la Croix ! tout cela est-il digne de lui ? tout cela est-il croyable ?* Tel est le langage de l'impie.

Mais que ce même Myftere, que ce grand Myftere, & que tous les Myfteres particuliers qui y ont rapport & qui font le corps de la Religion, aient été prêchés aux Gentils, & sur tout qu'en vertu de cette prédication, ils aient été crus dans le monde, je ne pense pas que ni lui, ni tout autre libertin comme lui, soit assez aveugle & assez dépourvu de connoissance, pour former sur cela le moindre doute. Ainsi j'avance, & pour mettre ma preuve dans tout son jour & toute sa force, je lui fais faire avec moi les observations suivantes, dont je le défie de me contester en aucune sorte la certitude & l'évidence.

I. Que ces Myfteres, qu'il prétend incroyables, ont été crus néanmoins dans le monde. On les y a prêchés, en y prêchant la Loi Chrétienne. On les a expliqués aux Peuples, & on les a instruits. Les Peuples dociles & soumis ont reçu ces instructions, ont embrassé cette doctrine. La même foi les a unis entre eux dans une même Eglise, & telle a été l'origine & la naissance du Christianisme.

II. Que ces Myfteres, qu'il prétend incroyables, n'ont point seulement été crus dans un coin de la terre obscur & inconnu, ni par un petit nombre d'hommes ramassés au hazard, & plus crédules que les autres ; mais qu'ils ont été crus dans toutes les parties du monde. Les Prédicateurs, qui furent chargés d'annoncer l'Evangile, le porterent, selon l'ordre exprès de leur Maître, à toutes les Nations. Dans l'Orient, l'Occident, le Midi, le Septentrion, on entendit par-tout la parole du Seigneur, dont ils étoient les interprêtes. Des troupes de Profélites vinrent en foule pour être agrégés dans l'école de Jesus-Christ. Les Disciples se multiplierent, se répandirent de tous côtés ; les Villes, les Provinces, les Royaumes en furent remplis, & c'est ainsi qu'en très-peu de temps s'éleverent de nombreuses & de florissantes Chrétientés.

III. Que ces Mysteres, qu'il prétend incroyables, n'ont point non plus été crus seulement par le simple Peuple, par des Sauvages & des Barbares, par des esprits grossiers & ignorans, mais par les plus grands génies, par les esprits du premier ordre, par des hommes d'une profonde érudition & d'une prudence consommée. Il n'y a qu'à lire les Ouvrages que les Peres nous ont laissés comme de sensibles monumens de la Religion. A considérer précisément ces saints Docteurs, en qualité de Savans, en qualité d'Ecrivains & d'Auteurs, il faut n'avoir ni goût, ni discernement, pour ne point admirer l'étendue de leur Doctrine, la pénétration de leurs vues, la sublimité de leurs pensées, la force de leurs raisonnemens, la sagesse & la sainteté de leur Morale, la beauté & l'énergie de leurs expressions, leurs tours mâles, éloquens & pathétiques, ou ingénieux & spirituels. Certainement ce n'étoit pas là de petits esprits, des esprits superstitieux, capables de donner sans examen dans l'illusion, ni à qui il fût aisé de faire accroire tout ce qu'on vouloit.

IV. Que ces Mysteres, qu'il prétend incroyables, ont été crus non point sur des préjugés de la naissance

sance & de l'éducation, mais plutôt contre tous les préjugés de l'éducation & de la naissance. Pendant une longue suite d'années qu'étoit ce que le grand nombre de Chrétiens? Des Gentils, nés dans le Paganisme, élevés dans l'idolâtrie. Afin de les soumettre à la Foi, il avoit fallu détruire toutes leurs préventions, & leur arracher du cœur des erreurs & des principes de Religion directement opposés aux Mystères qu'on leur enseignoit. Or, qui ne voit pas combien ce changement étoit difficile, & quelle peine il devoit y avoir à détromper des gens préoccupés en faveur de leurs fausses divinités, & attachés à leurs anciennes observances & à leurs pratiques? C'est cependant ce qui est arrivé. Les Payens se sont convertis, les Idolâtres ont renoncé au culte des idoles; leurs Prêtres, leurs Sages ont eu beau se recrier, raisonner, disputer, la loi nouvelle a prévalu; & comme le jour dissipe les ténèbres, elle a effacé des esprits toutes les idées dont ils étoient prévenus.

V. Que ces Mystères, qu'il prétend incroyables, ont été crus malgré toutes les répugnances de la nature, malgré toutes les révoltes de la raison & des sens; car quelque raisonnables en eux-mêmes & quelque certains que soient ces Mystères, il faut après tout convenir que ce sont des Mystères obscurs, des Mystères tellement cachés sous le voile, que notre raison n'y pénétre qu'avec des peines extrêmes, & que souvent même, toute subtile qu'elle peut être, elle se trouve obligée de reconnoître son insuffisance & la foiblesse de ses lumieres. Or, nous sentons assez qu'il n'est rien à quoi elle répugne davantage, qu'à s'humilier alors & à se soumettre, en croyant ce qu'elle ne voit ni ne connoît pas. Révolte des sens; car sur ces Mystères qui humilient & qui captivent la raison, est fondée une Morale qui mortifie étrangement la chair. On croit avec moins de réfiftance des vérités qui s'accommodent à nos inclinations & à nos paffions, des vérités au moins indifférentes, & qui dans leurs conféquences n'ont rien de pénible, ni de gênant ; mais des vérités, en vertu defquelles on doit fe haïr foi-même, réprimer fes defirs les plus naturels, embraffer la croix, la porter chaque jour fur fon corps, & fe revêtir de toute la mortification évangélique: c'eft à quoi l'on ne fe rend pas volontiers, & fur quoi l'on ne fe laiffe perfuader qu'après avoir bien examiné les chofes, & en avoir eu des preuves bien convaincantes.

VI. Que ces Myfteres, qu'il prétend incroyables, ont été crus d'une foi fi vive, d'une foi fi ferme & fi efficace, que pour pratiquer fes maximes, pour vivre felon fes regles & fon efprit ; ou pour la défendre & la foutenir, on a tout facrifié, biens, fortunes, grandeurs, plaifirs, repos, fanté, vie. On fait les rudes combats que les Chrétiens ont eu à effuyer dès la naiffance de l'Eglife. On fait combien de fang ils ont verfé ; & comment ils ont été exilés, profcrits, enfermés dans des cachots, produits devant les Juges, condamnés, livrés aux bourreaux pour les tourmenter en mille manieres, par le glaive, les flammes, les croix, les roues, les chevalets, les bêtes féroces, les huiles bouillantes, par tout ce que la barbarie a pu imaginer de fupplices & de tortures. Pourquoi fe laiffoient-ils ainfi opprimer, accufer, emprifonner, déchirer, brûler, immoler comme des victimes ? Pourquoi enduroient ils tant d'opprobres & d'ignominies, tant de calamités & de mifere ? Pourquoi, au milieu de tout cela s'eftimoient-ils heureux, & rendoient-ils des actions de graces à Dieu qui leur infpiroit ce courage & cette patience inaltérables ?

C'eſt qu'ils avoient les Myſteres de notre Foi ſi profondément gravés dans l'ame, & qu'ils en étoient tellement touchés, que rien ne leur coûtoit, ſoit pour y conformer leur conduite, ſoit pour en atteſter la vérité par une généreuſe confeſſion.

VII. Que ces Myſteres, qu'il prétend incroyables, ont été crus d'une foi ſi conſtante, que malgré tous les obſtacles qu'elle a eu à ſurmonter, elle ſubſiſte toujours depuis plus de dix-ſept cens ans, comme nous ne doutons point, ſelon la promeſſe de Jesus-Christ, qu'elle ne doive ſubſiſter juſqu'à la derniere conſommation des ſiécles. Toutes les puiſſances infernales ſe ſont ſoulevées contr'elle; Toutes les Puiſſances humaines ſe ſont liguées, & ont conjuré ſa ruine. La ſuperſtition & le libertinage l'ont combattue de toutes leurs forces; mais de même que nous voyons les flots de la mer furieux & courrocés ſe briſer à un rocher où ils viennent fondre de toutes parts, tout ce qu'on a fait d'efforts pour la détruire, n'a pu l'ébranler & l'a plutôt affermie, de ſorte qu'après d'immenſes révolutions d'âges & de temps qui auroient dû l'affoiblir, elle eſt toujours la même; qu'elle conſerve toujours ſur les eſprits le même empire; qu'elle leur propoſe toujours la même doctrine, & les trouve toujours également diſpoſés à la recevoir. Je ne parle point de la maniere dont cette foi s'eſt établie, de la foibleſſe de ceux qui en furent les premiers Apôtres, de l'abandonnement total où ils étoient des ſecours ordinaires néceſſaires pour faire réuſſir les grandes entrepriſes, & cent autres particularités très-remarquables. Car ce n'eſt point par le fer, comme d'autres Religions; ce n'eſt ni par la violence des armes, ni par les amorces de l'intérêt ou du plaiſir, que la foi de nos Myſteres s'eſt répandue dans toute la terre. Mais sans insister là-dessus & sans rien ajouter, j'en reviens à mon raisonnement contre l'impie.

Je dis, s'il est vrai que nos Mysteres soient aussi incroyables qu'il l'avance, & que d'ailleurs il ne puisse nier, comme il ne le peut en effet, qu'on les a crus si unanimement, si généralement, si promptement, si fortement, si constamment, chez toutes les Nations, dans tous les états & dans toutes les professions ; parmi les Sages, les Philosophes, les Savans, parmi les Payens, les Idolâtres, les Sauvages, les Barbares ; dans les Cours des Princes, dans les Villes, dans les Campagnes, partout ; il faut donc qu'il m'apprenne par quelle vertu a pu se faire l'union & l'accord si parfait de ces choses, je veux dire, de ces Mysteres, selon lui absolument incroyables, & de ces Mysteres toutefois, selon la notoriété du fait la plus évidente & la plus incontestable, reçus & crus avec toutes les circonstances que je viens de rapporter ? Il faut donc qu'il avoue malgré lui, qu'il y a eu en tout cela de la merveille. Il faut donc qu'il confesse qu'il y a au-dessus de la nature un Agent supérieur qui a conduit tout cela comme son ouvrage, & qui ne cesse point de le conduire par les ressorts invisibles de sa Providence. Il faut donc, s'il est capable de quelque réflexion, qu'il conçoive une bonne fois comment ses traits de raillerie au sujet de la Religion retournent contre lui, & comment ses exagérations & ses discours emphatiques sur l'insurmontable difficulté d'ajouter foi à des Mysteres tels que les nôtres, retombent sur lui pour le confondre & pour l'accabler. Car plus il la releve & plus il l'augmente cette difficulté, plus il releve la souveraine sagesse & la toute-puissance de ce Maître à qui rien n'est impossible, & qui a bien su la vaincre & la surmonter.

Objections des Impies contre les Mysteres.

„ Dieu ne peut être contraire à lui-même. Il le
„ feroit s'il reveloit quelque chofe de contraire à
„ la pure raifon, dont il eft l'Auteur & la regle.
„ Il ne peut donc avoir révélé les principaux arti-
„ cles de la Religion Chrétienne qui combattent
„ les plus pures notions de la lumiere naturelle,
„ tels font le Myftere de la *Trinité*, l'*Incarnation*,
„ le *péché originel*, l'*éternité des peines*, &c. „

RÉPONSE. Non, Dieu ne peut révéler rien qui foit diamétralement oppofé à la raifon, parce qu'il eft impoffible qu'il fe contredife jamais lui-même, & c'eft fur ce principe inconteftable que nous fommes affurés que les dogmes de notre Religion ne font pas contraires à la raifon, parce qu'il eft démontré que Dieu les a révélés. Que fait ici le Déifte ? Il embrouille tout, & tâche de renverfer toutes les idées. Nous difons nous autres ? *Un Dieu qui eft la fageffe & la vérité par effence, a fûrement révélé les Myfteres que nous croyons : donc il eft impoffible qu'ils foient évidemment contraires à la raifon ;* & le Déifte dit au contraire : *Ces Myfteres font évidemment contraires à la raifon ; donc il eft impoffible qu'un Dieu infiniment fage & véridique les ait révélés.* Voilà deux raifonnemens bien oppofés, lequel des deux eft victorieux ? C'eft ce que nous allons voir. Afin que l'argument du Déifte fût concluant, il faudroit que comme j'ai démontré l'exiftence de la révélation, il démontrât à fon tour qu'il y a une oppofition évidente entre la raifon & les Myfteres révélés : or, c'eft ce qu'il ne fera jamais, & j'ofe défier tous les admirateurs de *Bayle* de juftifier la hardieffe avec laquelle il avance que les axiomes les plus évidens font démentis par plufieurs Myfteres de la Religion Chrétienne. En effet, rien ne

dément ces axiomes que ce qui leur est diamétralement opposé, & rien n'est évidemment contraire
aux pures idées de la raison que ce qui renferme
manifestement deux contradictoires ; c'est-à-dire,
le *oui* & le *non* sur le même sujet considéré sous le
même rapport. Par exemple, une montagne sans
vallée est une idée composée de deux idées contradictoires, puisque c'est une montagne qui n'est pas
montagne, ou une chose qui est, & qui en même
temps n'est pas : voilà ce que Dieu ne peut jamais
enseigner, parce que cela contredit évidemment la
raison dont il est l'Auteur ; mais aussi voilà ce que
le Déiste ne montrera jamais qu'on trouve dans les
Mysteres qu'il nous objecte. Examinons-les en
détail.

§. I.

Le Mystere de la Trinité.

Bayle ose avancer que ce Mystere incompréhensible dément un axiome évident, qui est comme *la
base de tous nos sillogismes*. Ce Pyrrhonien a été bien
relancé là-dessus, dans une Critique de ses Ouvrages, qui parut en 1747 : il est bon de le relever
encore ici. Assurément ou il se trompe, ou il veut
tromper, lorsqu'il défigure cet axiome tant vanté,
en le traduisant : *Quæ sunt eadem uni tertio, sunt eadem inter se*. Voici la traduction de *Bayle* : *Les choses qui ne sont pas différentes d'une troisieme, ne différent point entre elles*. Cet axiome ainsi exprimé,
loin d'être évidemment vrai, renferme deux contradictoires ; car lorsqu'il s'agit de *choses*, il est
clair que deux choses ne sont pas une seule chose,
& qu'il y a contradiction à dire que deux choses qui
sont la même chose avec une troisieme, ne sont
qu'une seule & *même chose*. Cet axiome ne peut donc
être vrai qu'en ce sens : lorsque deux idées, ou deux

attributs sont affirmés avec vérité d'un seul & même sujet, ils peuvent aussi en quelque sorte être affirmés l'un de l'autre. Par exemple, *Socrate* est Philosophe, *Socrate* est homme, donc quelque homme est Philosophe, où l'on voit que cet attribut *Philosophe* est affirmé de cet autre *quelque homme*, précisément parce que tous les deux conviennent à *Socrate* qui est en même temps & homme & Philosophe. Ce n'est pas là un grand Myſtere ; mais cette maxime ſi ſimple ne peut avoir lieu par rapport à la Trinité. Car on ne peut dire, Dieu est le Pere, Dieu est le Fils, donc le Pere est le Fils. Il faudroit pourtant le dire pour appliquer avec justeſſe cet axiome au Myſtere d'un Dieu en trois Perſonnes. Notre Religion ne nous apprend point à parler de la sorte. Elle nous apprend à dire : *Le Pere est Dieu, le Fils est Dieu, le Saint Esprit est Dieu*, & ces trois Perſonnes ſont un seul Dieu, parce que la même Nature ou la même Divinité est affirmée de ces trois Perſonnes : ce ne ſont donc pas deux attributs divers qui ſont affirmés du même sujet ; c'est au contraire le même attribut qui est affirmé de trois Perſonnes différentes, & par conséquent ce n'est pas ici le cas de l'axiome.

 Il est vrai, nous croyons que les trois Perſonnes Divines ne ſont pas distinguées de la Divinité qui est eſſentiellement une : mais il ne s'enſuit nullement que trois Perſonnes ne ſoient qu'une seule Perſonne, ce qui ſeroit une contradiction manifeste. Il s'enſuit au contraire que les trois Perſonnes distinctes ſont la même Divinité, parce qu'elles ne ſont pas distinctes en tant que Dieu, mais ſeulement en tant que Perſonnes. Ce Myſtere nous paſſe, il est vrai ; mais il n'est pas moins vrai qu'il ne *dément* nullement la maxime que *Bayle* regarde comme *la baſe de tous nos raiſonnemens*. Il n'y a donc rien dans ce Myſtere qui nous engage à le rejetter comme non révélé. Je dis bien plus : ſon incompréhenſibilité même doit nous porter à croire que c'eſt Dieu lui-même qui l'a manifeſté aux hommes, qui ſans cela, n'en auroient jamais eu la moindre idée.

On me dira peut-être ici que nous ne doutons pas de bien des choſes qu'il nous eſt impoſſible de comprendre, & qui cependant ne ſont pas aſſurément révélées, & que par conſéquent l'incompréhenſibilité d'une choſe n'eſt pas une bonne preuve de ſa révélation. Non, nous n'avons pas beſoin de révélation pour nous aſſurer de bien des faits merveilleux qui nous paſſent, parce que le rapport de nos ſens, & une expérience conſtante nous les apprennent d'une maniere à n'en pouvoir douter eu égard ſur-tout à la ſouveraine véracité de Dieu. Mais l'auguſte Myſtere de la Trinité tombe-t-il ſous nos ſens ? Eſt-il à la portée de notre expérience ? Trouvons-nous rien dans la nature qui nous faſſe ſoupçonner même que trois Perſonnes diſtinctes ſont une ſeule & même Divinité ? Il eſt donc évident qu'on ne l'auroit jamais cru, & qu'on n'y auroit pas même penſé, ſi Dieu lui-même n'avoit pas appris aux hommes ce qu'il eſt en lui-même ; & bien loin que l'incompréhenſibilité de ce Myſtere ſoit un juſte motif d'en nier la révélation, je dois le croire révélé pour cela même qu'il eſt incompréhenſible. Il en eſt de même des autres Myſteres qui ſont infiniment au-deſſus de nos ſens & de notre raiſon, dès qu'il eſt impoſſible de prouver qu'ils ſoient contraires à la lumiere naturelle.

§. II.
L'Incarnation.

Ce Myſtere conſiſte dans l'union de deux natures en une ſeule Perſonne : c'eſt-à-dire, que le Verbe, ou le Fils de Dieu, s'eſt tellement uni notre nature, qu'il eſt un ſeul CHRIST, Dieu & Homme tout enſemble. Voilà ce que la Religion nous apprend de cet ineffable Myſtere ; mais quelle contradiction les incrédules y apperçoivent-ils ? Diront-ils d'après *Bayle*, *qu'il eſt évident qu'il n'y a nulle différence entre individu, nature, perſonne* ; & que par conſéquent ou il y a deux perſonnes en JESUS-CHRIST, s'il y a deux natures, ou qu'il n'y a qu'une ſeule nature, s'il n'y a qu'une perſonne ? Foibles & orgueilleux raiſonneurs qui s'évanouiſſent dans leurs vaines penſées, & qui prennent leurs viſions pour des évidences ! Comment viendront-ils à bout de démontrer géométriquement qu'il eſt impoſſible qu'il y ait diſtinction de natures, ſans qu'il y ait diſtinction de perſonnes ? La nature du corps & celle de l'ame ſont bien différentes, & cependant le corps humain & l'ame raiſonnable unis enſemble ne forment qu'un ſeul individu, qu'une ſeule perſonne ; quelle merveille donc, ſi la Divinité & l'Humanité unies hypoſtatiquement ne ſont qu'un ſeul & même CHRIST ?

Au reſte, il n'y a en cela rien de contradictoire : dans le même moment indiviſible que Dieu a créé le corps & l'ame de JESUS-CHRIST dans le ſein d'une Vierge, le Verbe éternel s'y eſt uni d'une maniere ineffable ; de ſorte que ce corps & cette ame n'ont jamais exiſté ſéparément, & qu'ils ont été dès le premier moment le corps & l'ame de l'Homme-Dieu. C'eſt ainſi que le grand ſaint *Léon* explique ce Myſtere inconcevable ; & cette explication fait évanouir toutes les spécieuses chicanes de nos Esprits forts qui n'ont que des idées confuses, & qui ne peuvent jamais en avoir de claires & de précises sur la notion essentielle de ce qui fait un individu, une hypostase, une personne. Ils en sont donc réduits à des déclamations vagues & à des discours en l'air qui n'arrêteront jamais un Philosophe Chrétien; parce qu'un Chrétien solidement Philosophe sait que Dieu peut faire & enseigner des choses infiniment au-dessus de la foible portée des hommes, & il raisonne ainsi : les raisons les plus fortes me convainquent que Dieu a révélé en particulier le Mystere de l'Incarnation; ce Mystere est donc possible, & il n'est point évidemment contraire aux idées les plus pures de la raison : mais il ne s'en tient pas là, il ajoute : Je ne vois rien dans ce Mystere qui combatte ouvertement la raison; & par conséquent rien ne m'oblige à attaquer les preuves qui m'en démontrent la révélation. Qu'est-ce qu'un Déiste peut opposer de plausible à ces raisonnemens si simples & si solides ?

§. III.

Le péché originel.

La Religion nous apprend qu'en qualité d'enfans d'*Adam* nous naissons tous enfans de colere : *naturâ filii iræ* ; héritiers d'un pere dégradé & dépouillé, nous avons part à son abaissement, & n'ayant point cette justice originelle qu'il nous auroit transmise, au cas qu'il n'eût pas péché, il n'est pas étonnant que nous soyons pour Dieu des objets dignes de haine & d'aversion. C'est ainsi que dans la société civile même les descendans d'un pere dégradé & déclaré infâme à jamais, sont privés des prérogatives attachées à la Noblesse. C'est ainsi que les habitans d'une Ville qui a perdu ses privileges pour crime de rébellion, ne peuvent plus se prévaloir de ces privileges abolis. Mais pouvons-nous être pécheurs avant que de naître ? Et n'est-ce pas là une contradiction manifeste ? Non, on ne peut être coupable d'un péché personnel & actuel, sans exister : cela est évident : mais ce n'est pas là ce que nous croyons, en croyant le péché originel. Nous disons seulement que le premier homme, en qualité de notre Chef commun, ayant pour sa désobéissance été privé d'un don gratuit & surnaturel qu'il devoit nous transmettre à tous, au cas qu'il eût été fidéle, nous nous trouvons tous privés de ce don, sans lequel nous ne pouvons être agréables à Dieu, ni avoir aucun droit à la Béatitude surnaturelle : nous nous trouvons même tachés & criminels. Cette privation, ou plutôt ce dépouillement, cette tache, ce crime ayant un rapport essentiel à la prévarication d'*Adam*, fait que Dieu nous regarde comme des objets odieux, jusqu'à ce que nous en soyons lavés ; tache qui étant propre à chaque homme en particulier, nous rend tous pécheurs devant Dieu, non pas en ce sens que nous ayons commis personnellement ce péché dont nous sommes coupables, mais en ce sens que nous le contractons par la génération en qualité d'enfans & d'héritiers du premier homme. Y a-t-il rien dans ce dogme qui soit contraire à la raison épurée, & aux attributs de la Divinité ? Les prétendues absurdités qu'y trouvent les Incrédules, sont donc des phantômes forgés à plaisir & sans aucun fondement réel.

§. IV.
L'éternité des peines.

Qu'un Dieu infiniment bon & libéral, disent les Déistes, accorde une récompense éternelle aux Justes, cela est digne de sa magnificence & de sa bonté; mais qu'il punisse éternellement & de la maniere la plus rigoureuse des hommes foibles & sujets à mille passions, parce qu'ils auront violé quelques Loix: c'est ce qu'on ne peut accorder avec sa miséricorde infinie, ni même avec sa justice. Quelle proportion y a-t-il entre des crimes passagers & des supplices éternels? Quoi! pour un plaisir d'un moment, je serai éternellement plongé dans un étang de feu? Avec quelles couleurs me peint-on ce Dieu si bon & si charitable?

C'est ainsi que raisonnent ceux à qui le péché paroit être une bagatelle, & qui s'en cachent l'énormité.

Ils raisonneroient tout autrement, s'ils connoissoient la malice du péché, la grandeur du Dieu qu'il offense, la bassesse, l'audace, l'ingratitude de ce vermisseau qui se révolte contre son Créateur & son Pere. Mais l'essentiel est que le pécheur qui meurt dans l'impénitence, rend en quelque sorte son péché éternel.

En effet, n'est-il pas vrai qu'un homme qui ne veut pas se reconnoître à la mort, pécheroit éternellement, s'il étoit assuré de ne mourir jamais? On peut donc distinguer deux sortes d'éternités; l'éternité réelle & l'éternité de désir: celle-là est l'éternité de Dieu, celle-ci est l'éternité de l'homme, & puisque l'homme à autant qu'il étoit en lui, offensé son Dieu dans son éternité, n'est-il pas juste que Dieu le punisse aussi dans son éternité? C'est la pensée de St. *Grégoire*; pensée qui n'a rien que de sensé, & qui montre clairement que c'est bien à tort qu'on veut faire passer l'éternité des peines pour un Dogme qui détruit l'idée de la justice & de la bonté de Dieu. Ce Dogme est bien effrayant, il est vrai, mais il n'inspire qu'une frayeur salutaire, & il nous porte ou à éviter le péché, ou à le réparer par de dignes fruits de pénitence. Hé! que risquons-nous en vivant de sorte que nous n'ayons rien à craindre au sortir de cette vie? (Voyez ENFER.)

❋❋❋❋❋❋ ❋❋❋❋❋❋❋❋ ❋❋❋❋❋❋❋❋❋❋❋❋❋❋❋

NATURALISME.

Courtes Réflexions sur le Système de la Nature.

L'Ouvrage impie qui a paru en 1770, en deux vol. *in-8°.* sous le titre de *Système de la Nature*, n'est qu'un tissu bizarre d'inconséquences & d'absurdités. Le téméraire Auteur de cette scandaleuse production qui anéantit toute idée de la Divinité, croit être le premier qui ait développé le système du *Naturalisme* dans toute son étendue. Cependant ce prétendu développement ne consiste qu'en amplifications de Rhétorique, & au fond il n'y a rien de nouveau. On connoît depuis long-temps les preuves & les objections qui composent le système de la nature. Quelques-uns de ses Partisans lui ont même donné une forme plus démonstrative que l'Auteur, parce qu'ils ont été plus clairs & plus courts. Mais malgré ces prétendues démonstrations la plus grande & la plus saine partie du genre humain n'a jamais cessé & ne cessera jamais de regarder l'Athéisme comme contraire au sens commun, à la tranquillité des hommes & au bonheur des sociétés.

Ce n'est pas que l'Auteur du système n'ait débité de très-belles maximes de morale, des exhortations très-pathétiques à la pratique de la vertu; mais dans ses principes ce ne peut être qu'un pur persiflage. C'est un contraste choquant avec toute la doctrine de l'ouvrage. C'est une absurdité pareille à celle d'un homme qui ne voyant dans sa montre qu'une machine, ne laisseroit pas de lui faire chaque jour des exhortations pour l'empêcher de se déranger.

En effet, si tout n'est que matiere & mouvement, si tout est emporté par le torrent irrésistible de la nécessité, absolument soumis à une fatalité méchanique ; enfin si l'homme n'est qu'un être matériel, un instrument passif entre les mains du destin, il est toujours nécessairement ce qu'il est & ce qu'il doit être. *Cartouche*, dans ce beau système n'est plus qu'une *machine à crimes*, & l'homme de bien une *machine à vertus*, comme le moulin est une machine à moudre & l'horloge une machine à mesurer le temps. L'ouvrier de toutes ces machines est une machine immense, la nature aveugle, dans le sein de laquelle elles exécutent indispensablement leurs mouvemens nécessaires. Il faut avouer qu'un Auteur qui sur de pareils principes fonderoit un système de morale seroit bien habile. L'Auteur du système de la nature l'a voulu, mais il ne l'a pu, & dans tout son Livre, il n'a guéres paru qu'une *machine à sophismes*.

L'Athéisme, escorté des plus belles sentences de morale, des apothegmes les plus magnifiques, ne peut donc jamais produire aucun bien, & peut enfanter des maux sans nombre. Il n'est pas étonnant qu'un Athée de cabinet, habitué à méditer, ne produise pas des révolutions subites sur la terre. De simples particuliers sans autorité, sans pouvoir, jaloux de leur repos & réduits à cacher leurs sentimens, ne sont pas faits pour bouleverser le globe.

Mais mettez ces doux & tranquilles Athées ou leurs disciples dans de grandes places ; jettez-les dans les factions ; qu'ils aient à combattre un *César Borgia* ou un *Cromwel*, ou même un Cardinal de *Retz*, pensez-vous qu'alors ils ne deviendront pas aussi méchans que leurs Adversaires ? Voyez dans quelle alternative vous le jettez, ils seront des imbécilles, s'ils ne sont pas des pervers.

D'ailleurs, je veux que le doux & paisible Auteur d'une secte d'Athéisme tienne une conduite inconséquente à ses principes, & ne s'éloigne jamais des loix de la plus austere probité. Mais doit-il s'attendre à la même chose de la part de ses Sectateurs ? Si *Epicure* ne fit point de mal en personne, l'Epicurisme concourut à la perte de la République Romaine. *Montesquieu* lui-même l'avoue dans ses considérations sur les causes de la grandeur & de la décadence des Romains. Si *Bodin* ne fut point l'auteur des guerres civiles en France, ses principes enracinés dans la tête de quelqu'un des héros de ces guerres funestes, produisirent peut-être les actes de la barbarie la plus atroce.

De plus, l'Athéisme philosophique sappe à petit bruit les fondemens de la Société en détruisant les mœurs, & en réduisant toutes les affections humaines à un secret égoïsme aussi funeste à la population qu'à la vertu. On ne s'apperçoit que trop de nos jours où les Incrédules attaquent la Religion avec la fureur du fanatisme le plus violent, & où ce nouveau genre de folie n'a que trop de partisans. Ces apôtres très-intolérans d'une tolérance sans bornes, prêchent sur les toîts, soufflent le feu de la discorde dans tous les Etats, & prouvent par leurs emportemens que s'ils ne font pas tout le mal dont ils sont capables, nous n'en sommes redevables qu'à leur impuissance. Mais qui peut se dissimuler les plaies secrettes dont ils affligent l'Eglise & l'Etat ; tous les liens ne sont-ils pas relâchés aujourd'hui ; tous les sentimens de grandeur, de générosité, de désintéressement ne s'éteignent-ils pas chaque jour ?

Nous ne pousserons pas plus loin ces réflexions que nous avons déja faites ailleurs, & qu'il faut répéter sans cesse. Après avoir examiné le *Systême de la Nature* du côté des influences qu'il peut avoir sur la morale, nous n'analyserons point la partie métaphysique, qui n'est qu'un enchaînement de faux supposés & de raisonnemens encore plus faux. Mrs. *Bergier*, *Castillon* & *Holland* se sont parfaitement acquittés de ce devoir, & leurs Ouvrages sont entre les mains de tout le monde. M. *de Voltaire* même a porté quelques coups à ce nouveau systême, & enseignant un Athéisme plus radouci & plus artificieux, il a senti combien un Athéisme aussi formel & aussi hardi que celui du moderne Naturaliste pourroit attirer des reproches à sa secte. Il a donc fait quelques raisonnemens peu approfondis, mais dont quelques-uns sont assez justes. Il seroit à souhaiter que les suites affreuses dans lesquelles entraîne toute révolte contre la Religion, le frapassent assez pour lui arracher les armes des mains, & pour lui prouver qu'une fois qu'on est tombé dans l'abîme de l'incrédulité, on a beau vouloir s'arrêter sur les bords ou au milieu, il faut parcourir cet affreux précipice jusqu'au fond. D'incrédule on devient Déiste, de Déiste, Matérialiste & de Matérialiste, Athée.

Au reste, quoique la populace des Incrédules ait annoncé le systême de la nature comme un chef-d'œuvre du côté de la partie littéraire, ils n'ont pas séduit les véritables gens de goût. Il y a dans ce Livre confus, dit M. *de Voltaire*, quatre fois trop

trop de paroles, & c'est en partie par cette raison qu'il est si confus. La profusion des mots est le grand vice des Philosophes modernes, & ce défaut n'éclate nulle part autant que dans le système de la nature.

✦✦✦✦✦✦✦✦✦✦✦✦✦✦✦✦✦✦✦✦✦✦✦✦✦✦✦✦✦✦✦✦✦✦

PAYENS.
Du salut des Payens.

M. *de Voltaire* ouvre le Ciel à tous les hommes. Cette opinion n'est pas nouvelle, & il n'est ici, comme dans bien d'autres choses, que l'écho des Impies ou des Hérétiques. *Zuingle* avoit dit avant lui dans une Epître à François I. en parlant du Paradis: " Là vous verrez *Hercule*, *Thésée*, *Socrate*, ,, *Aristide*, *Antigonus*, *Numa*, *Camille*, *les Ca-* ,, *tons*, *les Scipions*. Vous y verrez vos prédéces- ,, seurs & tous vos Ancêtres, qui sont sortis de ce ,, monde dans la foi. Enfin, il n'y aura aucun hom- ,, me de bien, aucun esprit saint, aucune ame ,, fidele, que vous ne voyiez là avec Dieu. Que ,, peut-on penser de plus beau, de plus agréable, ,, de plus glorieux que ce spectacle! „

Une opinion si singuliere ne pouvoit manquer d'attirer des censures à *Zuingle*; celle de M. *Bossuet* est vive: " Qui jamais s'étoit avisé, dit-il, de met- ,, tre ainsi JESUS-CHRIST pêle mêle avec les Saints; ,, & à la suite des Patriarches, des Prophêtes, des ,, Apôtres, & du Sauveur même, jusqu'à *Numa*, ,, le pere de l'Idolâtrie Romaine, jusqu'à *Caton* qui ,, se tua lui-même comme un furieux, & non- ,, seulement tant d'adorateurs des fausses Divinités, ,, mais encore jusqu'aux Dieux & jusqu'aux Héros, ,, un *Hercule*, un *Thésée* qu'ils ont adoré? Je ne ,, sais pourquoi il n'y a pas mis *Apollon* ou *Bacchus*,

Tome II. I

" & *Jupiter* même ; & s'il en a été détourné par
" les infamies que les Poëtes leur attribuent, celles
" d'*Hercule* étoient-elles moindres ? „ (*Histoire des
variations*, tome I. livre second.) Nous n'ajouterons rien à ces réflexions du grand *Bossuet* ; elles disent tout. En vain on voudroit accorder à la raison & à la Philosophie les mêmes privileges qu'à la foi. On ne conciliera jamais un pareil systême avec l'Evangile. Il y aura dans ce monde des honneurs & de la fumée pour les Philosophes, comme il y en a eu pour les Payens qu'ils veulent sauver ; mais la gloire éternelle n'est que pour les Disciples de Jesus-Christ, & pour ceux qui ont porté la Croix avec lui.

PASCAL.

Apologie de cet Auteur.

ON sait avec quel acharnement M. *de Voltaire* a attaqué ce génie éloquent ; mais si la colere sert un Poëte, elle nuit toujours à un Philosophe. M. *de Voltaire* ne s'est pas contenté de rabaisser ses raisonnemens, il a voulu affoiblir l'idée qu'on avoit de son esprit. *Bayle* dont M. *de Voltaire* est l'écho en tant de choses, ne pensoit certainement pas comme lui. Il avouoit que cet *Ecrivain étoit un des plus grands Géometres, des plus subtils Métaphysiciens, & des Esprits les plus pénétrans qui aient jamais été au monde.*

Les Incrédules pourront dire, à la vérité de M. *Pascal*, qu'il avoit sur les yeux le bandeau de la foi ; mais il voyoit à travers son bandeau. Il voyoit les difficultés aussi-bien que les preuves ; on le sent dans ses pensées. On y trouve, quand on sait bien lire, le germe de tout ce qui fe peut dire pour ou contre la Religion, & ce petit recueil eft un gros volume pour les Lecteurs intelligens. C'eft le jugement qu'en porte M. l'Abbé *Trublet*, & il eft confirmé par les approbations dont plufieurs Evêques & plufieurs Savans honorerent ce Livre.

M. de *Choifeul* Evêque de Comminges, dit dans la fienne, que *ces Penfées de M. Pafcal font voir la beauté de fon génie, fa folide piété & fa profonde érudition.* " Je favois affez avec tous les honnêtes gens,
,, dit un autre Approbateur, ce que pouvoit ce rare
,, efprit en tant d'autres matieres, & fur-tout dans
,, fes Lettres, qui ont furpris & étonné tout le
,, monde; mais qu'il dût nous laiffer une méthode
,, fi naturelle pour montrer, défendre & appuyer
,, l'excellence & la grandeur de notre Religion,
,, c'eft ce que je n'euffe pas penfé, fi je n'en euffe
,, vu les preuves très-évidentes dans cet Ouvrage. ,,

Ce dernier écrit, dit M. de Tillemont, *a furpaffé ce que j'attendois d'un efprit que je croyois le plus grand qui eût paru en notre fiecle.... Je ne vois que faint* Auguftin *qu'on puiffe lui comparer... On voit ici un homme qui, embraffant le fujet le plus vafte & le plus élevé qui foit au monde, paroît encore s'élever au-deffus de fa matiere, & fe jouer d'un fardeau qui étonneroit & accableroit tous les autres.* De tels fuffrages doivent fans doute contrebalancer les critiques de M. *de Voltaire.*

Une des penfées de *Pafcal* qui lui a fait le plus de peine, eft celle dans laquelle ce fublime Auteur veut prouver qu'il eft *plus avantageux de croire que de ne pas croire ce qu'enfeigne la Religion Chrétienne.* (Voyez-en le développement à l'article Foi. §. III.) Il prétend que l'intérêt qu'on a de croire une chofe n'eft pas une preuve de l'exiftence de cette chofe, & que ce raifonnement ne *ferviroit qu'à faire des Athées, si la voix de toute la nature ne nous crioit, qu'il y a un Dieu avec autant de force, que ses subtilités ont de foiblesse.* Mais comment feroit-on des Athées en prouvant qu'on court de grands risques à l'être, & aucun à ne l'être pas. M. *de Voltaire* sait-il que M. *Locke*, qu'il regarde comme le premier raisonneur de l'Europe, a adopté le raisonnement de *Pascal* ?

,, Quiconque voudra convenir, dit le Philosophe
,, Anglois dans son Traité de l'*Entendement humain*,
,, qu'un bonheur infini peut être une suite de la
,, bonne vie qu'on aura menée, ou qu'un état op-
,, posé peut être le châtiment d'une conduite dé-
,, réglée, doit nécessairement avouer qu'il juge
,, très-mal, s'il ne conclut pas de-là qu'une bonne
,, vie jointe à l'attente d'une éternelle félicité qui
,, peut arriver, est préférable à une mauvaise vie,
,, accompagnée de la crainte de cette affreuse mi-
,, sere, dans laquelle il est fort possible, que le
,, méchant se trouve un jour enveloppé, ou pour
,, le moins de l'espérance incertaine d'être anéanti.,,
Voyez le développement de ce passage, dans le paragraphe du chapitre de l'*Entendement humain*, qui a pour titre : *Préférer le vice à la vertu, c'est visiblement mal juger.*

Il n'est pas douteux que cet argument contribua beaucoup à soutenir M. *Pascal* dans les saintes dispositions qui l'animerent pendant les dernieres années de sa vie. Cet admirable génie, éclairé des lumieres de la foi, disoit souvent que Dieu " étoit
,, bien plus reconnoissable lorsqu'il étoit invisible,
,, que non pas lorsqu'il s'est rendu visible. Enfin,
,, lorsqu'il a voulu accomplir la promesse qu'il
,, avoit faite à ses Apôtres de demeurer avec les
,, hommes jusqu'à son dernier avénement, il a
,, choisi d'y demeurer dans le plus étrange & le

plus obscur secret de tous, qui sont les espêces
de l'Euchariſtie... C'eſt-là le dernier secret où
il peut être... Toutes choses sont de voiles qui
couvrent Dieu ; les Chrétiens doivent le reconnoître en tout.... Rendons-lui des graces infinies,
de ce que s'étant caché en toutes choses pour
les autres, il s'eſt découvert en toutes choses &
en tant de manieres pour nous. „

A l'occaſion de l'état mourant où il étoit toujours, il diſoit que " la mort eſt horrible ſans Jesus-Christ, mais qu'avec Jesus-Christ elle
eſt aimable, ſainte, & la joie du fidele ; qu'à
la vérité ſi nous étions innocens, l'horreur de
la mort ſeroit raiſonnable ; mais qu'il étoit juſte
à préſent de l'aimer, parce qu'elle ôte au pécheur
ſa liberté malheureuſe de pécher, & qu'en finiſ-
ſant en nous une vie de péchés & de miſeres,
elle nous met dans la liberté d'aller à Jesus-
Christ, de voir Dieu, de l'adorer, le bénir
& l'aimer éternellement. „ On voit une expreſ-
ſion fidele de ſes ſentimens dans la belle priere
qu'il faiſoit à Dieu dans ſa maladie. Elle eſt imprimée avec ſes *Penſées*. En voici un fragment qui
peut donner une idée de tout le reſte. " Faites-moi
la grace, Seigneur, de joindre vos conſolations
à mes ſouffrances, afin que je ſouffre en Chrétien. Je ne demande pas d'être exempt des douleurs, car c'eſt la récompenſe des Saints : mais
je demande de n'être pas abandonné aux douleurs de la nature, ſans les conſolations de votre
Eſprit ; car c'eſt la malédiction des Juifs & des
Payens. Je ne demande pas d'avoir une plénitude
de conſolation ſans aucune ſouffrance ; car c'eſt
la vie de la gloire. Je ne demande pas auſſi d'ê-
tre dans une plénitude de maux ſans conſolation ;
car c'eſt un état de Judaïſme. Mais je demande,

,, Seigneur, de ressentir tout ensemble & les dou-
,, leurs de la nature pour mes péchés, & les con-
,, solations de votre Esprit par votre grace; car
,, c'est le véritable état du Christianisme. Que je
,, ne sente pas des douleurs sans consolations; mais
,, que je sente des douleurs & de la consolation
,, tout ensemble, pour arriver enfin à ne sentir
,, plus que vos consolations sans aucune douleur.
,, Car, Seigneur, vous avez laissé languir le mon-
,, de dans les souffrances naturelles sans consola-
,, tion, avant la venue de votre Fils unique: vous
,, consolez maintenant, & vous adoucissez les souf-
,, frances de vos fideles par la grace de votre Fils
,, unique; vous comblez d'une béatitude toute
,, pure, vos Saints dans la gloire de votre Fils uni-
,, que. Ce sont les admirables degrés par lesquels
,, vous conduisez vos ouvrages. Vous m'avez tiré
,, du premier; faites-moi passer par le second,
,, pour arriver au troisieme. ,,

Voilà quels étoient les sentimens de ce grand Homme, quelque temps avant sa mort. Ce sont sans doute ces sentimens, qui ont fait dire à quelques Incrédules que la *mélancolie égara sur la fin la raison de Pascal.* Que la raison de ces impies s'égare de même & nous leur pardonnerons tout le mal que leur prétendu bon sens a voulu faire à la Religion!

St. PAUL.

Réponses à quelques questions de M. de Voltaire.

PAUL étoit-il Citoyen Romain, comme il s'en vante ? Tarsis sa Patrie, ne fut Colonie Romaine que cent ans après lui.

En accordant ce point d'histoire à M. *de Voltaire*, ne peut-on pas dire avec Dom *Calmet*, que le privilege de Citoyen Romain n'appartenoit pas à l'Apôtre saint *Paul*, simplement comme Bourgeois de *Tarsis*, mais par quelque droit particulier, que son pere ou ses ayeux avoient acquis. Mais il y a grande apparence que *Tarsis* étoit Colonie Romaine avant le temps que dit M. *de Voltaire*. *César* lui accorda le droit de Bourgeoisie lorsqu'il eut remporté la victoire sur ses Compétiteurs, pour la récompenser de ce qu'elle avoit suivi son parti. On ne remarque dans les médailles aucune trace de cette qualité de Colonie Romaine avant *Caracalla* ; c'est ce que disent nos Adversaires : mais ont-ils toutes les médailles frappées avant ce temps-là ? Ce qu'il y a de sûr, c'est que c'étoit une Ville libre du temps de St. *Paul*, & que par conséquent elle avoit des privileges particuliers.

Est-il vrai que Paul *n'entra dans la Société naissante des Chrétiens, que parce que* Gamaliel *dont il avoit été le Disciple lui refusa sa fille en mariage ?*

Non sans doute, puisque cette accusation ne se trouve que dans les Actes des Apôtres, forgés par les Ebionites. M. *de Voltaire* voudroit-il être jugé d'après les anecdotes rapportées dans la *Voltairomanie* ? Encore l'Auteur de ce Libelle étoit contemporain, homme d'esprit & bien instruit ; au lieu que les Ebionites étoient des fanatiques insensés, qui n'avoient pu voir St. *Paul*.

Est-il vrai que sainte Thecle *vint trouver saint* Paul *déguisée en homme ?*

Ce conte est un mensonge absurde qui n'est rapporté que dans un Livre apocriphe, intitulé : *Les Actes de Paul & de Thecle*. Cet Ouvrage fut fabriqué par un certain Prêtre d'Asie qui crut devoir joindre aux Actes des Apôtres, écrits par St. *Luc*, les voyages de saint *Paul*, de sainte *Thecle*, & l'histoire du prétendu baptême conféré à un lion. *Tertullien* raconte que ce même Docteur convaincu par saint *Jean* l'Evangéliste, d'avoir altéré la vérité, s'en excusoit, en disant qu'il l'avoit fait par un motif d'amour pour saint *Paul*; mais cette excuse ne l'empêcha pas d'être dégradé.

Saint Paul *avoit-il le front large, la tête chauve, les sourcils joints, le nez aquilin, la taille courte & grosse, & les jambes torses ?*

Ce portrait est fait à plaisir. Il est vrai que les fideles avoient eu soin de faire peindre les Apôtres. On voyoit deux cens cinquante ans après de ces portraits de saint *Pierre*, & de saint *Paul*, & de Jesus-Christ même. Saint *Paul* avoit à la vérité la tête chauve, le nez aquilin & la taille petite ; mais le reste du portrait est une satyre indigne, qui n'est fondée sur aucune tradition respectable.

Paul *ne fut-il pas coupable de mensonge en assurant devant le Grand Prêtre qu'on le persécutoit, parce qu'il étoit Pharisien, & à cause de la résurrection des morts ?* (Act. ch. 23. ⅴ. 6.)

Non, le saint Apôtre ne mentit point. Quoiqu'il fût Chrétien, il n'avoit point renoncé à la doctrine qui distinguoit les Pharisiens d'avec les Saducéens, à la croyance des esprits & à la résurrection. Il étoit donc Pharisien sur cet article important. Il s'agissoit bien clairement de ce dogme dans l'accusation intentée contre lui, puisqu'il étoit persécuté, parce qu'il prêchoit la Résurrection de Jesus Christ.

N'est-il pas vrai que Paul *judaïsa, pour que tout le monde sût qu'on le calomnioit quand on disoit qu'il étoit Chrétien?*

Non, cela n'est pas vrai. Nous ne nions point que saint *Paul* alla à Jérusalem observer pendant quelques jours les rits judaïques, non pour dissimuler sa croyance en Jesus-Christ, mais pour prouver qu'il n'étoit pas ennemi de la Loi de *Moyse*, comme ses Adversaires l'en accusoient. Loin de cacher aux Juifs qu'il étoit Chrétien, il leur raconte publiquement (*Act. ch.* 22.) l'histoire de sa conversion. D'ailleurs, du temps de saint *Paul* il n'étoit pas défendu aux Juifs convertis de pratiquer les cérémonies de leur loi, & en s'y soumettant pendant quelques jours, il ne fit que ce que beaucoup de Chrétiens faisoient alors.

Paul *ne se separa-t-il point des autres Apôtres pour être chef de sa Secte? N'étoit-il pas jaloux, emporté, hautain, &c.*

Si saint *Paul* avoit voulu être à la tête d'un parti, il auroit enseigné à ses Disciples des dogmes particuliers. Il ne leur professa que ce que les autres Apôtres enseignoient. Loin de porter envie à leurs succès, de les traiter avec hauteur, il s'appelle *le dernier des Apôtres, indigne du nom d'Apôtre.* Nous ne répondrons à la satyre qu'on fait de son caractere que par l'éloge qu'un Ecrivain célebre fait de saint *Paul*.

[Cet Apôtre est le plus grand Apologiste de l'Evangile, & ses Lettres feront à jamais la consolation & la regle des Enfans de Dieu. Par-tout elles développent les principes intimes de la Religion; elles en éclaircissent les Mysteres; elles en découvrent la divinité; elles en justifient la morale. C'est une Théologie complette, également propre à l'inftruction des simples, & à la conviction des superbes.

A juger de lui par ses Ouvrages, c'étoit un génie supérieur, vif, solide, conséquent & lumineux. Prenant toujours le plus haut point de vue, il s'élevoit jusqu'aux premieres vérités. De-là toutes leurs suites, toutes leurs branches se montroient à lui, rangées comme par ordre, & personne aussi n'a jamais si bien fait voir les conclusions renfermées dans leurs principes. La sublimité de ceux-ci, leur universalité, pour ainsi dire, & leur fécondité se font admirer particuliérement dans son Épître aux Romains ; trésor inépuisable d'idées grandes, saintes, augustes & le plus riche don que Dieu dans sa miséricorde pût faire à son Eglise par ses Ministres. Dans ce seul écrit, que de vérités, que de lumieres, que d'instructions ! Sur-tout que les merveilleuses opérations de la grace y sont doctement exposées ! Rien ne nous importoit plus que d'en connoître la nécessité, la gratuité, la force, & saint *Paul* est manifestement choisi pour être sur tous ces points l'interprête des mysteres d'en-haut.

Avec lui tout homme apprend, qu'il ne peut rien de lui-même, & que sa corruption, sa foiblesse, ont besoin de remedes & de secours assidus ; qu'il ne peut aller à Dieu, si Dieu ne le prévient, ne l'appelle & ne l'attire ; qu'il n'y a qu'abîme de miséricorde & d'amour dans le choix des Elus, vases préparés pour la gloire : justice & profondeur de sagesse à l'égard des vases de colere, préparés pour la perdition. C'est encore cet Apôtre qui nous a fait connoître combien nous avons reçu du Pere dans la personne du Fils ; qui nous a montré l'Evangile interprête des prédictions ; qui nous a découvert, dans les ombres de l'ancienne alliance, tous les traits commencés de la nouvelle ; qui nous a fait sentir la dignité de notre Etre, par la dignité du prix dont il est racheté ; le mérite de notre foi, par les entrées qu'elle nous ouvre à la grace sanctifiante ; la grandeur de nos espérances, par l'exaltation du Chef qui n'est plus qu'un corps avec nous ; l'efficacité de l'amour qui nous unit au Dieu Créateur & à son Verbe, par le souffle de l'Esprit, qui n'est lui-même que charité : notions majestueuses répandues par-tout dans nos Ecritures, mais j'ose le dire, nulle part si vivement exprimées que dans St. *Paul.*

Pour son cœur, c'étoit la vertu elle-même qui s'étoit plu à le former. Nul homme aussi n'a montré plus de constance, plus de vérité, plus de candeur, ni mieux allié le zele intrépide avec les tendresses de la charité. Ame grande & héroïque, ses intérêts propres ne lui sont rien ; il n'est attentif, il n'est sensible qu'à celui de ses freres, & au progrès de la foi. L'amour jaloux qu'il a pour elle, est comme un feu dévorant qu'il ne sauroit contenir.

Ses prédications, ses écrits, ses voyages, ses souffrances, ses longs travaux n'ont d'autre but que d'en établir le regne par-tout. Il porte tous les fideles, tous les hommes dans son cœur. Il est le Pere, le Tuteur & le Nourricier de tous. Il se rend foible avec les foibles, pour gagner les foibles. Il vit avec les Juifs comme un d'entr'eux pour les gagner à Jesus-Christ ; avec ceux qui étoient sous la loi, comme s'il y avoit été sujet lui-même ; avec ceux qui n'avoient point de loi, comme s'il n'en avoit point eu. Il console, il corrige, il supporte les imparfaits encore tendres dans la piété. Il met son bonheur & sa gloire dans l'avancement des forts. Pour tout dire, il s'écrie dans un pieux excès, qu'il voudroit être *Anathême pour le salut d'Israël*. Tant étoit pur le désintéressement de son amour. Tant il méconnoissoit les timides bornes qui resserrent si souvent le nôtre !

Il faut avouer que son style est sans élégance, au moins étudiée ; qu'il est même souvent défectueux, quant à la pureté du langage, & aux regles de l'art. Lui-même il le reconnoît en quelques endroits avec une noble ingénuité. Parmi ces négligences éclatent cependant mille traits heureux, qui n'y seroient pas, si l'étude & l'effort avoient pris soin d'y ménager des embellissemens.]

Quant à quelques passages de saint *Paul*, que M. *de Voltaire* a défigurés avec beaucoup de mauvaise foi, nous renvoyons le Lecteur à la lecture des Epîtres du saint Apôtre. Il ne pourra que gagner en remontant à cette source pure, qu'un Ecrivain infidele a voulu troubler, par le mélange de ses eaux bourbeuses.

PÉCHÉ ORIGINEL.

§. I.

Preuves qui établissent le Dogme du Péché Originel.

MOYSE nous apprend qu'*Adam* a péché, & qu'il a été chassé du Paradis. *David* reconnoît qu'il a été formé dans l'iniquité, & que sa mere l'a conçu dans le péché. *Job* déclare que personne n'est exempt de souillure, non pas même l'enfant d'un jour. (*a*) Saint *Paul* enseigne que le péché est entré par un seul homme dans le monde, &

(*a*) Genes. Psalm. 50, ℣. 7. Job. c. 14, ℣. 4.

PÉCHÉ ORIGINEL.

la mort par le péché, & qu'ainsi la mort est passée dans tous les hommes. Tous ayant péché dans un seul : il répéte que c'est par le péché d'un seul, que tous les hommes sont tombés dans la damnation, que nous naissons enfans de colere. (*a*) Nous avons dans nous-mêmes des preuves de la corruption originelle de la nature humaine. Dieu avoit fait l'homme immortel, il avoit éclairé son esprit, & créé son cœur droit ; nous naissons au contraire, ensevelis dans les ténebres, portés au mal ; nous sommes affligés par mille infirmités qui nous conduisent enfin à la mort.

Nous avons donc des preuves de fait, que nous sommes coupables & punis à cause du péché d'*Adam*.

Depuis St. *Ignace*, jusqu'à St. *Jérôme* qui disputoit contre *Pelage*, tous les Peres ont enseigné le dogme du péché originel. (*b*) C'est donc une grande témérité dans le questionneur encyclopédique de dire *que nous ne connoissons point de Pere de l'Eglise jusqu'à St.* Augustin *&* St. Jérôme, *qui ait enseigné la doctrine du péché originel*.

Les cérémonies de l'Eglise, le Baptême, les Exorcismes, sont des preuves que la croyance du péché originel étoit aussi ancienne que l'Eglise ; & cette croyance étoit si distincte dans l'Eglise, que *Julien* reprochoit à St. *Augustin* qu'il se servoit contre lui du consentement des artisans & du peuple. (*c*)

Enfin, encore aujourd'hui, toutes les Communions séparées depuis mille, onze & douze cens ans reconnoissent le dogme du péché originel. (*d*)

(*a*) Ad Rom. 5. Ad Ephes. 2.
(*b*) On trouve tous ces passages dans *Vossius*, Hist. Pelag. part. 1, thes. 6.
(*c*) *Aug.* liv. 2, Op. imperf. c. 181, liv. 5. c. 131.
(*d*) Perpet. de la Foi, t. 3. à la fin.

§. II.

Réfutations des Réponses des Sociniens aux Preuves que l'on vient d'apporter.

1°. Les Sociniens ont prétendu que les passages qui portent que nous avons péché dans *Adam*, ne signifient rien autre chose, sinon qu'*Adam* a donné à tout le genre humain l'exemple du péché, que tous les hommes l'ont imité, & que c'est en ce sens que tous les hommes péchent dans *Adam*.

Mais il est clair par le passage tiré de St. *Paul*, 1°. que tous les hommes meurent en *Adam*, & que cette mort est une suite du péché du premier homme : 2°. que tous les hommes sont coupables de ce péché, & qu'il est aussi étendu que l'empire de la mort ; que les enfans qui meurent dans le sein de leur mere, sont coupables de ce péché, quoiqu'ils n'aient encore fait aucune action, & que par conséquent le péché originel n'est pas une imitation du péché d'*Adam*. 3°. Il est clair par l'Ecriture que nous naissons enfans de colere, odieux aux yeux de Dieu, & que par conséquent le péché d'origine n'est pas une simple privation des avantages attachés à l'état d'innocence, tels que l'immortalité, l'empire sur nos sens, &c. comme les Sociniens le prétendent ; mais que le péché originel est un péché qui affecte l'ame de l'homme, & qui le rend odieux à Dieu.

2°. Les Pélagiens & les Sociniens opposent à ces preuves un passage du Deutéronome, qui dit que les enfans ne mourront point pour leurs peres, ni les peres pour les enfans. Mais il s'agit ici d'une loi qui regarde des enfans nés, c'est une loi que Dieu prescrit à des hommes qui doivent juger d'autres hommes ; quel rapport une pareille loi a-t-elle avec les passages qui prouvent le péché originel ?

3°. *Julien* opposoit à St. *Augustin* un passage de S. *Paul*, qui dit que nous comparoîtrons tous devant le Tribunal de JESUS-CHRIST pour être jugés selon ce que chacun aura fait de bien ou de mal, d'où il concluoit que les enfans qui n'avoient fait ni bien, ni mal, ne comparoîtroient pas, & qu'ils n'étoient par conséquent point coupables, & ne seroient point punis. De-là naquirent toutes les questions sur le sort des enfans, sur le genre de peine qu'ils devoient souffrir. Questions inutiles pour le fond des contestations qui partageoient les Catholiques & les Pélagiens, sur lesquelles St. *Augustin* n'osoit rien affirmer, & sur lesquelles l'Eglise ne prononça point. Mais *Julien* ne prouvoit rien par ce passage de S. *Paul*; car il est clair que S. *Paul* n'exclud point les enfans; & quand il les excluroit, il s'ensuivroit tout au plus, qu'ils ne sont coupables d'aucun péché actuel, & non pas qu'ils ne sont point coupables du péché originel.

4°. Les Pélagiens & les Sociniens prétendent que le Baptême n'est point donné pour remettre un péché, mais pour associer l'homme à l'Eglise Chrétienne, & lui donner droit au bonheur que Dieu destine à ceux qui vivent dans l'Eglise de J. C. Les Catholiques répondoient que l'Ecriture & la tradition nous apprennent que le Baptême est donné pour la rémission des péchés, & pour régénérer l'homme.

5°. Les Pélagiens & les Sociniens opposent l'autorité des Peres.

Mais, 1°. il est certain que *Pélage* & *Julien* n'ont jamais opposé à saint *Augustin* que quelques passages de St. *Chrysostôme*, de St. *Basile* & de *Théodore* de Mopsueste, & que St. *Augustin* fit voir que les Pélagiens n'en pouvoient rien conclure en faveur de leur sentiment. (a) D'ailleurs, ce que nous avons dit sur l'origine de l'erreur de Pélage, par rapport aux différentes méthodes que les Peres employoient selon les différens objets qu'ils se proposoient, peut servir à répondre aux passages dans lesquels ils paroîtront attaquer le péché originel, & à tout ce que M. *Witby* a recueilli pour soutenir qu'avant St. *Augustin*, les Peres avoient témoigné du penchant à la doctrine des Pélagiens.

§. III.

Difficultés des Philosophes contre le Dogme du Péché Originel.

„ Une créature qui n'existe point, ne sauroit être
„ complice d'une action mauvaise, & il est injuste
„ de la punir comme coupable de cette action.
„ L'enfant qui naît six mille ans après *Adam*, n'a
„ pu, ni consentir à son péché, ni réclamer con-
„ tre sa prévarication. Comment Dieu si juste, si
„ bon, si miséricordieux, qui pardonne à ceux qui
„ implorent sa miséricorde les péchés qu'ils ont
„ commis librement, imputeroit-il un péché qu'on
„ n'a pu éviter, & auquel on n'a aucune part. Il
„ ne faut pas croire éluder la force de ces difficul-
„ tés en répondant que le péché originel s'est trans-
„ mis à la postérité d'*Adam* : nous ne recevons de
„ nos peres que le corps, & le corps n'est pas sus-
„ ceptible de péché : c'est dans l'ame que réside

(a) Voyez sur cela, Remarques sur la Biblioth. de M. Dupin, in-8°. à Paris 1692. t. 1. On y prouve que St. *Justin*, S. *Irénée*, *Tertullien*, *Origene*, se sont très-clairement expliqués sur le Péché Originel. Voyez aussi la tradition de l'Eglise sur le Péché Originel, à Paris 1692. *in*-12.

„ le

„ le péché, & l'ame fort pure & innocente des
„ mains de Dieu. Enfin, quand il seroit vrai que
„ l'ame deviendroit souillée par son union avec le
„ corps que nous recevons de nos peres : cette
„ souillure, ou cette corruption ne seroit point un
„ péché, puisque la corruption du corps & l'union
„ de l'ame au corps seroient produites par des cau-
„ ses indépendantes de l'enfant, & qui ont précédé
„ son existence. „

Réponse. Il est certain que ce qui n'existe que d'aujourd'hui, n'a pu se déterminer, ni consentir à un crime commis il y a six mille ans. Mais les Catholiques ne prétendent pas que l'enfant ait commis le crime d'*Adam*, ou qu'il y ait consenti. Ils disent que depuis le péché d'*Adam*, tous les hommes naissent privés de la grace, déchus des privileges de l'état d'innocence; que leur esprit est environné de ténèbres, & leur volonté déréglée, & que cet état de l'homme est la suite du péché d'*Adam*.

Les Catholiques ne disent pas que Dieu haïsse l'enfant, & qu'il le punisse pour avoir commis le péché d'*Adam*, ou parce qu'il est coupable d'un désordre dans lequel il soit tombé librement. Ils disent que le péché d'*Adam* causa dans ses facultés un désordre qui se communiqua à ses enfans aussibien que son péché, & qui se transmit à tous les hommes qui naissent par la voie de la génération, & qui n'en sont point garantis par une grace spéciale. Toutes les difficultés des Incrédules portent donc à faux, & n'attaquent point le dogme du péché originel, tel que l'Eglise l'enseigne.

„ Mais, dira-t-on, comment le désordre causé
„ dans les facultés d'*Adam* & le péché ont-ils pu
„ se transmettre à ses enfans ?

L'Ecriture, qui nous apprend si clairement le

péché du premier homme, & que son péché s'e[st] communiqué à sa postérité, ne nous explique poi[nt] comment ce désordre & ce péché se sont communi[qués] qués à ses enfans, & ensuite à toute sa postérit[é.] Nous ne pouvons donc expliquer clairement com[ment] ment se fait la propagation du péché originel, mai[s] nous ne voyons point qu'elle soit impossible ; [&] par conséquent le Pélagien & le Socinien, ne peu[vent] vent sans absurdité nier le péché originel : car il e[st] absurde de nier une chose enseignée clairement dan[s] l'Ecriture, dans la tradition, & par l'Eglise uni[verselle] verselle, lorsqu'on ne démontre pas que cette chos[e] est impossible.

,, Mais, disent les Sociniens, n'est-il pas évi[dent] ,, dent que Dieu ne peut punir que ce qui est vo[lontaire] ,, lontaire ? ,,

Dieu hait essentiellement le désordre, & le péch[é] originel ne laisse pas d'être un désordre, quoiqu'i[l] soit l'effet d'un péché que l'enfant n'a pu, ni vou[loir] loir, ni prévenir. Le péché originel déplaît donc [à] Dieu, quoiqu'il soit nécessaire, & la créature dan[s] laquelle il se trouve, lui est odieuse ; mais il ne l[a] hait point & ne la punit point comme une créatur[e] qui s'est mise volontairement dans le désordre.

,, Mais enfin, pourquoi a-t-il enveloppé toute sa ,, race dans sa chûte, pourquoi Dieu a-t-il permis ,, cette fatale catastrophe ? Pourquoi a-t-il remis ,, entre les mains du premier homme, le sort de ,, sa postérité ? ,,

Je réponds, 1°. que l'ignorance dans laquelle Dieu nous laisse à cet égard, ne nous autorise point à nier un dogme enseigné dans l'Ecriture, dans la tradition, & par l'Eglise universelle : avouons plu-tôt avec M. *Leibnitz*, que nous ne connoissons pas assez, ni la nature du fruit défendu, ni son action, ni ses effets, pour juger du détail de cette affaire.

2°. Si nous voyions en son entier le plan de la Providence, relativement au genre humain, ces plaintes, ces questions téméraires, nous paroîtroient déraisonnables, pleines d'ingratitude & injurieuses au Rédempteur, qui a fait une abondante compensation pour tous les dommages qui résultent du péché d'*Adam*, en satisfaisant non-seulement pour le péché originel, mais encore pour les péchés actuels de tout le monde.

Si nous nous plaignons de notre état présent, c'est parce que nous en sentons tous les inconvéniens, & que nous n'en connoissons pas les avantages. Les Anges apostats sont tombés sans ressource; mais nos premiers parens ont été relevés de leur chûte: ce n'est point par notre faute que nous nous trouvons au fond du précipice, mais nous avons un Rédempteur qui nous en a tirés par sa mort & par sa grace.

La doctrine du péché originel, telle qu'elle est enseignée par l'Eglise Catholique, ne fait donc Dieu, ni auteur du péché, ni injuste.

§. IV.

Des différentes manieres d'expliquer le Péché Originel.

Le dogme du péché originel est d'un côté si important dans la Religion, & de l'autre si difficile à comprendre & à persuader, que l'on a de tous les temps fait beaucoup d'efforts pour expliquer sa nature, & la maniere dont il se communiquoit.

1°. On supposa que les ames avoient péché dans une vie antérieure à leur union avec le corps humain: cette opinion imaginée par les Platoniciens, attribuée à *Origene*, & adoptée par les Cabbalistes, a été suivie par quelques modernes. Ce sentiment, qui pris comme opinion philosophique n'est qu'une vaine imagination, a été condamné par l'Eglise, & n'explique point le dogme du péché originel, puisque ce péché est transmis aux hommes par *Adam*.

2°. On a supposé que toutes les ames étoient renfermées dans *Adam*, & que par conséquent elles avoient participé à son péché. Ce sentiment, dont St. *Augustin* n'étoit pas fort éloigné, a été adopté par un grand nombre de Théologiens de la Confession d'Ausbourg ; & au commencement de notre siecle, un savant Auteur, M. *Wolflin*, en a fait un principe pour expliquer la propagation du péché originel. C'est par imputation, dit-il, que tous les hommes y participent ; mais la dépravation leur est communiquée par la propagation, & cette propagation suppose que les ames viennent les unes des autres.

Avant M. *Wolflin*, *Nicolaï* avoit enseigné qu'en admettant la création immédiate des ames, il n'est pas possible d'expliquer le péché originel. Ce sentiment, qui a été condamné par l'Eglise, est absurde : car l'ame étant une substance simple, indivisible, immatérielle, il est impossible qu'aucune ame forte d'une autre par voie d'émanation. D'ailleurs, ce sentiment n'expliqueroit point le péché originel, puisque les ames renfermées dans l'ame d'*Adam*, n'auroient point eu l'exercice de leurs facultés, & enfin, parce qu'*Adam* ayant obtenu le pardon de son péché, tous ses enfans auroient dû l'obtenir, si les ames humaines avoient été renfermées dans celle du premier homme, de maniere qu'elles eussent participé à ses déterminations.

3°. On a reconnu que les ames n'ont point existé avant cette vie, qu'elles ont été créées immédiatement par Dieu, & qu'elles ne sont pas des émanations de l'ame d'*Adam*. Mais, parmi ceux qui re-

PÉCHÉ ORIGINEL.

connoissent que les ames existent par voie d'émanation, les uns croient que toutes les ames ont été créées, & qu'elles ont été unies à des corps renfermés dans le corps d'*Adam*. Les autres pensent, conformément au jugement de l'Eglise, que les ames des hommes sont créées lorsque le corps humain est formé dans le sein de la mere.

Le système de la génération des animaux par des animalcules formés dans le premier animal, & qui ne font que se développer, ne pouvoit manquer de faire adopter le premier sentiment. M. *Leibnitz* crut qu'il pouvoit expliquer la propagation du péché originel, il fut suivi par M. *Rassiels* qui l'expliqua avec plus de détail que M. *Leibnitz*. (1)

Il suppose que les corps de tous les hommes qui devoient exister, ont été formés dans *Adam*, & que Dieu avoit uni à ces petits corps des ames humaines, parce qu'il n'y a pas de raison de différer plus long-temps l'union de l'ame & du corps, & que ce petit corps vivant aussi-bien dans le premier instant de sa formation, qu'après sa naissance, on ne peut le supposer privé d'une ame.

Il admet donc, dans les petits corps humains renfermés dans *Adam*, des ames humaines. Les petits corps unis à ces ames étoient unis aux corps des peres, & ils en tiroient leur nourriture, autrement ils se seroient desséchés. Il y avoit donc une communication entre *Adam* & le nombre infini de personnes qu'il contenoit, à peu près semblable à celle qu'un enfant a avec sa mere, aussi-tôt qu'elle l'a reçu dans son sein ; & comme les mouvemens de la mere se communiquent aux enfans, ceux d'*Adam*

---

(1) Essais de *Théodicée*, premiere Partie, ss. 90. *Traité de l'Esprit Humain*, par M. *Rassiels du Vigier*, chez Jombert, 1714. *in-*12.

se sont communiqués à tous ceux qui devoient naître de lui.

Suivant ce systême, quand Dieu défendit à *Adam* de manger du fruit de l'arbre de la science du bien & du mal, les impressions de son cerveau se communiquerent aux cerveaux de ses enfans, qui eurent par conséquent les mêmes idées; & lorsqu'*Adam* fut tenté de manger du fruit, & qu'il y consentit, ses enfans y consentirent d'autant plus facilement, que la mollesse de leurs fibres les avoit fait moins conserver le souvenir du précepte, & que le cours de leurs esprits animaux étoit favorisé par le cours des esprits animaux d'*Adam*.

Leur péché fut à-peu-près pareil à celui d'une personne qui s'éveille en sursaut, ou à celui des enfans qui sont en nourrice; c'est pourquoi dit M. *Rassiels*, quoiqu'ils sôient véritablement enfans de colere, ils ne sont pas l'objet d'une si grande colere, puisque Dieu se contente de les priver de sa gloire, sans les condamner aux châtimens des pécheurs.

Cette hypothèse est absolument destituée de fondement du côté de la raison; & le systême de la génération des animaux par des animalcules préexistans & formés dès la création du monde, qui lui sert de base, n'a plus guere de vraisemblance, ni de Sectateurs. D'ailleurs, il n'explique point la communication du péché d'*Adam* à ses descendans, puisque ces ames n'avoient point l'usage de la raison, lorsqu'*Adam* pécha, & qu'elles ne pouvoient donner un consentement libre. Enfin, ce sentiment est contraire aux décisions de l'Eglise.

4°. Il est donc certain que l'ame des enfans d'*Adam* n'a été créée que quand il s'est formé dans le sein d'*Eve*, un corps humain, & pour expliquer la transmission du péché originel, il faut expliquer comment le péché d'*Adam* se communique aux ames que Dieu crée pour les unir à des corps humains, par voie de génération.

Les Théologiens se sont encore partagés sur cette explication.

1°. Beaucoup de Théologiens ont prétendu que le péché originel n'est que le péché d'*Adam*, imputé à tous ses descendans. Les Théologiens supposent que comme Dieu, quand il établit *Abraham* le Pere des Croyans, avoit fait un pacte avec sa postérité, de même quand il donna la justice originelle à *Adam* & au genre humain, notre premier pere s'engagea en son nom & en celui de ses descendans, de la conserver pour lui & pour eux, en observant le précepte qu'il avoit reçu, au lieu que faute de l'observer, il la perdroit autant pour lui que pour eux, & les rendroit sujets aux mêmes peines, sa transgression étant devenue celle de chacun, en lui comme cause, & dans les autres, comme la suite du pacte contracté par eux; qu'ainsi la même transgression, qui étoit en lui un péché actuel, fait dans les autres le péché originel par l'imputation qui leur en est faite, & que c'est ainsi que tout le monde a péché en lui, lorsqu'il a péché.

Ce sentiment fut soutenu avec beaucoup de force par *Catharin* dans le Concile de Trente, & il a été adopté par presque tous les Protestans. Mais cette opinion paroît contraire à tout ce que l'Ecriture & la tradition nous apprennent du péché originel, & ne s'accorde pas bien avec les idées de la justice & de la bonté de Dieu: car pour imputer un crime, il faut un consentement formel, un consentement présumé ne suffit pas, & les Théologiens qui adoptent le sentiment de l'imputation ne reconnoissent point d'autre consentement dans les enfans d'*Adam*. Ce pacte peut avoir lieu, lorsqu'il est question de faire du bien, mais non pas lorſqu'il s'agit de punir poſitivement. La ſuppoſition du pacte fait entre Dieu & *Adam*, laquelle ſert de baſe à ce ſentiment, eſt une ſuppoſition chimérique, dont *Catharin* n'a donné aucune preuve.

2°. Il y a des Théologiens qui croient que depuis le péché d'*Adam*, ſon corps a été corrompu, & que l'ame ſortant pure des mains de Dieu, & s'uniſſant à un corps corrompu, contracte ſa corruption comme une liqueur pure ſe corrompt dans un vaſe infecté : ce ſentiment indiqué par ſaint *Auguſtin*, a été ſuivi par *Grégoire* de *Rimini*, *Gabriel*, &c. Pour expliquer comment le péché du premier homme a corrompu ſon corps, *Grégoire* de *Rimini* ſuppoſe que le ſerpent en converſant avec *Eve*, dirigea contre elle ſon haleine, & que ſon ſouffle contagieux infecta le corps d'*Eve*. *Eve* communiqua ſa contagion à *Adam*, & tous deux la communiquerent à leurs enfans, comme nous voyons des maladies héréditaires dans certains pays & dans certaines familles. Mais quand il ſeroit vrai que le ſouffle du ſerpent eût porté dans le corps d'*Eve* un principe de corruption, quel rapport cette corruption a-t-elle avec le péché, qui eſt une affection de l'ame ? Une ſubſtance immatérielle peut-elle ſe corrompre en contractant la corruption du corps, comme une liqueur pure ſe corrompt dans un vaſe infecté ?

3°. Il y a des Théologiens, qui, pour expliquer la tranſmiſſion du péché originel, ſuppoſent que Dieu avoit formé le plan de faire naître tous les hommes d'un ſeul par voie de génération, & qu'il a établi une loi par laquelle il devoit unir une ame à un corps humain toutes les fois que par la voie de la génération il ſe formeroit un corps humain.

Dieu, ſelon ces mêmes Théologiens, s'étoit fait

une loi d'unir au corps humain né d'*Adam*, une ame semblable à celle du premier homme. *Adam* par son péché perdit la grace originelle ; ainsi lorsqu'il engendra un fils, Dieu unit à son corps une ame privée de la justice originelle & des dons de l'état d'innocence.

Estius remarque que ce sentiment indiqué par St. *Cyrille*, & adopté par St. *Anselme*, n'explique point la transmission du péché originel, parce qu'il ne la fait consister que dans la privation de la justice originelle, ce qui ne suffit pas pour expliquer le péché originel, qui est un désordre : car il seroit possible, selon *Estius*, qu'une ame fût privée de la justice originelle, & qu'elle ne fût cependant pas coupable, ou déréglée. Ce Théologien croit donc qu'il faut supposer que l'ame privée de la justice originelle, est unie à un corps corrompu, qui communique le péché à l'ame qui lui est unie.

Mais le corps est-il capable de pécher ? peut-il souiller l'ame ? Voilà ce que, ni *Scot*, ni *Estius*, ni aucun des Théologiens qui suivent ce sentiment, n'ont pu faire concevoir.

Le P. *Mallebranche* & *Nicole* ont tâché de l'expliquer. *Adam*, selon le premier, fut créé dans l'ordre ; & comme l'ordre veut que Dieu n'agisse que pour lui, *Adam* reçut en naissant un penchant qui le portoit à Dieu, & une lumiere qui lui faisoit connoître que Dieu seul pouvoit le rendre heureux.

Cependant, comme *Adam* avoit un corps qui n'étoit pas inaltérable, & qu'il devoit se nourrir, il falloit qu'il fût averti du besoin de manger, & qu'il pût distinguer les alimens propres à le nourrir : il falloit donc que les alimens propres à entretenir l'harmonie dans le corps d'*Adam*, fissent naître dans son ame des sentimens agréables, & que ceux qui lui étoient nuisibles, excitassent des sensations désagréables.

Mais ces plaisirs & ces mouvemens ne pouvoient le rendre esclave, ni malheureux comme nous, parce qu'étant innocent, il étoit maître absolu des mouvemens qui s'excitoient dans son corps. L'ordre demande que le corps soit soumis à l'ame, *Adam* arrêtoit donc à son gré les mouvemens qui s'excitoient dans son corps ; ensorte que les impressions sensibles ne l'empêchoient pas d'aimer uniquement Dieu, & ne le portoient point à regarder le corps comme la cause, ou comme les objets dont il devoit attendre son bonheur.

Après qu'*Adam* eut péché, il perdit d'un côté l'empire qu'il avoit sur ses sens, & de l'autre la justice originelle. Les impressions des objets extérieurs produisirent en lui des impressions qu'il ne fut pas le maître d'arrêter, & qui le porterent malgré lui vers les objets qui excitoient en lui des sentimens agréables.

Dieu avoit résolu de faire naître tous les hommes d'*Adam*, & d'unir une ame humaine au corps humain qu'*Adam* engendroit ; mais Dieu, selon le P. *Mallebranche*, ne devoit accorder à cette ame la justice originelle, qu'autant qu'*Adam* persévereroit dans l'innocence.

Ainsi, *Adam* & *Eve* après leur péché, avoient 1°. perdu l'empire qu'ils avoient sur leurs sens, & les corps excitoient en eux des plaisirs qui les portoient vers les objets sensibles : 2°. Dieu unissoit aux corps qu'ils engendroient, une ame privée de la justice originelle. Dieu, selon le Pere *Mallebranche*, avoit établi une loi, par laquelle il devoit y avoir un commerce continuel entre le cerveau de la mere & le cerveau de l'enfant formé dans son sein ; ensorte que tous les sentimens qui s'excitent dans la mere, devoient s'exciter dans l'enfant.

L'ame humaine que Dieu unit au corps humain qui se forma dans le sein d'*Eve* après son péché, éprouvoit donc toutes les impressions qu'*Eve* recevoit des objets sensibles; & comme elle étoit privée de la justice originelle, elle étoit portée vers les corps, elle les aimoit comme la source de son bonheur : elle étoit donc dans le désordre, ou plutôt sa volonté étoit déréglée, le désordre de sa volonté n'étoit point libre, mais il n'étoit pas moins un désordre qui déplaisoit à Dieu. (1)

Cette explication porte certainement l'empreinte du génie de *Mallebranche*, mais elle est appuyée sur un fondement bien foible, je veux dire la communication entre le cerveau de la mere & le cerveau de l'enfant : cette communication n'est point prouvée : ces taches, que les enfans tiennent de leurs meres, & que le P. *Mallebranche* a prises pour les images des objets que les meres ont désirés ardemment pendant leur grossesse, ne sont que les suites d'un sang extravasé par un mouvement trop violent, qui peut bien être occasionné par une impression vive que fait sur les organes un objet sensible, & qui se communique au sang de l'enfant, parce qu'il y a en effet une communication entre les vaisseaux sanguins de la mere, & ceux de l'enfant; mais ce sang extravasé ne suppose pas que le cerveau de l'enfant ait reçu les mêmes impressions que le cerveau de la mere, rien ne conduit à cette supposition.

Voici l'explication de *Nicole* dans sa seconde *Instruction sur le Symbole*.

" L'expérience fait voir que les inclinations des
,, peres se communiquent aux enfans, & que leur

---

(1) *Malleb.* Rech. de la Vérité, liv. 1. c. 5. l. 2. part. 1. c. 7. Eclairc. 8. Conv. Chr. Entr. 4.

„ ame venant à être jointe à la matiere qu'ils tirent
„ de leurs parens, elle conçoit des affections sem-
„ blables à celles de l'ame de ceux dont ils tirent la
„ naissance ; ce qui ne pourroit être, si le corps n'a-
„ voit certaines dispositions, & si l'ame des enfans
„ n'y participoit en concevant des inclinations pareil-
„ les à celles de leurs peres & de leurs meres, qui
„ avoient les mêmes dispositions du corps.

„ Cela supposé, il faut convenir qu'*Adam* en
„ péchant, se précipita avec une telle impétuosité
„ dans l'amour des créatures, qu'il ne changea pas
„ seulement son ame, mais qu'il troubla l'éco-
„ nomie de son corps, qu'il y imprima les vestiges
„ de ses passions, & que cette impression fut in-
„ finiment plus forte & plus profonde que celles
„ qui se font par les péchés que les hommes com-
„ mettent présentement.

„ *Adam* devint donc par-là incapable d'engen-
„ drer des enfans qui eussent le corps autrement
„ disposé que le sien ; de sorte que les ames étant
„ jointes, au moment qu'elles sont créées, à ces
„ corps corrompus, elles contractent les inclina-
„ tions conformes aux traces & aux vestiges im-
„ primés dans ces corps, & c'est ainsi qu'elles con-
„ tractent l'amour dominant des créatures, ce qui
„ les rend ennemies de Dieu.

„ Mais, pourquoi les ames qui sont des substan-
„ ces spirituelles, contractent-elles certaines incli-
„ nations à cause de certaines dispositions de la
„ matiere ?

„ On peut, pour expliquer cela, supposer que
„ Dieu en formant l'être de l'homme par l'union
„ d'une ame spirituelle avec une matiere corporelle,
„ & voulant que les hommes tirassent leur origine
„ d'un seul, avoit établi ces deux loix, qu'il ju-
„ gea nécessaires pour un être de cette nature.

„ La premiere, que le corps des enfans feroit
„ semblable à celui des peres, & auroit à peu-
„ près les mêmes impreſſions, à moins que quelque
„ cauſe étrangere ne les altérât.

„ La ſeconde, que l'ame unie au corps auroit
„ certaines inclinations, lorſque ſon corps auroit
„ certaines impreſſions.

„ Ces deux loix étoient néceſſaires pour la pro-
„ pagation du genre humain, & elles n'euſſent ap-
„ porté aucun préjudice aux hommes, ſi *Adam*
„ en conſervant ſon innocence eût conſervé ſon
„ corps dans l'état auquel Dieu l'avoit formé ;
„ mais l'ayant altéré & corrompu par ſon péché,
„ la juſtice ſouveraine de Dieu, infiniment éle-
„ vée au-deſſus de la nature, n'a pas jugé qu'elle
„ dût pour cela changer les loix établies avant le
„ péché ; & ces loix ſubſiſtant, *Adam* a communi-
„ qué à ſes enfans un corps corrompu.

„ Mais, comment doit-on concevoir cet amour
„ dominant de la créature, que l'ame contracte
„ lorſqu'elle eſt jointe à des corps qui viennent
„ d'*Adam* ?

„ On le doit concevoir, comme on conçoit la
„ grace juſtifiante dans les enfans baptiſés : c'eſt-à-
„ dire, que comme l'ame des enfans, par la grace
„ qu'elle reçoit, eſt habituellement tournée vers
„ Dieu, & l'aime de la maniere que les Juſtes ai-
„ ment Dieu durant le ſommeil ; de même l'ame
„ des enfans par cette inclination qu'elle contracte,
„ devient habituellement tournée vers la créature,
„ comme ſa fin derniere, & l'aime comme les mé-
„ chans aiment le monde pendant qu'ils dorment:
„ car il ne faut pas s'imaginer que nos inclinations
„ périſſent par le ſommeil, elles changent ſeule-
„ ment d'état ; & ces inclinations ſuffiſent pour
„ rendre les uns juſtes, quand elles ſont bonnes,

„ & les autres méchans, quand elles font mau-
„ vaiſes. „

Nicole ne regarde cette explication que comme ce que l'on peut dire de plus probable; & ce ſage & pieux Ecrivain penſoit qu'il y a beaucoup de choſes qu'il faut croire ſans tenter de les expliquer; le péché originel eſt de ce nombre.

PENTATEUQUE.

Nouvelles preuves que ce Livre eſt de Moyſe.

UNE des preuves les plus fortes de l'authenticité du *Pentateuque*, c'eſt que chaque Livre en eſt cité par les Ecrivains ſacrés, poſtérieurs à *Moyſe*. Il eſt vrai que la *Geneſe* eſt citée en termes exprès plus rarement que les quatre autres Livres du *Pentateuque*; mais toute l'Ecriture Sainte la ſuppoſe, & les principaux points de l'Hiſtoire qu'elle contient, y ſont ſouvent rapportés. Ce qui eſt dit dans le Livre des *Paralipomenes* de l'impôt que *Moyſe*, ſerviteur de Dieu, avoit abandonné dans le déſert ſur Iſraël, eſt pris de l'*Exode* & des *Nombres*. Les cérémonies de la Pâque, dont il eſt parlé dans le Livre d'*Eſdras* (a), ſont tirées de l'*Exode* (b) & du *Lévitique* (c). Ce qui eſt dit encore dans *Eſdras* (d) touchant la fête des Tabernacles, eſt pris du *Lévitique* (e). Les Pſeaumes LXXVII. LXXVIII. CV. CVI. CXXXV. & CXXXVI. contiennent un abrégé de toute l'hiſtoire du *Pentateuque*, qui eſt

---

(a) *Eſdr.* VI. 19. 20.
(b) *Exod.* XII. 1. 2.
(c) *Levit.* XXVI. 5.
(d) *Eſdr.* III. 4.
(e) *Levit.* XXIII. 34.

visiblement tiré du *Pentateuque* même. Enfin le *Deuteronome* est plus souvent allégué qu'aucun des autres Livres de *Moyse*, parce qu'étant un abrégé de toute la Loi, composé pour l'usage de tout le Peuple d'Israël, il étoit plus naturel de le citer que les autres. Le commencement de ce Livre fait voir que *Moyse* en étoit l'Auteur ; car selon la coutume des Anciens, qui mettoient au commencement des Ouvrages les noms des Auteurs, celui du Législateur des Hébreux paroît à la tête du *Deuteronome* en ces termes : *Ce sont ici les paroles que* Moyse *dit à tout Israël*, & plus bas, *Moyse donc commença à déclarer cette loi* (f) ; après quoi, *Moyse* est nommé encore de temps en temps dans la suite, comme l'Auteur de ce qui est contenu dans ce Livre (g). Il est aussi cité sous ce nom dans les autres Livres de l'Ecriture, comme dans *Josué*, où il est dit que *Josué bâtit un autel à l'Eternel, comme Moyse, serviteur de l'Eternel, l'avoit commandé aux enfans d'Israël, ainsi qu'il est écrit au Livre de la Loi de Moyse* (h) ; c'est-à-dire, dans le *Deuteronome* (i). Ces paroles du *Deuteronome : On ne fera point mourir les peres pour les enfans, &c.* (k) sont alléguées, dans les *Rois* (l) comme prises du *Livre de la loi de Moyse*. Dans Néhémie il est ordonné que *les Ammonites & les Moabites seront exclus de l'assemblée de Dieu* (m) ; c'est une ordonnance renouvellée sur celle de *Moyse* dans le *Deuteronome* (n). Nous

---

(f) *Deut.* I. 1. 5.
(g) *Voy. Deut.* IV. s. XXXI. 22. 24.
(h) *Jos.* VIII. 30. 31.
(i) *Deut.* XXVII. 5.
(k) *Deut.* XXIV. 16.
(l) 4 *Rois.* XIV. 6.
(m) *Néhém.* XIII. 1.
(n) *Deut.* XXIII. 3.

supprimons quantité d'autres exemples pour éviter la longueur. A quoi bon les accumuler ? Ceux que nous venons d'indiquer, suffisent de reste pour convaincre toute personne impartiale que le *Deuteronome* est de *Moyse* ; d'où il s'ensuit, comme nous l'avons observé, que les quatre autres Livres de la Loi en sont aussi.

D'ailleurs, il est démontré que le *Pentateuque* des Samaritains leur a été transmis par les dix Tribus d'Israël, après le transport de celles-ci dans le Royaume d'Assyrie. (Voyez sur cela les *Nouveaux éclaircissemens sur l'origine & le Pentateuque des Samaritains, par un Religieux Bénédictin de la Congrégation de St. Maur*, en un volume in-8°. à Paris, chez *Nyon* 1760.) Or, si le *Pentateuque* existoit alors, que de conclusions avantageuses les croyans n'en tireront-ils pas contre les Incrédules ! Que deviendra d'abord l'accusation formée contre les Livres de *Moyse* ? Comment les dira-t-on encore supposés ? Sous quelle époque placera-t-on leurs fabricateurs ? Ces Livres étant antérieurs chez les Samaritains, au temps où les Juifs revinrent de la captivité de Babylone, ils n'ont pas *Esdras* pour Auteur, ou pour Correcteur, comme M. *de Voltaire* l'insinue. Possédés & conservés soigneusement par les dix Tribus, leur origine doit remonter au-delà du schisme qui sépara les deux maisons d'Israël. De la date de cet événement, pour remonter jusqu'à *Moyse*, il ne reste qu'un espace de quatre cents ans. Seroit-ce donc dans l'espace de ces quatre siécles, qu'il faudroit chercher l'imposteur, qu'on prétend avoir forgé le *Pentateuque* sous le nom du Législateur des Hébreux ? Cette prétention est si peu soutenable, qu'on ne sache pas, qu'aucun Incrédule l'ait encore formée.

En effet, de deux choses l'une, ou la fabrication
du

du *Pentateuque* étoit ancienne au temps du schisme des dix Tribus, ou elle étoit nouvelle. Dans le premier cas, est-il vraisemblable que les Hébreux voisins, comme ils l'étoient du temps de *Moyse*, eussent reconnu pour son ouvrage des Livres supposés, où se trouvoient consignés leurs histoire pleine de faits ignominieux pour la Nation, leurs généalogies, leur culte, leur législation ?

Dans le second cas, déterminé à changer la Police & la Religion dans le nouveau Royaume d'Israël, le perfide & rusé *Jéroboam* eût-il manqué de faire ouvrir les yeux aux dix Tribus, sur la fabrication récente d'une production, qui mettoit les plus grands obstacles à ses desseins ?

En quelqu'autre temps qu'on veuille mettre la corruption prétendue de ces saints Livres, la ressemblance parfaite, pour tout ce qui est essentiel entre l'exemplaire Juif & le Samaritain, les défend réciproquement d'un si injurieux soupçon. La version des Septante leur prête un nouveau secours, par sa conformité avec l'une & avec l'autre. (Voyez l'article Moyse.) Mais il faut entendre là-dessus le savant *Bossuet* dans la seconde Partie de son admirable Discours sur l'*Histoire universelle*.

,, Que dit-on, demande cet illustre Prélat, pour
,, autoriser la supposition du *Pentateuque*, & que
,, peut-on objecter à une tradition de trois mille
,, ans, soutenue par sa propre force & par la suite
,, des choses ? Rien de suivi, rien de positif, rien
,, d'important ; des chicanes sur des nombres, sur
,, des lieux, ou sur des noms. Et de telles observa-
,, tions, qui dans toute autre matiere ne passeroient
,, tout au plus que pour de vaines curiosités in-
,, capables de donner atteinte au fond des choses,
,, nous sont ici alléguées comme faisant la décision
,, dans l'affaire la plus sérieuse qui fût jamais.

„ Il y a, dit-on, des difficultés dans l'Histoire
„ de l'Ecriture. Il y en a sans doute qui n'y seroient
„ pas, si le Livre étoit moins ancien, ou s'il avoit
„ été supposé, comme on l'ose dire, par un hom-
„ me habile & industrieux, si l'on eût été moins
„ religieux à le donner tel qu'on le trouvoit, &
„ qu'on eût pris la liberté d'y corriger ce qui fai-
„ soit de la peine. Il y a des difficultés que fait un
„ long temps, lorsque les lieux ont changé de
„ nom ou d'état ; lorsque les dates sont oubliées ;
„ lorsque les généalogies ne sont plus connues ;
„ qu'il n'y a plus de remede aux fautes qu'une
„ copie tant soit peu négligée introduit si aisé-
„ ment en de telles choses ; ou que des faits échap-
„ pés à la mémoire des hommes laissent de l'obs-
„ curité dans quelque partie de l'Histoire. Mais
„ enfin cette obscurité est-elle dans la suite même,
„ ou dans le fond de l'affaire ? Nullement : tout
„ y est suivi ; & ce qui reste d'obscur ne sert qu'à
„ faire voir dans les Livres saints une antiquité
„ plus vénérable....

„ Mais, dit-on encore, il y a des altérations
„ dans le Texte : les anciennes Versions ne s'accor-
„ dent pas.... Mais enfin d'où viennent ces va-
„ riétés, des Textes & des Versions, sinon de l'an-
„ tiquité du Livre même qui a passé par les mains
„ de tant de copistes depuis tant de siecles que la
„ langue dans laquelle il est écrit, a cessé d'être
„ commune ?

„ Mais laissons les vaines disputes & tranchons
„ en un mot la difficulté par le fond. Qu'on me
„ dise s'il n'est pas constant, que de toutes les
„ Versions & de tout le Texte quel qu'il soit, il
„ en reviendra toujours les mêmes Loix, les mêmes
„ Miracles, les mêmes Prédictions, la même
„ suite d'Histoire, le même corps de Doctrine, &

PENTATEUQUE. 163

„ enfin la même substance. En quoi nuisent après
„ cela les diversités des Textes ? Que nous falloit-
„ il davantage que ce fond inaltérable des Livres
„ sacrés, & que pouvions-nous demander de plus
„ à la Divine Providence ? . . .

„ Mais enfin, & voici le fort de l'objection : n'y
„ a-t-il pas des choses ajoutées dans le Texte de
„ *Moyse*, & d'où vient qu'on trouve sa mort à la
„ fin du Livre qu'on lui attribue ? Quelle merveille
„ que ceux qui ont continué son Histoire aient
„ ajouté sa fin bienheureuse au reste de ses actions,
„ afin de faire du tout un même corps ? Pour les
„ autres additions, voyons ce que c'est. Est-ce
„ quelque nouvelle Loi, ou quelque nouvelle Cé-
„ rémonie, quelque Dogme, quelque Miracle,
„ quelque Prédiction ? On n'y songe seulement
„ pas : il n'y a le moindre soupçon, ni le moin-
„ dre indice : c'eût été ajouter à l'œuvre de Dieu :
„ la Loi l'avoit défendu, & le scandale qu'on eût
„ causé, eût été horrible. Quoi donc, on aura
„ continué peut-être une généalogie commencée ?
„ On aura peut-être expliqué un nom de Ville
„ changé par le temps ; à l'occasion de la manne
„ dont le Peuple a été nourri durant quarante
„ ans, on aura marqué le temps où cessa cette
„ nourriture céleste ; & ce fait écrit depuis dans un
„ autre Livre, sera demeuré par remarque dans
„ celui de *Moyse*, comme un fait constant & pu-
„ blic dont tout le Peuple étoit témoin : quatre
„ ou cinq remarques de cette nature faites par *Jo-*
„ *sué*, ou par *Samuel*, ou par quelqu'autre Pro-
„ phête d'une pareille antiquité, (parce qu'elles ne
„ regardoient que des faits notoires, & où cons-
„ tamment il n'y avoit point de difficulté) auront
„ naturellement passé dans le Texte, & la même
„ Tradition nous les aura apportées avec tout

L 2

,, le reste : aussi-tôt tout sera perdu ?......
,, A-t-on jamais jugé de l'autorité, je ne dis pa[s]
,, d'un Livre divin, mais de quelque Livre que
,, ce soit par des raisons si légeres ? Mais c'est que
,, l'Ecriture est un Livre ennemi du genre humain[;]
,, il veut obliger les hommes à soumettre leur es[-]
,, prit à Dieu, & à réprimer leurs passions déré[-]
,, glées : il faut qu'il périsse ; & à quelque pri[x]
,, que ce soit, il doit être sacrifié au libertinage. ,,
M. *de Voltaire* doit se reconnoître ici pour peu qu'i[l]
veuille se rendre justice : l'indécence des termes &
l'obscénité des images dans tout ce qui sort de sa
plume, font frémir la pudeur.

,, Au reste, ajoute l'illustre *Bossuet*, ne croye[z]
,, pas que l'impiété s'engage sans nécessité dan[s]
,, toutes les absurdités que vous avez vues. Si con[-]
,, tre le témoignage du genre humain, & contre
,, toutes les regles du bon sens, elle s'attache à
,, ôter au *Pentateuque* & aux Prophéties leurs Au[-]
,, teurs toujours reconnus, & à leur contester leurs
,, dates, c'est que les dates font tout en cette ma[-]
,, tiere pour deux raisons. Premiérement, parce
,, que des Livres pleins de tant de faits miraculeux[,]
,, qu'on y voit revêtus de leurs circonstances les
,, plus particulieres, & avancés non-seulement
,, comme publics, mais encore comme présents,
,, s'ils eussent pu être démentis, auroient porté
,, avec eux leur condamnation ; & au lieu qu'ils se
,, soutiennent de leur propre poids, ils seroient tom[-]
,, bés par eux-mêmes il y a long-temps. Seconde[-]
,, ment, parce que leurs dates étant une fois fixées,
,, on ne peut plus effacer la marque infaillible
,, d'inspiration divine qu'ils portent empreintes dans
,, le grand nombre & la longue suite des prédic[-]
,, tions mémorables dont on les trouve remplis.

,, C'est pour éviter ces miracles & ces prédictions

„ que les impies sont tombés dans tant d'absurdités
„ étonnantes. Mais qu'ils ne pensent pas échapper
„ à Dieu : il a réservé à son Ecriture un caractere
„ qui ne souffre aucune atteinte. C'est le rapport
„ des deux Testamens. On ne dispute pas du moins
„ que tout l'ancien Testament ne soit écrit devant
„ le nouveau. Il n'y a point ici d'Imposteur, qui
„ ait pu persuader aux Juifs d'inventer ou de falsi-
„ fier leur Ecriture en faveur des Chrétiens qu'ils
„ persécutoient. Il n'en faut pas davantage. Par le
„ rapport des deux Testamens, on prouve l'un &
„ l'autre divins. Ils ont tous deux le même dessein
„ & la même suite : l'un prépare la voie à la per-
„ fection que l'autre montre à découvert ; l'un
„ pose le fondement, & l'autre acheve l'édifice ;
„ en un mot, l'un prédit ce que l'autre fait voir
„ accompli. „

PERSÉCUTION.

Doit-on punir les Impies dogmatisans ?

M. de Voltaire s'éleve fortement, dans son article *Persécution*, contre ces hommes dont *l'orgueil blessé & le fanatisme en fureur* irritent le Prince ou le Magistrat, & le portent à punir des innocens, qui n'ont d'autre crime que de ne pas penser comme eux. Mais quels sont les hommes, qui ont voulu faire punir les pensées des autres, lorsque ces pensées n'ont pas été déposées dans la conversation, ou dans des écrits publics ? Il y a tel ouvrage qui peut être un crime aussi dangereux pour la Société que le vol & l'assassinat ; telles sont les productions où l'on enseigne le Matérialisme, c'est-à-dire, un Athéisme radouci. Car si l'homme n'est que matiere, & si son ame meurt avec son corps, il n'y a aucun rapport entre Dieu & lui, & il est alors indifférent que l'Etre suprême existe ou n'existe pas.

Il est donc question de savoir, s'il est permis de réprimer par des châtimens exemplaires les Auteurs de ces sortes d'ouvrages, qui troublent la Société, en détruisant les principes d'une morale qui sont les fondemens de cette Société. Il me semble qu'il n'y aura qu'une réponse à ce sujet ; & si le glaive, le feu, & le gibet paroissent une punition très-violente, qu'on prenne des moyens aussi efficaces, quoique moins effrayans, pour les empêcher de dogmatiser. Qu'on les enferme & qu'on les dérobe aux yeux de ce monde, qu'ils voudroient bouleverser par leurs écrits. C'est une contradiction singuliere qu'on condamne au bucher de jeunes libertins qui, séduits par des écrits impies, auront outragé publiquement la Religion ; tandis que les Auteurs des ouvrages qui les ont séduits, ont la liberté de semer de nouveaux poisons, qui peut-être fermenteront encore dans des cerveaux foibles.

Un moyen peut-être plus sûr de leur imposer silence, seroit de les donner en spectacle au Peuple ; de les promener, par exemple, sur la monture de *Balaam* avec leurs écrits au dos, & un savoyard au-devant de leur coursier, qui annonceroit leur gloire avec un cornet à bouquin. Ce moyen seroit d'autant plus juste, qu'il auroit une sorte de rapport avec celui que les Impies emploient communément contre la Religion. Ils l'attaquent par le ridicule ; il seroit donc assez naturel de les punir par l'ignominie. D'ailleurs, il y a peut-être de leur part plus de vanité que de malice, & plus d'envie de faire du bruit que du mal. Ce sont des Charlatans présomptueux, qui parleroient pour la Religion, s'ils croyoient attrouper la multitude. Ils ne veulent que faire parler d'eux; de-là le nom de nouveaux *Hérostrates*, qu'on leur a si justement donné.

L'Auteur de l'article *Athéisme* dans l'*Encyclopédie*, pense comme nous sur le droit & l'obligation de réprimer les Athées, les Matérialistes, & même ceux qui, sans nier l'existence d'une Divinité, rendent cette existence inutile, en niant sa Providence, &c. " L'Athéisme, dit-il, publiquement professé, est punissable, suivant le droit naturel. On ne peut que désapprouver hautement quantité de procédures barbares & d'exécutions inhumaines, que le simple soupçon ou le prétexte d'Athéisme ont occasionnés. Mais d'un autre côté, l'homme le plus tolérant ne disconviendra pas, que le Magistrat n'ait droit de réprimer ceux qui osent professer l'Athéisme, & même de les faire périr, s'il ne peut autrement en délivrer la Société. „

En effet, les Partisans de la tolérance la plus étendue, ont toujours excepté les Athées déclarés. „ Si le Magistrat, continue l'Auteur de l'article *Encyclopédique*, peut punir ceux qui font du tort à une seule personne, il a sans doute autant de droit de punir ceux qui en font à une Société, en niant qu'il y ait un Dieu, ou qu'il se mêle de la conduite du genre humain, pour récompenser ceux qui travaillent au bien commun, & pour châtier ceux qui l'attaquent. „

Ecoutons encore M. *Rousseau* de Geneve. *Il faut honorer la Divinité & ne la venger jamais*, dit *Montesquieu*; " il a raison. Cependant les ridicules outrageans, les impiétés grossieres, les blasphêmes contre la Religion sont punissables; pourquoi? Parce qu'alors on n'attaque pas seulement

„ la Religion, mais ceux qui la professent; on les
„ insulte, on les outrage dans leur culte, on mar-
„ que un mépris révoltant pour ce qu'ils respec-
„ tent, & par conséquent pour eux. De tels outra-
„ ges doivent être punis par les Loix, parce qu'ils
„ retombent sur les hommes, & que les hommes
„ ont droit de s'en ressentir. „ Ainsi en ajoutant
ces raisons de M. *Rousseau* à celles que nous avons
déduites ci-devant, il résulte que tous les motifs se
réuniront pour porter les hommes en place à réprimer l'Incrédulité qui dogmatise insolemment, &
dont les leçons perverses finissent par conduire à
la roue ou au bucher. C'est ce qu'on a vu en 1766
à Abbeville. Les Incrédules eussent-ils fait quelque
bien, ce que nous n'avons garde de penser, ce
bien passager égaleroit-il la honte durable dont les
effets funestes de leurs écrits ont couvert de familles honnêtes, & les chagrins terribles dont elles ont
été accablées?

„ Mais, dit M. *de Voltaire*, chez les Grecs l'ac-
„ cès de la raison étoit ouvert à tout le monde;
„ chacun donna l'essor à ses idées, c'est ce qui ren-
„ dit ce Peuple le plus ingénieux de la terre. „

On sent d'abord tout l'intérêt qu'a M. *de Voltaire* d'exalter cette liberté de penser qui regnoit
dans la Grece; il pousse lui-même cette liberté, jusqu'à la derniere licence. Mais enfin à quoi se ter-
minerent cette liberté de penser chez les Grecs, cet
essor que chacun donna à ses idées, cet accès de la
raison ouvert à tout le monde? A tout nier, ou à
douter de tout, ou à n'enfanter que des chimeres
monstrueuses.

Les Stoïciens admirent une ame universelle du
monde dans laquelle les ames de tous les êtres
vivans alloient se plonger après leur séparation d'a-
vec le corps: les Epicuriens nierent qu'il y eût

une ame, & ne connurent que des principes physiques.

Combien d'erreurs les Platoniciens ne mêlerent-ils pas en termes pompeux à quelques vérités ? Le galimatias des Péripatéticiens étoit-il moins pitoyable & moins dangereux ? A quoi aboutirent enfin toutes ces Sectes ? A jetter le Peuple dans une corruption effroyable de mœurs, à exciter ses applaudissemens à la dérision des Dieux sur le théâtre, à ne regarder que comme des contes de vieille, tout ce qu'on leur disoit des Champs Elisées & du Tartare.

A quoi aboutiront les leçons impies de M. *de Voltaire*, des Pyrrhoniens, des Matérialistes, des Fatalistes ? Elles éteindront tout sentiment de Religion dans l'esprit & dans les cœurs des jeunes gens de l'un & de l'autre sexe, elles les précipiteront dans les derniers excès de la corruption ? Jamais la licence des opinions sur les vérités les plus intéressantes à l'humanité, ne fut portée plus loin ; jamais la fureur de dogmatiser contre la Religion & contre le Gouvernement ne se montra avec plus d'audace ; jamais le fanatisme ne s'est livré à de plus violens emportemens pour l'erreur.

Les Sectes Grecques n'étoient point d'accord entr'elles sur la doctrine ; chacune avoit son système propre : l'une tâchoit de détruire, ce que l'autre tâchoit d'établir. Nos nouveaux Philosophes paroissent divisés, mais la division n'est qu'apparente en matiere de Religion. Le plan de la Secte est de tout détruire sans rien édifier. Elle vous permettra de reconnoitre un Dieu, pourvu que vous ne condamniez pas celui qui n'en reconnoît point, ou qui en reconnoît plusieurs. Elle ne trouve pas mauvais que vous distinguiez l'ame du corps, pourvu que vous approuviez le sentiment qui réduit la faculté de penser à l'organisation. Admettez si vous le voulez une vie future, en souffrant que d'autres pensent que l'homme cesse d'être à la mort : mais ne vous avisez pas, si vous ne voulez pas être réprouvé par la Secte, d'admettre comme Divines les Ecritures des Juifs & des Chrétiens, leurs Mysteres, leurs promesses, leurs menaces, leurs regles de mœurs. Vous ne feriez qu'exciter ses sarcasmes, si vous croyiez devoir vous déclarer plutôt pour le Judaïsme, que pour le Mahométisme, ou pour le Paganisme. Elle ne connoît point de devoirs de l'homme à l'égard de la Divinité : l'homme est trop petit pour que ses hommages puissent honorer Dieu, s'il y en a un. Elle ne connoît point de devoirs de l'homme à l'égard de lui-même, sinon le soin de sa propre conservation, tandis que la vie ne lui est point désagréable ; car dans ce dernier cas, elle lui permet de s'en délivrer par le suicide. Si elle lui prescrit quelques devoirs à l'égard de ses semblables, ils ne sont pas en grand nombre : ce sont ceux qui peuvent être nécessaires à son bien être : elle leur donne pour fondement l'intérêt personnel, c'est-à-dire, l'amour du plaisir & la fuite de la douleur : comme si elle leur disoit : ne soyez point injustes à l'égard d'autrui, de peur qu'il n'use de représailles, ou que vous ne vous exposiez à la rigueur des loix : faites du bien aux autres, quand vous pouvez en attendre de plus grands.

Les Philosophes Grecs auroient-ils débité impunément tant de maximes pernicieuses au milieu d'Athénes ? C'étoit un crime capital de s'élever contre la Religion de l'Etat. *Socrate* n'est pas le seul exemple de la sévérité des loix sur ce sujet : l'Auteur du *Supplément à la Philosophie de l'Histoire* en cite bien d'autres exemples. Si le Magistrat d'Athénes a été si zelé pour l'erreur, que ne doivent pas faire des Magistrats Chrétiens pour la vérité ? Quoi ! il ne sera pas permis de s'élever publiquement contre des loix bursales ; & il sera permis de s'élever contre la Religion Chrétienne, loi sacrée de l'Etat, le plus doux lien de la société, le plus ferme appui du Trône, la source du bonheur des Empires ? Quoi ! Parce que la Religion doit être un effet de l'instruction & de la persuasion, quiconque refusera de s'en instruire, pourra tout oser contre elle, sans qu'on puisse lui fermer la bouche ? Si de telles prétentions sont tolérables, il n'y a point de Fanatique qui ne soit digne d'indulgence.

PHARISIENS.

Justice des reproches que JESUS-CHRIST leur faisoit.

M. *de Voltaire* veut excuser la scélératesse de la condamnation de JESUS-CHRIST faite à l'instigation des Prêtres, parce que le Sauveur usant des droits de son ministere divin, les appelloit *races de viperes, hypocrites, sépulcres blanchis. Si quelqu'un parmi vous* (dit-il dans son *Sermon du Rabin Akib*) *alloit continuellement par les rues de Rome appeller le Pape & les Cardinaux viperes & sépulcres, le souffriroit-on ?* mais la différence est très-grande; tâchons de la faire sentir.

La corruption extraordinaire du Peuple Juif, & les précautions de la sagesse de Dieu pour sa conversion, peuvent servir de clef pour rendre raison de la dureté salutaire avec laquelle JESUS-CHRIST parloit quelquefois aux Juifs & aux Pharisiens, guides infideles de ce Peuple. On feroit moins furpris en effet de voir celui qui étoit la douceur même s'exprimer quelquefois en termes fi durs & en apparence fi outrageans, fi l'on faifoit réflexion qu'il s'agiffoit de frapper les derniers coups. Il n'y avoit plus rien à ménager avec un Peuple, qui avoit abufé de tous les foins & de toutes les précautions de la bonté de Dieu pour fa converfion.

I. Ils avoient les oracles des Prophêtes, où étoient marqués tous les caracteres du Meffie, & ils ne conteftoient pas même que la plûpart de ces caracteres convinffent à Jesus-Christ.

II. Le Précurfeur étoit venu avec l'efprit & le caractere marqués par les mêmes oracles. Il leur avoit prêché la pénitence & leur avoit annoncé l'arrivée prochaine du Meffie.

III. Jesus vint dans le temps où ils faifoient profeffion d'attendre le Meffie & avec tous les caracteres extérieurs & intérieurs, fous lefquels il avoit été défigné. Ils rejettent également le Miniftre & le Maître, & ils font de l'un & de l'autre l'objet de leurs calomnies. Certainement bien loin d'être furpris de la force & de la févérité avec laquelle Jesus-Christ parloit à un Peuple ainfi difpofé & aux corrupteurs de ce Peuple, on trouvera au contraire dans ce langage plus de bonté que d'indignation.

Les changemens arrivés dans les mœurs du Peuple Juif, venoient en partie des Pharifiens, qui les animoient contre le Sauveur envoyé pour l'inftruire. Ils avoient étouffé la loi fous une foule de pratiques fuperftitieufes, qu'il eft néceffaire de faire connoître pour juftifier les reproches de Jesus-Christ. Les principales étoient.

I. Leurs fréquentes & fcrupuleufes ablutions. Il n'y a rien que de fort ordinaire & de fort raifonnable à

PHARISIENS.

se laver les mains avant le repas. Mais les Pharisiens en faisoient un devoir religieux, & en regardoient la négligence comme un crime capital.

II. Leurs longues prieres qu'ils affectoient de faire dans des lieux publics, pour en imposer au Peuple.

III. Ils se croyoient souillés par le commerce ou l'attouchement de ce qu'ils appelloient les pécheurs. C'est un des devoirs de la piété de témoigner une sainte horreur pour le vice. La prudence chrétienne veut aussi qu'on évite, autant qu'on peut, le commerce des méchans. Mais ce que Jesus-Christ blâmoit dans cette aversion, c'est qu'elle partoit d'un mépris superbe & cruel pour le commun des hommes, & de la haute opinion qu'ils avoient de leur propre sainteté.

IV. Leurs jeûnes fréquens. On ne disconvient pas que le jeûne ne soit le soutien de la piété, & une marque d'humiliation agréable à Dieu, quand elle part d'un cœur humilié. Mais le Pharisien en perdoit tout le fruit par son ostentation. Il changeoit l'idée qu'on doit avoir du jeûne, en prenant pour la vertu même, ce qui n'est qu'un secours pour la pratique de la vertu. C'est comme si un enfant tiroit vanité de ce qu'il a besoin qu'on le porte, ou un vieillard de ce qu'il ne sauroit marcher sans appui.

V. Leur affectation à payer la dixme des moindres choses & au-delà de ce qu'exigeoit la loi. Jesus-Christ ne les blâme pas de ce qu'ils remplissoient ce devoir que la loi ordonnoit, mais de ce qu'il sembloit qu'ils prétendissent compenser par cette exactitude l'omission & la violation des devoirs les plus essentiels. Ils auroient craint de ne pas payer la dixme de la menthe & du persil; mais ils ne craignoient point de s'approprier l'héritage de la veuve & de l'orphelin.

VI. Une observation si scrupuleuse du Sabbat, qu'ils n'auroient pas voulu qu'on se garantît de la faim ce jour-là en froissant des épis de blé, ou qu'on soulageât un malade.

VII. Ils portoient des Phylacteres plus larges & de plus longues franges que les autres. Ces Phylacteres étoient des bandes de parchemin, où étoient écrits une trentaine de passages tirés de l'*Exode* & du *Deuteronome*, & que les Juifs portoient au bras gauche & à la tête. Ces dehors de la Religion & de piété des Pharisiens n'étoient en eux que les enseignes de l'orgueil. C'étoit l'étendart sous lequel ils rallioient le peuple pour l'abuser & le dominer. Les dispositions du vulgaire en faveur des Pharisiens obligerent les Grands à les ménager. Ainsi aimés du Peuple & redoutés des premiers de l'Etat, ils avoient un pouvoir d'autant plus dangereux, que c'étoient des hypocrites qui, sous le voile de la sainteté, cachoient les ames les plus noires, & des impies qui anéantissoient la Loi de Dieu par leurs traditions. Etoit-il possible que Jesus-Christ remplît sa divine mission sans obstacle avec des hommes d'un tel caractere ? Et doit-on être étonné que la vue des maux qu'ils faisoient & des biens qu'ils empêchoient, ait excité le zele de l'Homme-Dieu ?

PHILOSOPHE.

Examen du portrait que M. de Voltaire fait du Philosophe.

LE Philosophe, tel que le peint M. *de Voltaire*, est un homme admirable. Il enseigne la morale & il la pratique; mais comment le prouve-t-il? Par l'exemple d'un homme qui vivoit il y a deux mille ans; par celui de *Confucius*; mais pour un Philosophe sage & modéré, tel que celui-là, combien en trouve-t-on qui ont été libertins, débauchés, séditieux & sujets rébelles?

Voici quelques exemples, sur lesquels M. *de Voltaire* auroit pu dire un mot dans son article *Philosophe*. Sous *Vespasien*, *Helvidius*, le Stoïcien, & *Démétrius* le Cynique soulevoient le Peuple contre ce Prince, qui fut obligé de faire mourir le premier & d'exiler l'autre. Sous *Domitien*, *Apollone* de Tyane, Philosophe Pythagoricien ou Stoïcien, suscitoit de tout son pouvoir, des ennemis à l'Empereur. Sous *Marc-Aurelle* les Philosophes animoient le Gouvernement à persécuter les Chrétiens; & ce fut alors que *Crescent* fit périr St. *Justin*. Ces gens-là, (les Philosophes,) dit M. de *Tillemont*, faisoient gloire de ne respecter pas même les dignités les plus éminentes, mais de crier & d'aboyer contre tout le monde.

Etoit-ce encore des esprits bien pacifiques que *Critias* & *Alcibiade*, deux des premiers disciples de *Socrate*? L'un, dit *Xénophon*, étoit le plus avare & le plus violent; l'autre le plus entreprenant & le plus impétueux de tous les hommes.

On feroit assurément un très-gros Livre des querelles, des friponneries, des violences de ceux qui prirent en divers temps le nom de Philosophe & qui cacherent leurs vices & leur inutilité sous le manteau de la sagesse. On n'oublieroit ni *Diogene*, qui mordoit quand on n'avoit rien à lui donner ; ni *Séneque*, qui écrivit une satyre contre son Prince, & qui de plus fut concussionnaire & usurier en prêchant le mépris des richesses ; ni ces Philosophes dont parle *Tatien*, lesquels se haïssoient les uns les autres, se déchiroient mutuellement, s'arrachoient les postes de faveur, &c. Nous ne parlons point du libertinage des mœurs, qui feroit un chapitre très-long dans l'histoire de ces graves personnages.

Si M. *de Voltaire* prend uniquement pour Philosophes les Athées, les Déistes, les Epicuriens, les Spinosistes, les Matérialistes, &c., prouvera-t-il que tous ces Impies ont eu de la modération, de la tranquillité, des inclinations vertueuses ? D'abord il faudroit retrancher du catalogue un *Timon* le Pyrrhonien, qui calomnioit les gens sans scrupule ; un *Lucien* qui étendoit ses satyres jusqu'aux Dieux ; un *Toland*, qui ne cherchoit qu'à brouiller & à s'envelopper dans les disputes ; un *Vanini*, qui soulevoit les esprits par des paradoxes, & qui d'ailleurs étoit un scélérat par les mœurs, &c. Nous ne citerons pas des contemporains ; mais M. *de Voltaire* est bien indulgent, s'il ne convient pas que la plûpart ont renfermé la philosophie dans leurs discours, au lieu de la prendre pour guide dans leur conduite.

D'ailleurs, n'est-ce pas être un mal-honnête homme & un mauvais Citoyen, que de répandre une doctrine qui détruit la Religion, les Loix, la subordination ? Quand *Diagoras* nia l'existence de la Divinité, ne le regarda-t-on pas comme une peste publique ? En Angleterre même, n'a-t-on pas recherché & poursuivi comme des séditieux, ce

Toland

Toland sans probité, comme dit *Collins* ; & ce *Wolston*, qui inondoit le Public de papiers contre Jesus-Christ, &c. ? Et combien de querelles les systêmes d'*Epicure*, de *Spinosa*, & de tous nos Incrédules modernes n'ont-ils point causées ? Enfin quand il se seroit trouvé quelques Impies irréprochables dans leur conduite, bons Sujets, bons Citoyens, qu'est-ce que cela prouveroit ? Le Christianisme n'a-t-il pas produit un nombre infiniment plus grand d'hommes plus vertueux, plus tranquilles, plus utiles à la Société, que ne peuvent l'être les Philosophes même les plus sages ? Les Incrédules sont encore une poignée de gens, & ils ne couvrent pas encore le globe, comme ils se l'imaginent avec leur modestie ordinaire. Il faudroit supposer leur Nation aussi répandue, aussi nombreuse que l'est celle des Chrétiens. On estimeroit alors au juste quelle seroit la face du monde avec une doctrine qui ne laisse ni crainte, ni espérance, ni vrais principes sur le bien & le mal. Le résultat de cet examen ne seroit certainement pas à l'avantage de la Philosophie.

Nous n'incidenterons pas sur les autres points de l'article *Philosophe*. On y fait une belle apologie de *Bayle*, pour laquelle nous renvoyons à son article. On peut voir sur les autres objets, les articles Incrédulité, Esprits-forts, &c.

Que faut-il aujourd'hui pour avoir le nom de Philosophe ? l'impiété de *Diagoras* & l'effronterie de *Diogene*. Quiconque se croit sage & le dit, est sûr de le persuader. Il faut seulement qu'il trouve mauvais ce qu'on avoit cru bon jusqu'à présent ; qu'il fronde les vérités anciennes pour y substituer des paradoxes nouveaux ou rajeunis ; qu'il annonce comme des découvertes des idées triviales parées du vernis philosophique, &c. A coup sûr un tel homme, avec quelques femmes & quelques sots, auroit bientôt autant de réputation que les ⁂ ou les ⁂ &c. &c.

Au reste, si l'on entend par Philosophe, ce qu'on devroit naturellement entendre par ce mot, nous nous gardons bien de blâmer ceux qui cultivent la Philosophie. Mais alors pour avoir le titre de Philosophe, il ne faut pas l'afficher. La véritable Philosophie ne doit pas chercher à faire du bruit. Lorsqu'une vertu est naturellement en nous, elle n'affecte point de se produire au-dehors; nous l'avons sans nous en appercevoir. Quiconque est né Grand, ne doit point étaler sa grandeur. Quiconque est né Philosophe ne se pique point de le paroître. Content de lui-même, il se soucie peu du jugement des autres. S'il s'en embarrassoit, dès-lors il ne seroit plus sage. La modération des desirs, la premiere vertu d'un Philosophe, est une indifférence qui se taît, & qui craint autant la réputation que les Sophistes la recherchent.

On n'aura pas de peine à reconnoître les Philosophes modernes dans le portrait que l'Auteur de la Comédie de l'*Homme Dangereux* en a tracé. Il les peint comme des Sophistes insolens qui, fiers de leur raison,

> Se croyant appellés à reformer la Terre,
> A tous les préjugés ont déclaré la guerre;
> Petits Pedans obscurs qui pensent à la fois
> Eclairer l'Univers & regenter les Rois;
> Fanatiques d'orgueil dont la folle manie
> Est de se croire un droit exclusif au génie;
> Flatteurs en affichant le mépris des grandeurs,
> De tout ce qu'on revere audacieux frondeurs;
> Pleins de crédulité pour des faits ridicules,
> Et sur-tout autre objet sottement incrédules;
> Pensant que rien n'échape à leurs yeux pénétrans;
> Préchant la tolérance & très intolérans;

Qui fut un tribunal érigé par eux-mêmes
Jugent tous les talens en Arbitres suprêmes ;
De quiconque les flatte orgüeilleux protecteurs,
De quiconque les braves ardens persécuteurs ;
Enfin du Monde entier s'arrogeant les hommages,
Pour avoir ufurpé la qualité de fages.

Si M. *de Voltaire* a lu ce portrait, il a bien dû voir que ce n'étoit pas un être de raifon qu'on a voulu peindre. Il fait bien de qui on a emprunté ces traits, & il n'aura pas héfité un moment fur la reffemblance du tableau.

PIERRE.

Examen de cet Article.

CE n'eft pas d'aujourd'hui que M. *de Voltaire* a déclamé contre les Papes. Qu'on life les premieres éditions de fa *Henriade*, on y trouvera les premiers fruits de fa colere contre les Pontifes Romains ; qu'on ouvre fes *Annales de l'Empire*, on y verra ce qui fuit fur le Pape *Pie V*, canonifé il y a environ quarante ans. " Pie V. (*Ghifleri* Do-
,, minicain) 1566. On lui reprocha d'avoir donné
,, trop de dignités à *Jacques Buon-Compagno*, fon
,, bâtard (*) en faveur duquel il ne démembra
,, pourtant pas l'Etat Eccléfiaftique, comme fes
,, Prédéceffeurs. ,,

Confultez tous les Hiftoriens, & ils dépoferont tous contre le calomniateur. Vous trouverez par-

---

(*) Cette calomnie eft répétée dans le *Catéchifme d'un honnête-homme*, par M. *de Voltaire* ; Catéchifme qui certainement n'eft pas celui d'un Chrétien. Comment un homme un peu inftruit peut-il tomber dans des erreurs fi graves ?

tout l'éloge des vertus de ce Pontife, de sa tempérance, de ses travaux, de son zele, de son assiduité à la priere. Il procuroit aux pauvres des secours abondans, leur lavoit les pieds, embrassoit les Lépreux, les exhortoit à la patience. Il chérissoit les Savans, & les élevoit aux dignités ; mais ce n'étoit qu'autant qu'ils joignoient la piété à la science. Un tel Pape pouvoit-il avoir des bâtards ?

Après un mensonge si noir & si affreux, il est inutile de répondre aux blasphêmes calomnieux, dont l'article *Pierre* est rempli. L'Auteur ne veut pas que saint *Pierre* ait été à Rome ; mais il est certain par toute l'antiquité qu'il est venu dans cette Ville, & qu'il y a souffert le martyre. C'est un point qu'une infinité de Controversistes ont traité, & sur lequel on ne revient plus. Il est très-faux qu'on n'ait aucune preuve des voyages du Prince des Apôtres ; on a toute la Tradition. " Nous avons, dit
„ l'Auteur, une lettre sous son nom, dans laquelle
„ il dit qu'il est à Babylone ; des Canonistes judi-
„ cieux ont prétendu que par Babylone on devoit
„ entendre Rome. Ainsi supposé qu'il l'eût datée
„ de Rome, on auroit pu conclure que la lettre
„ auroit été écrite à Babylone. On a tiré long-tems
„ de pareilles conséquences, & c'est ainsi que le
„ monde a été gouverné. „ Ne diroit-on pas, en lisant cette plaisanterie, qu'on n'a d'autre raison de croire que saint *Pierre* a été à Rome que la lettre datée de Babylone ? Mais encore une fois tous les anciens Peres sont d'accord, qu'il gouverna quelque temps l'Eglise de Rome & qu'il la consacra par son martyre.

Il est certain par l'Ecriture que St. *Pierre* étoit le premier des Apôtres. Saint *Matthieu* le marque précisément dans le chap. 10. de son Evangile. Voici, dit-il, *le nom des douze Apôtres ; le premier eſt Simon, appellé Pierre.* Tous les Apôtres étoient égaux en puiſſance, comme St. *Cyprien* & ſaint *Jérôme* le diſent; mais il en faut excepter la primauté qui appartenoit à ſaint *Pierre.*

Cette primauté dans l'Egliſe a paſſé à l'Evêque de la Ville de Rome, dont l'Egliſe étoit fondée par St. *Pierre.* Tous les anciens l'ont reconnue pour la premiere Egliſe du monde, & les Grecs ne lui conteſtent pas ce rang d'honneur. Car quoiqu'ils aient voulu égaler l'Egliſe & l'Evêque de Conſtantinople à l'Evêque & à l'Egliſe de Rome, dans les privileges & prérogatives, ils reconnoiſſent néanmoins la primauté de l'Evêque de Rome.

Par ce que Jesus-Christ dit à ſaint Pierre: *Tu es Pierre & ſur cette Pierre je bâtirai mon Egliſe,* M. de *Voltaire* a prétendu que la puiſſance du Pape étoit fondée ſur un *quolibet*, ſur un *jeu de mots*, ſur une *équivoque*. Mais ce ſavant Ecrivain ignore ſans doute que J. C. dans la phraſe qu'il veut ridiculiſer, n'a fait que ſuivre le génie de la Langue Hébraïque, ou du Syriaque uſité chez les Juifs. Le génie de ces Langues eſt de faire ſouvent alluſion au nom propre des perſonnes, & de leur donner un ſurnom, ou un titre qui les caractériſe. Ainſi J. C. ayant choiſi des Pêcheurs pour ſes Apôtres, leur dit *qu'il en fera des Pêcheurs d'hommes*. Combien de jeux de mots ne trouve-t-on point dans la Langue Angloiſe, qui ſont des plaiſanteries agréables à Londres, ou des alluſions ingénieuſes, qui paroiſſent inſipides à Paris. C'eſt ce que M. *de Voltaire* lui-même a obſervé pluſieurs fois.

Quant à la perſonne de Pierre, dit M. de Voltaire, *il faut avouer que* Paul *n'eſt pas le ſeul qui ait été ſcandaliſé de ſa conduite. On lui a ſouvent réſiſté en face, à lui & à ſes Succeſſeurs.* Mais premiérement pluſieurs Savans ont prétendu que le

Céphas auquel faint *Paul* réfifta, n'étoit pas faint *Pierre*, mais un des foixante-douze Difciples, & ce fentiment eft encore foutenu aujourd'hui par quelques Théologiens. Saint *Clément* d'Alexandrie, *Dorothée*, quelques perfonnes du temps de faint *Jérôme*, l'Auteur de la chronique d'Alexandrie, & quelques autres Commentateurs plus récens, ont été de ce fentiment. En fecond lieu, quand ce *Céphas* auroit été faint *Pierre*, ce n'eft pas une raifon pour l'Auteur du *Dictionnaire Philofophique* d'infulter à la mémoire de ce faint Apôtre. Il n'y a que la vertu qui foit en droit de repréfenter à la vertu.

Cet Ecrivain téméraire l'outrage à l'occafion d'*Ananias*, Juif des premiers convertis. Cet *Ananias* eut la hardieffe de mentir au *Saint-Efprit*, & de vouloir tromper faint *Pierre*, fur le prix & la vente d'un champ. Il fut puni de mort avec fa femme *Saphire* qui avoit eu part à fon crime. C'étoit Dieu lui-même qui le puniffoit par le miniftere de St. *Pierre*, & qui dans la premiere prédication de fa loi, vouloit donner cet exemple de terreur à ceux qui feroient tentés de la tranfgreffer. Eft-ce à une chétive créature à demander compte au Créateur ?

Quant à certains Papes, qui ont fouillé le Trône faint qu'ils occupoient, on ne prétend pas les juftifier. Mais il eft un ftyle modéré & fage, qui garde le refpect dû aux Puiffances, fans altérer celui qu'on doit à la vérité. On ne veut point anéantir certains faits ; mais il ne faut pas les citer à tout propos & hors de propos. Si on en fait mention, on doit en parler en hiftorien, & non en fatyrique, on doit raconter fimplement les faits, & fe garder de les aggraver par des circonftances exagérées & par des réflexions mordantes. Une attention qu'un

Chrétien & un Catholique doivent sur-tout avoir, c'est de n'imputer le blâme qu'aux personnes & non au saint Siege, au Pontife, & non à l'Eglise. On doit y voir la foiblesse de l'homme & non celle de la Providence, comme si Dieu avoit abandonné son ouvrage. Enfin, pour être parfaitement équitable il faut, en racontant les travers & les crimes, présenter les traits de zele & de vertu. Si M. *de Voltaire* avoit suivi ces regles, son article *Pierre*, au lieu d'être une invective atroce, auroit été un tableau édifiant. On auroit vu des Papes Martyrs, Confesseurs, & en assez grand nombre, au lieu de quatre ou cinq empoisonneurs & meurtriers, dont on a exagéré les forfaits, & dont les crimes sont couverts par les vertus des autres.

Quand on reproche à l'Auteur du *Dictionnaire Philosophique* ses excès contre les Papes, il répond qu'il n'est pas leur ennemi, puisque quelques Pontifes Romains lui ont accordé des graces. Nous savons en effet qu'on lui a envoyé autrefois des médailles de Rome, comme les anciens Romains sacrifioient à la fievre; mais il n'en est que plus coupable en calomniant les Successeurs de S. *Pierre*. Il manque à l'équité & à la reconnoissance. L'*Aretin* se taisoit au moins quand on le gratifioit de quelque chaîne d'or. M. *de Voltaire* auroit dû se rappeller ce qu'il dit dans les premieres éditions de son Histoire Universelle. " Nous avons vu des
,, Pontifes pieux & justes. Mais il n'est pas extraor-
,, dinaire que la longue querelle des Empereurs &
,, des Papes, la lutte opiniâtre de la liberté de
,, Rome contre les *Césars* de l'Allemagne & con-
,, tre les Pontifes Romains, les Schismes, & enfin
,, le grand Schisme d'Occident, n'aient pas per-
,, mis à des Papes élus dans le trouble d'exercer
,, des vertus que des temps paisibles leur auroient

,, inſpirées ? La corruption des mœurs pouvoit-
,, elle ne pas s'étendre juſqu'à eux ? Tout homme
,, eſt formé par ſon ſiecle ; bien peu s'élevent au-
,, deſſus des mœurs du temps. Les attentats preſque
,, néceſſaires dans leſquels pluſieurs Papes furent
,, entraînés , leurs ſcandales autoriſés par un exem-
,, ple général, ne peuvent pas être enſevelis dans
,, l'oubli. A quoi ſert la peinture de leurs vices &
,, de leurs déſaſtres ? A faire voir combien Rome
,, eſt heureuſe depuis que la décence & la tranquil-
,, lité y regnent.... Les malheurs, les foibleſſes,
,, les crimes de quelques Pontifes ne ſont pas plus
,, de tort à la Religion dans les eſprits ſages, que
,, les infortunes & les vices d'un Souverain légitime
,, n'ébranlent ſes droits au Trône. ,,

Cela étant, pourquoi M. *de Voltaire* ſe plaît-il à
tracer des tableaux ſcandaleux ? Pourquoi contre-
dit-il toujours ſes maximes par des actions ? Pourquoi ne profite-t-il pas de l'avis qu'il a donné au
Sacriſtain *Norberg*, Aumônier Luthérien de *Charles* XII ? " Il faut ſavoir diſtinguer le Pontife du
,, Souverain ; il faut ſavoir eſtimer beaucoup de
,, Papes quoiqu'on ſoit né à Stokolm. Il faut ſe
,, ſouvenir de ce que diſoit le grand *Côme* de *Mé-
,, dicis* qu'*on ne gouverne point des Etats avec des
,, patenôtres*. Il faut enfin n'être d'aucun parti &
,, dépouiller tout eſprit de parti quand on écrit
,, l'Hiſtoire. ,,

Ce qu'il y a d'extraordinaire, c'eſt que M. *de
Voltaire* ne s'eſt pas contenté d'avilir le St. Siege,
il a outragé ceux qui y ſont aſſis. En 1767 il publia une prétendue *Lettre de l'Archevêque de Can-
torbery à l'Archevêque de Paris*, dans laquelle il
inſultoit le vertueux *Clement* XIII. Il pouſſoit la
baſſeſſe juſqu'à attaquer ſa naiſſance. L'*Aretin* ne
fut jamais ni plus lâche, ni plus audacieux ; & on

peut d'autant mieux lui comparer M. *de Voltaire*, que quelques Pontifes Romains, tels que *Benoît* XIV, l'ont honoré de leurs bontés. Mais les faveurs ne font qu'aigrir les mauvais cœurs ; & en vain certains peuples sacrifioient à des animaux malfaisans ; ils répondoient à leurs hommages en tâchant de dévorer leurs bienfaiteurs.

PRÊTRES, (Voyez MINISTRES, ABBÉ.)

PIÉTISTES.

Apologie de la dévotion.

C'EST sous ce nom ridicule que nos *Philosophes* désignent les gens de bien, & ce qu'ils appellent autrement les Dévots. Mais leurs préjugés contre la Dévotion (nous entendons la véritable) sont bien injustes. La solide piété a pour fondement essentiel la fidélité aux préceptes de la loi naturelle, aux devoirs de la Religion & de son état. Equité, probité, charité, amour de la Patrie, soumission au Souverain, zele pour le bien de la Société, tout y est renfermé. Un Dévot est essentiellement Citoyen parfait. Mais quoique la Religion propose des devoirs extérieurs envers Dieu & envers les hommes, elle consiste sur-tout dans le cœur. L'amour qui nous unit au Souverain Etre, qui nous fait accomplir toutes ses loix, méditer ses bienfaits, contempler ses perfections, desirer & attendre ses promesses ; voilà ce qu'il y a de plus grand dans la Religion. Tel étoit déja l'esprit de la loi ancienne.

Moyse, *David*, *Isaïe*, *Jérémie*, *Daniel*, *Judith*, *Esther*, &c. nous présentent une noble image des vrais adorateurs. Leur piété douce & sublime consistoit dans un cœur pénitent, intérieur, réfléchi, dans un recueillement profond & inaltérable plus que dans les pratiques du culte; & telle est la piété Chrétienne. Quel Philosophe oseroit refuser son suffrage à des sentimens si conformes à la raison, & même si élevés au-dessus de la plus pure raison ? On dira sans doute, qu'un portrait si beau est imaginaire ; non, il est exactement vrai. Pour en juger, n'examinons ni les censures injurieuses du siecle, ni la conduite de plusieurs qui usurpent le nom de Dévots, mais seulement l'esprit, les regles de la piété. L'Evangile en est la source primitive & immuable.

Si tout ce que propose aux hommes la Religion dans sa perfection, est l'objet des railleries de M. de *Voltaire*, il peut railler les plus grands génies, qui depuis dix-huit siecles ont paru dans le monde. La piété solide n'est point l'invention de quelques Docteurs ignorants, ou de quelques Religieuses désœuvrées. Elle date depuis la naissance de l'Eglise ; elle est exprimée dans les écrits des Docteurs des premiers siecles. En prouvant avec une vaste & profonde érudition les dogmes de la Religion Chrétienne, ils nous ont transmis des regles de morale aussi relevées, que celles dont on voudroit railler aujourd'hui l'illusion prétendue. Dès le second siecle, saint *Clément* dans son *Pédagogue* & son *Gnostique*, nous fait un portrait d'un parfait Chrétien, que l'Auteur prendroit pour le pinceau d'une imagination dérangée, s'il étoit dans un Livre mystique de nos jours. Tant il est vrai que le fond de la Religion Chrétienne a toujours été la vie intérieure & unie à Dieu ! Il n'est pas étonnant qu'un Philosophe qui n'est versé que dans la Littérature, ignore ce genre d'écrits ; mais ils n'en sont pas moins chers, ni moins utiles aux gens de bien. Si M. *de*

Voltaire les avoit lus, ils lui auroient appris qu'il ne faut pas discuter des matieres qu'on ignore, ni défigurer un sentiment & le proposer sous une face ridicule, afin de le combattre. Il faut craindre le sort de ce héros de la chevalerie errante qui se battoit contre des géans que son imagination extravagante tiroit du néant.

PLAGIAIRES.

Tous les Ecrivains impies le sont.

EN fait de Livres, a dit M. *de Voltaire*, *il ne faut pas multiplier les êtres sans nécessité*. Cependant il nous donne tous les jours ce qu'il nous a déja donné cent fois. Les autres Incrédules, qui marchent sur ses traces, se copient sans cesse ; tous leurs habits sont de la friperie. Le *Dictionnaire Philosophique* n'est que la trentieme répétition de ce qu'on trouve dans les écrits impies qui avoient précédé ce téméraire rédacteur. Si l'on a cru d'abord y trouver quelque chose de nouveau, on a été bien détrompé, quand on a vu paroître l'*Examen des Apologistes de la Religion Chrétienne* & d'autres manuscrits qu'on auroit dû laisser dans les cabinets où ils pourrissoient. Voyez l'*Evangile de la Raison*, ou pour mieux dire, l'*Evangile de la sottise*. De cinq brochures qui composent cet infame recueil, il n'y en a pas une où l'on ne répéte ce que l'on avoit déja dit dans les autres. On a reproduit ces infamies sous le titre de *Recueil nécessaire* ; on fait tous les jours des fraudes impies dans ce goût là. Ces fastidieuses répétitions, ces brigandages typographiques si déshonorans ont tellement lassé les incrédules-mêmes, qu'ils ne veulent plus de ces énormités, de crainte d'acheter ce qu'ils avoient déja.

Mais comme les accusations ne doivent pas être générales & qu'il faut prouver ce qu'on avance, citons quelques morceaux qui prouvent que les Philosophes modernes ne font que d'éternels perroquets. Prenons pour exemple le *Naturalisme*. Voyons d'abord ce qu'en a dit M. *de Voltaire* qui ne reconnoît que cette loi, à l'exclusion de toute autre révélée & par conséquent de tout le culte.

> Non, Dieu nous a créés, Dieu veut nous sauver tous.
> Par-tout il nous instruit, par-tout il parle à nous ;
> Il grave en tous les cœurs la loi de la nature,
> Seule à jamais la même, & seule toujours pure.
> Sur cette loi sans doute il juge les Payens ;
> Et si leur cœur fut juste, ils ont été Chrétiens.
> Qu'on soit juste, il suffit ; le reste est arbitraire...:

Et après avoir déclamé, sans aucune distinction, contre tous les cultes :

> Chacun vante sa foi, ses saints & ses miracles,
> Le sang de ses Martyrs, la voix de ses oracles.

Il croit avoir trouvé la source de cet abus.

> C'est que de la nature on étouffa la voix ;
> C'est qu'à sa loi sacrée on ajouta des loix.

Voyons cette fausse Doctrine dans les *Lettres Persannes*.

„ Que penses-tu des Chrétiens ?.... Parce qu'ils
„ n'ont pas été assez heureux pour trouver des
„ mosquées dans leur pays, crois-tu qu'ils soient
„ condamnés à des châtimens éternels, & que Dieu
„ les punisse pour ne pas avoir pratiqué une Reli-
„ gion qu'il ne leur a pas fait connoître ?......
„ (Lettre 33.)

„ Seigneur, je n'entends rien dans les disputes
„ qu'on fait sans cesse sur votre sujet : je voudrois

„ vous fervir felon votre volonté ; mais chaque
„ homme que je confulte, veut que je vous ferve à
„ la fienne.... (Et après des traits ironiques fur
„ les différens cultes.) Je ne puis remuer la tête,
„ que je ne fois menacé de vous offenfer ; cepen-
„ dant je voudrois vous plaire, je ne fais fi je
„ me trompe ; mais je crois que le meilleur moyen
„ pour y parvenir, eft de vivre en bon Citoyen
„ dans la Société où vous m'avez fait naître, &
„ en bon pere dans la famille que vous m'avez
„ donné. (Lettre 44. „)

On voit encore le même deffein fous le portrait infidieux des *Troglodites* & des *Guebres*.

Les *Lettres Turques*, fous le roman de *Felime* & *Abberramen*, renferment une forte de colere contre tout culte révélé. La fuffifance de la loi naturelle y eft clairement établie : loi au refte expliquée à la maniere des Philofophes, où la volonté eft comptée parmi les vertus. Et après le refus d'embraffer une Religion qui damne bien les Mufulmans " Dieu,
„ (dit la Mufulmane,) a créé tous les hommes ;
„ il eft jufte, bon & miféricordieux. Suivons les
„ loix de cette raifon communes à toutes les na-
„ tions, & qu'il leur a données comme un flam-
„ beau pour les guider & les éclairer dans les voies
„ de l'équité & de la juftice : fervons-nous-en
„ dans la recherche du culte le plus conforme à fa
„ grandeur & à fa fainteté, & efpérons tout de fa
„ Providence. „

Les *Lettres Juives*, en paroiffant refpecter la loi de *Moyfe*, n'ont d'autre but que d'infinuer la loi naturelle, comme formant toute la Religion.

„ Tout ce qu'on appelle ici efprits-forts, gens
„ du bel air, femmes du monde, n'exercent la Re-
„ ligion Nazaréenne, que dans l'extérieur ; au fond
„ du cœur, il en eft très-peu qui en foient perfua-

« dés. Ils se contentent de croire un Dieu. Plusieurs
« pensent que l'ame est immortelle : beaucoup
« d'autres, ainsi que les Saducéens, soutiennent
« qu'elle est sujette à la mort. Je regarde ces der-
« niers comme des gens dans l'erreur : quant aux
« premiers, je ne sais si nous pouvons leur refuser
« le titre de Juifs. Ils croient un Dieu qui a créé
« l'univers, qui récompense les bons, & punit les
« méchans. Que croyons-nous davantage? N'est-
« ce pas là toute notre Religion, excepté certaines
« cérémonies que nos Docteurs & nos Prêtres nous
« ont ordonnées? Mais les cérémonies ne sont
« pas indispensablement nécessaires : il me sera aisé
« de t'en donner des preuves convaincantes. (*Let-*
« *tres Juives*, Lettre 5.)

« *Quà tibi vis fieri, facias. Hæc summula legis.*
« Voilà notre Religion, tous les préceptes en sont
« compris dans ce peu de mots. Tout ce que nos
« Rabins y ont ajouté de plus, peut être regardé,
« si l'on veut, comme inutile & superflu. (*Let-*
« *tre* 124.)

« Je pense qu'on peut regarder tous les hommes
« comme formant en quelque maniere une seule
« & simple Religion, puisqu'ils adorent tous la
« même Divinité, & ne différent entr'eux que par
« le culte & les cérémonies.

Les *Lettres Péruviennes* mettent la même Doctrine dans la bouche de *Zilia*. Personne n'ignore le
déréglement & la cruauté des superstitions Mexi-
caines ; voilà cependant cette loi prétendue naturelle, qu'elle préfére à la Religion Chrétienne.

« O mon cher *Aza*, que les mœurs de ce pays
« me rendent respectables celles des enfans du so-
« leil !

« Peut-être a-t-on besoin ici de l'horreur du vice
« pour conduire à la vertu. Cette pensée me vient

», fans la chercher ; fi elle étoit jufte, que je plain-
» drois cette Nation ! La nôtre plus favorifée de
» la nature chérit le bien par fes propres attraits. »

Le Livre intitulé la *Religion effentielle* eft compofé tout entier, pour prouver par une foule de raifonnemens faux, abftraits, inintelligibles, que le culte ne fert à rien, que la Religion confifte uniquement dans l'hommage du cœur ; hommage qu'il forme & reftreint à fon gré.

Le Livre des *Mœurs* prétend que le culte extérieur fut l'altération & la décadence du vrai culte. " Le culte faint & dégagé des fens ne fubfifta pas
» long-temps dans toute fa pureté ; on y joignit des
» pratiques extérieures & des cérémonies, & ce fut
» là l'époque de fa décadence. »

Inutilement multiplieroit-on les extraits, il en réfulte que dès qu'un Ecrivain téméraire a avancé une erreur, cent autres Ecrivains la reproduifent dans leurs Livres, fouvent dans les mêmes termes. On met en vers ce qui étoit en profe, & on traduit en profe ce qui étoit en vers. C'eft ce qu'a prouvé par rapport au célebre J. J. *Rouffeau* l'Auteur qui a recueilli fes plagiats *fur l'éducation* en un vol. *in*-12. On formeroit un beaucoup plus gros livre des larcins littéraires de M. *de Voltaire* ; mais il fuffit de l'avoir prouvé par quelques échantillons. Il avoue lui-même dans la Préface de fon *Dictionnaire Philofophique*, qu'il n'a pas fait difficulté de copier des pages entieres, lorfqu'elles ont été néceffaires à fa collection ; & s'il ne l'avoit pas avoué, les Lecteurs s'en feroient affez apperçus.

On pardonne à un bon Médecin d'aller chercher fes plantes dans les jardins de fes concitoyens; mais on ne pardonne pas à un empoifonneur d'y aller prendre fes herbes empeftées. C'eft ce que font tous les Auteurs incrédules. Ils empruntent non-seulement de ceux qui pensent comme eux; mais ils ont encore recours à ceux qui ont une façon de penser diamétralement opposée. Et on en connoît tel qui, pour composer de mauvais livres, n'a eu d'autre peine que de copier les objections qu'on avoit réfutées dans de bons.

PLATONISME.

Si les Chrétiens puiserent leurs dogmes dans les Livres de Platon?

LE *Platonisme fut*, suivant M. de Voltaire, *la source de tous les Dogmes du Christianisme. Le Logos, qui chez* Platon *signifioit la Sagesse, la Raison de l'Etre suprême, devint chez nous le* Verbe, *& une seconde Personne de Dieu.*

Est-ce sérieusement qu'on peut avancer un tel paradoxe? Les premiers Disciples de JESUS-CHRIST étoient-ils Platoniciens? Ceux qui embrasserent les vérités qu'ils annonçoient, étoient-ils versés dans les Ecrits de *Platon*? Découvre-t-on quelques vestiges des idées de ce Philosophe dans les Apôtres, dans les *Clément*, dans les *Ignace*, dans les *Polycarpe*? Y découvre-t-on quelque rapport du premier Dogme de leur Foi, le Mystere ineffable d'un Dieu Pere, Fils, & St. Esprit, avec la Trinité monstrueuse du Philosophe Grec, composée de Dieu, de la Matiere co-éternelle à Dieu, & de l'Ame du monde répandue par-tout, animant tout, produite néanmoins avec le monde? Joignoient-ils encore, avec le même Philosophe, à leur Mystere ineffable d'autres Dieux, le soleil, la lune, les astres, la terre, soit en les croyant émanés

émanés nécessairement de Dieu comme des parties d'un tout, soit en les croyant animés par l'ame du monde?

En vain pour trouver plus de rapport entre le Myftere des Chrétiens & la Trinité de *Platon*, voudroit-on faire confifter la Trinité imaginée par ce Philofophe dans un premier Etre, la Matiere mife en ordre par cet Etre, & l'Ame du monde. Selon les Chrétiens, Dieu le Pere eft Créateur de la Matiere, le Fils, la fplendeur de la gloire de fon Pere & le caractere de fa fubftance, eft avec le Pere & le Saint-Efprit, qui procéde éternellement du Pere & du Fils, Créateur de la Matiere, de même que de toutes les intelligences qui exiftent.

Il y eut fans doute du temps des Apôtres, ou peu de temps après, des hommes imbus des chimeres de l'Ecole Platonicienne, qui embrafferent le Chriftianifme, frappés de l'éclat des preuves de fa Divinité, mais trop peu raifonnables pour s'en tenir à la fimplicité augufte de fes Dogmes.

Le fyftême des émanations étoit trop cher à un *Valentin*, pour ne pas facrifier nos Myfteres à fes *Eons*. Les Gnoftiques, autres illuminés, fe croyoient en poffeffion de bien plus hautes & de plus fublimes connoiffances. Les Marcionites, &c. donnoient dans d'autres vifions auffi miférables. Mais tous ces vifionnaires Platoniciens, bien loin de contribuer à l'établiffement de l'Evangile, l'auroient renverfé de fond en comble, ou du moins l'auroient couvert & rempli de fables, fans l'oppofition des vrais Difciples des Apôtres, inviolablement attachés à la Doctrine qu'ils en avoient reçue.

Qu'a de commun le *Verbe*, le *Logos* des Chrétiens, Fils d'un Pere qui eft Dieu, Dieu lui-même, éternellement en Dieu & avec Dieu, par lequel tout a été fait, & sans lequel rien de ce qui est n'a été fait ; qu'a, dis-je, de commun ce *Logos* des Chrétiens avec le *Logos* de Platon, ces idées archétypes du monde ? Qui ne voit, que dans le Philosophe Grec, le *Logos* n'a pas pour principe l'Intelligence qui préside à la formation du monde; mais qu'il n'en est qu'une perfection, ou plutôt que ce terme n'est employé, que pour servir de développement à l'idée de l'Intelligence.

Il seroit encore plus ridicule de chercher le Mystere des Chrétiens dans les idées monstrueuses des nouveaux Platoniciens. En effet, de quelles piéces ces Philosophes formoient-ils leur Trinité ? 1°. D'un principe sans intelligence & sans volonté, duquel tout émane par nécessité, & auquel tout doit se réunir par la même nécessité : 2°. d'un Entendement divin produit par ce principe sans le savoir & sans le vouloir : 3°. d'une Ame produite par l'Entendement, laquelle donnoit à tout l'activité & la vie, Ame du monde par-tout agissante, & en une infinité de lieux ignorante, souffrante, criminelle, divisée en une infinité de parcelles, qui devenoient autant d'ames particulieres, condamnées à animer des corps durant un certain temps, après lequel elles retournoient à leur principe. Est-ce donc là la Trinité du Christianisme ? Ne faut-il donc pas être incapable de tout sentiment de pudeur, pour soupçonner les Chrétiens des trois premiers siecles, d'avoir emprunté leur premier Mystere ineffable des fictions platoniciennes ?

Ne nous lassons pas d'entendre le Romancier M. *de Voltaire*. Il poursuit ainsi : " Une Métaphysique
,, profonde & au-dessus de l'intelligence humaine
,, fut un sanctuaire inaccessible dans lequel la Re-
,, ligion fut enveloppée. On ne répétera point ici,
,, comment MARIE fut déclarée dans la suite mere

„ de Dieu ; comment on établit la Confubftantia-
„ lité du Pere & du Verbe, & la Proceffion du
„ *Pneuma*, organe du divin *Logos*, deux natures,
„ & deux volontés réfultantes de l'Hypoftafe, &
„ enfin la manducation fupérieure, l'ame nourrie
„ ainfi que le corps des membres & du fang de
„ l'Homme-Dieu, adoré & mangé fous la forme
„ du pain préfent aux yeux, fenfible au goût, &
„ cependant anéanti. Tous les Myfteres ont été
„ fublimes. ,,

On attaque ici notre Religion par l'endroit qui doit nous la rendre plus chere & plus augufte. Car de quelle utilité feroit pour nous que Dieu eût daigné nous faire entendre fa voix par JESUS-CHRIST, s'il ne nous eût rien dit de fon Etre & de fes perfections ? Mais a-t il pu nous parler de fon Etre & de fes perfections, fans dès-là même nous préfenter des objets fupérieurs à la foibleffe de nos intelligences ? Il eft l'Infini, & nos intelligences font finies & limitées. Nous pouvons croire tout ce qu'il nous dit : pourrions-nous faire un meilleur ufage de notre raifon ? Il eft la vérité qui ne fauroit nous tromper, & lui feul peut nous apprendre ce qu'il eft.

Que veut-on nous faire entendre, par ce qu'on ajoute fur les autres Myfteres qui ont JESUS-CHRIST pour objet ? Seroit-ce que ces Myfteres auroient été inconnus aux premiers Prédicateurs de l'Evangile, & qu'ils furent dans la fuite inventés par les Chrétiens ? Quel menfonge ! Il ne faut pour en fentir toute l'abfurdité, qu'ouvrir les Evangiles, les Actes, les Epîtres des Apôtres. Ce qu'on y voit de mieux inculqué, c'eft la Filiation divine de J.C.; c'eft fa Confubftantialité avec fon Pere felon fa Nature divine ; c'eft la maternité divine de fa Mere ; c'eft la proceffion du Saint-Efprit ; c'eft encore l'union de la Nature divine & de la Nature humaine en JESUS-CHRIST avec l'unité d'une Personne ; ce sont deux volontés, la volonté divine propre à la Nature divine, la volonté humaine propre à la Nature humaine ; c'est enfin l'institution du Sacrement de son Corps & de son Sang, pour être la nourriture des enfans de son Eglise. Tel fut le Symbole des Apôtres & de leurs premiers Disciples. Si dans la suite des hommes superbes voulurent y donner atteinte, leur attentat sacrilege ne servit, qu'à fournir à l'Eglise l'occasion de le professer plus hautement & plus clairement.

Et certes, pourquoi JESUS-CHRIST a-t-il paru sur la terre ? N'est-ce pas pour être notre Libérateur selon la promesse que Dieu en avoit faite au premier homme après sa chûte ? Mais sans tous ces attributs, pourroit-il être notre Libérateur ? S'il n'étoit pas le Fils de Dieu consubstantiel à son Pere, quelque juste qu'on le supposât, le prix de son Sang n'auroit plus de proportion avec l'éternité du châtiment que méritoit le crime du premier homme, & que méritoient les nôtres. S'il n'y avoit point en lui une Nature humaine, mais seulement une Nature divine, il n'auroit pu s'offrir en sacrifice pour nous à la Justice de son Pere, la Nature divine ne pouvant être sacrifiée. S'il n'y avoit en lui qu'une Personne humaine, & non la seule Personne divine, quel mérite pourroit tirer son sacrifice de la Personne humaine ? Si la Nature humaine étoit privée de volonté, elle n'auroit nulle part à son sacrifice. Enfin JESUS-CHRIST n'a voulu être notre Libérateur, que pour nous unir éternellement à son Pere : pouvoit-il nous en donner un gage plus assuré qu'en s'unissant à nous d'une maniere si intime par la Communion à son Corps & à son Sang, sous les apparences du pain & du vin, non anéantis, mais changés par sa puissance en sa Chair & en son Sang ?

Ne pourroit-on pas même dire qu'outre le besoin que l'homme avoit d'un tel Libérateur qui fût Dieu & Homme tout ensemble, il étoit de la bonté de Dieu de se montrer à lui sous une forme visible, pour l'élever jusqu'à l'idée de sa souveraine Perfection ? L'homme depuis sa chûte est tellement plongé dans les sens, tellement asservi à son imagination, que ce n'est qu'avec une extrême peine qu'il regarde comme réel ce qu'il ne voit pas, ou au moins ce dont il ne peut se former une image. Mais la souveraine Perfection ne devient-elle pas, pour ainsi dire, sensible en Jésus-Christ Notre-Seigneur ? Il ne faut qu'ouvrir les yeux pour y reconnoître & admirer la Puissance même, la Bonté, la Sainteté, la Justice, la Raison infinie.

Mais ne finissons pas cet article, sans faire remarquer l'unité de dessein de l'Auteur de l'Article *Eclectisme* dans l'*Encyclopédie*, & de l'Auteur du *Dictionnaire Philosophique*. Le premier convaincu de plagiat, d'inexactitude, de fausseté, de malignité dans son *Abrégé de l'Histoire de l'Eclectisme*, donne à cette Ecole pour principe l'Enthousiasme, qu'il définit ainsi : " l'Enthousiasme est un mouvement
,, violent de l'ame, par lequel nous sommes trans-
,, portés au milieu des objets que nous avons à re-
,, présenter : alors nous voyons une scène entiere se
,, passer dans notre imagination, comme si elle
,, étoit hors de nous. Elle y est en effet ; car tant
,, que dure cette illusion, tous les Etres présens
,, sont anéantis, & nos idées sont réalisées à leur
,, place ; ce ne sont que nos idées que nous apper-
,, cevons ; cependant nos mains touchent des corps,
,, nos yeux voyent des corps animés, nos oreilles

„ entendent des voix. Si cet état n'eſt pas de la
„ folie, il en eſt bien voiſin. „ Il donne cet état
pour une maladie épidémique particuliere à ces
temps-là, c'eſt-à-dire, à la fin du troiſième ſiecle
& aux deux ſuivans. Voici auſſi à quoi il attribue
la perpétuité de nos Dogmes. " Un ſyſtême de
„ connoiſſances, qui ne tiennent à rien de ce qui
„ ſe paſſe ſur la terre, ne ſauroit jamais être con-
„ vaincu de faux. Il n'y a donc pas de merveilleux
„ dans la perpétuelle durée de la Doctrine du
„ Chriſtianiſme; car les notions qui la compoſent,
„ s'établiſſent dans l'eſprit preſque ſans effort;
„ elles y durent enſuite par preſcription, & doi-
„ vent naturellement ſubſiſter juſqu'aux derniers
„ ſiecles. „

N'eſt-ce pas ſous cette double idée, que l'Auteur
du *Dictionnaire Philoſophique* veut nous faire envi-
ſager l'établiſſement du Chriſtianiſme & ſa perpétuité, ſoit en prétendant que le Platoniſme ne contribua pas peu à la réception & à la propagation
de l'Evangile, ſoit en préſentant la Religion comme une Métaphyſique profonde & au-deſſus de l'intelligence humaine, & comme un ſanctuaire inac-
ceſſible.

Il n'eſt guéres poſſible d'attribuer à une autre
cauſe qu'à l'Enthouſiaſme les chimeres platoniciennes, que ces prétendus Philoſophes voulurent
introduire dans le Chriſtianiſme peu de temps après
ſa naiſſance, ou après ſon établiſſement. Qu'eſt-
ce, en effet, que ce monſtre d'où émanent, comme
de leur principe, la Matiere & toutes ſortes de
Génies? Pour en émaner, il falloit qu'ils y fuſſent
contenus, & après en être émanés, il demeuroit,
ſans doute, ſeul, dépouillé d'une infinité de ſes
parties. Quel monſtre encore une fois conçu ainſi
compoſé de tant de diverſes parties avant leur

émanation ! Après leur émanation, ce monstre disparoît à la vérité ; mais il n'est plus rien, si ce n'est un Etre divisé en autant d'êtres qu'il y en a dans l'Univers.

Outre ce prétendu premier principe de toutes choses, enfanté par l'imagination exaltée des nouveaux Platoniciens, est-il possible de regarder autrement que comme des Enthousiastes, les *Plotin*, les *Porphyre*, les *Jamblique*, les *Hierocles*, les *Maxime*, en un mot tous ces Visionnaires, infatués de leurs spéculations insensées, qu'ils regardoient comme les moyens de s'unir aux Dieux, de les voir, d'entrer dans leur commerce le plus intime, d'être comblés de toutes leurs faveurs, de percer dans l'avenir le plus reculé, d'opérer les choses les plus merveilleuses, en un mot de disposer, pour ainsi dire, de la Nature en Théurgues.

Mais quelle autre idée est-il possible de se former de l'*Encyclopédiste* & de l'Auteur du *Dictionnaire Philosophique*, si réellement ils n'ont point eu d'autre vue, que d'attribuer l'établissement & la perpétuité du Christianisme à l'Enthousiasme ? Le dérangement de leur imagination exaltée demande d'autres remedes que le raisonnement. Ce sont des hommes incapables de distinguer la raison de la folie, la sagesse de l'extravagance, la vertu du vice, la sainteté de la corruption, les miracles des effets naturels, les faits des visions, en un mot la vérité du mensonge. Car enfin est-il possible de ne pas admirer dans le Fondateur du Christianisme, dans les Publicateurs de cette sainte Religion, dans les Défenseurs de la même Religion, autant de raison, de sagesse, de sainteté, de puissance, de vérité, qu'il éclate de folie, de passions, de prestiges, de mensonges, &c. dans les anciens & nouveaux Platoniciens ?

Il n'y a non plus que des Enthousiastes qui soient capables de voir une raison de la perpétuité des vérités chrétiennes dans leur élévation. Est-ce que ces vérités, soit dogmatiques, soit morales, eussent jamais pu trouver d'accès dans les esprits & dans les cœurs, sans les miracles du Sauveur, sans les miracles des Apôtres, sans les miracles des premiers Fidèles durant les trois siecles de persécution qu'ils eurent à essuyer ?

POPULATION.

Si le célibat du Clergé la diminue ?

LA France fourmille, comme on sait, d'une foule de Politiques qui étant incapables de gouverner un poulailler, ont voulu gouverner des Royaumes & s'ériger en Législateurs des Nations, & tout réformer du sceptre à la houlette. Suivant ces petits raisonneurs, le Sanctuaire & le Cloître, ont fait perdre à l'Etat de millions de sujets. Mais la plaie que les Ecclésiastiques Séculiers & Réguliers ont faite à la population n'est réelle que pour ceux qui ne réfléchissent point.

Quel état manque de sujets ? C'est celui de Laboureur : or, très-peu de Moines & de Prêtres sont tirés de la charrue. La plûpart sont de ces familles honnêtes, qui ayant plusieurs enfans peuvent en consacrer un ou deux à l'Eglise. D'autres ont pris naissance dans la boutique de quelque Artisan aisé qui s'étant trouvé dans une petite ville, a eu la commodité d'envoyer ses enfans au College. Or, soutenir que de ces deux états, celui du Bourgeois & de l'Artisan s'appauvrissent en donnant des Ministres aux Autels, c'est un paradoxe ridicule. Il est évident, pour quiconque connoît un peu le monde, qu'il y a dix postulans pour une place, & que les métiers en tout genre sont aujourd'hui beaucoup trop multipliés.

D'ailleurs, pour que les plaintes de nos Ministres d'Etat à cinq sols la feuille fussent légitimes, il faudroit que le célibat ne fût connu que dans l'Eglise ; mais combien de célibataires dans le monde ! M. de *Marmontel* dans son Apologie du Théatre, compte dans Paris seul, cent mille célibataires qui n'ont fait, ni n'observent le vœu de chasteté. Qu'on compte de bonne foi dans les autres Villes du Royaume les Laïques que la débauche, le luxe, la Philosophie & la pauvreté rendent stériles, on trouvera qu'ils sont dix fois plus nombreux que les Membres du Clergé. Presque la moitié des filles est forcée de renoncer au lien conjugal depuis que ce lien est devenu si coûteux, depuis que l'excès des dépenses superflues fait craindre la fécondité ; enfin depuis que les leçons de nos Philosophes ont multiplié la corruption & les corrupteurs.

Les Protestans pour faire valoir leurs déclamations contre les vœux monastiques & la continence des Prêtres, prêchent aussi la population. Mais le croiroit-on ? leurs célibataires sont innombrables & fort au-dessus de celui du Clergé Romain, non-seulement dans les pays Catholiques où leurs mariages éprouvent des difficultés, mais même dans les pays Protestans où rien ne les gêne, & où leur Religion & leurs sorties continuelles contre l'état Religieux leur en fait un devoir. On s'en est plaint cent fois. On a pris des mesures pour favoriser, pour multiplier les mariages ; tout a été inutile. Ces contrées ne sont pas plus peuplées que les autres. La débauche y fait régner une stérilité plus étendue que celle des Monasteres.

PRADES.

Y avoit-il des Moines & des Curés dans Rome Payenne ? Non, elle ne connoiſſoit pas les engagemens clauſtraux. Elle n'avoit qu'une quinzaine de Veſtales, obligées à la continence, & qui même après quelques années de ſervice pouvoient ſe marier. Cependant le goût du célibat étoit ſi général que l'Empereur *Auguſte* craignit l'extinction du Peuple Romain & la dépopulation de l'Empire. Afin de la prévenir, il fit des loix très-ſéveres pour punir l'adultere & obliger au mariage. Il promit des grandes récompenſes à ceux qui s'engageroient ſous ce joug honorable, profané par la débauche du célibataire oiſif & voluptueux. Ce n'eſt donc pas le cloître ſeul qui dépeuple les Etats. La chaſteté preſcrite au Clergé ne fut jamais ſi oppoſée à la fécondité, que le vice & la Philoſophie. Voilà quels ſont aujourd'hui les vrais dépopulateurs.

PRADES.
Hiſtoire de ſa Theſe.

LA Theſe que l'Abbé de *Prades* ſoutint le 18. Novembre 1751, a trop fait de bruit, pour que nous ne lui donnions pas une place dans cet Ouvrage. Cet Auteur né à Caſtel-Sarraſin, dans le Dioceſe de Montauban, fit ſes premieres études en Province. Il paſſa enſuite à Paris, où il demeura dans pluſieurs Séminaires, entr'autres dans celui de ſaint *Sulpice*. Sa réputation n'y étoit pas brillante; il n'aimoit pas la Théologie ſcholaſtique, ni l'argumentation, paroiſſant plus propre aux fleurs des Belles-Lettres, qu'aux fruits des ſciences ſacrées.

L'Abbé de *Prades* avoit ſoutenu ſa Sorbonique & ſa mineure ſans ſe diſtinguer. Enfin ſa Theſe le tira de la foule, mais ce fut d'une maniere bien funeſte pour la Religion. Cette finguliere Thefe étoit pleine de propofitions dangereufes, fur l'effence de l'ame, qu'on rapprochoit de la matiere; fur les notions du bien & du mal moral qu'on confondoit; fur l'origine de la Société & de la Loi naturelle; fur la Religion furnaturelle; fur les marques de la véritable révélation; fur la certitude des faits hiftoriques; fur la chronologie, & l'œconomie mofaïque; fur la nature des Miracles; enfin fur la déférence due aux Peres de l'Eglife. On trouvoit un parallele indécent des guérifons d'*Efculape*, & de celles de JESUS-CHRIST féparées des Prophéties.

Le Parlement févit contre cette Thefe, & fa vigilance éveilla celle de la Sorbonne; elle condamna la Thefe & fon Auteur dès le 27 Janvier 1752. Les dix propofitions furent jugées plus ou moins rephéhenfibles, & condamnées comme telles, *In globo*; condamnation qui n'auroit pas été la feule peine de l'Abbé de *Prades*, s'il étoit refté en France. Au commencement de l'orage élevé contre lui, il s'étoit retiré à Berlin; où le Roi de Pruffe l'accueillit avec bonté. Un Canonicat de Breflaw fut le fruit de fa retraite.

L'Abbé de *Prades* fit d'abord une Apologie en trois parties, qui marquoit beaucoup d'emportement & d'obftination. Il y attaqua Janféniftes & Moliniftes, & il montra finon une bonne Théologie, du moins toute l'amertume qu'on reproche aux Théologiens hétérodoxes.

Dès que fa bile fut foulagée, il rougit de fes excès, & fongea à fe réconcilier avec l'Eglife. L'Evêque de Breflaw fut le principal moteur, dont fe fervit la Providence pour ménager cette réconciliation. Le Prélat zélé rendit à Sa Sainteté quelques converfations édifiantes, qu'il avoit eues avec l'Abbé de *Prades*. Il fit valoir les fentimens dont toutes ses lettres étoient remplies : sa soumission aveugle au saint Siege, dont il avoit ignoré la censure avant qu'il fît paroître son Apologie ; son courage à défendre la Religion Catholique, en présence de ses ennemis ; le bonheur qu'il avoit eu de la servir en différentes occasions, & les grands biens qu'il pourroit lui faire encore, s'il parvenoit à rentrer en grace avec Rome.

Benoît XIV. qui ne connoissoit l'Abbé de *Prades* que par sa condamnation, & pour avoir reçu de lui une lettre à laquelle il n'avoit pas jugé à propos de répondre, fut charmé de tout ce que mandoit l'Evêque de Breslaw. Il écrivit au Cardinal de *Tencin* pour le faire relever de ses censures. Ce Cardinal, Proviseur de Sorbonne, disposa cette Faculté à bien traiter l'Errant. On demanda de lui une rétractation; & il la donna telle qu'elle lui fut envoyée de Rome.

Il s'y avoue *coupable envers Dieu, envers l'Eglise Romaine, envers la Faculté, envers le Public, dont il a été le scandale ; envers lui-même, puisqu'il s'égaroit, & qu'il n'a pas assez d'une vie pour pleurer sa conduite passée, & remercier* JESUS-CHRIST *de la grace que lui accorde son Vicaire en terre.* La rétractation étoit du 6. Avril 1754, & il en envoya trois Exemplaires ; l'un à la Faculté, l'autre à l'Evêque de Montauban, le troisieme à l'Archevêque de Paris. Le fruit de cette démarche fut le rétablissement dans ses dégrés, qui lui fut accordé à la recommandation du Pape. *Benoît* XIV. se montra dans cette querelle, ce qu'il a toujours paru, doux, humain, compatissant, en un mot le véritable Pere des fideles. *Le Pécheur qui se repent véritablement*, écrivoit-il au Cardinal de Tencin, *doit être reçu à bras ouverts.*

PRÉDICATION (Apologie de la) Voyez l'article BOSSUET.

PRÉSENCE RÉELLE
DE JESUS-CHRIST DANS L'EUCHARISTIE.

Preuves de ce Dogme.

M. *de Voltaire* ayant attaqué tous les Dogmes du Christianisme, n'a pas négligé celui-ci qui est un des plus importans. Il en a parlé avec beaucoup d'indécence dans son *Dictionnaire Philosophique* & dans ses *Questions Encyclopédiques*. Nous opposerons à ses blasphêmes le Dialogue suivant.

LE BACHELIER.

La créance de l'Eglise Romaine touchant la présence réelle de JESUS-CHRIST *dans l'Eucharistie est-elle la même que celle de toute l'Eglise ancienne ?*

LE PROFESSEUR.

C'est un fait constant que dès que *Berenger*, Archidiacre d'Angers, eut osé enseigner que le Corps de JESUS-CHRIST n'étoit contenu qu'en figure dans l'Eucharistie, toute l'Eglise se souleva contre lui, comme un novateur & un hérétique opposé à la Doctrine de l'Eglise enseignée par-tout depuis les Apôtres ; que plusieurs hommes illustres écrivirent contre lui, & qu'il fut condamné par un Concile tenu à Rome sous le Pape *Léon* IX. l'an 1050, par ceux de Verceil & de Paris de la même année, & par plusieurs autres : ainsi il est visible que dans ce temps-là la Foi de l'Eglise, tant dans l'Orient que dans l'Occident, étoit la même que celle qu'elle tient aujourd'hui sur ce Mystere. On doit même remarquer ici que *Berenger* rétracta son erreur, qu'il en fit pénitence & qu'il mourut dans le sein de l'Eglise Catholique.

Le Bachelier.

Les Calvinistes se sentant pressés de ce témoignage authentique de la condamnation de son Auteur, & de la créance où étoit alors l'Eglise de la présence réelle de J. C. dans l'Eucharistie, n'ont-ils rien dit pour soutenir leur opinion?

Le Professeur.

Ils ont dit qu'un siecle avant *Berenger* toute l'Eglise étoit dans leur sentiment, & que sa créance étoit que Jesus-Christ n'est véritablement présent que dans le Ciel & ne pouvoit être dans l'Eucharistie qu'en figure.

Le Bachelier.

Comment les Catholiques ont-ils réfuté cette supposition?

Le Professeur.

Ils ont établi à fond & dans des Ouvrages pleins de force par la solidité des raisonnemens, que cette supposition étoit absurde; & en effet, si l'Eglise ancienne n'avoit pas cru la présence réelle de J. C. dans l'Eucharistie, elle n'auroit pu venir à ce changement universel de créance pendant un siecle avant *Berenger*, comme les Calvinistes le supposent, que de trois manieres, qui sont toutes trois impossibles.

La premiere seroit de supposer que ce changement se fît tout d'un coup, en sorte que tous les Chrétiens, après avoir cru jusqu'alors que Jesus-Christ n'étoit pas réellement présent dans l'Eucharistie, mais seulement en figure, commencerent de croire qu'il y étoit; & que s'étant pour ainsi dire, endormis Calvinistes, ils se réveillerent Catholiques sans savoir comment, & avec un entier oubli de ce qu'ils avoient été. Mais cette supposition est si ridicule, qu'elle n'a pas besoin d'être réfutée pour en faire voir l'impossibilité.

La seconde maniere dont ce changement auroit pu arriver, seroit de supposer qu'il se fit insensiblement, c'est-à-dire, que quelques-uns introduisirent l'opinion de la présence réelle; qu'ils n'eurent d'abord que peu de Sectateurs, & qu'ensuite cette opinion se glissa insensiblement par-tout; mais il est aisé de faire sentir l'absurdité d'une supposition de laquelle il résulte un mélange universel des deux doctrines sur un article aussi essentiel au culte; savoir, la présence ou l'absence réelle de JESUS CHRIST dans l'Eucharistie. Car, comment seroit-il possible que le premier, par exemple, qui avança l'opinion de la présence réelle, n'eût trouvé ni Evêque, ni Prêtre, ni Docteur qui s'y fût opposé, personne enfin qui se fût récrié contre une pareille nouveauté? Comment s'imaginer que tous les Chrétiens étant persuadés que J. C. n'étoit qu'en figure dans l'Eucharistie, ils eussent ajouté foi sans aucune contradiction à ceux qui publioient que J. C. que l'on croyoit absent des Symboles, y étoit véritablement & sustantiellement présent? Comment s'imaginer que tandis que tous les autres Mysteres de la Foi, comme la Trinité, l'Incarnation, ont eu à vaincre l'opposition des sens & de la raison, & n'ont pu s'établir que par une infinité de prédications, de miracles & l'effusion du sang de tant de Martyrs, cette nouvelle opinion de J. C. présent dans l'Eucharistie en tous lieux ait été reçue par toute la terre sans étonnement, sans réclamation, sans contestation, & que les prétendus auteurs de cette innovation de doctrine aient été entiérement inconnus.

Cette supposition est encore plus absurde, si on fait attention au temps que cette nouvelle opinion a dû prendre son accroissement. Car il faudroit pour cela supposer qu'il y ait eu un temps où la foi de la présence réelle, qui étoit, selon eux, l'opinion nouvelle, étoit tellement mêlée avec celle de l'absence réelle, qu'il y avoit la moitié des Evêques, des Prêtres & du Peuple qui tenoient l'une, & une autre moitié qui tenoit l'autre; en sorte que dans les mêmes Provinces, les mêmes Villes, les mêmes Eglises, les mêmes Familles, tous les Fideles étoient divisés sur l'Eucharistie; que les uns croyoient que JESUS-CHRIST y étoit réellement présent, & les autres qu'il en étoit réellement absent; il faudroit supposer encore que cette division n'étoit pas seulement dans l'Eglise Romaine, mais aussi dans l'Eglise Grecque & Arménienne; que cette contrariété de sentiment sur un point si capital du culte fût demeurée inconnue à tous ceux qui étoient ainsi divisés, & qu'elle n'eût produit aucune contestation ni trouble; car les Calvinistes ne peuvent contester que jusqu'à *Berenger* il n'y a eu aucune rupture de Communion sur le point de la présence réelle. Or, c'est ce qui est contraire à toutes les lumieres de la raison, d'imaginer possible ce mélange d'opinion sans qu'il eût excité les plus grands troubles. Il faudroit que les hommes de ce temps-là fussent demeurés dans une telle léthargie & un tel assoupissement, qu'ils n'eussent eu ni charité pour le prochain, ni zele pour Dieu, ni attache à leurs propres opinions; en un mot, qu'ils n'eussent été sujets aux mêmes mouvemens, ni aux mêmes passions que ceux de notre siecle, & qu'ils eussent été d'une autre espêce.

La troisieme maniere dont ce changement auroit pu

pu arriver, renferme des conséquences qui ne choquent pas moins la raison que les premieres. Car, selon ce dernier degré de ce prétendu changement, c'est-à-dire, que l'opinion de la présence réelle est venue à ce point d'être répandue universellement dans toute l'Eglise sur la fin du dixieme siecle, il faut supposer non-seulement que les Laïques, après avoir été instruits dans la créance distincte de l'absence réelle de Jesus-Christ dans l'Eucharistie, ont abandonné sans résistance & sans combat la foi de leurs peres pour suivre une opinion nouvellement introduite (selon les Ministres Protestans) par *Paschase Ratbert*, Religieux de France; mais il faut encore supposer qu'il ne soit resté aucune trace de ce changement, & que la mémoire s'en soit tellement abolie, que dans le onzieme siecle, qui a suivi immédiatement celui où, selon eux, l'opinion de la présence réelle s'est trouvée universellement répandue, personne n'en ait jamais oui parler. C'est ce qu'il est impossible d'imaginer; la démonstration de cette impossibilité est sensible. On n'a qu'à faire attention que la vie d'une infinité d'hommes est tellement partagée, qu'ils en passent une partie dans un siecle & l'autre dans le siecle suivant, & qu'ainsi ils sont parfaitement instruits des événemens qui se sont passés à la fin de l'un & au commencement de l'autre. Or, comment se pourroit-il faire que ceux qui vivoient dans le onzieme siecle n'eussent pas vu quantité de personnes qui avoient vécu dans le dixieme? Comment seroit-il possible que plusieurs milliers d'hommes ayant été ou témoins ou vivans avec les témoins oculaires d'un changement universel de créance dans toute l'Eglise, ils n'en eussent rien appris à ceux qui les auroient suivis & qu'ils auroient instruit dans la Foi? Comment imaginer que ce nombre infini d'hommes, dont la maniere de penser ne pouvoit qu'être différente, fussent convenus de céler à la postérité un événement si important; savoir, qu'autrefois on ne croyoit pas la présence réelle; mais que dans le temps présent on la croyoit ? Seroit-il possible qu'aucun pere ne l'eût dit à ses enfans, aucun maître à ses disciples, qu'aucun Monastere n'en eût gardé la mémoire & que tout le onzieme siecle se fût tellement confirmé dans la créance de la présence réelle, qu'on y eût traité d'abord d'hérétique ceux qui voulurent l'attaquer, & que tous ceux qui la défendirent eussent osé soutenir que c'étoit la foi de l'Eglise, quoiqu'il y eût alors des millions d'hommes, qui, ayant vécu dans le dixieme siecle, ne pouvoient ignorer que l'on y avoit tenu une créance différente de celle que l'on tenoit alors par-tout le monde, s'il étoit vrai, comme les Ministres Protestans le supposent, que tout le corps de l'Eglise jusqu'à la fin du neuvieme siecle étoit dans leur opinion, c'est-à-dire, ne croyoit pas la présence réelle. Mais c'est assez réfuter un système qui n'a besoin que d'être montré dans son jour pour en faire sentir toute l'absurdité.

LE BACHELIER.

Les Ministres Protestans accablés par la force de ce raisonnement, n'ont-ils pas abandonné la supposition chimérique de ce changement de créance dans le dixieme siecle ?

LE PROFESSEUR.

Il est vrai qu'ils ont compris qu'il n'étoit pas possible de persuader à des gens raisonnables un fait aussi incroyable; mais comme les hommes sont esclaves de leurs propres opinions, & qu'ils ne veusent jamais convenir de leurs erreurs, les Protestans ont donné la torture à leur esprit pour imaginer un système qui pût accréditer leur hérésie & l'insinuer dans les esprits.

LE BACHELIER.

Quel est, je vous prie, cet autre système ?

LE PROFESSEUR.

Ils ont osé avancer que les Fideles des premiers siecles n'avoient eu qu'une créance confuse du Mystere de l'Eucharistie, c'est-à-dire, qu'ils croyoient JESUS-CHRIST présent, mais qu'ils ne distinguoient pas si c'étoit seulement en signe, en vertu, ou en substance, & qu'ils n'avoient aucune idée positive de la présence ni de l'absence réelle.

LE BACHELIER.

Les Catholiques ont-ils répondu à cette objection ?

LE PROFESSEUR.

Ils ont dit d'abord que cette prétention de créance confuse sur la présence réelle est avancée sans preuve : en effet, il étoit impossible aux Protestans d'en trouver, & ils en ont fait voir toute l'absurdité par des raisonnemens ausquels il n'y a point de réplique. Ils ont donc établi qu'il n'est pas possible que les Fideles ayent demeuré mille ans dans l'Eglise, en voyant tous les jours ce qu'on appelloit le Corps de J. C. sans former une pensée distincte & déterminée, si ce qu'ils voyoient étoit, ou n'étoit pas réellement le vrai Corps de J. C.

En effet, notre esprit est formé de telle sorte, qu'en pensant à un corps, il est impossible qu'il ne l'applique à quelque lieu, & il le conçoit toujours au lieu où il nous est exprimé, à moins qu'on ne sache qu'il n'y eſt pas. Perſonne ne peut ſe refuſer à cette vérité. Ainſi lorſque les Fideles entendoient dire que ce qu'ils recevoient dans leur bouche étoit le Corps de Jesus-Christ, leur eſprit appliquoit ce Corps à quelque lieu ; c'eſt-à-dire, que s'ils croyoient J. C. préſent ſous le pain qu'ils voyoient & qu'ils mangeoient, il s'enſuit qu'ils avoient une créance diſtincte de la préſence réelle. Si au contraire, ils ne le regardoient préſent que dans le Ciel, quoique les paroles l'exprimaſſent comme préſent ſur la terre, ils ont eu une créance diſtincte de l'abſence réelle, & ainſi il eſt impoſſible qu'ils ſoient demeurés, à l'égard de ce Myſtere, dans ce degré de confuſion que les Miniſtres Proteſtans ont voulu ſuppoſer.

Le Bachelier.

Il ſeroit queſtion maintenant de prouver que l'eſprit des Fideles a dû néceſſairement ſe déterminer à la créance de la préſence réelle. Sur quelles raiſons les Catholiques ont-ils établi cette preuve ?

Le Professeur.

En voici la ſubſtance. Nous avons de toutes choſes des idées que nous appellons naturelles, ainſi l'idée naturelle des mots ſe préſente d'abord à l'eſprit, & elle y eſt toujours reçue, à moins qu'elle ne ſoit bannie par une créance contraire. Un exemple rendra palpable cette vérité. Quand on entend le mot de bras, ou celui de main, on conçoit des bras & des mains ordinaires, c'eſt la premiere idée naturelle ; mais ſi on les attribue à Dieu, comme ſi l'on s'exprimoit ainſi : le bras de Dieu s'eſt montré ; alors la connoiſſance que les Chrétiens ont que Dieu eſt incorporel, fait qu'ils éloignent cette idée pour en mettre une autre à ſa place, qui eſt celle de puissance & de force. Or cela posé, & à moins qu'on ne veuille renoncer absolument à la sincérité & à la bonne foi pour désavouer les choses les plus claires, il est impossible qu'on ne convienne que les mots par lesquels tous les Peres & les Docteurs de l'Eglise qui ont enseigné la Foi aux Fideles des premiers siecles, ont exprimé le Mystere de l'Eucharistie, soit en célébrant le Sacrifice, soit en distribuant la Communion aux Peuples, soit en les instruisant de ce qu'ils en devoient croire, signifient précisément & naturellement une présence réelle & appliquent tellement l'esprit à cette idée, que cette idée d'une présence réelle, ayant été mise une infinité de fois devant les yeux des Chrétiens, ils ont été obligés d'en former ce jugement ; savoir, que Jesus-Christ étoit réellement présent sous les Symboles de l'Eucharistie, en prenant les expressions des Peres dans le sens littéral & naturel.

Le Bachelier.

Mais comment les Catholiques ont-ils pu prouver que les expressions des Peres sur l'Eucharistie signifient une présence réelle de Jesus-Christ dans l'Eucharistie ?

Le Professeur.

C'est en rapportant un nombre infini de passages tirés des Peres & des Auteurs Ecclésiastiques, dans lesquels tout homme de bonne foi peut se convaincre, que les Peres ont enseigné que l'Eucharistie étoit le Corps de J. C., & que Jesus-Christ y étoit réellement présent.

Le Bachelier.

Qu'est-ce que les Protestans ont imaginé pour éluder la force & le poids de tous ces témoignages ?

Le Professeur.

Ils ont avancé que toutes ces expressions des Peres ne pouvoient s'entendre que dans un sens figuré & métaphorique, & non dans le sens littéral & naturel.

Le Bachelier.

Mais les Catholiques ont-ils laissé une pareille objection sans réponse.

Le Professeur.

Ils ne se sont pas contentés de ce grand nombre de passages des Peres qui prouvent que toute l'Eglise des premiers siecles croyoit la présence réelle de Jesus-Christ dans l'Eucharistie, ils en ont rapporté plusieurs autres, dont les expressions ne peuvent être prises dans un sens figuré ou métaphorique sans vouloir renoncer à toutes les lumieres de la raison & à la bonne foi. Mais avant de les rapporter, ils ont établi les principes certains par lesquels on doit décider, si une expression doit être prise à la lettre & dans le sens naturel qui se présente d'abord à l'esprit, ou si elle doit passer pour un langage figuré ou pour une métaphore. Voici quels sont ces principes.

Quand une chose se peut aussi facilement exprimer naturellement que métaphoriquement, les expressions naturelles & simples sont pour l'ordinaire infiniment plus fréquentes que celles qui sont métaphoriques. La raison en est sensible; c'est que les hommes se portent ordinairement, quand rien ne les empêche, à ce qui est plus conforme à la vérité & à la nature. Or, les expressions métaphoriques sont en quelque sorte contraires à la nature, parce qu'elles sont fausses étant prises à la rigueur,

& elles ne peuvent jamais être si ordinaires que les expressions naturelles ; car si elles l'étoient, elles deviendroient trompeuses & inintelligibles. Personne ne disconviendra de ces principes. Bien plus, on peut remarquer que les métaphores ne conviennent point aux discours simples & historiques, ni à ceux qui sont destinés à l'instruction. Elles sont des élancemens de l'ame qui naissent de la chaleur de l'esprit, & elles choqueroient notre raison si on parloit long-temps sur ce même ton & dans ce genre figuré, parce qu'on fatigueroit l'esprit à force de le tenir tendu & de parler un langage qui n'est pas naturel. On doit encore faire attention qu'il seroit ridicule de se servir de métaphores devant des personnes qui, selon toutes les apparences, ne pourroient les entendre, & on seroit obligé, au moins en ce cas, de les expliquer. Tout le monde est en état de juger de la vérité de ces regles. Or, les Peres se servent toujours des expressions qui marquent la préfence réelle de Jesus-Christ dans l'Eucharistie dans un sens littéral ; ils s'en servent dans des écrits adressés à des Payens, ou faits à de nouveaux Baptisés qui n'avoient aucune teinture de ce Mystere. Ainsi les Payens, qui ne savoient rien de notre Religion, & les Baptisés qui recevoient les premieres instructions sur l'Eucharistie, ne pouvoient entendre ces expressions autrement que dans le sens naturel. Cependant les Peres ne les expliquoient point & ils se servoient toujours des mêmes ; d'où il s'ensuit avec évidence qu'ils ne vouloient pas qu'on les prît pour des métaphores. En un mot, le sens naturel des expressions des Peres touchant l'Eucharistie, est la préfence réelle : il n'y a pour s'en convaincre, qu'à jetter les yeux sur tout ce qu'ils ont écrit à ce sujet ; & il faut convenir qu'à vouloir enseigner cette créance, il n'est pas possible qu'ils aient parlé autrement qu'ils ont fait ; mais s'ils ont voulu enseigner le contraire, c'est-à-dire, que le Corps de J. C. n'est qu'en figure dans l'Eucharistie, on peut dire hardiment qu'ils auroient tenu un langage le plus dépourvu de raison & de bon sens, le plus propre à induire les hommes en erreur, & qu'ils l'ont tenu en effet tous d'un commun accord dans tous les temps & dans tous les lieux. Ce qui est absolument impossible.

Nous nous contenterons de rapporter ici une petite partie des passages des Peres qui prouvent la présence réelle. J'ai précisément sur moi un Livre où ils sont tous renfermés. Saint *Ignace*, Evêque d'Antioche, en parlant de certains hérétiques, dit qu'ils ne recevoient pas l'Eucharistie, parce qu'ils ne confessent pas que l'Eucharistie soit la Chair de Notre-Seigneur, qui a souffert pour nos péchés.

Saint *Justin*, dans sa seconde Apologie, dit : " nous ne recevons pas ces choses comme si ce n'é-
,, toit qu'un pain ordinaire & un breuvage com-
,, mun ; nous savons que cette viande & ce breu-
,, vage ayant été consacrés & faits Eucharistie par
,, les prieres que le Verbe de Dieu nous a ensei-
,, gnées, sont la Chair & le Sang de ce même J. C.
,, qui a été fait homme pour l'amour de nous. ,,

Saint *Cyrille* de Jérusalem dit ces paroles : " J. C.
,, ayant dit du pain, ceci est mon Corps, qui
,, osera en douter désormais ? Et lui-même ayant
,, dit : ceci est mon Sang, qui oseroit entrer en doute
,, en disant que ce n'est pas son Sang ? ,,

Saint *Ambroise*, dans le Traité pour l'instruction des nouveaux Baptisés, dit ; " vous me direz peut-
,, être, je vois autre chose. Comment est-ce que
,, vous m'assurez que je reçois le Corps de JESUS-
,, CHRIST ?.... La parole de J. C., qui a pu faire

„ de rien tout ce qui eſt, ne pourra-t-elle pas
„ changer ce qui eſt, en ce qui n'étoit pas aupa-
„ ravant ? „

Saint *Gaudence*, Evêque de Breſſe, s'exprime
ainſi : " le Créateur & le Maître de la Nature, qui
„ produit du pain de la terre, fait enſuite ſon pro-
„ pre Corps de ce pain, parce qu'il le peut & l'a
„ promis, & celui qui de l'eau a fait du vin, fait
„ auſſi du vin ſon Sang. „

Saint *Auguſtin* dit " qu'il a plu au Saint-Eſprit en
„ l'honneur de ce grand Sacrement, que le Corps
„ de Jesus-Christ entrât dans la bouche des Chré-
„ tiens avant toutes les autres viandes. „

Saint *Cyrille*, Patriarche d'Alexandrie, parle de
„ cette ſorte : " nous célébrons le ſaint, vivifiant
„ & non ſanglant ſacrifice dans les Egliſes, croyant
„ que le Corps qui eſt devant nous, n'eſt pas le
„ corps d'un homme commun & ſemblable à nous,
„ & le ſang de même, mais nous le recevons com-
„ me ayant été fait le propre Corps & le propre
„ Sang du Verbe qui vivifie toutes choſes. „

Théodore Evêque d'Ancyre, dans une Homélie
qu'il fit au Concile qui porte ce nom, s'exprime
ainſi : " il n'eſt plus couché dans une Crêche, mais
„ il eſt expoſé à nos yeux ſur cette Table ſalu-
„ taire ; cette Crêche eſt la mere de cette Table ; il
„ a été mis dans cette Crêche afin qu'il fût mangé
„ ſur cette Table.

Ce que dit St. *Jean* de Damas eſt encore plus précis. " Le pain & le vin ne ſont point figures du
„ Corps & du Sang de J. C., à Dieu ne plaiſe,
„ mais c'eſt le Corps même déifié de J. C. : Notre-
„ Seigneur ne nous ayant pas dit : ceci eſt la figure
„ de mon Corps ; mais ceci eſt mon Corps ; &
„ n'ayant pas dit de même : ceci eſt la figure de mon
„ Sang, mais ceci eſt mon Sang. „

Saint *Chryſoſtôme* eſt plein d'expreſſions qui marquent naturellement une préſence réelle de Jesus-Christ dans l'Euchariſtie, & il n'y auroit rien de plus énigmatique & de plus inſenſé que le diſcours de ce Saint, en prenant ſes expreſſions pour des métaphores ou des figures. Voici quelques paſſages tirés de ſes œuvres.

,, Combien y en a-t-il qui diſent maintenant : je
,, voudrois bien avoir vu ſa forme & ſa figure, ſes
,, vêtemens ? Eh bien, vous le voyez, vous le tou-
,, chez, vous le mangez : vous étiez content de
,, voir ſeulement ſes vêtemens, & il ſe donne lui-
,, même à voir, à toucher, à manger & à prendre
,, au-dedans de vous.

Ce qu'il dit dans ſon Homélie 24 ſur la premiere Epître aux Córinthiens, eſt encore plus fort. " Ces
,, paroles de l'Apôtre, dit-il, le calice de béné-
,, diction que nous béniſſons, n'eſt-il pas la Com-
,, munion du Corps de J. C., ne doivent pas im-
,, primer moins de terreur que de foi dans les eſ-
,, prits ; car elles nous enſeignent que ce qui eſt
,, dans le calice eſt le même Sang qui a coulé du
,, côté du Sauveur percé ſur la Croix. J. C., dit-il
,, peu après, ne s'eſt pas contenté de livrer ſon
,, Corps pour nous à la mort ; mais parce que la
,, premiere chair qui avoit été formée de la terre,
,, avoit été privée de la vie & aſſujettie à la mort
,, par le péché ; il a formé, pour le dire ainſi, une
,, autre ſubſtance & comme un levain ; ſavoir, ſa
,, Chair, qui, quoique d'une même nature que
,, la nôtre, étoit néanmoins exempte de péché &
,, pleine de vie. Il l'a donnée à tous, afin que tous
,, en fuſſent nourris, & que ſe dépouillant de cette
,, ancienne chair, ils puſſent être renouvellés par
,, cette chair nouvelle. Il faut remarquer que l'A-
,, pôtre, parlant des Juifs, ne dit pas qu'ils ſont

„ participans de Dieu, mais seulement qu'ils sont
„ participans de l'Autel, parce que ce qui s'offroit
„ autrefois sur l'ancien Autel devoit être consom-
„ mé par le feu. Il n'en est pas de même du Corps
„ de Jesus-Christ. En quoi consiste cette diffé-
„ rence ? En ce qu'il se fait une communication de
„ ce même Corps à tous les Fideles, & qu'ainsi
„ nous ne sommes pas participans de l'Autel, mais
„ du Corps même de J. C. . . . . S'il est vrai qu'il
„ n'y a personne assez téméraire pour recevoir avec
„ incivilité & indifférence un Roi qui le viendroit
„ visiter ; mais que dis-je, recevoir un Roi ! qui
„ veuille toucher ses habits avec trop de familia-
„ rité & avec trop peu de respect, quand même il
„ seroit dans un désert & qu'il n'auroit personne à
„ sa suite ; si, dis-je, personne n'est assez hardi
„ pour toucher seulement l'habit d'un homme,
„ comment serons-nous assez téméraires pour rece-
„ voir en nous avec déshonneur & avec injure le
„ Corps de Dieu même, qui est infiniment élevé
„ au-dessus de tous les Rois ; ce Corps qui est si
„ pur & en qui il ne peut y avoir la moindre tache;
„ qui a été uni & qui habite avec la Divinité, par
„ lequel nous recevons l'être & la vie, & par le-
„ quel les portes de l'enfer ont été brisées & les
„ voutes des Cieux ouvertes ? Ne soyons donc pas,
„ je vous prie, homicides de nous-mêmes ; mais
„ approchons-nous de ce divin Corps avec beau-
„ coup de crainte & une extrême pureté ; & en le
„ considérant lorsqu'on vous le présente, dites en
„ vous-même : c'est ce Corps qui fait que je ne suis
„ plus de la terre, que je ne suis plus captif, que
„ je suis libre. C'est ce Corps qui me fait espérer,
„ que j'entrerai un jour dans le Ciel & que je
„ jouirai de tous les biens qui y sont, & que j'ob-
„ tiendrai la vie éternelle ; que je serai élevé à

« l'état des Anges, & que je serai reçu en la com-
« pagnie de Jesus-Christ. La mort n'a pu dé-
« truire ce Corps par les cloux dont il a été per-
« cé, ni par les coups dont il a été meurtri. Le
« Soleil voyant ce Corps attaché à une Croix, en
« a détourné ses rayons; ce Corps en souffrant la
« mort, a fait déchirer le voile du Temple, fen-
« dre les pierres & trembler la terre. Voilà ce même
« Corps qui a été ensanglanté, & qui ayant été
« frappé d'une lance a versé deux fontaines salu-
« taires à toute la terre, l'une de sang & l'autre
« d'eau..... Et c'est ce Corps que J. C. nous a
« donné & à tenir & à manger par un excès pro-
« digieux de son amour..... Autrefois les Mages
« ont témoigné de la révérence pour ce divin Corps
« lors même qu'il étoit couché sur une Crêche &
« dans une Etable; & sans y voir rien de pareil à
« ce que vous voyez maintenant, ils s'en appro-
« cherent avec beaucoup de respect & d'humilité.
« Quant à vous, ce n'est plus sur une Crêche que
« vous le voyez, c'est sur un Autel; ce n'est plus
« entre les bras d'une femme, c'est entre les mains
« du Prêtre & sous les aîles du Saint-Esprit, qui
« couvre les oblations sacrées avec une infinité
« d'Esprits bienheureux qui l'environnent.... Si
« nous sortons de ce monde après la participation
« de ce Sacrement, nous entrerons avec une gran-
« de confiance dans le sanctuaire du Ciel, comme
« étant revêtus d'armes d'or qui nous rendent in-
« vulnérables à nos ennemis. Mais pourquoi parler
« des choses à venir, puisque même dès cette vie,
« ce Mystere fait que la terre nous devient un Ciel.
« Ouvrez donc les portes du Ciel, ou plutôt du
« Ciel des Cieux, & vous verrez véritablement ce
« que je dis, je vous montrerai ici-bas, ce qu'il y
« a là-haut de plus précieux & de plus vénérable...

„ Ce qu'il y a de plus précieux dans le Ciel eſt le
„ Corps même du Roi du Ciel ; & c'eſt ce Corps
„ qu'il vous eſt permis de voir ſur la terre.....
„ Conſidérez que vous voyez ſur la terre ce qu'il
„ y a de plus excellent & de plus adorable dans le
„ Ciel ; & que non-ſeulement vous le voyez, mais
„ que vous le touchez, vous le mangez, vous
„ l'emportez en votre maiſon. „

Certainement un homme qui, pour faire entendre ſimplement que le pain eſt le ſigne ſacré du Corps de Jesus-Christ, feroit une métaphore de cette étendue, ne ſeroit pas l'homme le plus éloquent de ſon ſiécle, comme l'étoit ſaint *Chryſoſtôme*, mais ce ſeroit un diſcoureur le plus extravagant qui fût jamais.

Le Bachelier.

Mais les Proteſtans ne diſent-ils point que les choſes ſignifiées ſe peuvent affirmer des ſignes, comme quand on dit d'un tableau, que c'eſt Louis XIV. *pour dire qu'il eſt le ſigne & la repréſentation de* Louis XIV, *ou bien d'une Carte Géographique, que c'eſt la France ou l'Italie ; & qu'ainſi ces paroles de* J. C., *ceci eſt mon Corps, ne doivent s'entendre que de la figure de ſon Corps ?*

Le Professeur.

Les choſes ſignifiées ſe peuvent affirmer des ſignes, cela eſt vrai dans certaines occaſions ; mais cela eſt faux en bien des rencontres ; car il y en a où un pareil langage ſeroit ridicule & extravagant. En effet, ſeroit-ce une choſe ſupportable que quelqu'un ayant fait un ſonge la nuit dans lequel une grande quantité de phantômes & d'images lui auroient paſſé dans l'eſprit, & s'étant imaginé à ſon reveil que ces images qui lui auroient paſſé dans l'eſprit signifioient quelque chose, s'avisât en parlant aux autres sans les avoir avertis qu'il parle d'un songe, de donner à ces images le nom des choses qu'il croiroit qu'elles signifient ? Si dans ce songe, par exemple, il avoit vu des bœufs & des chameaux, & qu'il se fût imaginé que les bœufs figuroient les Allemands, & les chameaux les Hollandois, auroit-il droit pour cela, en parlant à des gens qui n'auroient jamais rien appris de son songe, d'appeller un bœuf un Allemand, ou un chameau un Hollandois ? Ainsi puisqu'il y a des rencontres où ces sortes d'expressions sont raisonnables, & d'autres où elles sont insensées, il ne suffit pas pour conclure que cette proposition, *ceci est mon Corps*, se peut entendre en un sens figuré, de prouver par des exemples que ces propositions sont quelquefois raisonnables; mais il faut montrer de plus que cette proposition, *ceci est mon Corps*, est du nombre de celles qui sont raisonnables & permises, & non de celles qui sont extravagantes & insensées.

Il y a sur ce point des regles par lesquelles on peut discerner quand ces propositions sont raisonnables, & quand elles sont extravagantes ; & par là on sait en quel rang il faut mettre le sens que les Protestans donnent à cette proposition, *ceci est mon Corps*.

Il est certain, 1°. que si on fait réflexion sur la nature du langage humain, on reconnoîtra qu'il est fondé en partie sur la connoissance imparfaite de l'esprit des autres. C'est ce qui fait qu'en parlant, il y a des choses que nous n'exprimons point, parce que nous supposons qu'elles sont déja connues à ceux qui nous entendent, que nous n'en marquons d'autres qu'à demi, sur l'assurance que nous avons qu'ils suppléeront à ce que nous n'exprimons pas ; que nous répondons à ce que nous lisons dans l'esprit des autres; & que prévoyant le sens auquel ils doivent prendre nos paroles, nous choisissons celles qui doivent former l'idée que nous y voulons imprimer.

2°. Il n'est pas moins certain qu'il y a des choses que nous regardons comme des choses; c'est-à-dire, que nous considérons en ce qu'elles sont en elles-mêmes, & d'autres au contraire que nous considérons comme signes; c'est-à-dire, dans lesquelles nous n'avons pas tant d'égard à ce qu'elles sont, qu'à ce qu'elles signifient ou naturellement ou par institution.

3°. Non-seulement nous considérons nous-mêmes ces choses en ces deux manieres qu'on vient de dire, mais nous savons aussi par le commerce que nous avons les uns avec les autres de quelle sorte les autres les regardent. Ainsi nous savons communément que ceux à qui on parle, regardent un cheval, un arbre, du pain, du vin comme des choses, & qu'ils regardent un Tableau, une Carte Géographique comme des signes.

Il s'ensuit de ces notions certaines, que quand on voit que celui à qui on parle considére quelque chose comme un signe, c'est parler d'une maniere raisonnable que d'en affirmer la chose signifiée, & de dire, par exemple, qu'un Tableau est Alexandre, qu'une Carte est l'Italie, parce que nous lisons dans son esprit qu'il n'est en peine que de savoir ce que représente ce Tableau, ou cette Carte, & non de quelle matiere elle est. Et comme nous supposons avec raison, qu'il forme intérieurement cette question: Qu'est-ce que ce Tableau est en signification & en figure; nous répondons aussi avec raison que c'est Alexandre: ces mots de *en signification & en figure* qui manquent à la réponse que nous lui faisons étant suppléés par cette question intérieure que nous voyons dans son esprit ; de sorte que la proposition entiere consiste & dans ce que nous savons qu'il a dans l'esprit, & dans ce que nous exprimons par nos paroles.

Mais lorsque nous connoissons au contraire que ceux à qui nous parlons ne regardent nullement certaines idées comme des signes, mais qu'ils les considérent comme des choses ; il est ridicule alors d'en affirmer ce qu'elles signifient dans notre esprit. Ainsi un homme qui, pour pratiquer l'art de la mémoire artificielle, se seroit servi, par exemple, d'un chêne pour marquer *Alexandre le Grand*, & d'un chien pour se souvenir de *Cyrus*, ne seroit point en droit à cause de la destination secrette qu'il auroit faite de ces choses à signifier ces Princes, de dire à ceux qui n'en sauroient rien, en montrant un chêne, que c'est *Alexandre*, & un chien, que c'est *Cyrus* ; & celui qui parleroit de la sorte passeroit avec raison pour insensé & extravagant, parce que ceux à qui on parle ne considérent un chien & un chêne que comme des choses & non comme des signes, & que l'on doit voir en eux cette disposition.

Voilà les principes naturels par lesquels on peut juger si une proposition où *la chose signifiée est affirmée du signe* est raisonnable ou extravagante ; & par ces principes, on voit tout d'un coup que le sens que donnent les Calvinistes à ces paroles : *Ceci est mon Corps*, ne peut nullement subsister, parce qu'il rendroit cette proposition contraire au bon sens & à tous les principes du langage humain. En effet, il est visible que du pain n'est pas du nombre de ces choses que l'on considére ordinairement comme des signes, & on ne doit point croire que JESUS-CHRIST ait vu dans l'esprit de ses Apôtres qu'ils fussent en peine de savoir ce que signifioit le pain qu'il prenoit,

prenoit, le pain étant du nombre des êtres que l'on regarde comme des choses & non comme des signes. Il ne répondoit donc à aucune de leurs pensées en disant: *Ceci est mon Corps*, & il ne leur avoit point donné lieu de former cette question intérieure, *que signifie ce pain ?* Elle auroit donc été entiérement insensée s'il avoit affirmé du pain qu'il étoit son Corps, pour marquer qu'il l'étoit en signification & en figure, & elle auroit été tout aussi peu raisonnable que celles que nous venons de rapporter.

Bien plus, si ces paroles de Jesus-Christ, *Ceci est mon Corps*, marquoient qu'il l'étoit en figure, c'étoit un signe que J. C. établissoit dès ce moment; car on ne peut pas dire que ce signe fût déja établi. Or, ce n'est point du tout le langage auquel se porte un homme qui établit un signe, & qui l'établit sans préparation; cet homme s'explique, il n'abrége point son discours, il ne laisse rien à suppléer à ceux à qui il parle, parce qu'il ne peut supposer en eux ces pensées qui font que l'on s'exempte d'exprimer si distinctement les choses: cela est si vrai, que dans les signes déja établis & dans lesquels on est en droit de supposer qu'ils sont regardés comme des signes, le bon sens oblige de s'expliquer davantage si la proposition est peu probable ou peut être obscure à ceux à qui on parle: ainsi en parlant à un François qui sait que les Titres de tous les biens, les Lettres de grace, les Provisions des Charges & des Gouvernemens s'écrivent sur du parchemin, on pourra dire en lui montrant un acte de cette sorte, que c'est une rente, une maison, une terre, une grace, un bénéfice, sans s'expliquer davantage; mais si on parloit à un Etranger venu de quelque Pays où cet usage seroit absolument inconnu, ou qui ignoreroit même l'art de l'écriture, il faudroit s'expliquer davantage, & lui découvrir que par une convention commune ces actes contiennent le droit que ceux pour qui ils font faits ont aux choses qui y font exprimées.

Il est donc clair par tout ce que l'on vient de dire, que si Jesus-Christ n'avoit voulu faire du pain de l'Eucharistie qu'une simple figure ou signe, il ne se seroit jamais servi de ces paroles, *Ceci est mon Corps*, parce que ç'auroit été le premier établissement de ce signe, & que l'on ne donne aux signes le nom des choses signifiées que lorsqu'ils sont déja regardés comme signes, & que l'on voit dans l'esprit des autres qu'ils sont en peine de savoir, non ce qu'ils sont, mais ce qu'ils signifient. Il s'ensuit de-là que le sens que les Calvinistes trouvent si naturel à force de s'y être accoutumés, est effectivement ridicule, trompeur, faux & entiérement indigne d'être attribué à Jesus-Christ.

Après cela, il est aisé de comprendre comment les Catholiques ont pris ces paroles, *Ceci est mon Corps*, dans un sens de réalité, & comment ils en ont tiré la foi de la présence réelle ; car ils ont supposé que Jesus-Christ, qui est la sagesse infinie, avoit parlé d'une maniere sage & raisonnable ; qu'étant la vérité même, il n'avoit pas parlé d'une maniere trompeuse, & qui ne fût propre qu'à jetter les hommes dans l'erreur. Ils ont jugé de cette expression sur la maniere dont ils parlent eux-mêmes & dont ils entendent le langage des autres hommes ; or, comme ils ne s'aviseroient jamais, en instituant un signe, de ne pas avertir que la chose dont ils parlent, doit être regardée comme un signe, & qu'ils ne l'appelleroient pas tout d'un coup sans aucun usage précédent du nom de la chose signifiée, ils n'ont pu croire que Jesus-Christ l'ait voulu faire ; & qu'étant sur le point de quitter ses

Difciples & en leur donnant fes dernieres & fes plus importantes inftructions, il leur ait parlé d'une maniere dont il ne leur avoit jamais parlé auparavant, & dont il faudroit dire que jamais autre que lui n'auroit parlé.

Enfin, on doit dire que fi la créance où a été toute l'Eglife de la préfence de JESUS-CHRIST dans l'Euchariftie, comme on l'a prouvé ci-deffus, étoit fauffe, il s'enfuivroit de-là, qu'il eft poffible que l'Eglife ait toujours été engagée dans une erreur criminelle & dans un culte idolâtre, puifque fi J. C. n'étoit pas vraîment préfent dans l'Euchariftie, tous les Catholiques feroient de vrais idolâtres; tous les Martyrs n'auroient rendu témoignage qu'à l'idolâtrie; les Peres n'auroient été que des Docteurs d'idolâtrie, & toute l'Eglife n'auroit été qu'une affemblée d'idolâtres qui n'auroient ruiné l'idolâtrie payenne que pour en fubftituer une autre, c'eft-à-dire, l'adoration du pain & du vin au lieu de l'adoration des ftatues d'or ou d'argent, de bois ou de pierre. Or, cela eft vifiblement impoffible, parce qu'il répugne à la fageffe de Dieu, qu'après avoir formé l'Eglife Chrétienne, après avoir rendu témoignage à fa propre œuvre par tant de miracles & de faits célébres qui font connoître la puiffance de fon Auteur, il ait permis que tous ceux que fa grace a appellés à la foi de cette Religion; que toute fon Eglife, en un mot, fût engagée dans une erreur qui anéantiroit les promeffes faites par JESUS-CHRIST à fon Eglife de lui enfeigner toute vérité.

Voyez TRANSUBSTANTIATION.

PRESSE.

De la liberté de la Presse.

L'Admirateur.

POurquoi ne voulez-vous pas qu'on écrive en paix tout ce qu'on voudra? L'homme que vous voudriez gêner, fait fleurir la Librairie. Sa *collection complette in-8°.* a épuisé pendant 10 ans quatre papeteries. Sa *Rédaction générale in-4°.* en occupera dix. Que ferions-nous de nos chiffons, s'il n'y avoit pas de bons Ecrivains qui les fissent valoir?

Le Censeur.

Je n'ai prétendu gêner que les ennemis du Christianisme & de l'Etat; que les autres écrivent en paix, fassent valoir les droits de la raison, sans violer ceux de la Religion, rien de plus juste; mais parce que vous serez embarrassé de vos chiffons, faudra-t-il permettre qu'on imprime tout impunément?

L'Admirateur.

Et pourquoi non? l'Etat ne s'en trouveroit que mieux. Le talent de convertir de lambeaux de linge en de gros volumes de prose & de vers, fait circuler en France l'argent des étrangers; & pour quelques pensées de nulle valeur ou de peu de valeur, nous avons des choses solides.

Le Censeur.

Cet avantage est grand sans doute; mais que vous le payez cher! les mœurs se corrompent, la probité s'évanouit, & nos *Diagoras* ont produit plus d'un *Cartouche*.

PRESSE.

L'ADMIRATEUR.

Si cela est ainsi, je n'ai rien à dire. Mais si quelques Ecrivains gâtent l'esprit & le cœur, il faut les réprimer. Il ne faut pas empêcher nos Apothicaires de vendre du Quina, parce que quelques-uns de leurs Confreres auront débité du poison.

LE CENSEUR.

Je ne veux pas non plus autre chose. Que la Librairie fleurisse, à la bonne heure; mais que ce ne soit pas aux dépens des mœurs. Je sais qu'il y a une multitude d'hommes employés à fabriquer du papier, à le charger de blanc & de noir, à le convertir en brochures. Il est juste qu'ils vivent. S'ils cultivoient la terre, ils feroient peut-être plus utiles à l'Etat; mais enfin puisqu'ils ont une profession honnête, qu'ils la gardent. Mais quelqu'un d'eux mourra-t-il de faim, parce qu'on n'aura pas voulu permettre le débit ou l'impression d'une brochure impie d'une centaine de pages? Non, le commerce typographique n'en ira pas moins son train.

L'ADMIRATEUR.

Vous voudriez donc qu'on réduisît la faculté de penser & la liberté d'écrire au seul utile, au seul honnête. Voilà un projet digne des premiers siécles du Christianisme; mais ce projet resserrera bien le génie de nos Ecrivains modernes.

LE CENSEUR.

Point du tout. *Fenelon*, *Bossuet*, *Boileau* & tant d'autres Auteurs du dernier siécle en ont-ils moins valu, parce qu'ils ont renfermé leurs talens précisément dans les bornes qui vous paroissent des entraves?

PRESSE.

L'Admirateur.

Mais si nos Poëtes du jour les avoient imités, aurions-nous tant de jolies bagatelles, la *Pucelle*, la *Chandelle d'Arras*, les *Contes de Guillaume Vadé*, le *Dictionnaire Philosophique* ?

Le Censeur.

Nous serions à la vérité moins riches en pareils chefs-d'œuvre. Mais n'avoir que des trésors de cette espèce, c'est être dans l'indigence. Il vaut mieux avoir une fortune solide, que de posséder des billets chimériques qui ruinent, ou qui font pendre celui qui les possède.

L'Admirateur.

Nous n'avons vu encore aucun Auteur donner des scenes sur la Gréve.

Le Censeur.

Mais vous avez vu des Libraires ruinés pour avoir imprimé ou débité leurs infamies. Vous avez vu un jeune Gentilhomme, ennivré de ce malheureux poison, mourir par la main du bourreau à Abbeville. Vous avez vu des Magistrats humains forcés par les excès multipliés de nos *Diogenes* à donner cet exemple terrible. Après un tel événement, dites-moi tant qu'il vous plaira que la liberté d'imprimer est le fondement de la cave ou de la cuisine d'un Auteur ou d'un Libraire ; je vous dirai qu'il vaudroit mieux que l'un & l'autre mangeassent du pain bis & bussent de l'eau, que de produire par le débit de leurs drogues des catastrophes funestes. Croyez-moi, en attaquant le Ciel, on troublera toujours la terre.

PRESSE.

L'Admirateur.

La plûpart de nos Ecrivains font bien éloignés d'avoir cette idée. Ils vous difent froidement qu'un Livre n'a jamais fait aucun mal. S'il ennuye, on ne le lit pas ; s'il amufe, cette diverfion leur paroît nécessaire.

Le Censeur.

On leur passeroit fans doute de procurer des amu-femens à leurs concitoyens, s'ils ne cherchoient à amufer aux dépens du Gouvernement ou de la Religion.

L'Admirateur.

Mais les idées viennent ; il faut bien les mettre fur le papier. Semblables à l'œuf, on ne peut l'empê-cher d'éclorre dès qu'une fois le poulet eft formé.

Le Censeur.

On écrafe l'œuf qui renferme un germe empefté ; & fi le coq nous fatigue par fon chant, on le met hors d'état de chanter.

L'Admirateur.

Voudriez-vous donc qu'on enfermât tous ceux qui chantent mal ?

Le Censeur.

Non, mais bien tous ceux qui parlent trop haut fur tout ce qu'on doit refpecter. Qu'on n'attente pas à leur vie ; qu'on n'ait point une intolérance fanguinaire ; mais qu'on fe laiffe conduire par cette tolérance fage qui enferme les Corrupteurs, pour di-minuer la corruption. Que dans la retraite où on les confine, on leur donne de bons bouillons pour rétablir leur cerveau ; mais qu'on leur refufe de l'en-cre, puifqu'ils ne s'en fervent que pour écrire des sottises. Tel est l'esprit, telle est la façon de penser de nos plus sages Magistrats. Ils veulent de la liberté ; ils condamnent la licence. Ils ne sont point cruels ; ils sont justes, & il faut être intolérant soi-même pour les accuser d'intolérance.

L'Admirateur.

Les Anglois sont plus indulgens.

Le Censeur.

C'est un préjugé ; ils ont fait mourir en prison le détracteur des Miracles de J. C., l'impie *Woolston* ; & je souhaite de tout mon cœur que ceux qui le copient en France, ne finissent pas comme lui.

PROPHÉTIES.

§. I.

Notions préliminaires.

LEs Prophéties ont toujours été le sceau divin, qui caracterise le dépôt des promesses, & le rendent authentique. Il n'y a qu'un Dieu qui puisse voir tous les siécles, & prédire infailliblement les événemens, qui dépendent du libre arbitre de l'homme. Ainsi, s'il y a chez un Peuple une suite de prédictions de l'avenir, antérieure aux événemens, & si ces événemens sont arrivés précisément comme l'ont dit les Prophétes, il est évident que Dieu a parlé à ce Peuple, & par ce Peuple, à tous les hommes.

Ces hommes célebres, séparés des humains par une vie solitaire & austere, étoient consacrés à la méditation de la loi, à la priere & aux exercices de piété. Dans le temps de désordre & de l'idolâtrie, ces hommes pleins de zele, malgré les menaces & les perfécutions des méchans, fe difoient envoyés de Dieu : ils promettoient, ou menaçoient. Leurs paroles étoient confervées précifément, & les Juifs les ont tranfmifes. Ils ajoutoient en preuve de leurs difcours des miracles éclatans ; ils annonçoient des événemens de toute efpèce, proches ou éloignés ? L'accompliffement qui arrivoit pendant la vie du Prophéte, prouvoit fa miffion, & confirmoit fes oracles pour l'avenir. Les monumens publics atteftoient ce qui étoit accompli, on en inftruifoit les enfans. Ceux-ci, joignant au paffé ce qui arrivoit de leurs jours, laiffoient à leurs defcendans un profond refpect pour les Prophétes qui l'avoient prédit, & une efpérance que tout le refte s'accompliroit de même. Leurs Livres étoient regardés comme divins. La preuve en étoit fimple & fûre. On croyoit à l'avenir, parce qu'on voyoit le préfent, & qu'on favoit le paffé. Les Prophêtes fe difoient infpirés d'en-haut, ils ne difoient que ce que le Seigneur leur faifoit connoître & leur ordonnoit de dire.

La lecture des Prophéties comparées avec l'hiftoire des Juifs, des Peuples voifins, & du monde entier, leur affure le dernier trait de divinité. Car on voit dans les Prophêtes, les révolutions des Villes & des Empires annoncées dans toutes leurs circonftances. Les temps y font marqués par les dates précifes ; les lieux y font défignés fouvent par leurs noms, comme les perfonnes qui doivent agir.

§. II.

Détail précis des Prophéties générales.

Nathan prédit à *David* les fléaux divers, dont le Seigneur va châtier fon crime, comme *Samuel* avoit annoncé au grand-Prêtre *Héli*, la punition de fes enfans, & à *Saül* la perte de sa couronne, & son transport à *David*. Un autre prédit à *Salomon* & à son fils la division de son Royaume, & assure à *Jéroboam* le sceptre d'Israël.

Phacée, Roi d'Israël, & *Rasin*, Roi de Syrie, s'unissent pour détruire le Royaume de Juda. Ils assiégent Jérusalem, *Achas* en est effrayé. *Isaïe* annonce que le projet de ce Roi échouera, & qu'ils seront tous la proie du Roi d'Assyrie. En effet, ils levent le siege, & peu de temps après Damas & Samarie tombent entre les mains de *Téglatphalasar*. *Sennachérib*, sous le regne d'*Ezéchias*, vient avec une armée formidable assiéger Jérusalem. *Isaïe* avoit marqué sa route, ses campemens, la défaite de ce Monarque, avant qu'il eût songé de sortir d'Assyrie. Jérusalem investie est aux abois, sans vivres & sans garnison. Le Prophète assure *Ezéchias*, qu'il n'a rien à craindre & que les assiégeans seront bientôt exterminés. La nuit suivante, cent quatre-vingt-cinq mille hommes périssent. Le Roi s'enfuit & est tué à son retour, comme *Isaïe* l'avoit prédit. Cet événement public attira au Temple des offrandes, & à *Ezéchias* des félicitations des Rois ses voisins.

Ezéchias montre ses trésors aux Ambassadeurs de Babylone. Dieu irrité du mouvement d'orgueil auquel il s'abandonnoit, lui fit dire par *Isaïe*, que toutes ces richesses seroient un jour transportées à Babylone; & *Nabuchodonosor* l'exécuta à la lettre. Cette prédiction étant accomplie, pouvoit-on douter du retour de la captivité annoncée par le même Prophète, en nommant *Cyrus* pour Libérateur?

Isaïe prédit aussi l'entiere destruction de Babylone. Il nomme le destructeur de cette Ville si forte, plusieurs siécles auparavant, il en publie le siege, & la maniere dont elle sera prise; la lâcheté & la fuite de la Garnison, la frayeur du Roi, sa mort, l'extinction de sa famille & la cruauté qu'on exercera contre les habitans. Il déclare que cette Ville ne sera jamais rebâtie, qu'elle demeurera comme une cloaque, & une retraite affreuse d'oiseaux funestes & d'animaux carnaciers ; qu'elle sera semblable à Sodome & à Gomorrhe. En effet, ses murs abandonnés devinrent un parc de bêtes, les murailles tombées firent changer le cours de l'Euphrate ; il n'y resta qu'une fange infecte. Tous les Auteurs profanes nous la dépeignent encore telle ; & à peine en voit-on quelque trace.

Joachim monte sur le trône ; *Jérémie* déclare, à lui ainsi qu'à la Reine, qu'ils seront emmenés captifs ; que le même sort attend *Sédécias*, malgré les assurances des faux Prophêtes ; que *Sédécias* sera plus malheureux que *Joachim*. En effet, on tua ses enfans devant lui, & ensuite on lui creva les yeux.

Ezéchiel (ch. 30.) annonce l'extinction de la Famille d'Egypte. *Il n'y aura plus*, dit le Seigneur, *à l'avenir, de Prince qui soit du pays d'Egypte*. En effet, la Royauté fut envahie par *Nabuchodonosor* : l'Egypte devint Province des Perses ; ensuite des Macédoniens, des Romains, des Sarrasins, enfin, des Turcs.

Jérémie & *Ezéchiel* marquent & fixent les septante ans de la captivité des Juifs, & leur retour à Jérusalem, après quoi, disent-ils, le Seigneur punira à son tour le Royaume de Babylone & le donnera à *Cyrus*. Voyez dans *Ezéchiel* le détail du siege de Jérusalem, par *Nabuchodonosor*, & sa conquête de l'Egypte.

Daniel paroît raconter plutôt des faits, qu'annoncer des prédictions. Il voit dans la statue de *Nabuchodonosor* si variée dans sa composition, & sa chûte, & les diverses Monarchies qui doivent se succéder les unes aux autres ; les Babyloniens, les Medes, les Perses, les Grecs, les Romains, & ensuite l'Empire éternel du Messie remplissant toute la terre. Il voit dans le Bélier, le Roi des Perses & des Medes ; dans le Bouc, celui des Grecs, *Alexandre* & la rapidité de ses conquêtes. Il voit *Xerxès* le quatrieme Successeur de *Cyrus*, assembler toutes ses forces contre la Grece ; les persécutions d'*Antiochus* contre les Juifs ; ses profanations dans le Temple, & les vengeances que Dieu en tirera. Dans ses Prophéties & mille autres, les faits sont si détaillés qu'elles ont paru des histoires composées après les événemens ; mais leurs dates, leurs monumens en montrent l'antiquité, la certitude, & la divinité.

§. III.

Objections des Incrédules.

Premiere Objection. " Ce qu'on appelle Pro-
,, phêtes, n'étoient que des rêveurs & des gens
,, d'imagination, qui en débitant mille faussetés,
,, disoient quelquefois vrai par hazard. C'étoient
,, des diseurs de bonne aventure, que la bile, le
,, fanatisme & l'enthousiasme agitoient d'une fu-
,, reur, que le peuple prenoit pour divine. ,,

Réponse. On ne répond point aux injures. Si les Prophéties sont vraies, quelque part qu'y ait eu l'imagination, elle ne suffisoit pas pour percer dans l'avenir. Par exemple, *Isaïe* deux cens ans avant *Cyrus*, voit ce héros triomphant de Babylone, & renvoyant les Juifs dans leur patrie. *Daniel* voit les victoires d'*Alexandre*, & les impiétés d'*Antiochus*. La bile, l'enthousiasme, vont-ils jusques-là ? Quant à l'obscurité des Prophéties, *Porphyre* & *Julien* les trouvoient si claires, qu'ils prétendoient qu'elles avoient été faites après l'événement. Mais toute

Prophétie doit être claire & obscure ; claire dans l'objet, pour les esprits droits ; voilée dans les termes & les circonstances, pour les méchans. Dieu parle & se manifeste comme il lui plaît. Est-ce par humeur que *Jérémie*, annonçant des malheurs à son Peuple, y joint les promesses & les assurances de leur délivrance future ? Enfin, qu'on nous montre une seule prédiction qui soit fausse.

II. OBJECTION. " Il est évident, dit M. *de Voltaire*, qu'on ne peut savoir l'avenir, parce qu'on ne peut savoir ce qui n'est pas ; mais il est clair aussi qu'on peut conjecturer un événement. "

REPONSE. S'il comprend dans la généralité de son principe le Créateur même, que devient tout ce qu'il nous a dit jusqu'ici de l'existence de l'Etre suprême ? Ce n'est plus qu'un mot dans sa bouche, s'il refuse à cet Etre la toute-puissance & la toute-science, à qui l'avenir est connu comme le présent & le passé. S'il ne comprend pas l'Etre suprême dans la généralité de son principe, peut-il nier la possibilité de la prédiction de l'avenir ? Pourquoi si Dieu connoît l'avenir, ne pourroit-il pas le faire connoître à un homme & le lui annoncer ? Mais il ne doit plus être question de la possibilité des prédictions divines sur l'avenir : nos Livres saints en renferment une multitude. Les Livres de l'Ancien Testament en contiennent, dont l'antériorité aux événemens qui en font l'objet, est aussi certaine que l'antériorité de l'existence du Peuple Juif à J. C. Les Livres du Nouveau Testament en contiennent de même, dont l'antériorité aux événemens qui en font l'objet, est aussi certaine que l'antériorité de J. C. l'est à l'existence des hommes qui vivent actuellement. Tels sont, par exemple, les prédictions d'*Ezéchiel* au sujet de l'Egypte ; d'*Isaïe* au sujet de Babylone ; de *Daniel* au sujet de la succession des quatre grandes Monarchies, & des successeurs d'*Alexandre*; de ces deux derniers Prophètes au sujet de toutes les circonstances de la naissance, de la vie, de la mort de Jesus-Christ; de Jesus-Christ lui-même au sujet de l'établissement de son Eglise & de la dispersion du Peuple Juif. Il s'agit ici non de vaines conjectures de l'esprit humain, mais d'annonces les plus positives exprimées dans les termes les plus clairs d'événemens, non dépendans du cours ordinaire de la nature, mais du concours d'une infinité de causes libres, ou plutôt de la volonté toute-puissante du modérateur de l'Univers; annonces néanmoins vérifiées le plus littéralement : l'Histoire ne nous permet pas de douter de la vérification des unes; & nos yeux nous assurent la vérification des autres. D'ailleurs, les conjectures ne sont fondées que sur des vraisemblances; & ces vraisemblances n'instruisent ni de l'époque, ni de l'événement, ni d'aucun détail. On conjecture, par exemple, ce que sera un enfant sur son caractere, la ruine d'un Royaume à cause du violement des loix, & des fondemens qui l'ont établi : mais les Prophètes annoncent, donnent les détails les mieux circonstanciés.

III. Objection. " Ces Prophéties sont aussi équi-
„ voques, aussi vagues, aussi obscures, aussi énig-
„ matiques que les oracles des Payens. Si elles se
„ sont accomplies, elles ne le sont, de même, que
„ les prédictions faites par le démon. „

Reponse. Les termes, dont se servent les Prophètes, sont naturels, simples & bien différens des oracles faux du Paganisme. Quelquefois ces Prophéties sont mêlées d'obscurité, dans ce qu'il n'est pas nécessaire de savoir, ou à cause de la majesté de l'objet dont elles parlent. Par exemple, le double état de Jesus-Christ, Messie; son regne spirituel;

imparfait ici-bas & parfait dans le Ciel étant compris dans la Prophétie, ce double sens exige quelque attention. D'autres fois les Prophètes parlent sans liaison bien sensible, d'un Roi & aussi-tôt du Messie & de l'Eglise future. Enfin de quelque maniere qu'elles soient exprimées, elles ne peuvent venir que de Dieu. Leur principe, leur fin, leur objet est Dieu, & la Religion. Tout événement qui dépend de la détermination future, des causes libres, ne peut être connu ni prédit par les mauvais esprits; & il doit toujours avoir dans l'annonce un côté obscur; trop circonstancié, on pourroit le voir d'avance & le détourner; par exemple, *Michée* dit: que le Messie naitra à Bethléem. S'il eût raconté tout ce que firent les Mages, ce que les Juifs consultés répondirent, *Hérode* auroit vu trop clair, & n'auroit pas rempli lui-même une autre Prophétie, sur le massacre des enfans de *Rachel*. Les événemens prédits sont comme les objets de la nature, toujours assez clairement présentés, quoiqu'inconnus, par quelques endroits.

IV. OBJECTION. " Les Juifs toujours superstitieux ,, attribuoient tout à Dieu, s'ensuit-il que les Pro- ,, phétes en fussent inspirés? ,,

REPONSE. S'ils n'étoient pas éclairés d'en haut, d'où leur venoit donc tant de lumieres? Comment perçoient-ils dans le chaos de l'avenir? Certes leur révélation ne pouvoit venir que de Dieu, qu'ils adoroient, au nom de qui ils parloient, & qui se faisoit sentir à eux, soit en songe & en extase, soit par un langage intérieur & extérieur; car ils se montroient comme ses envoyés & ses organes. (Voy. la réponse à l'objection suivante.)

V. OBJECTION. " Qui donnoit à ces Prophêtes ,, leurs provisions pour être des Prophétes en titre ,, & publiquement regardés comme tels? ,,

Reponse. Dieu ne manqua jamais de leur donner une pleine conviction de la réalité de l'inspiration, & de l'importance du message dont il les honoroit ; conviction si forte & si puissante, que le nouveau Prophête ne pouvoit pas y résister, témoin ce qu'en dit *Ezéchiel* : *L'esprit du Seigneur m'éleva & me ravit, & je m'en allai tout ennuyé dans mon esprit, parce que la main de l'Eternel s'étoit appesantie sur moi.* Il n'y a nulle apparence que des gens aussi bien élevés, aussi sages, aussi éclairés qu'étoient les Prophêtes, se fussent volontairement chargés d'un emploi qui les exposoit aux plus grandes peines, & sûrement aux plus vives persécutions, s'ils n'y avoient pas été poussés irrésistiblement par une vocation céleste. *Ils ont*, dit un Apôtre, en faisant la description des croix de leur ministere, *ils ont été éprouvés par des moqueries & par des coups, par des liens & par la prison ; ils ont été lapidés, ils ont été sciés, ils ont été mis à mort par le tranchant de l'épée.* Quel ministere ! Où auroit-on trouvé des gens dans leur bon sens, qui eussent voulu braver tant de périls & un si cruel martyre pour en exercer les fonctions, s'ils n'avoient pas intérieurement été convaincus que Dieu les y appelloit ? A regarder donc les Prophêtes, simplement comme des personnes qui n'étoient ni stupides, ni en démence, on ne peut refuser de croire qu'ils étoient sinceres & droits dans le témoignage qu'ils se rendoient à eux-mêmes ; & que certainement ils ne se donnoient pour inspirés de Dieu, que parce qu'ils croyoient l'être, & qu'ils avoient toutes les raisons possibles de le croire.

Mais qu'on examine après cela, quelle fut la Doctrine qu'ils prêcherent. Peut-on en trouver de plus excellente & de plus sublime, de plus digne du Dieu dont ils étoient les envoyés ? Avec quel courage n'éleverentn'éleverent-ils point leurs voix pour flétrir la superstition & l'idolâtrie ? Avec quelle force n'insisterent-ils point sur la nécessité de sanctification, d'une piété intérieure & réelle ? Que peut-on dire de plus beau sur ce sujet que ces paroles de *Michée* ? *Avec quoi préviendrai-je l'Eternel & me prosternerai-je devant le Dieu souverain ? Le préviendrai-je avec des holocaustes & avec des veaux d'un an ? L'Eternel prendra-t-il plaisir aux milliers de moutons, ou à dix mille torrens d'huile ? Donnerai-je mon premier né pour mon forfait, le fruit de mon ventre pour le péché de mon ame ? O homme ! il t'a déclaré ce qui est bon, & qu'est-ce que l'Eternel requiert de toi, sinon que tu fasses ce qui est droit, que tu aimes la bénignité & marches en toute humilité devant ton Dieu ?* Peut-il rien y avoir de mieux assorti aux notions que la raison nous donne de la bonté de Dieu, que ces tendres invitations d'*Ezéchiel* à la répentance : *Je suis vivant, dit le Seigneur, l'Eternel ; je ne prends point plaisir à la mort du méchant, mais plutôt que le méchant se détourne de sa voie & qu'il vive. Détournez-vous, détournez-vous de votre méchante voie, & pourquoi mourrez-vous, Maison d'Israel ?* La gloire, les vertus du Maître du monde furent-elles jamais célébrées d'une maniere plus noble & d'un ton plus sublime que dans les Cantiques de *David* ? Qui témoigna jamais un intérêt plus vif, un zele plus tendre pour l'honneur de la Religion que *Jerémie* ?

S'il faut néanmoins des preuves plus directes encore de la divinité de leur mission, nous en appellerons ici à leurs prédictions mêmes. Quel autre que Dieu pouvoit leur dévoiler l'avenir, quelquefois même l'avenir le plus reculé, ainsi que le plus contingent ? Dicter, par exemple, à un Prophète, trois cents soixante & un ans avant l'événement,

qu'un Roi nommé *Josias*, détruiroit l'autel pro
fane sur lequel *Jéroboam* sacrifioit dans Bethel ; dé
couvrir à *Elie* tous les malheurs qui devoient fon
dre sur la postérité de l'impie *Achab* ; mettre *Isaï*
en état d'annoncer la gloire du grand *Cyrus*, e
le nommant par son nom plus de deux cents an
avant qu'il fût né : quel autre que l'Etre suprêm
pouvoit prédire qu'il rétabliroit Jérusalem avec so
temple, & présager ses conquêtes dans un détai
qui égale presque les descriptions que *Xénophon* e
a tracées. Enfin pour nous renfermer dans un der
nier exemple, non moins frappant que ceux qu'o
vient de lire, quel autre que Dieu pouvoit révéle
à *Daniel* ce célebre oracle des septante semaines qu
réunit tant de traits si intéressans & si remarqua
bles, & qui même, en le rapportant à *Antiochu
Epiphanès*, ainsi que *Joseph* l'a prétendu, précéd
l'événement de quatre cents dix-huit ans ? Si dan
l'accomplissement de toutes ces Prophéties l'Incré
dule ne reconnoît pas le doigt de Dieu & l'inspi
ration de son esprit, je ne sais ce qu'il faudra dé
formais pour la ramener.

VI. OBJECTION. " Mais les Prophéties étoient
„ elles réellement antérieures à l'événement ? étoient-
„ elles connues ? les faisoit-on publiquement ? „

RÉPONSE. Et qui peut en douter ? Les Prophêtes
alloient trouver les Rois au milieu de leur Cour,
leur parloient à la tête de leurs armées & devant de
nombreuses assemblées. *Elie* avertit publiquement
Achab, que, pendant plusieurs années, le Ciel seroit fermé. Tout Israël & les Royaumes voisins
furent cette prédiction. Il avoit également dit que
sa parole seule ouvriroit le Ciel, & il accomplit
cette promesse en présence d'un peuple immense.
Qu'y avoit il de plus éclatant que la nudité d'*Isaïe*,
cet homme du sang royal, qui marcha dépouillé

de ses vêtemens au milieu de Jérusalem, pour faire connoître que le Roi des Assyriens emmeneroit d'Egypte & d'Ethiopie une foule de captifs qu'il traîneroit ainsi nuds & dépouillés? *Jérémie* portoit des chaînes à son cou, à la face du Peuple Juif, pour représenter celles dont les Hébreux seroient chargés. (*)

Les Prophéties d'*Ezéchiel* étoient annoncées par des signes encore plus frappans. Tantôt il lui étoit ordonné de graver sur une brique le plan de Jérusalem, & d'ajouter à cette représentation des marques extérieures de l'inflexible colere de Dieu contre cette ville. Tantôt Dieu lui commandoit de demeurer couché sur le côté gauche durant 390 jours, & ensuite sur le côté droit pendant 40 jours, de se nourrir d'un pain souillé & distribué avec mesure. D'autres fois, le Prophète devoit, en plein jour & en présence de tout le peuple, faire emballer précipitamment ses effets, percer aux yeux des mêmes témoins la muraille de sa maison, sortir sur le soir par cette breche, & se faire emporter, le visage couvert d'un voile, par des hommes qui le chargeoient sur les épaules.

Achab & *Josaphat* interrogeant, devant tout le peuple, le Seigneur sur les succès de la guerre contre les Syriens, quatre cens faux Prophêtes ne leur annoncent que des victoires. *Michée* seul leur prédit une défaite entiere. Combien de témoins de sa Prophétie intéressés à la trouver fausse! *Michée* est emprisonné; mais sa prédiction s'accomplit.

(*) M. *de Voltaire* tâche de ridiculiser toutes ces Prophéties figuratives; mais quelque dérision qu'il affecte, il en sent la force. Ses plaisanteries-mêmes prouvent qu'il ne peut pas les combattre de front; elles sont trop précises, trop expresses.

VII. OBJECTION. " La conduite de plusieurs Pro-
„ phêtes paroît extravagante ; telle est celle d'*Isaïe*,
„ de *Jérémie*, d'*Ezéchiel*, &c. „

RÉPONSE. Cette objection est de M. *de Voltaire*.
Mais peut-il nous opposer cette difficulté, lui qui
a dit plusieurs fois que c'étoit une coutume de l'O-
rient non-seulement de parler en allégorie, mais
encore d'exprimer par des actions singulieres les
choses qu'on vouloit signifier ? Qu'y a t-il d'étonnant que Dieu en inspirant ses Prophètes, se soit
conformé à cette coutume ? Qu'y a-t-il donc d'é-
tonnant qu'*Isaïe* après avoir rassuré la maison de
David tremblante à la vue des Rois de Syrie & d'Israël qui avoient conjuré son renversement ; qu'y a-
t-il d'étonnant, dis-je, qu'après l'avoir rassurée par
la prédiction de la naissance de l'*Emmanuel* dans le
sein d'une Vierge, il ait de son épouse un fils qu'il
nomme d'un nom qui signifie *hâtez-vous de prendre
les dépouilles*, pour exprimer, comme il s'explique
tout de suite, la défaite des Rois de Syrie & d'Israël ; & que pour marquer le temps où le Roi d'Assyrie doit triompher de ces deux Rois, il ajoute,
que ce sera *avant que l'enfant qui vient de lui naître, sache discerner le bien & le mal* ?

Qu'y a-t-il d'étonnant que le même *Isaïe* paroisse
nud, c'est-à-dire, dépouillé de son pauvre sac de
Prophête (en conservant, sans doute sa tunique)
pour exprimer comme il le déclare en termes for-
mels l'état misérable où le Roi d'Assyrie alloit réduire les Egyptiens ?

Qu'importe que *Jérémie* soit encore dans l'enfance quand Dieu le choisit pour être l'organe de
ses ordres ? Est-ce que Dieu a besoin de l'âge de
l'homme pour lui communiquer sa lumiere ? Le Prophête représente le Roi de Babylone comme une
chaudiere bouillante qui va venir venger Dieu des

iniquités de son Peuple. Il achete une ceinture, la met sur ses reins, la cache dans le trou d'une pierre auprès de l'Euphrate, la tire ensuite de ce trou & la trouve pourrie, pour marquer l'humiliation où seroit réduit l'orgueil de la maison de Juda, que Dieu avoit attachée à son service, laquelle, indocile à sa voix, s'étoit attachée à des Dieux étrangers. Il se charge de liens, de chaînes, d'un joug, & les envoie aux Rois voisins pour les engager à se soumettre au Roi de Babylone, s'ils veulent éviter l'esclavage. Il emploie diverses autres emblêmes, dont il ne laisse jamais à déviner l'explication. Il n'y a rien donc de plus étonnant dans cette conduite de *Jérémie* que dans celle d'*Isaïe*.

Les visions d'*Ezéchiel* n'ont rien non plus qui doivent fort surprendre. Dans la premiere paroissent au milieu d'un nuage enflammé quatre animaux; près d'eux quatre roues, au-dessus d'eux un firmament, sur lequel est un trône & un homme assis sur ce trône & tout environné d'éclat.

Cette premiere vision marque évidemment la Justice Divine irritée contre les iniquités de son Peuple, & prête à en tirer une vengeance sévere; en sorte qu'elle est comme l'abrégé de tout ce qui va être montré dans la suite au Prophête, des malheurs qui vont fondre sur Jérusalem, du siege de cette Ville, des miseres du peuple durant ce siege, de la prise de cette Ville, de la destinée de ceux qui auront échappés à la mort, de la conservation néanmoins d'un grand nombre de ces malheureux, de leur état sous les quatre grandes Monarchies auxquelles ils seront assujettis successivement jusqu'à ce qu'ils reviennent à leur véritable Roi JESUS-CHRIST, qui est sans doute cet homme assis sur un trône environné d'éclat, qui dispose des Rois & des Empires.

Dans la seconde vision le Prophète reçoit un Livre plein des vérités qu'il doit annoncer ; il le mange, & le trouve doux comme du miel dans la bouche, parce qu'il est doux de connoître les Décrets Divins: mais ces Décrets le remplissent d'amertume, parce qu'ils ont pour objet les malheurs dont son Peuple doit être affligé. Il avertit que les vérités qu'il est chargé d'annoncer lui attireront des chaînes & des prisons.

Il reçoit l'ordre de tracer sur une tuile la Ville de Jérusalem, le siege qu'en fera l'armée ennemie & tous les travaux qui accompagneront ce siege. Il reçoit aussi l'ordre de se coucher sur le côté gauche trois cent quatre-vingt-dix jours, pour représenter l'iniquité des dix Tribus depuis leur schisme sous *Jéroboam* ; & quarante jours sur le côté droit pour représenter les années des iniquités de la Tribu de Juda depuis le rétablissement de l'alliance sous *Josias*.

Il reçoit encore l'ordre pour figurer l'extrême misere de son Peuple, de se nourrir de pain en une petite quantité, puis de le faire cuire (selon le texte original) dans la cendre faite d'excrémens humains ; & sur ses représentations, il lui est permis de le faire cuire dans une cendre faite de la fiente de bœuf. Puis pour figurer les divers châtimens des habitans de Jérusalem, que les uns périront par les flammes, que les autres périront par l'épée, que les autres seront dispersés, il est ordonné au Prophète de se couper les cheveux, de les diviser en trois parts, d'en jetter une partie au feu, couper l'autre avec son épée, & de jetter la troisieme au vent.

Rien de plus naturel que l'allégorie que Dieu emploie par la bouche de son Prophète, pour représenter à Jérusalem l'état misérable d'où il l'a tirée, la gloire à laquelle il l'a élevée, l'infidélité à laquelle elle s'est abandonnée, les excès de l'idolâtrie auxquels elle s'est portée, les vengeances qu'il va exercer sur elle. C'est l'exemple d'une épouse tendrement aimée & comblée de biens par son époux, ingrate & infidele, abandonnant son époux & se prostituant à toute sorte d'étrangers. La même allégorie est employée au chap. XXIII. Mais M. *de Voltaire* auroit bien dû en rapportant cette allégorie ne pas négliger les enveloppes qu'exige notre langue. Peut-il ignorer en effet que la langue originale ne fait naître que les idées directes des choses dans cette matiere ? au lieu que notre langue réveille beaucoup d'idées accessoires capables d'allarmer la pudeur, & qui ne peuvent plaire qu'à des ames vicieuses.

Il est aussi assez naturel qu'*Osée* épouse une femme prostituée, qu'il en ait des enfans, pour marquer qu'Israël quittera le Seigneur pour s'abandonner à l'idolâtrie, & que ses enfans deviendront les enfans d'une prostituée, qui aura quitté le vrai Dieu pour suivre de vaines idoles. Il n'est pas moins naturel qu'il prenne pour femme une adultere qui en a aimé un autre que son mari, mais qui étoit alors libre, pour marquer que le Seigneur aime les enfans d'Israël, pendant qu'ils mettent leur confiance en des Dieux étrangers, en aimant ainsi le marc du vin, au lieu du vin même.

C'est une fausse délicatesse, que d'improuver comme peu convenables les expressions du Prophète *Amos* au sujet des femmes de Samarie. Il les appelle des vaches grasses, & menace des plus horribles châtimens ces femmes sensuelles qui, pour fournir à leur luxe, oppriment les foibles, réduisent les pauvres en poudre, & engagent leurs maris à commettre tous les jours de nouvelles injustices pour satisfaire leur luxe & leur molleffe. (*)

Mais quel eft ici le but de M. *de Voltaire* ? N'eft-ce pas de rendre méprifables nos Prophètes, en laiffant conclure aux ignorans que les ufages des Nations orientales, & leur tour d'efprit étant fi différens des nôtres, les Prophètes ne font pas faits pour nous ? A quel autre but en effet tend fon affectation de rapporter ces ufages de nos Prophètes, fans y joindre l'explication dont ils les accompagnent eux-mêmes ? Il fentoit fans doute que s'il eût joint ces deux chofes, il auroit donné à fes Lecteurs une plus grande idée de nos Prophètes en les faifant parler tout à la fois en quelque forte aux yeux & aux oreilles de leurs Auditeurs, pour imprimer plus vivement dans leur ame les vérités qu'ils leur annonçoient. Son but fe manifefte encore plus clairement dans l'affectation de taire cette multitude de Prophéties, où ne fe rencontrent ni allégories, ni coutumes des Nations orientales, mais dont la clarté, l'antériorité aux événemens qui en font l'objet, & leur vérification littérale, ne laiffent aucun fubterfuge à l'incrédulité : telles font, par exemple, les prophéties d'*Ifaïe* au fujet de Babylone, au fujet de Jesus-Christ ; de *Jérémie* au fujet de la converfion des Gentils, au fujet de la captivité des Juifs & du temps de cette captivité ; d'*Ezéchiel* au fujet de l'Egypte ; de *Daniel* au fujet de la fucceffion des Empires, & de la manifeftation du Meffie.

M. *de Voltaire* avec toute fa malignité ne peut en impofer qu'à des ignorans qui n'ont jamais ou-

---

(*) Toutes ces expreffions fingulieres pour le temps où nous vivons, étoient reçues il y a trois mille ans. Que deviendroient *Homere*, *Héfiode*, &c. fi la critique de M. *de Voltaire* avoit lieu ?

vert les Prophêtes Juifs. Quelle nobleſſe, quelle ſublimité dans leurs diſcours, quand ils publient les grandeurs de Dieu ! Quelle netteté, quelle préciſion quand ils expliquent la loi ! Quelle force, quelle véhémence quand ils attaquent les impies ! Ils parlent de l'avenir comme s'il leur étoit préſent. Ils ſemblent raconter ce qu'ils ont vu & ce qu'ils voient de leurs yeux.

Au reſte, il n'eſt pas douteux qu'il n'y ait eu chez les Juifs de faux Prophêtes, toujours prêts à repaître les Grands & le peuple des eſpérances les plus flatteuſes, & toujours démenties par l'événement, dont par conſéquent les prédictions devoient avoir le même fort que ces prétendus Prophêtes, qui eſt de ne laiſſer après elles qu'un ſouvenir de mépris & d'indignation. Mais eſt-il moins indubitable que le même peuple ait eu de vrais Prophêtes, qu'il regardoit comme des hommes éclairés ſur l'avenir, & chargés de l'annoncer par le Souverain Maître des événemens, dont il dût par conſéquent conſerver inviolablement & religieuſement les prédictions ? Pour ébranler un fait ſi indubitable, il ne faudroit rien moins qu'on démontrât en forme, que le recueil des Prophéties, conſervé dans tous les temps avec reſpect par le Peuple Juif, & parvenu juſqu'à nous, eſt l'ouvrage de l'impoſture. Une telle démonſtration eſt-elle poſſible ? Eſt-il même poſſible d'appuyer de la moindre vraiſemblance le plus léger ſoupçon ſur ce ſujet ? Quel ſeroit l'Auteur de cette impoſture ? Ce ne ſeroit pas les Chrétiens, puiſque c'eſt de la main des Juifs qu'ils tiennent le recueil dont il s'agit. Seroit-ce les Juifs ? Mais ce recueil paroît fait tout entier en faveur des Chrétiens. Comment donc les Juifs ennemis des Chrétiens ſeroient-ils les Auteurs d'un ouvrage ſi favorable aux Chrétiens ? (Voyez l'article RELIGION, §. III. *réponſe à la Ve. Objection.*

PROVERBES.

Ce Livre est de Salomon.

L'Auteur du *Dictionnaire Philosophique* ôte ce Livre à *Salomon*, & il en donne de singulieres raisons. Ce Prince auroit-il dit, *Que la terreur du Roi est comme le rugissement du Lion.* C'est ainsi, dit-il, *que parle un Sujet ou un Esclave* ; mais pourquoi un Roi qui veut des Sujets soumis, ne pourra-t-il pas parler de même ? *Salomon*, ajoute-t-il, auroit-il tant parlé de la femme impudique ? & pourquoi non ? S'il a composé ce Livre dans un temps où il n'étoit pas abandonné à l'impudicité ; & d'ailleurs l'Auteur du *Dictionnaire Philosophique* devroit savoir, qu'on peut parler d'une façon & agir de l'autre, étaler une belle morale & n'avoir point de mœurs ; faire parade d'une générosité sans bornes, & sacrifier tout à un vil intérêt ; mais, dit-il, il est parlé de verres dans ce Livre, & je doute qu'on eût des verres à boire du temps de *Salomon* ; mais ce doute inspiré par l'ignorance (*) doit-il détruire toutes les raisons que nous avons d'attribuer les Proverbes à ce Prince ? Les voici.

Son nom est à la tête de tout l'Ouvrage, *Paraboles de Salomon, fils de David.* Au Chapitre 27. il est remarqué que les Paraboles suivantes sont encore de *Salomon* ; mais qu'elles ont été recueillies par des personnes que le Roi *Ezéchias* avoit choisies. Le trentieme chapitre commence par ces mots, *Paroles d'Agur, fils de Jaché.* Enfin le dernier cha-

---

(*) L'Art de faire le verre est une découverte qui remonte à la plus haute antiquité. (Voyez à ce sujet M. *Goguet, origine des Arts.* T. II. édit. de la Haye, p. 242.)

pitre est intitulé, *Paroles du Roi Lamuel*. Ces titres ont fait croire à quelques Savans que les vingt-quatre premiers chapitres peuvent être l'original de *Salomon*; que les cinq suivant sont des extraits ou un recueil de quelques-unes de ses Paraboles, fait du temps du Roi *Ezéchias*, ou par son ordre; & que les deux derniers chapitres ont été ajoutés, & sont de deux Auteurs différens, mais inconnus; car il n'est parlé en aucun autre endroit de cet *Agur*, fils de *Jaché*, ni du Roi *Lamuel*, que quelques-uns prétendent être *Ezéchias*. Quoi qu'il en soit, il paroît que les deux derniers chapitres, sont une addition ajoutée après coup, & d'un style différent du reste.

PSEAUMES.

Apologie de ces divins Cantiques; leur morale sublime.

L'Auteur de la *Philosophie de l'Histoire* ne se borne pas à déclamer avec emportement contre les Juifs; il critique leurs prieres. Il y a dans l'Ecriture 150 Pseaumes que l'Eglise Juive avoit consacrés à louer Dieu, à célébrer sa grandeur, à lui rendre grace de ses bienfaits; tout y respire la morale la plus pure & la plus sublime. Mais M. *de Voltaire* est fâché que le Psalmiste se permette quelques imprécations contre les pécheurs & les ennemis des justes. On y souhaite qu'ils soient confondus, qu'ils périssent, qu'ils tombent dans les piéges qu'ils ont tendus, que leurs demeures deviennent désertes, que la mort les attaque, qu'ils descendent tous vivans dans les enfers, c'est-à-dire, dans le sépulcre. Mais il ne trouveroit rien à redire à ces imprécations, s'il considéroit premiérement qu'elles regardent des impies, des scélérats, des ennemis de la paix, des perfécuteurs des juftes, des perfonnes qui tendent continuellement des piéges aux biens & à la vie des autres. Il eft de l'intérêt public que ces fortes des perfonnes foient punies, & qu'elles périffent, fi elles font incorrigibles, plutôt que de faire périr les autres. La feconde réflexion qu'il faut faire eft que les Auteurs des Pfeaumes ne fouhaitent pas la perte des méchans, par un efprit de vengeance pour leur propre fatisfaction ; mais afin que la juftice de Dieu éclate, qu'il faffe connoître qu'il protége les innocens, & qu'il punit févérement les pécheurs. Ils ne fe rejouiffent pas de la mort des impies, mais de ce que les juftes font délivrés de leurs mains, & de ce que Dieu a fait connoître fa juftice & fa puiffance. C'eft le zele de la maifon de Dieu, & l'amour de fa Loi qui les anime, & les porte à faire ces fortes d'imprécations, & non pas la paffion d'une baffe vengeance. Ils ne les haïffent pas parce qu'ils font leurs ennemis ; mais parce qu'ils le font de Dieu, de fa Loi & de ceux qu'il chérit. C'eft ce qui fait dire à *David*, *qu'il hait d'une haine parfaite & confommée, ceux qui haïffent le Seigneur, & qu'il feche de dépit contre fes ennemis.*

Les paffages que M. *de Voltaire* cite font ou corrompus ou mutilés. Il a eu très-grand foin de choifir quelques verfets qui infinuent que les Juifs defirent les biens temporels ; mais il n'en a pas cité cent autres qui expliquent ceux-là, & qui prouveroient que fous l'emblême des biens terreftres le Pfalmifte cache fon ardeur pour les biens céleftes. Il s'eft bien gardé de parler de ce qu'on peut apprendre dans les Pfeaumes, parce qu'il auroit été forcé d'avouer que les principales vérités morales y font expliquées avec étendue.

On y prouve l'exiftence d'un feul Dieu ; on y montre la vanité & la fauffeté des Idoles & des

Dieux que les Gentils adoroient. On y découvre la grandeur, la majesté, la puissance de l'Etre souverain. On y loue sa justice, sa vérité, sa bonté, sa miséricorde. On y fait remarquer sa sagesse, sa puissance dans ses ouvrages, sa providence particuliere sur les hommes, & le soin qu'il a de ceux qui le servent. On y rapporte les merveilles qu'il a faites en faveur des siens, & les bienfaits dont il les a comblés. On invite tous les hommes, & principalement ceux qui sont dévoués à son service, à chanter ses louanges à jamais ; on leur apprend à mettre leur unique confiance en lui, à attendre de lui du secours dans leurs afflictions, & à le remercier de tous les biens qui leur arrivent, comme étant celui qui en est l'Auteur. On y fait voir qu'il punit sévérement les pécheurs, & qu'il récompense les justes. Enfin on y enseigne aux hommes qu'on ne doit adorer que lui seul, qu'on doit l'aimer par-dessus tout, mettre toute sa joie, tous ses plaisirs & toute sa gloire à l'honorer. On y trouve plusieurs maximes morales, telles que les suivantes : *qu'il n'y a que ceux qui sont justes & innocens, qui soient vraiment heureux ; que les méchans sont toujours malheureux, quoiqu'il semble aux yeux des hommes qu'ils jouissent d'une espéce de bonheur & de prospérité ; qu'ainsi les justes ne doivent point envier ce bonheur apparent ; que les desseins des impies sont ordinairement sans effet, qu'ils se trouvent pris dans les embuches, & enveloppés dans les piéges qu'ils dressent aux justes.* Les Pseaumes enseignent encore les vertus & détournent des vices ; ils apprennent aux hommes à être doux, patiens, charitables, bienfaisans. Ils les avertissent du peu de stabilité qu'il y a dans les choses de ce monde, de la briéveté & de l'incertitude de la vie présente ; enfin les Pseaumes contiennent toutes sortes de louanges, de prieres & d'instructions.

On peut même dire que, quoiqu'il n'y ait point d'endroit où il soit parlé clairement de l'autre vie, & de la béatitude célefte, il y en a néanmoins plufieurs qui y ont quelque rapport. Le premier Pfeaume du bonheur des juftes, & du malheur des impies, infinue cette vérité ; les autres endroits où il eft parlé du peu de durée du bonheur des impies la confirment, & celui où l'on réfout cette queftion : *pourquoi les impies font fouvent heureux en ce monde, pendant que les juftes font dans l'affliction*, la fuppofe. Ce Pfeaume fuppofe, dis-je, qu'il y a une autre vie que celle-ci ; car le Prophête réfout la queftion par la confidération de la fin des uns ou des autres, avouant qu'il en a cherché inutilement la folution, avant que d'entrer dans les confeils fecrets de Dieu, & de confidérer leur fin. Il arrive affez fouvent que les impies jouiffent des biens & du bonheur de ce monde jufqu'à la mort, & que les juftes font toute leur vie dans l'affliction ; ainfi la folution de la queftion propofée feroit fauffe, s'il n'y avoit point d'autre vie dans laquelle les juftes fuffent heureux, & les impies malheureux.

PYRRHONISME.

Fauffeté & impiété de la doctrine de Bayle, *& de l'Auteur du* Dictionnaire Philofophique, *fur le Pyrrhonifme.*

LE Pyrrhonifme confifte à n'admettre aucune vérité comme certaine ; à combattre tous les premiers principes des fciences ; à répandre des nuages fur la Phyfique, fur la Morale, fur les Dogmes, &c. Les effets naturels de ce fyftême font l'indifférence pour toute forte de bien ; le ton de rail-

PYRRHONISME.

...erie à l'égard des objets qui méritent le plus de respect ; l'esprit de contradiction en matiere de devoirs & d'obligations, &c. Tel est le caractere dominant de M. *de Voltaire*, tel étoit celui de son maître & de son précurseur *Bayle*. Si celui-ci avoit été Philosophe & Chrétien, il auroit dû s'élever contre une doctrine aussi fausse que pernicieuse ; mais plus Pyrrhonien qu'*Arcésilas*, *Pyrrhon* & tous les Chefs de la Secte, il a établi le Scepticisme dans tous ses Livres.

Il est vrai que *Bayle* ne s'avise pas de préconiser ouvertement le Pyrrhonisme ; ce langage seroit trop révoltant. Il se contente d'en insinuer par-tout les principes ; d'en développer les rapports & les conséquences ; de faire valoir les argumens que les Pyrrhoniens emploient, & de n'y opposer que des raisons très-foibles, très-insuffisantes & quelquefois très-ridicules. Voici un exemple de sa façon insidieuse d'enseigner. *On a sujet de se tranquilliser, dit-il, sur cet article du Pyrrhonisme.* (*) *Il n'y a jamais eu, & il n'y aura jamais qu'un petit nombre de gens qui soient capables d'être trompés par les raisons des Pyrrhoniens. La grace de Dieu dans les fideles ; la force de l'éducation dans les autres hommes, & si vous voulez même, l'ignorance & le penchant naturel à décider, sont un bouclier impénétrable aux traits des Sceptiques.*

N'admire-t-on pas ici la bonté des remedes, que le Philosophe de Rotterdam indique contre le Pyrrhonisme ? Trois de ces remedes, savoir l'ignorance, les préjugés de l'éducation, le penchant à décider, ou la présomption sont des vices. Un hom-

---

(*) M. *de Voltaire* emploie les mêmes raisons, pour prouver qu'il ne faut pas s'allarmer des progrès du Déisme.

me sage doit s'en préserver ou s'en délivrer. Supposons qu'il jouisse de cet avantage ; qu'il soit venu à bout de n'être l'esclave ni de l'ignorance, ni des préjugés, ni de la présomption, quelle sera sa ressource contre le Pyrrhonisme ? *La grace de Dieu* nous dit *Bayle*. Or, ce mot est assurément très-singulier dans sa bouche ; il donne un remede auquel il ne croyoit pas. Cette réponse n'est qu'une pure plaisanterie.

Mais supposons que l'ironique *Bayle* ait parlé sérieusement. Cet homme dégagé de l'ignorance, des préjugés, de la présomption, profitera-t-il, à point nommé, du moment de la grace, pour ne pas tomber dans le Pyrrhonisme ? D'abord *Bayle* réduit ce don de Dieu aux fideles. S'il est donc question d'un Payen ou d'un Hérétique, qui cherche la vérité, ni l'un ni l'autre n'ayant la grace, n'aura les secours nécessaires pour éviter le Pyrrhonisme. Mais le Fidele même, le Chrétien orthodoxe, supposé qu'il vienne à être tenté sur sa foi, ou à en examiner les preuves, aura-t-il une regle sûre, pour distinguer la lumiere & l'impression de la grace ? Ne pourra-t-il pas craindre l'illusion, le fanatisme, ou plus naturellement encore, l'influence des vices dont il a prétendu se dégager, c'est-à-dire, de l'ignorance, des préjugés, de la présomption ?

Nous venons de voir le bel usage que *Bayle* fait de la grace de Dieu, en lui confiant la fonction de remplacer les effets de l'ignorance, des préjugés, de la présomption. Voici à présent le combat qu'il imagine entre la raison & la foi. Deux Abbés, selon lui, disputoient un jour sur nos Mysteres. *L'un ne savoit que sa routine ; l'autre étoit bon Philosophe,* c'est-à-dire, excellent Pyrrhonien. Ce dernier nia que la vérité fût reconnoissable à quelques marques. Sa preuve fut, que l'évidence même ne pouvoit la caractériser,

PYRRHONISME.

caractériser, puisqu'en Théologie on rejette comme fausses plusieurs notions qui sont de la derniere évidence. Les exemples qu'il cita, furent certains axiomes prétendus, qu'on a expliqués mille fois; mais que les Incrédules tâchent toujours de faire contraster avec les dogmes & la morale du Christianisme. Nous n'insisterons que sur celui dont l'Abbé Pyrrhonien fit usage pour attaquer en ennemi couvert, le premier de nos Mysteres, le dogme de la Trinité. *Les choses*, dit-il, *qui ne sont pas différentes d'une troisieme, ne différent point entre elles. C'est la base de tous nos raisonnemens; & cette maxime néanmoins est démentie par le Mystere de la Trinité.*

Voilà une objection très-ancienne, & très-souvent résolue par les Théologiens. Les uns prétendent que l'axiome en question n'a lieu que pour expliquer la nature & les rapports des choses finies, & qu'il n'est pas également propre pour juger l'Etre infini. Les autres croient, que cet axiome se concilie aisément avec l'exposition du Mystere de la Trinité, puisqu'on peut très-bien dire que le Pere, le Fils & le Saint-Esprit, qui ne sont pas différens de la substance divine, ne différent point non plus entr'eux, considérés quant à cette substance. Ce qui n'empêchera pas que le Pere, le Fils & le St. Esprit ne soient trois Personnes distinctes.

L'une ou l'autre de ces réponses peut satisfaire des esprits raisonnables; mais quand il y resteroit encore quelque difficulté, au moins ne suffiroit-elle pas pour autoriser un Pyrrhonien, à soutenir que l'axiome proposé combat évidemment le Mystere, & qu'ainsi l'évidence est en contraste avec la foi. Qui dit évidence, ne laisse aucun lieu, ni à l'explication, ni à la dispute.

Si l'on disoit, par exemple, qu'en Dieu il y a une nature qui est trois natures, ou trois personnes

Tome II. R

qui font une feule perfonne, la contradiction feroit évidente, parce qu'on affirmeroit & qu'on nieroit le même attribut du même fujet pris dans le même fens. Car on diroit que la nature divine eft une & n'eft pas une, puifqu'elle eft trois natures, & que les Perfonnes divines font trois & ne font pas trois, puifqu'elles font une feule perfonne.

Voilà, encore une fois, ce qui accableroit, ce qui détruiroit la raifon ; mais tel n'eft pas le langage de notre foi. Elle nous apprend fimplement qu'en Dieu il y a trois perfonnes & une feule nature. Nous ne concevons pas ce Myftere ; nous avouons qu'il furpaffe toutes nos penfées, qu'il ne nous eft pas donné de fonder cette profondeur de l'Etre divin. Mais nous connoiffons en même temps, que notre raifon n'en eft point bleffée ; que les principes de vérité, qui lui fervent de flambeau, ne s'éteignent pas vis-à-vis de ce Dogme. Il en eft de même des autres Myfteres, tels que l'Incarnation, l'Euchariftie, le Péché originel, &c. contre lefquels l'Abbé Pyrrhonien & *Bayle*, étalent auffi de prétendues évidences, qui fe réfutent pourtant, ou qui s'expliquent très-bien. C'eft une preuve certaine que le terme d'évidence eft prodigué là mal à propos.

On n'imagine pas fans doute qu'un homme tel que *Bayle*, qui entendoit les termes dont il fe fervoit, ait regardé le Pyrrhonifme, le doute général & réfléchi fur toutes fortes de matieres, comme une heureufe difpofition à la foi. C'eft pourtant ce qu'il veut prouver. Il prétend ou il feint de prétendre que le Pyrrhonifme eft le parti le moins contraire au Chriftianifme : *Quand un homme*, ajoute-t-il, *fera bien convaincu qu'il n'a rien de bon à fe promettre de fes difcuffions Philofophiques, il fe fentira plus difpofé à invoquer Dieu, & à lui demander la perfuafion des vérités que l'on doit croire*, &c. Ce langage féducteur, répandu dans tous les volumes du Philosophe de Rotterdam, pour faire illusion aux simples, est totalement dénué de sens & de Logique. Car puisqu'on suppose un Pyrrhonien parfait, n'est-il pas manifeste que cet homme fera profession de douter de tous les points dont on nous parle ici ? Au lieu d'être disposé à invoquer Dieu, pour obtenir la persuasion des vérités de l'Evangile, il mettra en problême, s'il y a un Dieu, s'il faut l'invoquer, si l'invocation peut nous obtenir des graces, si la Religion Chrétienne mérite qu'on fasse des vœux pour la connoître, si les dogmes & la morale qu'elle enseigne sont des vérités, &c. &c. Cette invocation, ces vœux sont très-bons pour quelqu'un qui est persuadé que Dieu, le souverain maitre de tout, exige des hommages ; qu'il a révélé la maniere dont on doit les lui rendre ; que cette maniere est comprise dans le détail des vérités évangéliques ; & qu'enfin pour embrasser ces vérités avec toute la perfection des sentimens qui est digne de Dieu, il faut implorer le secours de sa grace. Si *Bayle* a imaginé un homme dans cette situation, pourquoi le fait-il Pyrrhonien ? Et s'il le fait Pyrrhonien, pourquoi lui parle-t-il des choses, dont un esprit de cette trempe dispute ou se moque perpétuellement ?

Au reste, si on avoit besoin de conseil pour s'engager ou pour se confirmer dans le Pyrrhonisme, *les Œuvres de Bayle*, & celles de M. *de Voltaire* en font la meilleure école. Mais les gens sages s'en éloigneront comme d'une caverne dont l'entrée paroît riante, & dont les détours menent dans un abîme d'erreurs & de vices d'où l'on ne sauroit jamais sortir.

QUERELLES PHILOSOPHIQUES

Modération des Philosophes, prouvée par la dispu[te] de Rousseau *avec M.* Hume.

Jamais l'humeur contentieuse & maligne de no[s] Charlatans de Philosophie ne s'est montrée ave[c] plus d'éclat, que dans le ridicule procès de *Jea[n] Jacques Rousseau* avec *David Hume*. Pour fai[re] sentir tout l'odieux de cette querelle, il faut repre[n]dre les choses d'un peu loin. Vers le milieu du sie[è]cle, on vit éclorre des Philosophes, c'est-à-dire une société d'Ecrivains qui avoient coutume de s'ap[-] peller ainsi. Les sots les admirerent, parce qu'il[s] s'admiroient réciproquement.

Las de leur obscurité, ils tenterent tout pour e[n] sortir. Ils s'en prirent à la raison, aux loix & au[x] mœurs. Ils furent promptement célebres, mais leur[s] succès ne furent pas de longue durée. Cet instin[ct] irrésistible qui nous montre encore la vérité, quan[d] nous ne sommes plus capables de la suivre, par[-] loit à tous les cœurs; par-tout on plaida la caus[e] de la Religion. Heureusement ses tristes détracteur[s] n'étoient ni amusans, ni raisonnables. Systémati[-] ques sans invention, Philosophes sans Logique, il[s] vouloient encore être éloquens en écrivant contr[e] la vertu. Ils eurent cependant des Disciples qu[i] embrasserent leurs opinions sans les comprendre. Il[s] déclamoient sans cesse; ils prenoient le ton le plu[s] haut. Ce ton en imposa. On les crut des génies. E[n]nivrés de ces petits succès, ils essayerent de tous le[s] genres. Ils firent des *Romans* qu'on ne lut point, de[s] *Comédies* qui tomberent; on en fit une sur eux qu[i] réussit. Le Parlement leur imposa silence; la Sor[-] bonne les flétrit, la Police les menaça. Dans ce[s]

QUERELLES PHILOSOPHIQUES.

circonstances, il s'éleva un homme extraordinaire, qui attira sur lui l'attention du public, & qui fut bientôt l'objet de son admiration. *Rousseau* parut. Nourri dans cette Secte qui s'en faisoit honneur, son esprit trop ardent en avoit reçu l'amour des paradoxes, & un orgueil effréné. Mais il avoit du sentiment, du génie, une ame élevée, une éloquence vive & sublime. Il vit que le moment lui étoit favorable ; il osa mettre au jour ses propres pensées. Il avoit trop d'esprit, pour ne pas sentir que, dès que l'on a corrompu jusqu'à un certain point ses Lecteurs, comme il n'y a plus rien de beau ni de bon à leur dire, ce n'est guére la peine de leur parler.

Jean-Jacques Rousseau s'appliqua d'abord à faire aimer la vertu. Il proscrivit le luxe & la corruption suite du luxe. Il joignit quelquefois la profondeur du raisonnement à la hauteur des idées, aux charmes du style. Les cœurs qui s'étoient flétris & resserrés, se rouvrirent à sa voix. En lisant ses écrits, celui qui n'étoit que sensible, devint souvent plus juste & plus éclairé. Celui qui n'étoit que juste acquit des lumieres & de la sensibilité. Heureux s'il s'étoit borné à la morale, sans toucher au dogme !

Pour mieux réussir dans le projet qu'il avoit de mener à la vertu par la Philosophie, il décria les autres Philosophes comme des empoisonneurs. Il s'éleva contre les plaisirs du théâtre, que les prétendus Prédicateurs de la sagesse fréquentoient ou cultivoient. Dès lors les Philosophes lui jurerent une haine éternelle. *Jean-Jacques* donna son *Emile*, compilation monstrueuse de tout ce qu'on a dit contre notre Religion. Ce Livre devoit donner, ce semble, des Protecteurs à *Jean-Jacques*, parmi les Philosophes ; mais le malheureux ayant été proscrit par des Magistrats respectables qui le poursuivoient en gémissant, les Philosophes ses ennemis découvrirent alors toute leur aversion pour lui. Le sage Philosophe de *Ferney* donna le signal par quelques plaisanteries, où la bile dominoit plus que l'esprit. Le langage de l'envie & du ressentiment y perçoit à chaque ligne. Pour que ses badinages eussent un effet sérieux, il se joignit à ses persécuteurs de Geneve; il travailla sourdement à le faire exclure de sa Patrie, où on lui refusa effectivement un asyle. Ces procédés philosophiques vinrent aux oreilles de *Jean-Jacques*. En écrivant ses *Lettres de la Montagne*, il donna honnêtement quelques coups d'épingle à M. *de Voltaire*. Il se plaignoit de ce que ses Compatriotes, ayant permis l'impression de la *Pucelle* & de plusieurs autres rapsodies infames, n'avoient pas eu la même indulgence pour l'Auteur d'*Emile*, beaucoup moins coupable. Il faisoit sentir sur-tout, que l'Auteur du *Traité de la Tolérance* auroit dû être plus tolérant.

M. *de Voltaire* fut piqué jusqu'au vif par ces petites égratignures, & il attendit avec impatience le moment de faire jouer toute son artillerie. Il se présenta bientôt. *Jean-Jacques* fut obligé de quitter la Suisse pour l'Angleterre où il se brouilla avec M. *Hume*. Ce célébre Ecrivain publia un Mémoire qui donnoit à *Jean-Jacques* un air d'ingratitude auprès de quelques personnes. Le Philosophe de *Ferney* qui a toujours détesté les querelles littéraires, & qui a banni de ses Ecrits toute apparence de personnalité, saisit cet instant pour l'accabler. Il publie brochures sur brochures; il fouille dans la vie de *Jean-Jacques*; il lui reproche des opprobres connus ou secrets; il se permet les personnalités les plus révoltantes; sans pitié pour les malheurs, & les infirmités de *Jean-Jacques*, il cherche dans les ténebres de quoi couvrir un Philosophe, autrefois son ami, de l'humiliation la plus durable. Les Polichinelles philosophes, s'escrimant sous les drapeaux du Chef de la Secte, se joignent à lui. Ce *Jean-Jacques* qu'ils avoient vanté comme un *Génie*, comme le Philosophe le plus sage, le plus vertueux, & *l'homme le plus éloquent* de son siecle, quand il étoit leur ami, c'est-à-dire, leur admirateur & leur Panégyriste, n'est plus aujourd'hui qu'un *Maître fou*, un *Charlatan méprisable*, un *Diogene manqué*, un *Critique insolent*, qui reçoit l'aumône en secret, & qui refuse des pensions en public. Voilà les beaux exemples que nous donne la Philosophie; malheur aux hommes qui en profiteront!

Væ cæcis ducentibus, væ cæcis sequentibus!

RAISON.

Son usage dans les matieres de la Religion.

I.

LEs Impies crient sans cesse dans ce siecle plus frivole que philosophique, que la foi rend la raison inutile; mais cette assertion est bien fausse. On n'interdit point à l'homme l'usage de sa raison; on ne lui en défend que l'abus. Qu'il use bien de ce flambeau donné aux aveugles mortels, & il le conduira à la foi.

La raison doit céder à la foi dans les matieres de Religion, comme dans les Sciences les sens doivent céder à la raison, comme les foibles lueurs de la nuit doivent disparoître devant la lumiere du Soleil.

II.

Il faut distinguer dans la foi ses objets & ses motifs. L'usage de la raison est interdit à l'égard de son objet propre & spécial, à l'égard des dogmes qui ne peuvent être connus que par la révélation. Mais quant aux vérités fondamentales du Christianisme, comme l'existence de Dieu, la spiritualité & l'immortalité de l'ame, elles appartiennent à la raison comme à la foi ; parce que les lumieres naturelles fournissent des preuves évidentes de ces vérités. Or, dès qu'on admettra ces dogmes fondamentaux, & les conséquences qui en découlent, comme la nécessité d'être juste, l'espérance d'une vie future, on n'aura pas de peine à recevoir les dogmes, dont la croyance paroît la plus difficile.

L'usage de la raison seroit tout au moins inutile à l'égard des objets de la foi ; puisque ces objets sont au-dessus de la raison. Mais plus celle-ci sera droite & éclairée, plus l'examen des motifs de la foi sera utile : pourvu que les passions n'apportent point d'obstacle, car il n'y a point d'évidence qu'elles ne peuvent obscurcir.

Plus on aura d'abondance d'esprit avec la foi, plus la foi sera facile. Ce n'est pas l'esprit qui est à craindre pour elle ; c'est la mauvaise foi du bel esprit. Ce n'est pas la raison d'un Philosophe vertueux, c'est le libertinage d'un Sophiste dissolu.

III.

Quand on examine la Religion Chrétienne, on trouve que malgré l'obscurité de ses Mysteres, elle est infiniment plus croyable que les différens systêmes, entre lesquels se partagent les Incrédules. Qu'ils imposent silence à leurs passions ; que la raison seule prononce, de quel côté se trouvera le plus grand poids de persuasion ? Ce sera sans doute du côté de la Religion. N'est-il pas, par exemple, beaucoup plus raisonnable de dire que l'homme est un composé de corps, & d'ame, & que cette ame spirituelle de sa nature ne peut finir que par le même effort de la toute-Puissance qui l'a créée, que de prétendre que l'homme n'est qu'une portion de matiere figurée au hazard, une marionnette qui pense, raisonne, discute, combine, prévoit, desire, se détermine, choisit?

IV.

Que la raison est obscure sans la foi! Elle peut bien suffire pour enseigner l'existence de Dieu & d'un seul Dieu. Cependant dans combien d'erreurs les Philosophes anciens ne sont-ils point sur la Divinité? Eh! qu'il est difficile à l'homme qui ne veut être que Déiste, qu'il ne finisse pas par l'Athéisme.

Delà l'utilité & même la nécessité de la révélation, de cette lumiere qui nous conduit dans les foibles tâtonnemens de notre raison. Les Philosophes modernes lui doivent une grande partie de leur supériorité sur les anciens dans la Métaphysique. Les Déistes de nos jours sont donc des ingrats; ils veulent tarir la source de nos plus belles & de nos plus importantes connoissances.

V.

Nous n'avons jamais eu tant de Philosophes & si peu de Philosophie, si par ce mot on entend une raison éclairée soumise à la foi. Ceux qui font le plus parade aujourd'hui de leur raison orgueilleuse sont ceux en qui le bon sens est le plus perverti par les passions ou par l'imagination. La sagesse est bien près de sa ruine totale, lorsque tant d'insensés se couvrent de son masque.

RELIGIEUX.

Les Religieux sont-ils inutiles à la Société ?

COmme nous n'avons qu'effleuré cette matiere dans l'article MOINES, nous croyons devoir y revenir. Nous avouons d'abord que tout homme est redevable à la Société. Mais il est différentes manieres de remplir ce devoir. Le Laboureur tire le grain de la terre ; l'Ouvrier donne ses peines & son industrie ; le Soldat défend la Patrie. D'autres fonctions sont plus nobles, & plus utiles encore, quoique moins pénibles. Un Juge qui décide avec équité, un Philosophe qui forme l'esprit, un Théologien qui développe le vrai culte, ne sont-ils pas préférables à ceux qui ne donnent que des travaux manuels ? Si l'on s'obstine à ne regarder comme vraîment utiles que ceux-ci, il faut donc retrancher les Philosophes, & les Savans attachés simplement à la Littérature & aux Sciences. La Société peut absolument subsister sans eux.

Il n'en est pas de même des Ministres de la Religion, à moins qu'on ne regarde cette sainte Religion comme un hors d'œuvre & une chimere dans l'Etat. Mais si la Religion est le plus ferme appui de la vertu, le plus solide fondement des Empires, regardera-t-on les Moines comme inutiles ? les peindra-t-on comme des singes faits pour être les jouets de ceux qui les nourrissent ? S'acquitter des devoirs publics du culte, éclairer les hommes, les former à la piété & aux loix de la Patrie ; c'est être très-utile à la Société. Tels sont la plûpart des Religieux. L'Eglise les a mis au nombre de ses Ministres. Et quand même plusieurs seroient destinés à une solitude profonde, pourquoi les blâmer ? Blâme-t-on un Savant, qui, borné à former son esprit, passe sa vie dans son cabinet sur les Langues, les originaux & les médailles ? On le respecte. Pourquoi condamner celui qui, pénétré du néant & des dangers du monde, s'en sépare pour vivre seul avec Dieu, pour former son cœur à la vertu ; pour donner à ses Citoyens qu'il ne peut aider par ses œuvres, des prieres vives & sinceres ? Voilà l'esprit de l'état Religieux ; & rien n'est plus conforme, je ne dis pas à l'Evangile, mais à la saine raison.

Dire que les Moines s'imaginent plaire à Dieu par des extravagances & des supplices, ainsi qu'*Amadis* dans sa Róche, ou *Don Quichotte* dans la Montagne noire, ce n'est pas raisonner, c'est insulter. Pourquoi critiquer les mortifications ? Dieu n'en avoit-il pas prescrit aux Juifs ? Les *Rechabites*, les *Nazaréens*, les *Thérapeutes*, ne nous offrent-ils pas le modele d'une vie dure & auftere ? S'abstenir comme les *Manichéens*, de certaines choses en haine du Créateur, c'est un crime. Renoncer aux biens, aux honneurs & aux plaisirs, s'affliger volontairement par un esprit de Religion, c'est un culte agréable à Dieu ; non pas qu'il se réjouisse de nos larmes, mais ces larmes renferment ce qu'il y a de plus grand dans la pénitence & dans la vertu. Le regret de nos fautes, le desir de les expier, le détachement des Créatures, font le fond & l'essence des mortifications Evangéliques. Ce qui afflige la nature, n'en est que l'écorce ; & les souffrances d'un pénitent tendent moins à humilier le corps, qu'à élever le cœur.

Ce que les Impies appellent si amérement le *Monachisme* n'est donc que le renoncement sincere aux biens & aux plaisirs de la vie présente, pour ne s'attacher qu'au Créateur, pour observer ses loix les plus parfaites, pour ne s'occuper que du siecle à venir.

Cet état de perfection suppose la charité la plus pure & la plus vive, pour les hommes, & toutes les œuvres utiles qui peuvent être compatibles avec ce renoncement. Rien donc n'y est contraire à la Société ; sans être occupé dans des affaires civiles ou tumultueuses, on peut la servir très-utilement. Si quelques Religieux s'écartent de leur regle, si des Supérieurs étalent un faste insolent, si des inférieurs baissent devant eux une tête humiliée, il faut les blâmer de ne pas suivre leur état, mais il ne faut pas anathématiser l'état même ; on peut condamner quelques membres. Il y en a de mauvais dans toutes les conditions ; mais il y en a aussi de bons, & c'est ce qu'un œil impartial fait discerner avec justesse.

Le *Monachisme*, quoique si méprisé par une fausse Philosophie, n'étant donc dans son véritable esprit, que le renoncement au monde, pour pratiquer dans la retraite une vertu plus sûre & plus parfaite, porte sur les mêmes principes que la Religion. Il est inconséquent de croire qu'on respecte l'Evangile, en décriant l'état Religieux, qui n'en est qu'une fidele image. Si le *Monachisme* est né en Orient, comme on nous le répéte sans cesse ; c'est que la Religion Chrétienne y a pris naissance. Ce n'est ni la chaleur du climat, ni le goût de la spéculation qui en a été le principe. Le mépris des faux biens du monde, la crainte de ses scandales, le desir des lumieres de la foi, des dons de la grace, l'impression des vérités éternelles ; voilà ce qui a peuplé les premieres solitudes. Cette Philosophie céleste, sans offrir l'attrait des sciences, de la gloire, des biens & des plaisirs, a été bientôt répandue par toute la terre. Non-seulement les Pays chauds de l'Orient, mais les Gaules, l'Angleterre, l'Allemagne, les Pays du Nord ont été successivement

RELIGIEUX.

remplis de Monasteres, à mesure que la Religion Chrétienne y a été établie.

Mais le mérite, dit-on, *est oublié ou persécuté dans les cloîtres*; mais est-il mieux traité dans le monde ? *Le savant modeste & solitaire est la victime du fourbe orgueilleux & intriguant*; mais encore une fois, n'y a-t-il pas parmi les mondains, plus de passions, plus d'intrigues, plus de cabales ? Les hommes sont hommes par-tout; mais dans l'état Religieux on a plus de moyens de réprimer les vices de l'humanité. *L'espionage*, ajoute-t-on, *qui est un opprobre dans le monde, est un honneur dans les cloîtres*. Mais de quels cloîtres parle-t-on, ce n'est pas assurément de ceux de nos jours, du moins de ceux que nous avons connus. Il est vrai qu'il peut se trouver dans l'état le plus saint, comme dans le plus profane, des ames de boue, des cœurs lâches, qui, pour faire la cour à un Supérieur pusillanime, feront des rapports vrais ou faux dans la vue d'obtenir ou de conserver une petite place; mais ces hommes indignes du nom Religieux sont bientôt démasqués par leurs Confreres. On sent toute l'horreur de leurs procédés, & ils ne sont pas mieux vus dans le cloître que dans le monde. Les Supérieurs dédaignent leurs médisances; quelquefois ils les en punissent par le mépris. Enfin *l'espionage* est trop abhorré par tous ceux qui portent l'habit religieux, pour pouvoir être long-temps en honneur parmi eux.

RELIGIEUSES.

Lettre de la Sœur des Anges, *Religieuse de l'Annonciade*, *à M.* de Voltaire *son Neveu.*

QUE vous tenez mal votre parole, mon cher Neveu ! Vous m'aviez promis de respecter la Religion & ceux qui la pratiquent, & ce sont tous les jours de nouveaux outrages de votre part. Que voulez-vous à ces Religieuses, que vous vilipendez dans toutes vos brochures, & que vous peignez comme des esclaves malheureuses ? Vous qui vous piquez d'être humain, pourquoi insultez-vous à leur infortune ? Si elles supportent le joug avec résignation, on doit les admirer ; si c'est avec impatience, il faut les plaindre, & non pas les insulter. Vous parlez sans cesse de faire du bien & vous faites du mal ; vous voulez soulager des infortunés & vous aggravez le fardeau des malheureux. Il ne restoit à de pauvres Religieuses, après l'entier abandon des espérances du siécle, que l'idée qu'on respectoit leur état, & qu'on partageoit leurs peines : & vous, Philosophe sensible, vous consolateur des hommes, vous chantre de la vertu, vous leur enlevez cette foible consolation.

Pourquoi voulez-vous ouvrir les Cloîtres ? Vous n'auriez pas aujourd'hui quatre-vingt mille livres de rente, si aucune de vos Parentes n'y étoit entrée. Nos Villes sont remplies de vieilles filles, & vous vous plaignez sans cesse du mal que font les Couvens. Commencez à sacrifier une partie de votre fortune, à faire établir les célibataires du siecle, & puis vous parlerez de rendre utiles les célibataires de la Religion. Mais je vous connois, mon cher Neveu ; vous êtes bien éloigné de proposer ce pro-

RELIGIEUSES.

jet & de le faire valoir à vos dépens. Il s'agit bien moins de l'intérêt de la population, dont vous vous souciez fort peu, que de celui de votre commerce Typographique qui vous tient fort à cœur. Il faut plaire aux gens du monde, & vous cherchez des ridicules hors du monde.

Ne craignez rien, mon ami, pour l'extinction de l'espêce humaine ; elle n'abonde que trop, surtout en Poétes obscenes, & en Philosophes téméraires. A-t-on jamais vu dans aucun siecle (grace à vos sermons sur le luxe) autant de Comédiens, de Baladins, de Farceurs, de Muficiens, de Parfumeurs, de Perruquiers, de Courtisannes qu'on en voit à préfent ? L'Egypte n'avoit pas autant de sauterelles. Soyez reconnoissant au moins une fois en votre vie ; & convenez que si vous ne devez pas beaucoup aux Religieuses, vous avez d'assez grandes obligations aux Religieux. Les *Jésuites* vous ont inspiré le goût des Belles-Lettres & de la vertu, & si vous n'avez profité que de la partie la moins importante de leurs leçons, ce n'est pas leur faute. Comment auriez-vous composé votre *Histoire générale*, sans le secours de ces savans Solitaires dont vous enviez tant les richesses & si peu les vertus. (*)

(*) M. *de Voltaire* a avoué lui-même les obligations qu'il a aux Bénédictins dans une lettre à D. *Calmet* que nous avons entre les mains. Elle est écrite de Luneville, où il étoit alors auprès de *Stanislas* : » je préfere, Mon
» sieur la retraite, à la Cour, & les grands Hommes aux
» Rois. J'aurois la plus grande envie d'aller passer quel
» ques semaines avec vous & vos livres. Il ne me fau
» droit qu'une cellule chaude, & pourvu que j'eusse du po
» tage gras, un peu de mouton & des œufs, j'aimerois
» mieux cette heureuse & saine frugalité, qu'une chere
» Royale. Enfin, Monsieur, je ne veux pas avoir à me
» reprocher d'avoir été si près de vous & de n'avoir point

Mais il y a plus, les mains laborieuses de ces vertueux Cénobites n'ont-elles pas défriché & fertilisé les Cantons les plus stériles, & peut-être celui que vous habitez ? Leurs domaines ne sont-ils pas encore la portion de l'Etat la plus peuplée & la mieux cultivée ? Leurs maisons ne sont-elles pas la ressource de tant d'autres, qu'elles soulagent du poids d'une trop nombreuse famille ? Beaucoup de familles illustres n'ont-elles pas été relevées dans leur chûte par elles, & soutenues dans une splendeur utile au service du Roi & au bien du Royaume ?

Quand on a de la raison & de l'humanité, peut-on être jaloux des biens Ecclésiastiques ? Ne sont-ils pas le patrimoine de ces Communautés, où la plus pure charité s'exerce avec une générosité si héroïque ? N'en a-t-on pas donné une partie à ces Hôpitaux, où l'indigence est secourue par un sexe délicat, *qui sacrifie la beauté & la jeunesse, & souvent la haute naissance, pour soulager ce ramas des miseres humaines, si humiliantes pour notre orgueil & si révoltantes pour notre délicatesse ?*

Les biens Ecclésiastiques ne sont-ils pas encore le partage de ces Colleges, de ces Séminaires, de

---

» eu l'honneur de vous voir. *Je veux m'instruire avec celui*
» *dont les livres m'ont formé & aller puiser à la source.* Je
» vous en demande la permission. Je serai un de vos
» Moines ; ce sera *Paul* qui ira visiter *Antoine*. Mandez-
» moi si vous voulez bien me recevoir ; en ce cas je
» profiterai de la premiere occasion que je trouverai ici
» pour aller dans le séjour de la sagesse. » Quand on a écrit des lettres aussi obligeantes, il faudroit s'en rappeller dans le besoin. M. *de Voltaire* n'auroit pas fait tant de mauvaises plaisanteries sur D. *Calmet* ; qui lui avoit donné de bons dîners, s'il avoit eu un peu de mémoire. Il auroit soutenu son premier ton & n'auroit manqué ni à la décence ni à la gratitude.

ces

RELIGIEUSES.

ces Ecoles néceſſaires plus que jamais à l'éducation de la jeuneſſe ? L'avantage de l'Etat, celui de la Religion ſe réuniſſent pour vous impoſer ſilence. Voyez le *bien* où il eſt & ne vous piquez pas de chercher un *mieux*, qui ſeroit peut-être le pire.

Qu'il eſt mal-adroit de ſe plaindre ſans ceſſe que l'Egliſe dépeuple l'Etat ! Il y a ſoixante ans que chaque maiſon Religieuſe (quoique le nombre en fût bien plus grand alors) comptoit au moins le double de ſujets plus qu'aujourd'hui. Le Royaume n'en avoit pas moins plus d'un million d'hommes qu'il n'en poſſéde. Avouez, que ce n'eſt pas le Clergé ſéculier ou régulier, qui nuit à la population ; & vous qui voulez qu'on toléré les erreurs monſtrueuſes des Idolâtres, des Turcs, des Quakers, tolérez les vertus de vos concitoyens. Adouciſſez l'âcreté de vos déclamations contre les Religieux, & ſurtout contre les Religieuſes. Tandis que vous vomiſſez votre bile contre nous, il y a peut-être trois mille Solitaires vertueux, qui levent des mains pures au Ciel, pour détourner les fléaux prêts à fondre ſur vous. " Donnez-lui, diſent-ils au Pere des miſé-
„ ricordes, la paix, la ſanté & le bonheur ; que
„ ſon cœur ſe tourne vers vous ; qu'après vous
„ avoir blaſphémé, il s'occupe à vous ſervir, à
„ vous louer ; qu'ayant vécu en Ange de ténébres,
„ il reconnoiſſe ſes erreurs, ſes égaremens, &
„ qu'il finiſſe comme un Ange de lumiere. ,, Je me joins à ces bonnes ames, mon cher Neveu ; & comme je m'intéreſſerai toujours à la vôtre, je dois finir par quelques avis qui peut-être ne ſeront pas inutiles.

Vous déclamez ſans ceſſe contre des perſonnes que vous ſuppoſez être malheureuſes, cela n'eſt pas humain ; vous les injuriez, cela n'eſt pas noble ; vous oppoſez ſans ceſſe au tableau de leurs vertus

Tome II. S

celui des bienfaits que vous dites répandre sur l[es]
infortunés, cela n'est pas modeste. Le Chrétien [se]
tait sur le bien qu'il fait; le sage n'en parle poin[t.]
Vous avez marié l'orpheline, vous avez donn[é]
retraite à un Jésuite. Voilà qui est bien; mais n[e]
les attachez pas sans cesse à votre char; ne les pro-
duisez pas aux yeux de toute l'Europe, comme d[es]
esclaves traînés par le triomphateur. L'édition de[s]
œuvres du grand *Corneille* n'a pas peu servi à vous[-]
même & à la petite niéce; & l'homme d'esprit q[ue]
vous avez recueilli ne vous a pas toujours été in[u-]
tile. M. *Helvetius* & M. de *Silhouette* ont soulag[é]
plus de malheureux que vous; mais jamais ils n[e]
se sont avisés de donner leurs noms dans leurs brochures. Publier les bienfaits, c'est se payer de se[s]
mains. Gardez sur-tout le silence sur l'Eglise qu[e]
vous avez réparée, car il vaudroit beaucoup mieu[x]
ne pas déchirer le sein de l'Eglise universelle qu[e]
d'embellir des Chapelles de Village. Je suis toute
vous, &c. &c. &c.

※※※※※※※※※※※※※※※※※※※※※※※※※※※※※※※※

RELIGION.

Pensées sur la Religion.

I.

L'Auteur du Livre des *Mœurs* établit pour maxime, *que le Sage doit se faire une loi de ne donner jaamis d'atteinte au culte dans lequel il est né*, &
de le respecter du moins par son silence. Cependan[t]
il attaque la Religion Chrétienne, & même avec
assez peu de ménagement. Beaucoup d'autres Ecrivains Incrédules posent comme lui cette maxime e[n]
principe, dans le temps même qu'ils la violent. Ils
font comme le Pédant de la Comédie, qui parloi[t]
beaucoup pour engager à se taire. Ils insultent la

Religion de leur pays, en disant qu'il faut laisser chacun tranquille dans sa Religion.

Ces hommes inconsidérés ne songent pas qu'il y auroit beaucoup à perdre pour eux-mêmes, s'ils réussissoient à briser ce frein de la méchanceté humaine. Les Incrédules sont ceux qui exagérent le plus cette méchanceté. Ils se plaisent à avilir les hommes, pour rabaisser le Créateur des hommes. Mais si nous avons tant de mal à craindre de nos semblables, pourquoi anéantirions-nous cette Religion, qui non-seulement ordonne d'aimer nos ennemis & de leur faire du bien, mais qui défend encore de les haïr & de leur nuire. Que les Impies la ménagent donc comme leur protectrice, par intérêt si ce n'est par reconnoissance ; enfin par rapport à cette vie s'ils n'en croient point d'autre.

II.

Quand les Apologistes de la Religion disent, que la source la plus ordinaire de l'incrédulité est dans l'intérêt que les libertins ont que la Religion soit fausse, les Incrédules crient à l'injustice. Mais leurs chefs savent bien que ce n'en est point une, parce qu'ils connoissent mieux que personne leurs prosélytes. Je les ai souvent vu rougir à la fois de leurs conquêtes & s'en répentir. Dans le même homme ils avoient séduit un sot, & rompu la chaîne d'un scélérat.

Citons le témoignage & les aveux d'un Philosophe célebre, M. *d'Alembert*. Voici comme il s'exprime dans celui des écrits qu'il a intitulé : *De l'abus de la critique en matiere de Religion.* " On ne ,, sauroit, dit-il, se dissimuler que les principes du ,, Christianisme sont aujourd'hui indécemment at- ,, taqués dans un grand nombre d'écrits. Il est ,, vrai que la maniere, dont ils le font pour l'or-

,, dinaire, est très-capable de rassurer ceux que ce
,, attaques pourroient allarmer. Le desir de n'avoi
,, plus de frein dans ses passions, la vanité de n
,, pas penser comme la multitude, ont fait plutô
,, encore que l'illusion des Sophismes, un granc
,, nombre d'Incrédules, qui, selon l'expression d
,, *Montaigne*, tâchent d'être pires qu'ils ne peu
,, vent. ,,

M. d'*Alembert* ajoute plus bas : " Quand on s
,, contentera de dire à un Athée, qu'il n'est pa
,, d'Athée de bonne foi, & que l'Athéisme a sa
,, source dans le libertinage du cœur, on aura
,, sans doute raison en général. ,, M. d'*Alember*
remarque ensuite, & son observation est égalemen
juste & importante, qu'il faut être d'autant plu
réservé à accuser d'impiété des Ecrivains célébres
qu'on fournit par-là une autorité au vulgaire de
Incrédules. " L'autorité, ajoute-t-il, est le granc
,, argument de la multitude ; & l'incrédulité, di
,, soit un homme d'esprit, est une espèce de fo
,, pour la plûpart des Impies. ,,

Ce mot est en effet très-digne d'un homme d'es
prit, parce qu'il est également juste & ingénieux; Il
ne faut pas accuser ceux qui ne sont pas convaincus;
ceux qui dans l'esprit du peuple ne passent pas pour
Incrédules. Mais quand un Ecrivain obscur ou ce
lebre est connu publiquement pour ennemi non
seulement de notre Religion, mais encore de toute
Religion, il seroit ridicule de chercher à l'excuser.
Le vulgaire offensé de pareils ménagemens, éleve-
roit sa voix contre l'esprit pusillanime, qui par
crainte ou par quelqu'autre motif, n'attacheroit pas
à un nom impie toute l'horreur qu'il lui inspire.

III.

C'est un malheur & un crime de n'avoir point de

Religion; c'est une folie de s'en vanter; mais le comble de la démence, c'est de répandre l'irréligion par ses discours & par ses écrits; c'est, selon l'expression de M. *Rousseau* de Geneve, cette fureur de faire des Prosélytes qui semble animer les Incrédules. (Lettre à M. d'*Alembert*, page 5.)

La probité d'un Incrédule, du moins d'un Matérialiste, d'un Athée, a besoin d'être bien connue pour être crue.

On peut dire des Incrédules, bien plus encore qu'on ne l'a dit des Princes, *qu'ils ont un cœur à trouver*.

Les cœurs, les bons cœurs, seuls dignes de ce nom, sont très-rares; mais ils le seroient bien davantage encore, si la grace n'en formoit pas dans ceux à qui la nature en a refusé. Par elle, le riche avare, avide & dur, devient sensible à la misere du pauvre, & répand ses richesses dans leur sein. Par elle l'homme naturellement borné à lui-même, resserré en lui-même, s'étend & s'ouvre à tous les autres hommes. Adorateur d'un Dieu leur pere & le sien, il les regarde comme ses freres. Ce qu'on appelle ordinairement un Philosophe, est à peine capable d'amitié. La Religion ne défend point ces sentimens à un Chrétien, mais elle l'épure & l'ennoblit par la charité. Alors, ce qui est permis ne prenant rien sur ce qui est commandé, les amitiés particulieres ne nuisent pas à la charité générale.

IV.

Les progrès de la Religion ont toujours étonné les Incrédules. Ils ont osé dire que *Constantin* en fut le principal mobile, & que ce Prince n'avoit embrassé le Christianisme, que par politique & par intérêt. Mais en avançant ce paradoxe, on n'a pas senti que si par-là on enlevoit à la Religion Chrétienne le préjugé que forme en fa faveur la conversion de ce Prince, on lui fournissoit une de ses plus fortes preuves, en convenant de la promptitude de son établissement. En effet, la conversion politique de *Constantin* supposeroit toujours, que de son temps les Chrétiens faisoient déja le plus grand nombre dans l'Empire, & que par conséquent les progrès du Christianisme avoient été extrêmement rapides, malgré tous les obstacles réunis.

De toutes les preuves de la vérité du Christianisme, la plus frappante peut-être, c'est qu'il ait été embrassé dès sa naissance par des Savans & des Philosophes. D'un côté, de pareils hommes n'ont pas cru sans preuves. De l'autre, les faits sur lesquels ces preuves sont fondées, étoient pour eux des faits tout récens, & dont par conséquent il leur étoit bien aisé de constater le vrai ou le faux. Comment donc auroient-ils pu s'y tromper? Il ne seroit pas téméraire de croire ces faits sur leur seule parole. C'est ce qui a fait dire à St. *Augustin* : comment peut-il y avoir encore des Incrédules depuis que les Philosophes ont cru. *Cur ergo Philosophis credentibus, infidelis non credet?*

Des hommes vulgaires m'attestent un fait; je suis d'autant plus réservé à le croire, que ce fait est plus extraordinaire. Mais si ce sont des hommes éclairés qui me l'attestent, je le crois d'autant plus aisément qu'il est plus merveilleux, parce qu'alors ils auront été eux-mêmes plus difficiles à croire. C'est un de ces cas où l'objection se tourne en preuve.

V.

Si c'étoit des gens d'esprit, qui eussent prêché la Religion Chrétienne, & des simples qui l'eussent crue, peut-être n'y auroit-il eu en cela rien d'étonnant ; mais ç'a été tout le contraire. Les simples ont prêché, & les gens d'esprit ont cru.

Douze pauvres pêcheurs sont les Apôtres d'un autre pauvre comme eux, & qui plus est, mort d'une mort déshonorante, & comme criminel.

Saint *Chrysostome* les représente au sortir du Cénacle, se partageant entr'eux l'Univers; & leur adressant la parole, " sans doute, leur dit-il, que
,, votre maître, en vous envoyant, vous a fourni
,, des moyens proportionnés à l'exécution d'un pro-
,, jet si extraordinaire? Point du tout; nous n'en
,, connoissons pas d'autres que la confiance sans
,, bornes que nous avons en sa parole: il nous a
,, dit, *allez, enseignez toutes les Nations*; nous lui
,, obéissons. Nous allons enseigner l'Univers, c'est
,, à lui de faire le reste. ,,

Si le Prédicateur d'une nouvelle Religion prêche des dogmes qui révoltent l'esprit, & une morale qui révolte le cœur, il faudra des miracles pour qu'il réussisse; c'est le cas de Jesus-Christ. Si au contraire il prêchoit des dogmes déja reçus, ou qui du moins ne choquassent point la raison, & une morale qui flattât les passions, il faudroit des miracles, pour qu'il ne réusît pas; c'est le cas de *Mahomet*.

Les Apôtres, à l'exception de St. *Paul*, étoient méprisés par les autres Juifs, & la Nation entiere l'étoit beaucoup par toutes les autres Nations. Ainsi le plus grand obstacle à l'établissement du Christianisme, étoit peut-être son origine. Pour les Juifs, c'étoit de venir de Galilée, & pour les Payens de venir de Judée.

On sait que l'Empereur *Julien* affectoit d'appeller les Chrétiens *Galiléens*; cependant ce sont ces Galiléens qui ont persuadé d'abord un nombre de Juifs, très-grand en soi, quoique petit en comparaison du reste du nombre de la Nation; ensuite un nombre infini de Romains & de Grecs.

„ Douze hommes, dit M. *Bossuet*, douze hom-
„ mes d'une nation & d'une profession méprisées
„ annoncent un Dieu crucifié ; & non-seulement ils
„ font croire en lui, mais ils le font imiter. „ Là,
poursuit l'éloquent Prélat, " là périssent & s'éva-
„ nouissent toutes les Idoles, & celles qu'on adoroit
„ sur des Autels, & celles qu'on servoit dans son
„ cœur. Celles-ci avoient élevé les autres. „

D'une part, rien de plus éclatant que les miracles de Jesus-Christ ; de l'autre, rien de plus crédule que les Juifs. Comment donc, parmi eux, le
plus grand nombre n'a-t-il pas cru ? Cela s'explique
fort aisément. Jesus-Christ ne portoit pas les caractères qu'ils vouloient trouver dans leur Messie.
Mais le petit nombre qui a cru, a fait croire les
Nations. Cela seroit inexplicable sans les miracles,
& à peine suffisent-ils pour l'expliquer. Mais la puissance qui les opéroit, agissoit encore sur les cœurs,
& c'étoit-là ses plus grands prodiges. Il n'appartient
qu'à la vérité de persuader avec tant de force, &
Dieu seul peut inspirer tant d'amour pour la vérité.

VI.

Une infinité de Chrétiens périssent par le martyre,
& les autres se vouent à la continence. Cependant
leur nombre croissoit de jour en jour, & le Christianisme s'établissoit par la virginité & par la mort.
C'étoit pour lui un germe de fécondité & de vie.

Si le Fanatisme, dit l'Auteur des *Pensées Philo-*
sophiques, a eu ses Martyrs, comme la vraie Religion,
comptons les morts & croyons. J'y consens, & je répéte après lui : *comptons les morts & croyons* ; mais
j'ajouterai : comptons aussi les hommes vertueux ;
vertueux, dis-je, non-seulement de la vertu Chrétienne méprisée par les Incrédules, mais encore de

celle qu'ils vantent, la vertu de *Titus*, & de *Marc-Aurele* ; la vertu généreuse, bienfaisante ; comptons ces hommes à l'aspect desquels les Payens s'écrioient : *voyez comme ils s'aiment les uns les autres*. Enfin, comptons les hommes éclairés, les grands esprits, depuis la naissance du Christianisme jusqu'à nos jours. Mettons d'un côté les Incrédules les plus fameux, & de l'autre les génies les plus beaux & les plus élevés, & cependant les plus dociles, & les plus fideles ; dans les premiers siecles de l'Eglise, les *Basile*, les *Chrysostome*, les *Jérôme*, les *Augustin*, &c. dans ce siecle, les *Bourdaloue*, les *Bossuet*, les *Pascal*, les *Malebranche*, &c. Encore une fois, comptons-les, & croyons.

Dieu n'a pas voulu que la vérité de la Religion Chrétienne fût si évidente, qu'on ne pût y opposer aucune difficulté. On y en oppose donc, & ses Apologistes ne les ont pas dissimulées. Elles sont de deux sortes ; les unes pourroient être appellées savantes, les autres Philosophiques. Mais si ces difficultés sont la vraie & unique source de l'incrédulité, si ces objections sont les preuves des Incrédules, étoient-elles ignorées des grands hommes que nous venons de nommer ? Qui connoissoit mieux les difficultés savantes, qu'un *Jérôme* & un *Bossuet* ; les difficultés Philosophiques, qu'un *Augustin*, un *Pascal*, & un *Malebranche* ? Qu'on me cite, je ne dis pas leurs supérieurs, mais leurs égaux, parmi les Incrédules les plus célebres par leur érudition & par la Philosophie. Je le répete donc encore : *comptons & croyons*.

RELIGION.

§. II.

Pensées de deux Philosophes (*) sur la Religion.

De combien de douceurs n'est pas privé celui à qui la Religion manque? Quel sentiment peut le consoler dans ses peines? Quel spectateur anime les bonnes actions qu'il fait en secret? Quelle voix peut parler au fond de son ame? Quel prix peut-il attendre de la vertu? Comment doit-il envisager la mort? R.

Une derniere ressource à employer contre l'Incrédule, c'est de le toucher, c'est de lui montrer un exemple qui l'entraîne, & de lui rendre la Religion si aimable, qu'il ne puisse lui résister.

Quel argument contre l'Incrédule que la vie du vrai Chrétien! Y a-t-il quelque ame à l'épreuve de celui-là? Quel tableau pour son cœur quand ses amis, ses enfans, sa femme concourront tous à l'instruire en l'édifiant! Quand, sans lui prêcher Dieu dans leurs discours, ils le lui montreront dans les actions qu'il inspire, dans les vertus dont il est l'Auteur, dans le charme qu'on trouve à lui plaire! Quand il verra briller l'image du Ciel dans sa maison! Quand une fois le jour il sera forcé de se dire: *non, l'homme n'est pas ainsi par lui-même, quelque chose de plus qu'humain regne ici.* R.

Un heureux instinct me porte au bien, une violente passion s'éleve: elle a sa racine dans le même

---

(*) M. *Rousseau* & M. de *Montesquieu*. Les combats que ces deux grands hommes ont livré à quelques dogmes du Christianisme donnent beaucoup de force à ce qu'ils ont dit en sa faveur. Nous distinguerons leurs réflexions par la premiere lettre de leur nom.

instinct ; que ferai-je pour la détruire ? De la considération de l'ordre je tire la beauté de la vertu, & sa beauté de l'utilité commune ; mais que fait tout cela contre mon intérêt particulier, & lequel au fond m'importe le plus, de mon bonheur aux dépens du reste des hommes, ou du bonheur des autres au dépens du mien ? Si la crainte de la honte ou du châtiment m'empêche de mal faire pour mon profit, je n'ai qu'à mal faire en secret, la vertu n'a plus rien à me dire ; & si je suis surpris en faute, on punira comme à Sparte, non le délit, mais la mal-adresse. Enfin que le caractere & l'amour du beau soit empreint par la nature au fond de mon ame, j'aurai ma regle aussi long-temps qu'il ne sera point défiguré ; mais comment m'assurer de conserver toujours dans sa pureté cette effigie intérieure, qui n'a point parmi les êtres sensibles de modele auquel on puisse la comparer ? Ne sait-on pas que les affections désordonnées corrompent le jugement ainsi que la volonté, & que la conscience s'altére & se modifie insensiblement dans chaque peuple, dans chaque individu, selon l'inconstance & la variété des préjugés ? Adorons l'Etre éternel, d'un souffle nous détruirons ces fantômes de raison qui n'ont qu'une vaine apparence & fuyent comme une ombre devant l'immuable vérité. *R.*

Fuyez ceux qui, sous prétexte d'expliquer la nature, sement dans les cœurs des hommes de désolantes doctrines & dont le scepticisme apparent est une fois plus affirmatif & plus dogmatique que le ton décidé de leurs adversaires. Sous le hautain prétexte qu'eux seuls sont éclairés, vrais, de bonne foi, ils nous soumettent impérieusement à leurs décisions tranchantes, & prétendent nous donner, pour les vrais principes des choses, les inintelligibles systêmes qu'ils ont bâtis dans leur imagination. Du reste, renversant, détruisant, foulant aux pieds tout ce que les hommes respectent, ils ôtent aux affligés la derniere consolation de leur misere, aux puissans & aux riches le seul frein de leurs passions ; ils arrachent du fond des cœurs le remord du crime, l'espoir de la vertu, & se vantent encore d'être les bienfaiteurs du genre humain. Jamais, disent-ils, la vérité n'est nuisible aux hommes, je le crois comme eux, & c'est à mon avis une grande preuve que ce qu'ils enseignent, n'est pas la vérité. *R.*

La Religion est toujours le meilleur garant que l'on puisse avoir des mœurs & de la probité des hommes. *M.*

L'homme pieux & l'Athée parlent toujours de Religion ; l'un parle de ce qu'il aime ; l'autre de ce qu'il craint. *M.*

Un Prince qui aime la Religion & qui la craint, est un lion qui céde à la main qui le flatte, ou à la voix qui l'appaise. Celui qui craint la Religion & qui la hait, est comme les bêtes sauvages, qui mordent la chaîne qui les empêche de se jetter sur ceux qui passent. Celui qui n'a point du tout de Religion est un animal terrible, qui ne sent sa liberté, que lorsqu'il déchire & qu'il dévore. *M.*

Quand il seroit inutile que les sujets eussent une Religion, il ne le seroit pas que les Princes en eussent, & qu'ils blanchissent d'écume le seul frein que ceux qui ne craignent pas les loix humaines, puissent avoir. *M.*

RELIGION.

Dieu aime les hommes, puisqu'il établit une Religion pour les rendre heureux ; s'il aime les hommes, on est sûr de lui plaire en les aimant aussi, c'est-à-dire, en exerçant envers eux tous les devoirs de la charité & de l'humanité, & en ne violant point les loix sous lesquelles ils vivent. *M.*

Dans quelque Religion qu'on vive, l'observation des loix, l'amour pour les hommes, la piété envers les parens, sont toujours les premiers actes de la Religion. *M.*

La Religion Chrétienne qui ordonne de s'aimer veut sans doute que chaque peuple ait les meilleures loix politiques & civiles, parce qu'elles sont après elle, le plus grand bien que les hommes puissent donner & recevoir. *Plutarque* dit dans la vie de Numa, que dans le temps de *Saturne*, il n'y avoit ni maître ni esclave. Dans nos climats, le Christianisme a ramené cet âge.

Nous devons au Christianisme, dans le gouvernement, un certain droit politique, & dans la guerre, un certain droit des gens, que la nature humaine ne sauroit assez reconnoître. C'est ce droit des gens, qui fait que parmi nous, la victoire laisse aux peuples vaincus ces grandes choses, la vie, les loix, & les biens, lorsqu'on ne s'aveugle pas soi-même. *M.*

La Religion du Ciel ne s'établit pas par les mêmes voies que les Religions de la terre. La Religion Chrétienne a-t-elle résolu d'entrer dans un Pays ? Elle fait s'en faire ouvrir les portes ; tous les instrumens sont bons pour cela ; se cache-t-elle dans les lieux souterrains ? Attendez un moment, & vous verrez la majesté impériale parler pour elle. Elle traverse, quand elle veut, les mers, les rivieres & les montagnes. Ce ne sont pas les obstacles d'ici-bas qui l'empêchent d'aller.

Etablissez des coutumes, formez des usages, publiez des édits, faites des loix, la Religion Chrétienne triomphera du climat, des loix qui en résultent & des Législateurs qui les auront faites. Dieu, suivant des décrets que nous ne connoissons pas, étend ou resserre les limites de sa Religion.

Dieu permet que sa Religion cesse d'être dominante en plusieurs endroits ; non pas qu'il l'abandonne, mais parce que, qu'elle soit dans la gloire ou dans l'humiliation extérieure, elle est toujours également propre à produire son effet naturel, qui est de sanctifier. *M.*

La prospérité de la Religion est différente de celle des Empires. Un Auteur célebre disoit qu'il étoit bien aise d'être malade, parce que la maladie est le vrai état du Chrétien. On pourroit dire de même que les humiliations de l'Eglise, sa dispersion, la destruction de ses temples, les souffrances de ses Martyrs sont les temps de sa gloire, & que lorsqu'aux yeux du monde elle paroît triompher, c'est le temps ordinaire de son abaissement. *M.*

La Religion Chrétienne enveloppe toutes les passions ; elle n'est pas plus jalouse des actions que des desirs & des pensées ; elle ne nous tient point attachés par quelque chaîne ; mais par une foule innombrable de fils ; elle laisse derriere elle la justice humaine, pour commencer une autre justice ; elle est faite pour nous mener sans cesse du répentir à l'amour, & de l'amour au répentir ; elle met entre le juge & le criminel un grand médiateur, entre le juste & le médiateur un grand juge. *M.*

Ce n'est pas assez pour une Religion d'établir un dogme, il faut qu'elle le dirige. Ainsi la Religion Chrétienne nous fait espérer un état que nous croyons, non pas un état que nous sentons. Tout, jusqu'à la résurrection des corps, nous mene à des idées spirituelles. *M.*

§. III.

Objections contre toutes les preuves de la Religion.

Premiere Objection.

„ La Religion étant en quelque sorte nécessaire
„ pour contenir les hommes, il ne seroit pas éton-
„ nant que les Princes de la terre en fussent les pre-
„ miers inventeurs, & qu'elle eût dans la suite des
„ siécles passé pour divine auprès des peuples su-
„ perstitieux. C'est ainsi que *Numa* en imposa aux
„ Romains; ainsi *Mahomet* en imposa-t-il à ses
„ Sectateurs, &c. & par conséquent on peut attri-
„ buer cette invention à ceux à qui elle pouvoit être
„ la plus utile. „

Reponse.

De quelle Religion parle-t-on ici? Est-ce de celle des Payens? Est-ce de celle des Musulmans? N'est-ce pas là nous jetter à l'écart, en voulant mettre de niveau ces infâmes superstitions avec l'auguste Religion de Jesus-Christ, dont il est uniquement question? Outre que j'ai démontré qu'il est impossible que tous les hommes ensemble l'ayent imaginée & établie comme elle l'a été, c'est un fait constant que les Grands de la terre se sont opposés de toutes leurs forces à son établissement. Avec quel acharnement les Princes des Prêtres & les autres Chefs de la Synagogue n'ont-ils pas persécuté les Disciples de l'Homme crucifié ? Avec quelle fureur les Empereurs Payens, ces maîtres du Monde, ne se sont-ils pas efforcés d'étouffer le Christianisme dans son berceau ? Trois siécles de persécution toutes plus cruelles les unes que les autres, ont bien fait voir que cette Religion ne devoit pas son origine aux hommes, & sur-tout aux Grands de la terre. Apparemment c'étoit pour appuyer la Religion Chrétienne, que les *Néron*, les *Trajan*, les *Déce*, les *Diocletien*, les *Maximien*, les *Julien* ont inondé la terre du sang d'une infinité de Chrétiens. N'est-ce pas déshonorer le bon sens que de nous faire ici une objection & si frivole & si déplacée ? Quoi ! parce que des hommes artificieux, hardis & entreprenans seront venus à bout d'établir des Religions purement profanes & tout-à-fait indignes de la raison, on pourroit soupçonner que la Religion la plus auguste, la plus incompréhensible, la plus sainte, la plus digne de la pure raison, est aussi une invention humaine ? Il est bien difficile de se modérer, lorsqu'on voit des hommes qui se piquent d'avoir de l'esprit, du bon sens & de l'érudition, raisonner si pitoyablement, faire des comparaisons si peu mesurées, & hazarder des suppositions si contraires à la notoriété des faits. Il est constant que le Christianisme a été établi malgré toutes les oppositions du monde & tous les efforts de l'enfer, & l'on vient froidement nous dire qu'il pourroit bien avoir été établi par artifice & par force. Quelle extravagance !

Mais l'Idolâtrie & le Mahométisme ont pu être établis par autorité humaine ; il ne seroit donc pas surprenant que la Religion chrétienne eût été établie de la même façon.

Cette

RELIGION.

Cette conséquence est assurément des plus nouvelles : l'Idolâtrie & le Mahométisme flattent les passions, favorisent le libertinage, n'imposent rien de gênant à leurs Sectateurs. La force, la violence, l'ignorance ont eu la meilleure part à leur établissement, oseroit-on dire la même chose de la Religion Chrétienne & de sa merveilleuse propagation? Il faudroit pour cela démentir toutes les histoires, & contredire l'évidence des faits. La comparaison qu'on voudroit faire ici, n'est donc pas soutenable.

II. OBJECTION.

"Les hommes ont inventé les choses les plus
» absurdes : rien de plus contraire à la droite raison
» que la pluralité des Dieux, que les deux prin-
» cipes des Manichéens, que les rêveries des Va-
» lentiniens, des Ebionites, des Gnostiques, &c.
» Rien de plus ridicule que l'Alcoran, & cepen-
» dant nous n'avons garde de croire que toutes ces
» extravagances ayent été révélées par la Divinité.
» C'est donc sans aucun fondement que nous pré-
» tendons que les Mystéres de la Religion sont ré-
» vélés, parce qu'ils sont absolument incompré-
» hensibles, & qu'ils paroissent révolter la raison."

RÉPONSE.

Cette difficulté a d'abord quelque chose de spécieux : mais si l'on y regarde de près, l'on verra que c'est une fausse lueur qui ne peut éblouir que des esprits superficiels. En effet la différence est totale & sensible. 1°. Les Payens qui ont mis au rang des Dieux des hommes vicieux, de vils animaux, des plantes méprisables, des statues inanimées, n'avoient pas de la Divinité la même idée qu'en ont les Chrétiens, & qu'en ont eu même les Sages de l'antiquité. Ils ne regardoient pas ces Dieux imagi-

Tome II. T

naires comme des Etres infinis en tout genre de perfection ; au contraire leur raison, toute dépravée qu'elle étoit, leur persuadoit qu'il y avoit un premier Dieu qui étoit comme le Pere & le Maître des autres Divinités subalternes. Et pour autoriser leurs désordres, ils attribuoient les vices les plus grossiers à ce prétendu premier Dieu, à ce *Jupiter* Tout-Puissant. Ces imaginations extravagantes déshonorent la pure raison, il est vrai ; mais elles ne sont pas au-dessus de la portée d'une raison gâtée par la dépravation du cœur. D'ailleurs, les Payens croyoient-ils bien sérieusement les rêveries de leurs Poëtes ; les combats des Dieux, les aventures galantes de *Jupiter*, les caprices de *Junon*, la culbute de *Vulcain*, &c. Mais supposé que le peuple ait cru toutes ces extravagances ; car de quoi n'est pas capable une multitude ignorante & insensée ? Les plus sages d'entre les Payens n'ont eu garde d'ajouter foi à ces fables monstrueuses. Ne les ont-ils pas tournées en ridicule ? Ne se sont-ils pas mocqué de ces Oracles ambigus que rendoient ou des Prêtres corrompus, ou des Démons trompeurs ? *Ciceron* ne dit-il pas qu'il ne comprenoit point comment deux Augures pouvoient s'entrevoir, sans rire de la crédulité du peuple qu'ils amusoient par des pronostics arbitraires & sans fondement ? *Socrate*, & après lui tant de Philosophes, n'ont-ils pas soutenus l'unité de l'Etre suprême ?

Enfin les fables payennes sont visiblement une dépravation des vérités primitives que Dieu avoit manifestées aux hommes, & des merveilles contenues dans les Livres des Juifs ; est-il au-dessus d'une raison aveuglée par les passions de corrompre, d'altérer, de défigurer certaines vérités qu'on n'a pas eu soin de transmettre avec une religieuse fidélité ?

Peut-on dire la même chose des Mystéres de la

Religion Chrétienne ? Ce n'est ni la passion ni le libertinage qui les ont suggérées aux premiers Chrétiens ; puisque la plupart de ces augustes dogmes révoltent toutes les inclinations de la nature. Ce ne sont point seulement les simples qui les ont crus, ce sont les Sages, les Philosophes, les plus grands Hommes, qui les ont embrassés, qui les ont soutenus par les Ouvrages les plus solides & les plus lumineux, & qui les ont enfin scellés de leur sang. Quelle différence donc entre les opinions insensées du Paganisme, & la juste croyance des Chrétiens ! & a-t-on bonne grace de venir nous dire, que puisque la raison corrompue & aveuglée a pu imaginer des rêveries indignes d'un homme sage, les sublimes Mystéres de la Religion Chrétienne, pourroient bien être aussi des fictions de la raison pure & saine ? n'est-ce pas se déshonorer de gayeté de cœur que de raisonner de la sorte ?

2°. C'est encore une raison présomptueuse, & pour cela même, justement aveuglée, qui a imaginé les deux principes des Manichéens. Ils ne pouvoient concevoir qu'il y eût sur la terre tant de maux sous un Dieu infiniment bon, & ne faisant point attention que les maux physiques ne sont pas de véritables maux, & que le mal moral ou le péché est uniquement l'effet de la malice de l'homme ; ils ont porté l'extravagance jusqu'au point d'avancer qu'il y avoit deux Principes Éternels, l'un Auteur du bien, l'autre Auteur du mal ; mais à qui ont-ils persuadé ce dogme insensé ? ce n'est sûrement pas à des hommes sages, éclairés, vertueux & ennemis de tout libertinage ; qu'on en juge par les abominations qu'on a si justement reprochées à cette misérable Secte, qui ne s'est multipliée qu'en se cachant, & qui a été en horreur à l'Univers.

Au reste, ce sont des difficultés mal entendues

& sottement exagérées, qui ont donné naissance aux Manichéens. Oseroit-on dire que le Christianisme a une pareille origine ? quelles difficultés philosophiques ont pu donner occasion d'imaginer l'Unité de Dieu & la Trinité des Personnes, l'Incarnation, la mort d'un Homme-Dieu pour tous les hommrs, l'Eternité des récompenses, & des supplices, &c. il n'y a donc pas de bon sens à nous faire ici une objection si peu mesurée ; on peut appliquer ees réponses à ce qui regarde les Valentiniens, les Ebionites, les Gnostiques, &c. gens souverainement décriés pour leurs extravagances & leurs désordres.

3°. Rien n'est plus fou que l'Alcoran, il est vrai ; mais c'est pour cela même qu'il est digne de son Auteur. L'Histoire de *Mahomet* est trop connue, pour que j'entre ici dans un grand détail : cet homme hardi, entreprenant, & corrompu au souverain dégré, a je ne dis pas inventé, mais compilé un système, partie Juif, partie Payen ; à certaines vérités déja connues, il a ajouté des rêveries, que lui-même n'a pu croire ; & pour flatter une troupe de Sectateurs aussi vicieux que lui, il a établi des maximes qui favorisent la lubricité en permettant la pluralité des femmes avec d'autres voluptés, & en promettant pour récompense, un Paradis tout charnel. Dans tout cela y a-t-il rien qu'un homme en délire ne puisse imaginer, ou qu'un homme adroit ne puisse feindre pour venir à ses fins ? ce n'est point donc là le cas de la Religion Chrétienne ; mais sans m'attacher autrement à ce que je viens de dire, je crois pouvoir finir cette longue réponse par une réflexion aussi courte qu'elle me paroît solide. La voici : ce n'est point la raison qui a inventé ces dogmes absurdes qu'elle abhorre, comme ce n'est pas elle qui a imaginé les Mystéres de la Religion, auxquels elle se soumet. C'est l'ignorance, la stupidité, le libertinage, l'aveuglement, le sens réprouvé, la supercherie, qui ont enfanté les bizarres rêveries des Payens, des Manichéens & des Mahométans. Peut-on donner à tous ces vices le glorieux nom de raison ? la raison, est cette lumiere pure que Dieu nous a donnée pour guide & pour flambeau, & cette lumiere si pure n'est-elle pas incompatible avec ces monstrueuses ténebres ? Cette raison peut-elle embrasser des opinions absurdes & contradictoires, qui renversent ses plus pures idées ? Il y a donc contradiction à dire que la raison a inventé & soutenu des dogmes qu'elle est forcée de rejetter aussi-tôt qu'elle y regarde de près ; mais aussi y a-t-il contradiction à avancer que cette même raison, quelque épurée qu'on la suppose, a imaginé, soutenu & persuadé les incompréhensibles Mystéres que nous croyons, & qui sont évidemment hors de sa sphere ; car pour cela il faudroit qu'elle atteignît où elle ne peut atteindre ; que devient donc l'objection présente ? elle se réduit à ce beau raisonnement. Des hommes corrompus, aveugles, furieux, sans science, sans régle & sans Religion, ont pu imaginer des extravagances qui combattent ouvertement le sens commun, & l'honnêteté naturelle : donc il est possible que des hommes sages, éclairés, modestes, & dégagés de toutes les passions, ayent imaginé & persuadé les dogmes les plus sublimes, les plus purs, les plus saints, mais qui surpassent infiniment la portée de la raison ; c'est-à-dire, la folie s'est efforcée de dégrader la raison : donc la raison a pu se surpasser elle-même, ou bien, l'œil gâté voit de travers les objets, donc l'œil sain & entier peut voir des objets qui sont hors de sa portée. Qui ne voit qu'il faut renoncer au bon sens pour regarder comme supportable un parallogisme si honteux?

RELIGION.
III. Objection.

" Dieu ne peut approuver des actions contraires
„ à la sainteté : il ne peut être le garant de mille
„ contradictions ; & dès qu'il parle, il le fait d'une
„ maniere digne de sa sagesse, c'est-à-dire, sans
„ absurdité, sans équivoque & sans détours. Il
„ n'est donc ni l'Auteur ni l'Approbateur des Livres
„ que nous regardons comme divins, puisqu'on y
„ trouve l'approbation du mensonge dans les Sages-
„ Femmes de l'Egypte & dans Judith : que tout
„ y fourmille de contradictions, & que rien n'est
„ plus obscur qu'une infinité de textes de cette
„ Ecriture. „

Reponse.

Jamais les Adversaires de la Religion ne montreront que l'Ecriture ait loué le mensonge des Sages-Femmes Egyptiennes, ou celui de *Judith*. Elle a donné des éloges à ces femmes, parce qu'elles *craignoient le Seigneur*, & elle a vanté le courage & la fermeté de cette Héroïne, qui a sauvé son peuple en coupant la tête à *Holoferne*, &c. Voilà tout.

Y a-t-il là rien qui démente la sainteté de Dieu?

Pour ce qui regarde les contradictions qu'on prétend trouver dans les Livres Saints, nous répondons qu'elles ne sont qu'apparentes, que personne n'est jamais venu à bout d'en montrer une seule qui fût évidente, & que les explications qu'y donnent les Interprêtes, sont au moins plausibles. D'ailleurs, on peut s'en tenir à la réponse générale de Saint *Augustin*, que certains textes nous paroissent contradictoires, parce que nous ne les entendons pas : au reste, on défie tous les Déistes d'articuler une seule contradiction, même apparente, sur les dogmes essentiels de la Foi & de la Morale. Les difficultés qu'on vante tant, ne regardent que quelques points de Chronologie, de Géographie ou d'Histoire fort indifférens au fond de la Religion ; mais quelque indifférens que soient ces points, nous soutenons hardiment que jamais les Déistes n'y démontreront une contradiction palpable.

Enfin, Dieu s'est assez clairement expliqué sur ce qui regarde le culte qui lui est dû, sur les articles principaux de la Religion, sur tous les préceptes de la Morale. Mais eût-il laissé quelque obscurité dans quelques-uns de ces articles, sa sagesse infinie y auroit suffisamment pourvû, en établissant sur la terre un Tribunal infaillible, dont les Oracles doivent dissiper tous les doutes, & fixer toutes les opinions.

IV. Objection.

" Il y a dans le monde tant de Livres apocriphes
,, ou supposés, tant d'Histoires Romanesques,
,, tant de récits fabuleux à quoi pourtant l'on a
,, donné croyance, qu'il ne seroit pas étonnant que
,, les Livres des Juifs & des Chrétiens fussent l'ou-
,, vrage de quelques hommes ou trompés, ou trom-
,, peurs ; d'autant plus que ces Livres nous présen-
,, tent mille faits incroyables contre lesquels notre
,, raison se révolte, & par conséquent l'impossibi-
,, lité que ces Livres ayent été fabriqués à plaisir,
,, n'est pas démontrée. ,,

Reponse.

Cette difficulté ainsi proposée présente elle-même de quoi la détruire ; car l'univers n'auroit jamais cru ces faits incroyables, s'il n'y avoit visiblement apperçu le doigt de Dieu. Non, les Juifs qui ont été les premiers Chrétiens, & les Gentils qui ont embrassé la Croix qu'ils avoient peu auparavant traité de folie, n'eussent jamais cru la mort de l'Homme-Dieu, fa Réfurrection, fon Afcenfion, les Opérations merveilleufes du Saint-Efprit fur les Apôtres & les premiers Fideles, & fur-tout l'obligation de porter fans ceffe la Croix, pour être éternellement heureux, fi les Prédicateurs de l'Evangile n'avoient point évidemment prouvé que c'étoit de la part de Dieu qu'ils prêchoient cette Religion fi incompréhenfible & fi févere, & fi Dieu lui-même n'avoit pris foin d'appuyer leur prédication par les merveilles les plus éclatantes.

D'ailleurs quelle comparaifon ofe-t-on faire ici entre quelques Romans & quelques Hiftoires hafardées, & ce grand corps de Doctrine qu'on nomme la Bible? Ceux-là font des contes en l'air qu'on a fouvent donnés pour tels, ou des aventures peu connues qui n'ont trompé que ceux qui ont bien voulu s'y laiffer prendre; ou du moins des hiftoires peu intéreffantes, & qui n'impofent aucun devoir à l'homme. Mais la Bible eft un corps de Religion incompréhenfible dans fes Myftéres, infiniment pure dans fes maximes, infiniment auftére dans fa morale, dont prefque tous les préceptes révoltent toutes les inclinations de la nature. Ceux-là enfin font des Livres ifolés qui n'ont été appuyés par aucun autre Livre, & qui font infenfiblement tombés dans le mépris ou dans l'oubli : ici c'eft un Livre étayé, expliqué, commenté par une infinité d'ouvrages également folides & pieux; un Livre traduit en toutes fortes de Langues; un Livre révéré comme divin par les hommes les plus favans & les plus vertueux, un Livre dont les Payens même ont refpecté la divinité; & l'on n'aura pas honte de nous dire que ce Livre pourroit être le fruit de l'impofture, parce que des hommes oififs & vains ont donné quelque cours à des hiftoriettes propres à amufer des enfans & des femmes; en vérité il faut bien peu ref-

RELIGION.

pecter le sens commun, pour s'arrêter à des objections, ou plutôt à des vétilles si méprisables.

V. Objection.

„ On convient que les premiers Chrétiens n'ont
„ pas fabriqué après coup les Livres des Juifs ; que
„ ces Livres ont existé avant la naissance du Chris-
„ tianisme, & qu'on seroit forcé de les regarder
„ comme divins, s'ils contenoient des Prophéties
„ claires, intelligibles, précises, & dont per-
„ sonne ne pût contester le véritable sens. Mais ces
„ Prophéties que les Chrétiens font sonner si haut,
„ sont obscures & ambigues : les Juifs les entendent
„ tout autrement que les Chrétiens, & les Chré-
„ tiens eux-mêmes ne sont pas trop d'accord entre
„ eux sur le vrai sens de la plupart de ces Prophé-
„ ties ; par exemple, que de disputes sur cette Pro-
„ phétie d'*Isaïe* : *Ecce Virgo concipiet* : Voilà qu'une
„ Vierge concevra ; sur celle de *Jacob*, sur les se-
„ maines de *Daniel*, &c. On est donc en plein
„ droit de les regarder ou comme non venues, ou
„ comme sujettes à des contestations interminables,
„ ce qui n'est gueres propre à persuader leur divi-
„ nité ; car si Dieu eût tant fait que de predire un
„ avenir intéressant, il eût été de sa bonté & de sa
„ sagesse de l'annoncer d'une maniere à ne pas s'y
„ méprendre. „

Reponse.

Si les Prophéties qui regardoient le Messie, le temps de sa venue, & son caractere distinctif, n'avoient pas été claires & précises, & si les Juifs ne les avoient pas entendues comme nous, au temps qu'elles se sont accomplies, ce ne seroit pas des Juifs que se fût formée l'Eglise Chrétienne. Non, jamais les Juifs n'auroient adoré comme Dieu, cet homme que la Synagogue avoit crucifié, s'ils n'avoient été perfuadés qu'il étoit vraîment le Grand Prophéte, l'Envoyé de Dieu, le Défiré des Nations. Hé ! comment en auroient-ils été perfuadés, s'ils n'avoient point vu alors toute leur Nation dans l'attente du Meffie, à caufe que le temps marqué par *Jacob*, & par *Daniel*, étoit arrivé ; & s'ils n'avoient pas vu les autres circonftances prédites par les Prophétes, ponctuellement accomplies dans la Mort & dans la Réfurrection de Jesus-Christ ? Apparemment les hommes de ces anciens temps étoient faits autrement que ceux de nos jours ; & il n'y a que nos beaux efprits qui foient incapables de devenir dupes. Qui le croira ? Il eft donc conftant que les Juifs attendoient le Meffie vers le temps que Jesus-Christ a paru. Ils ne pouvoient l'attendre qu'en vertu de ces prédictions qui marquoient affez les conjonctures où il devoit paroître : ces conjonctures étoient l'anéantiffement de la puiffance fouveraine dans la Tribu de *Juda*, & la fin des fameufes femaines de *Daniel* ; de quelque maniere qu'on explique la Prophétie de *Jacob*, il eft certain qu'elle regardoit le Meffie, & le temps de fa venue, & qu'il ne devoit pas venir avant que le peuple Juif ceffât d'avoir la fouveraineté ; il ne l'avoit plus, lorfque Jesus-Christ a paru ; *Hérode*, Prince étranger, étoit Roi de Galilée, & un Gouverneur Romain commandoit dans la Judée : de même quelque Epoque que l'on donne au commencement des femaines révélées à *Daniel*, elles finiffoient au temps de Jesus-Christ ; c'étoit donc vers ce temps-là que la Nation Juive devoit naturellement attendre le Grand Prophéte, l'*Agneau Dominateur*, le Libérateur d'Ifraël, après lequel elle foupiroit depuis long-temps : auffi l'a-t-elle attendu alors. Hé ! d'où font venus les Hérodiens qui regardoient *Hérode* comme le Messie ? D'où sont venus ces faux Christs qui ont troublé la Judée ? D'où est venu à *Joseph*, Historien Juif, la pensée de donner le glorieux titre de Messie à l'Empereur *Vespasien*, si ce n'est dans la persuasion où étoient tous les Juifs que c'étoit alors le temps de la venue du Messie ? Persuasion qui avoit passé jusqu'aux Gentils, comme il est prouvé par un texte précis de *Suétone*. (*) Il falloit donc que les Prophéties qui marquoient ce temps, fussent assez claires, pour qu'on ne pût s'y méprendre entierement.

Mais quand j'accorderois qu'il y avoit quelque obscurité dans ces prédictions, jusqu'à ce qu'elles fussent clairement & entierement accomplies, il n'en seroit pas moins vrai qu'elles ont cessé d'être obscures & ambigues au moment qu'on en a vu l'éclaircissement entier & parfait dans la seule personne du CHRIST ; or c'est cet accomplissement qu'on a vu clairement dans JESUS de Nazareth, ou bien, comme je l'ai déja remarqué, il faut regarder les Evangiles, les Actes & les Epîtres des Apôtres comme des Romans indignes d'Auteurs tant soit peu sensés, & comme absolument incapables d'en imposer à d'autres qu'à des fous. En effet, avec quel front les Apôtres & les Evangélistes ont-ils sans cesse renvoyé les Juifs aux prophéties qui regardoient le Messie & la Loi ; si ces prophéties n'étoient pas ou réelles, ou assez claires alors, si les Juifs ne les entendoient pas comme les Apôtres, si on pouvoit en contester l'accomplissement, ou en énerver la force par les vaines subtilités que les Juifs réprouvés ont inventées depuis, & que les Déistes ont si avidement & si imprudemment saisies ? Il n'y a pas de milieu : il faut regarder tous les Livres du Nouveau Testament comme des rapsodies dignes du dernier

---

(*) *Sueton. in Vespas.*

mépris, ou il faut croire qu'il y a eu chez les Juifs des prophéties claires, intelligibles, précises qui marquoient la venue du Messie, tous ses caracteres, & le temps de son avénement : prophéties dont l'accomplissement clair & exact a fait impression sur tous les esprits qui n'ont pas fermé volontairement les yeux à la lumiere. Le premier parti n'est pas soutenable, à moins qu'on ne veuille accuser de bêtise & de folie tout l'Univers qui a adopté ces Livres comme vrais. En venir là, est-ce donner une idée bien avantageuse de sa sagesse & de son bon sens ?

Il faut donc en revenir au second parti qui est de ne croire pas tout l'Univers assez fou, pour donner aveuglement & sans raison, croyance aux Evangiles ; & par conséquent c'est témérairement & à la volée qu'on ose objecter des vétilles contre la réalité & la clarté des prophéties : ainsi je ne perdrai pas le temps à expliquer les différentes contestations qu'ont eu quelques Savans sur le double sens de certaines prophéties, sur l'explication de certains termes de la prophétie de *Jacob*, sur le calcul des semaines de *Daniel*, &c. Ces contestations sont peu intéressantes ; & ne touchent point au fonds, puisque tous conviennent unanimement que ces prophéties désignent le *Messie* ; que le temps de sa venue est passé, & que toutes ces prédictions ensemble ne peuvent convenir qu'à JESUS-CHRIST. Ce seroit ici le lieu de mettre dans un seul point de vue toutes les prédictions de l'Ancien Testament qui ont rapport à JESUS-CHRIST, & qui n'ont que lui pour objet ; mais elles sont assez connues, & il est constant, de l'aveu même des Juifs, que les principales ne peuvent être appliquées avec justesse qu'au véritable *Messie*. Il est encore plus constant que l'assemblage entier de ces prophéties ne peut convenir à un autre qu'à lui ; & que l'Homme-Dieu que nous adorons, parce que les Juifs l'ont crucifié, a été le terme de toutes les figures, & qu'il a réuni dans sa personne tous les caractères en apparence opposés, que les Ecritures attribuent au *Messie*. En effet, il est Dieu & Homme, & il s'est donné pour tel; il est le *Messie* Triomphateur, & l'Homme de douleurs; il a été rassasié d'opprobres, & comblé de gloire; il a paru foible comme un vermisseau, & il a brisé les Cédres du Liban; il s'est soumis à la mort, & il n'a pas éprouvé la corruption, &c. Je serois infini, si je rapportois ici toutes les qualités en quelque sorte incompatibles que les Déistes n'ignorent pas, que les Prophéties attribuent au *Messie*, & qu'ils ignorent encore moins que le seul Jesus-Christ a réunies en sa personne. Il n'y a qu'un Dieu qui ait pu faire toutes ces prédictions; il n'y a qu'un Dieu qui ait pu les accomplir si exactement; & il n'y a qu'un Dieu qui ait pu frapper le Peuple Juif, de cette playe universelle & constante, parce qu'il n'a pas voulu reconnoître le *Messie*.

De toutes ces réflexions un peu longues, il est vrai, mais simples & naturelles, il s'ensuit que la divinité de la Religion est évidemment prouvée par ces Prophéties incontestables, & évidemment accomplies. Mais nous n'en sommes pas réduits à cette seule preuve; les miracles de Jesus-Christ & de ses Apôtres, viennent à l'appui de ces Prophéties: si Dieu lui-même n'avoit pas annoncé le *Messie*, il n'auroit point autorisé sa Mission divine par des merveilles marquées au sceau de la Divinité: autrement il auroit été l'Auteur ou le Complice de l'erreur la plus universelle & la moins libre, ce qu'on ne peut soupçonner sans blasphême. Au reste, je dois dire ici une fois pour toutes, que le Déiste n'avance guére en attaquant chaque preuve de la Religion, comme si elle étoit seule, il faut qu'il en détruise l'assemblage complet, qu'il démontre clairement que l'incompréhensibilité des Mystéres, la pureté & la sévérité de cette Religion, que je prétends être divine, que ses Prophéties, que les miracles, que les Martyrs, que les sujets foibles & méprisables, selon le monde, qui ont converti l'Univers; que tout cela, dis-je, réuni ensemble, ne forme pas une preuve démonstrative de la Divinité de notre auguste Religion, & je me rends: mais j'ose le défier de commencer seulement à entamer cette espêce d'armée rangée en bataille.

Afin que la longueur de cette réponse ne lui fasse rien perdre de sa force, il est bon d'en faire ici le précis en peu de mots.

1°. Il n'y a nul inconvénient qu'une Prophétie, qui annonce un avenir éloigné, paroisse obscure avant qu'elle soit clairement accomplie.

2°. L'accomplissement bien marqué d'une prédiction, en fixe le vrai sens, & fait évanouir toute obscurité: par exemple, la destruction entiere de Jérusalem & de son fameux Temple, la dispersion & l'aveuglement des Juifs, ont bien justifié le sens que le *Messie* a donné à la Prophétie de *Daniel*, laquelle marque ce grand événement & sa juste cause; je veux dire la mort de JESUS-CHRIST: *occidetur Christus*; le CHRIST sera mis à mort, *& non erit ejus populus, qui eum negaturus est*, & cette Nation, qui le renoncera, cessera d'être son Peuple, &c.

3°. L'assemblage total de ces Prophéties, n'a pu s'accomplir dans la personne de JESUS-CHRIST leur unique objet, sans une providence spéciale de Dieu, qui par ce merveilleux accomplissement, s'est clairement donné pour l'Auteur & pour le Consommateur de ces prédictions: & par conséquent, c'est de la part de Dieu-même, en son nom & par son autorité, que JESUS de Nazareth, fils de Dieu, & fils de

RELIGION.

l'Homme, a substitué la Loi nouvelle à l'ancienne.

4°. Ni Jesus-Christ ni ses Apôtres n'eussent osé citer aux Juifs toutes ces Prophéties, si elles n'avoient été réelles, reconnues & révérées, & capables de leur prouver évidemment la Mission & la Divinité du Sauveur. Enfin, tant de Juifs, de toute condition & de tout rang, Scribes, Pharisiens, Prêtres, ne se seroient jamais rendus à la prédication de douze pauvres Pêcheurs s'ils n'avoient vu clairement l'accomplissement de toutes les Prophéties qui marquoient le temps du *Messie*, sa famille, sa naissance, ses prédications, ses miracles, sa mort, la gloire de son tombeau, l'établissement de sa Loi, l'effusion du Saint-Esprit sur ses premiers Disciples, &c. Ainsi l'objection tirée d'une prétendue obscurité, qui couvroit autrefois les Prophéties, ne doit nullement arrêter un esprit tant soit peu attentif.

VI. Objection.

" La peuve que fournissent les Miracles, n'est
,, pas à beaucoup près aussi forte qu'on se l'ima-
,, gine, & cela pour bien des raisons.

,, 1°. Sont-ils possibles ? *Spinosa* le nie haute-
,, ment.

,, 2°. Est-il bien facile de discerner un vrai Mi-
,, racle d'un prestige, ou d'un effet purement natu-
,, rel ? nous ignorons les forces secrettes de la na-
,, ture.

,, 3°. On n'est guéres d'accord sur l'idée essen-
,, tielle du vrai Miracle ; & si l'on ne convient pas
,, de la définition des Miracles, le moyen de prou-
,, ver qu'il s'en fait de véritables, & qui soient
,, comme le langage du Tout Puissant ?

,, 4°. Il y a quelquefois concours de Miracles,
,, comme au temps de *Pharaon* & de *Moyse*, de

„ Saint *Pierre* & de *Simon* le Magicien : comment
„ difcerner ceux qui viennent de Dieu , & ceux qui
„ font l'effet, ou de la Magie ou de l'impofture ?

„ 5°. Enfin , quand on accorderoit qu'il s'eft
„ fait quelques Miracles en faveur de la Religion
„ Juive & Chrétienne, d'autres Religions n'ont-
„ elles pas leurs Miracles ?

„ Quelles merveilles n'attribue-t-on pas à *Appol-*
„ *lone* de Thiane, à *Apulée*, à *Vefpafien*, à *Ma-*
„ *homet* même ? ainfi cette preuve ne peut guére
„ embarraffer les Déiftes, qui d'ailleurs fe croient
„ en droit de contefter la réalité de tous les Mira-
„ cles, attendu qu'on en a publié & qu'on en pu-
„ blie encore tous les jours une infinité de faux ou
„ d'extrêmement douteux. „

RÉPONSE.

Voilà bien des difficultés tout à la fois, mais dont la plupart doivent s'évanouir, dès qu'on les rapprochera de ce que nous avons déja dit à l'Article MIRACLES : cependant il eft à propos d'y répondre encore avec un certain détail.

1°. L'affertion de *Spinofa* mérite à peine d'être réfutée : il croit les Miracles impoffibles, parce que les décrets de Dieu font immuables, & qu'il prétend que les Loix de la nature, ne font point autre chofe que ces décrets ; prétention tout-à-fait infoutenable : les loix ordinaires de la nature font l'effet & la fuite de la volonté fouveraine de Dieu, mais elles ne font nullement la même chofe avec cette volonté. C'eft-à-dire, que Dieu a de toute éternité, impofé certaines Loix aux Etres créés, Loix que lui feul peut interrompre & changer, & qu'il change en effet quelquefois, pour faire fentir fa Toute-Puiffance & pour intimer fes ordres, comme il lui a plu de toute éternité, & cela fans aucun changement

changement de sa part, puisqu'il est évident, que c'est en vertu de sa volition éternelle, que tout subsiste, se conserve, suit constamment certaines Loix, ou cesse de les suivre : il faut donc être bien peuple, pour se laisser prendre à des raisonnemens si peu conformes à la raison.

2°. Il est vrai qu'étant bornés comme nous sommes, il nous est impossible de connoître à fond toutes les causes créées, & d'en comprendre toute l'activité ; mais il est également vrai, qu'il y a certains effets que tous les hommes regardent comme au-dessus de la vertu naturelle de toutes les causes créées ; par exemple, la résurrection d'un mort, tel que *Lazare.* Or, ce que tous les hommes de tous les siécles & de tous les pays prennent constamment pour miraculeux, ou pour supérieur à toutes les causes naturelles, doit être réellement tel ; autrement, ce seroit Dieu lui-même qui nous tromperoit ; car il est l'Auteur & le principe du sens commun & de la raison ; & si le sens commun, si la raison de tous les temps & de tous les lieux, nous trompoit en nous faisant envisager la résurrection du *Lazare*, comme un vrai miracle, quoiqu'elle ne fût réellement ou qu'une illusion, ou qu'un effet naturel, lorsque l'Auteur de ce prodige assureroit que c'est au nom & de la part de Dieu qu'il l'opére, ce seroit à Dieu lui-même qu'il faudroit imputer cette erreur & si universelle & si inévitable, ce qu'on ne peut soutenir sans blasphême. Il n'est donc pas aussi difficile qu'on ose le dire ici, *de discerner un vrai miracle d'un prestige ou d'un effet purement naturel.* Ainsi, sans m'arrêter trop à discuter les diverses définitions du miracle, je puis hardiment assurer que le vrai miracle est un effet merveilleux qui frappe tous les esprits, & qui, au jugement constant de tous les hommes, même les

Tome II. V

plus sages & les plus éclairés, surpasse la force [et] l'activité de toutes les causes créées. On ne pe[ut] rejetter cette idée, sans admettre que la raison [n'a] plus de regles certaines, & que Dieu, Vérité p[ar] essence, peut nous avoir fait tous de façon que no[us] jugions invinciblement qu'un effet est surnatur[el] lorsqu'il ne l'est pas, ce qui feroit nous mettre da[ns] la nécessité de nous tromper, sans que nous e[us]sions aucun moyen de découvrir notre erreur : u[ne] impiété si extravagante peut-elle entrer dans l'esp[rit] d'un homme qui se pique d'avoir de la raison [et] du bon sens ?

3°. Je ne comprends pas comment on ose no[us] objecter comme une difficulté digne d'attention ce qui se passa en Egypte devant *Pharaon*, & [à] Rome au temps de *Simon* le Magicien. Les mêm[es] histoires qui rapportent les prodiges des Egyptie[ns] & de *Simon*, nous apprennent aussi & que *Moy[se]* a forcé ceux-là à avouer leur foiblesse & à reco[n]noître le doigt de Dieu dans les miracles sup[é]rieurs qu'il a faits, & que St. *Pierre* a confond[u] l'imposteur *Simon* par un prodige, dont il a por[té] les honteuses marques le reste de ses jours ; de sor[te] que Dieu n'a jamais permis que les Charlatans, l[es] Magiciens ou les Démons fissent des merveilles q[ui] pussent être mises en balance avec les miracl[es] qu'il donnoit lui-même pour les effets de sa Tout[e] Puissance. Mais non-seulement il ne l'a jamais per[mis, il est impossible qu'il le permette, sa sagesse[,] sa bonté, sa véracité & sa gloire y sont trop int[é]ressées. Il ne faut que réfléchir pour sentir cett[e] vérité. En effet, lorsqu'il y a concours de merveil[les opérées pour des causes diamétralement oppo[sées, c'est l'homme imposteur, ou l'Enfer qui lutt[e] avec Dieu. Dans ce cas, Dieu se manqueroit [à] lui-même s'il souffroit qu'il se fît en faveur du men[son-] fonge des prodiges fupérieurs ou même égaux à ceux qu'il fait pour appuyer la vérité. Ainfi nous ne devons pas craindre qu'en pareille circonftance Dieu permette jamais qu'on puiffe méconnoître les opérations de fon bras tout-puiffant : & nous pouvons nous affurer avec la plus jufte confiance, que quand il voudra faire connoître aux hommes fes adorables volontés, ou il fera feul ces miracles, qui font proprement fon langage, comme il eft arrivé dans la Judée au temps de Jesus-Christ ; ou fi pour des raifons fecrettes, mais toujours dignes de fa fageffe, il fouffre quelque temps le concours de certaines merveilles oppofées, il en fera de fi grandes, de fi frappantes & en fi grand nombre, qu'elles feront difparoître les autres, & qu'il n'y aura que des aveugles volontaires, qui puiffent n'y pas reconnoître le doigt de Dieu : *digitus Dei eft hîc.* C'eft ce qu'on a vu par rapport aux Enchanteurs de l'Egypte & à *Simon* le Magicien. Voilà ce que tout homme, qui connoît bien Dieu, doit penfer de fa bonté, de fa fageffe & de fa véracité infinie. Hé quoi ? l'oppofition de quelques merveilles rares, foibles, équivoques & toujours inférieures en nombre & en grandeur aux merveilles du Très-Haut, pourroit-elle faire impreffion fur un Fidele, qui connoît le Dieu qu'il adore ?

4°. Enfin les prétendus miracles qu'on a attribués à *Vefpafien*, à *Apollone*, à *Apulée*, à *Mahomet*, &c. ne doivent guére nous arrêter. Ce feroit déshonorer la raifon, que d'ofer les mettre en paralléle avec les prodiges de Jesus-Christ, des Apôtres & des Martyrs. Quelques guérifons qu'on raconte de *Vefpafien*, fur des oui-dire, fans témoins & fans aucune preuve folide, ne méritent fûrement pas l'attention d'un Lecteur tant foit peu fenfé. Peut-on faire plus de cas de ce qu'on a publié fur le

compte d'*Apollone* de Thyane ? *Philoſtrate* n'a aſſû-
rément point aſſez d'autorité pour donner vogue à
des merveilles, ou qu'on n'avoit pas ſçues, ou
qu'on avoit parfaitement oubliées lorſqu'il les a
écrites. C'eſt cent ans après la mort d'*Apollone* que
cet Ecrivain peu fidele les a publiées, & cela ſur des
Mémoires ſecrets, ou ſur le récit de certains Auteurs obſcurs, dont lui-même ſe défie ; & lorſqu'il
parle de je ne ſais quelle réſurrection que ſon Héros
doit avoir opérée à Rome, il la détruit en ajoutant qu'il reſtoit peut-être encore quelque ſouffle de
vie dans cette perſonne que d'ignorans Médecins
avoient cru morte. (Voyez APOLLONE.) Ne voilà-
t-il pas un garant bien reſpectable des miracles
d'un Impoſteur également vain & vicieux, qui n'a
établi aucune Secte, que ſes Diſciples n'ont pas
voulu ſuivre, & qui étoit entiérement oublié &
mépriſé dès le quatriéme ſiécle ? On peut dire la
même choſe des preſtiges d'*Apulée* & de tant d'autres Charlatans, qui n'ont pu s'accréditer même
chez les Payens à demi-raiſonnables.

Pour ce qui regarde *Mahomet*, il eſt conſtant
qu'il n'a guére pris à tâche de donner vogue à ſa
Secte par des miracles. C'eſt par la ruſe, par la politique, par la force des armes, par l'appas du
plaiſir, par ſes maximes voluptueuſes, qu'il a entraîné cette multitude de Peuples aveugles, qui ont
embraſſé les extravagances de l'Alcoran. Il eſt vrai
qu'il dit que l'Ange Gabriel lui a parlé, que la
Lune eſt tombée dans ſa poche, &c. Mais quelle
preuve en donne-t-il ? Quels ont été les témoins de
cette plaiſante chûte de la Lune ? l'a-t-il cru lui-
même ? Voilà ſans doute des miracles bien dignes
d'être comparés à ceux qui ont ſervi de preuves à
la Religion Chrétienne. Et on oſe les objecter aux
Chrétiens, qui n'admettent que des miracles incon-

testablement prouvés, que des miracles à l'épreuve de la plus févére critique, que des miracles, dont les témoins ont eux-mêmes opéré les plus grands prodiges en vertu des promesses de leur Divin Maître ? Et parce que des hommes téméraires & aveugles publient quelquefois des merveilles, qui n'ont de réalité que dans leur imagination blessée, ou qui ne sont que des effets de l'artifice, de l'imposture, du prestige, de la malice du Démon, on n'a pas honte de nous dire froidement qu'on est en plein droit de contester tous les miracles, quels qu'ils puissent être. En vérité, n'est-ce pas là raisonner comme si l'on disoit : Il faut mépriser les bruits de ville & les historiettes qui se débitent dans les caffés : donc il faut aussi rejetter toutes les Histoires les mieux avérées, écrites par des Auteurs contemporains, & autorisées par les suffrages des plus grands hommes & des plus habiles Critiques ? A quel affreux Pyrrhonisme ne conduiroit pas un pareil raisonnement ? C'est pourtant là le raisonnement de nos beaux Esprits au sujet des miracles. Mais reprenons.

Il est constant que le souverain Auteur de la Nature peut en interrompre le cours, en changer les loix, & faire des miracles.

Il n'est pas moins constant que lorsqu'il fait des miracles, il est de sa sagesse de les marquer tellement au sceau de la Divinité, que tous les hommes de tous les temps & de toutes les Nations ne puissent les confondre avec les œuvres des ténèbres, ou avec les effets purement naturels.

Il est prouvé que quand il y a concours de merveilles opposées, celles qui ont Dieu pour Auteur, doivent l'emporter sur les autres, ou par le nombre, ou par la grandeur ; & que s'il permet quelquefois, ou à des hommes trompeurs, ou aux Démons d'opérer des effets merveilleux, qui éblouissent la multitude peu attentive; outre que tout cela nous a été prédit dans l'Evangile, il ne le permet que pour éprouver notre foi, que pour punir des hommes vains, curieux, & débauchés, & que pour faire éclater davantage les œuvres de sa Toute-Puissance, qu'un esprit humble, fidele & exact ne manquera pas de distinguer de toutes les charlataneries des Démons & de leurs malheureuses dupes.

Enfin, il est incontestable que Dieu ne peut autoriser ni les erreurs, ni les vices; & par conséquent toutes les merveilles attribuées à *Apollone*, à *Apulée*, à *Vespasien* & à mille autres, ou sont des fables inventées à plaisir, ou des ouvrages de l'imposture, ou des prestiges de l'Enfer. Penser autrement, ce seroit dégrader la Divinité même qui ne peut jamais prêter son bras tout-puissant à ceux qui veulent accréditer l'idolâtrie, la superstition, l'héréfie & tous les vices qui en sont les suites. Il s'ensuit donc qu'en particulier *Mahomet* a eu raison de n'employer pas la preuve des miracles; car selon sa propre croyance, il étoit impossible que Dieu autorisât l'Alcoran par des prodiges divins. En effet, *Mahomet* nous donne JESUS-CHRIST pour un grand Prophête envoyé de Dieu, il eût donc fallu que Dieu démentît JESUS-CHRIST, & se démentît lui-même, s'il avoit autorisé la Religion de *Mahomet*, puisque ce fameux imposteur contredit ouvertement les enseignemens de JESUS-CHRIST dans des points essentiels, comme la Trinité, le Mariage d'un seul homme avec une seule femme, la mortification des sens, le Paradis purement spirituel, &c. Or, Dieu ne peut autoriser des Doctrines contradictoires. Donc puisque *Mahomet* reconnoît lui-même JESUS-CHRIST pour un Prophête approuvé de Dieu, il faut, s'il a raisonné conséquemment, qu'il se soit regardé lui-même comme un faux Prophête que Dieu n'avoit point envoyé, & qui ne devoit attendre aucune autorisation de la part de Dieu.

VII. OBJECTION.

,, Outre que le nombre des Martyrs est bien
,, moindre que ne le prétendent les Chrétiens, les
,, autres Sectes ont aussi leurs Martyrs. Toutes les
,, Histoires en font foi. Cette preuve est donc bien
,, foible & bien équivoque. ,,

REPONSE.

Je l'ai déja dit, & je le répéte : il n'est pas sensé d'attaquer en particulier une preuve de notre Religion, comme si elle en étoit l'unique preuve. C'est l'assemblage total de ces preuves qu'il faut ou détruire, ou trouver dans les Sectes contraires au Christianisme. Mais c'est ce que nos Esprits forts n'entreprendront jamais qu'à leur confusion. Nous ne nions pas qu'il n'y ait eu des hommes assez fous, ou assez passionnés pour souffrir la mort plutôt que de renoncer à l'erreur ou à l'impiété; mais quel est le nombre de ces insensés, en comparaison de la multitude innombrable de nos Martyrs ? Quelques efforts que fassent les Déistes pour diminuer le nombre de ces généreux Héros qui ont sacrifié leur vie à JESUS-CHRIST, ils seront toujours forcés d'avouer qu'il n'y a au monde aucune secte qui de ce côté-là même puisse se comparer à la Religion Chrétienne. Quelle autre Religion que la Chrétienne s'est augmentée à mesure qu'on faisoit mourir ses Sectateurs ? Quelle autre Religion a vu des enfans, de jeunes vierges, des vieillards infirmes, des Grands même de la terre courir à la mort avec joie, & souffrir tranquillement des supplices, dont le seul récit fait horreur à notre délicatesse ? Quelle autre Religion enfin a vu ses persécuteurs & ses bourreaux renoncer à leur superstition & à leur barbarie, & adorer le même Dieu qu'ils vouloient auparavant que les Martyrs renonçassent ? Qu'on me montre que tout cela s'est trouvé dans quelque autre Religion, & je cesserai de me servir contre elle de la preuve que me fournit la constance inimitable de nos Martyrs. Mais je ne crains pas qu'on vienne jamais à bout de me mettre dans le cas de renoncer à cette preuve. Voyez CRISTIANISME & MARTYRS.

VIII. OBJECTION.

„ On dit ordinairement que les choses se con-
„ servent & se soutiennent par les mêmes moyens
„ par lesquels elles ont été établies. Or, nous
„ voyons que la Religion se conserve & se soutient
„ par l'autorité des Princes, par la crainte des pei-
„ nes temporelles, par l'espérance des bénéfices &
„ des établissemens avantageux : nous pouvons
„ donc juger que c'est par ces moyens qu'elle s'est
„ établie, & qu'il n'y a rien eu que d'humain dans
„ ses commencemens. „

REPONSE.

Cette difficulté a déja été proposée d'une autre façon, & elle ne mérite guére d'être réfutée autrement. Mais il convient d'ajouter quelques reflexions.

Les hommes sont sujets au changement, & ils oublient aisément les puissans motifs qui les ont attachés à la Religion. Il est évident que la Religion Chrétienne a été établie par l'humilité, par la pauvreté, par les souffrances, & malgré tous les efforts des puissances du monde & de l'enfer. Si ses partifans avoient eu toujours ces grands motifs devant les yeux, ils n'eussent jamais eu besoin d'autres raisons pour y demeurer inébranlables : mais ce qui est éloigné & qui ne frappe plus nos sens, ne fait guére d'impression ; & il a fallu que le même Dieu qui a établi la Religion par des moyens surnaturels, la soutînt & la conservât par l'autorité des Ministres à qui il a confié sa puissance, soit dans le spirituel, soit dans le temporel. Eh ! n'est-ce pas pour cela que l'Ecriture marque que Dieu a confié le glaive aux Princes qui sont ses Ministres, & qui ne le sont que pour faire observer la Loi ? Ainsi de ce que maintenant l'autorité des Pontifes & des Rois Chrétiens sert en quelque sorte de frein à bien des hommes charnels, il ne s'ensuit nullement que la Religion qu'ils professent, ait été fondée & établie par la crainte, les menaces & la force. Dans les Etats purement politiques, c'est souvent la plus pure sagesse qui a dicté des Loix, & c'est l'autorité souveraine qui en procure l'exécution. Dira-t-on que ces Loix sont l'effet de la tyrannie ? Ainsi cette objection n'a aucune solidité ; & elle a déja été réduite en poudre.

Au reste, je suis charmé qu'elle me donne occasion de faire remarquer ici qu'il est juste que les Princes de la terre qui tiennent de Dieu leur autorité, l'employent à faire respecter les Loix de ce souverain Maître, & que c'est principalement contre les Déistes qu'ils doivent se servir de ce glaive qui leur est donné d'en-haut : *Non enim sine causa gladium portat.* En effet, ces impies, sous prétexte d'en vouloir à la Religion, en veulent aussi à l'autorité légitime des Princes. Pour en être convaincu, il n'y a qu'à développer leur systême. Si Dieu n'a jamais parlé aux hommes, s'il n'a révélé aucune Religion, s'il n'a point imposé de Loix, il s'ensuit qu'on ne peut jamais prouver qu'il y ait sur la terre aucune puissance souveraine qui vienne de Dieu, & qu'on doive révérer comme établie par l'autorité divine. Dans cette impie supposition d'où viendra cette puissance? Les Déistes le diront, quand ils seront assez forts pour secouer un joug qui leur est à charge, & quand ils seront en aussi grand nombre que le desire & l'espere l'extravagant Auteur des *Princesses Malabares*. C'est aux Puissances Chrétiennes à faire de sérieuses réflexions sur le mal que peuvent causer dans leurs Etats ces pestes publiques qui tournent en ridicule la Religion, & qui ont la hardiesse de la nommer *noire*, *furie*, *fille de l'imposture*, &c.

Ces Ecrivains furtifs craignent cependant les Puissances qu'ils méprisent. Ils n'osent pas encore lever le masque, & ne débitent leurs impiétés qu'en cachette.

Il est à souhaiter que les Puissances établies de Dieu ne donnent jamais à ces hommes pervers la funeste liberté de publier leurs blasphêmes, & qu'elles ne cessent d'user de toute leur autorité, pour appuyer cette Divine Religion qui est le plus solide appui du Trône. Religion si évidemment démontrée, qu'il est impossible de la rejetter, sans renoncer à la raison.

RÉSURRECTION DE J. C.

Preuves de cette vérité, & réponse aux Objections.

Qui croire, ou les Apôtres qui disent avoir vu, touché, écouté plusieurs fois pendant quarante jours JESUS ressuscité, & qui, en preuve de tout cela, font des miracles, en communiquent le don, persuadent à l'Univers, & donnent leur sang pour certifier cette Réfurrection & Afcenfion ; ou les Juifs, qui difent que ce font les Difciples qui ont furtivement enlevé fon Corps mort, qu'ils ont dit reffufcité : les uns ou les autres font des impofteurs.

Si les Gardes étoient endormis, peuvent-ils dire qu'on l'a enlevé ? Comment au bruit de l'enlevement ne fe font-ils point éveillés ? Comment au lieu d'être punis de leur négligence, ont-ils encore reçu de l'argent ? Ces Gardes fe plaignent-ils d'avoir été forcés ? Certes ils n'ont quitté leur pofte le troifieme jour que par la frayeur de l'éclat de Jesus reffufcitant. Les précautions contre la violence ou le vol des Difciples étoient trop bien prifes. On n'a fait aucune perquifition contre les Apôtres ; ils prêchent Jesus reffufcité ; toute la Synagogue ne dit mot; aucune procédure contre ces violateurs des fceaux publics, contre ces facrileges qui font un ufage fi impie de leur manœuvre. On fe contente de les faire taire, on craint que des informations ne conftatent encore davantage la réfurrection de Jesus.

Pourquoi le reffufcité ne fe montra-t-il pas à tout Jérufalem, dit l'Incrédule ?

Mais pourquoi s'il y a un Dieu, dit l'Athée, ne brille-t-il pas à nos yeux ? C'eft ainfi que le Déifte raifonne fur la Réfurrection de Jesus-Christ ; mais à qui Jesus auroit-il dû apparoître ? Combien de temps ? Combien de fois ? S'il avoit apparu aux Juifs, pourquoi ne fe feroit-il pas montré aux Gentils, à tout l'Univers, dans tous les temps? Pourquoi pas maintenant ? Plaintes infenfées ! L'incrédulité ne feroit jamais contente. Elle auroit dit encore ou que le Christ n'étoit pas mort, ou que c'étoit un fantôme. Les Juifs fe rendirent-ils à la defcente vifible du Saint Efprit fur les Apôtres ? Enfin, la Réfurrection, l'Afcenfion du Sauveur, ne devoient être crues, que sur le témoignage éprouvé des Disciples. Or, ce témoignage rendu est aussi certain que la vue même publique de Jesus ressuscitant & montant au Ciel : car voici les caracteres de leur témoignage.

Les Apôtres ont vu Jesus ressuscité ; ils l'ont touché, entendu parler, vu manger, marcher ; ils l'ont examiné, éprouvé en toutes manieres. Ils ont été d'abord défians, incrédules, mais ils ont été enfin forcés à convenir de sa Résurrection. Ces témoins ont été en grand nombre, de tout sexe & condition. L'épreuve a été longue, diversifiée & circonstanciée : ils ont été désintéressés dans ce point, ennemis même de Jesus-Christ. Tous ensemble ils en ont été si convaincus, qu'ils ont fait des miracles confirmatifs, & qu'ils sont morts dans les tourmens pour le soutenir, & cela sans se dédire, ni se contredire. Trouvera-t-on jamais pour aucun fait un témoignage si solidement appuyé ? Entrons dans le détail.

1°. Malgré les annonces de la Résurrection du Sauveur, ils n'y comprennent rien. On va le troisieme jour avec des parfums pour embaumer son corps ; les femmes ne le trouvent plus dans le tombeau ; elles vont dire aux Apôtres, qu'on a enlevé le corps, & qu'elles ne savent où on l'a mis. Deux Apôtres y courent. Ils voient la pierre levée, le linceul de côté & le suaire plié, & rien autre chose. Cependant ils ne concluent encore aucune résurrection ; malgré le rapport des Anges & des femmes à qui le Sauveur a parlé, ils ne croient point, & tout leur paroît un rêve & un songe.

2°. Deux Disciples aussi peu touchés de ces nouvelles, retournent à leur premiere profession sans aucune espérance. En chemin, Jesus se joint à eux ; il se fait connoître ; ils rapportent aux autres qu'ils ont vu le Seigneur : néanmoins, *nec illis crediderunt*. Les Apôtres ne se rendent qu'aux preuves multipliées. JESUS paroit donc au milieu d'eux, il rassure leur frayeur : *c'est moi*, leur dit-il, *regardez mes mains & mes pieds, touchez-les ; voyez, un esprit n'a ni chair ni os, comme j'en ai.* Ils ne croient pas encore. Il ajoute : *avez-vous ici quelque chose à manger ?* Il mange devant eux du miel, & d'un poisson rôti, & prenant les restes, il les leur donne, en disant : *ce que vous voyez est l'accomplissement de ce que je vous disois vivant avec vous ;* il leur ouvrit l'esprit, afin qu'ils comprissent le sens des Ecritures.

3°. *Thomas* n'est point à cette entrevue. Ses freres lui assurent qu'ils ont vu le Seigneur ; il n'en croit rien, il ne s'en rapporte qu'à lui-même. Les autres n'avoient que vu, mais il veut toucher, mettre ses doigts & ses mains dans les trous des plaies de son corps. Il fit toutes ces épreuves, avant que de croire & de se rendre. J'omets les autres apparitions sur la mer de Tibériade, sur la montagne de Galilée où JESUS se fit voir, & parla à plus de cinq cents personnes assemblées, & dans la derniere entrevue il s'éleva à leurs yeux dans le Ciel. Certes, les Apôtres pendant quarante jours s'assurent de sa Résurrection par les instructions qu'il leur donne sur les Mysteres, sur les cérémonies de son Culte, sur le plan de son Eglise. Quel nombre de témoins ! Qu'ils sont sur leurs gardes ! Ils ont pris plus de précautions que nous n'en eussions exigé. Peut-on se méfier de leur témoignage !

4°. Il est d'autant plus certain, que les Apôtres étoient très-intéressés à ne pas croire cette Résurrection ; car avec un Peuple tel que les Juifs prévenus pour leur Temple, pour leur Culte & pour leurs Pontifes, à quoi s'exposoient-ils de prêcher un fait qui tendoit à tout bouleverser & à donner pour Messie celui qui ne l'étoit pas, s'il n'étoit pas véritablement ressuscité ? Ils avoient pu suivre Jesus par ambition pendant sa vie ; mais si leurs projets ont échoué à la Croix, si leur Maître est toujours mort, quelle honte d'avoir été duppes ? Ils doivent se cacher ou convenir de leur méprise. Au lieu de se taire, ils publient sa gloire ; ils citent tous les témoins, les lieux, les circonstances de ses apparitions & de son Ascension. Personne ne les dément, ne les décele. S'ils sont fourbes, peuvent-ils avoir tant de complices, sans religion, sans foi, sans remords & sans trahison ?

5°. Cependant leur vertu, leur zele, étonne l'Univers. On les voit charitables, humbles, doux, patiens, généreux, intrépides. En prêchant, ils bravent les périls, ils essuyent les tourmens ; ils renversent les Idoles, ils ne pensent qu'à glorifier Dieu, qu'à lui procurer de vrais adorateurs ; ils n'aspirent qu'au Ciel. Tant de beaux traits sont-ils dans des Imposteurs & des Scélérats, tels qu'ils seroient, s'ils n'eussent été assurés de la Résurrection & de l'Ascension du Sauveur ?

6°. Mais voici un témoin de ces deux Mysteres, pris d'entre les ennemis les plus déclarés, *Saul* plein de fureur contre les Disciples de Jesus ; il les cherche, il les persécute à toute outrance ; Jesus se montre à lui en plein jour, le terrasse, le change en Apôtre même. Sans autre Maître, le voilà instruit de tout l'Evangile & en état de prêcher, & de confondre les Juifs & les Gentils. On sait ses succès. Il a fallu un coup de foudre pour le persuader, mais il l'est, & c'est un témoin qu'on ne peut recuser.

Tous ces témoins ont vu l'accomplissement des promesses qui leur avoient été faites. Ils ont opéré les miracles annoncés; ils ont parlé les langues; ils ont chaffé les démons, guéri les malades; leurs difciples les ont renouvellés, en confeffant comme eux Jesus reffufcité & glorieux. Ils font morts dans ce témoignage au milieu des tortures; ce témoignage eft donc affuré. Qui ne fe rend pas à ce poids de preuves eft impénétrable à toute vérité.

I. Objection. "Doit-on plus de croyance à la Réfurrection, à l'Afcenfion de Jesus, qu'on en doit à l'apparition de *Romulus*, au Sénateur *Proclus*, qui le vit enfuite s'élever au Ciel?„

Reponse. Que le Fondateur de Rome ait été affaffiné ou écrafé de la foudre, n'importe. On eft fûr de fa mort, & le Peuple crut fon apothéofe; mais quelle comparaifon entre une apparition d'un moment & des entrevues fréquentes, longues & réitérées? *Proclus* vouloit cacher par cette fable le meurtre. Il parle feul, il n'a ni témoins, ni preuves. Il fit comme *Numérius-Atticus*, qui pour confoler l'Impératrice *Livie*, affura avec ferment, avoir vu monter au Ciel l'ame d'*Augufte*.

II. Objection. "Mais *Proclus* prophétifa en même temps que le Peuple Romain feroit le maître de toute la terre, & Rome la capitale du monde?„

Reponse. La Prophétie étoit plus ancienne & répétée cent fois par les Orateurs. Le foupçon étoit fondé fur le caractere d'un Peuple fobre, ambitieux & guerrier.

7°. Jesus a communiqué aux Apôtres le Saint-Efprit, le don des langues & des miracles. St. *Luc* dans fes Actes en décrit l'hiftoire & les preuves. Cette defcente du Saint-Efprit eft annoncée par un grand vent & par des langues de feu qui fe fixent fur chacun. Voilà les Difciples changés, pleins de lumieres & de zele; ils publient les merveilles du Seigneur. Tout le monde accourt. Les Peuples divers les entendent avec étonnement. Voilà le fait. Or, qui a été leur maître ! Qui a pu dans une langue les former toutes en même temps avec la dignité & l'énergie propres à toucher tant d'auditeurs ? Ici l'artifice, l'illusion sont-ils possibles ? Tous ces Peuples ont-ils pu être trompés, devenir sourds ou visionnaires ? Tant d'étrangers se sont-ils entendus avec les Apôtres, qu'ils ne connoissent pas ! Leur nombre, leur religion rendent le complot impossible. Soupçonnera-t-on les Apôtres d'avoir appris toutes les langues ? En quel temps, ou de qui ? Quand Jesus-Christ auroit employé toute sa vie à les former, ils étoient trop grossiers, trop ignorans. D'ailleurs, peut-on leur apprendre à se faire entendre à toutes les Nations par un seul & unique langage.

Si ces faits sont inventés, à quoi s'expose St. Luc devant tant de Juifs & de Gentils ? Cependant ils ont été crus, nul ne les a disputés ; ils sont donc vrais ? Il y a plus : c'est que ce don des langues communiqué aux Fideles, a été admiré de tous les Payens, à Rome, en Grece, en Asie. Les Apôtres avoient donc prêché dans les langues de chaque Peuple, Latin aux Romains, Grec aux Corinthiens &c. &c. ? Ainsi chaque Peuple étoit témoin de ce don des langues.

8°. Le fait des miracles opérés par les Apôtres est aussi incontestable. (*Act.* ch. 3.) Le perclus de naissance est âgé de quarante ans. On le porte tous les jours à la porte du Temple la plus fréquentée. Il est connu ; devant tous, & en un moment il est guéri. Il saute de joie au milieu de la foule qui le reconnoît. *Luc* a-t-il été démenti par quelqu'un ? Pouvoit-il tromper sur la mort d'*Ananie* & de *Saphire* ? Pouvoit-on croire que l'ombre de *Pierre* guérissoit les malades exposés dans les rues, à moins

moins que cela ne fût publiquement certain ? A-t-on pu douter ou contester la guérison du Paralytique *Enée*, étendu sur son lit depuis huit ans, & opéré par le seul nom de Jesus-Christ; la résurrection de *Tabithe* à Joppé; l'aveuglement de *Barjesu* à Paphos, qui convertit le Proconsul Romain; le rétablissement de l'Homme perclus, fait par St. *Luc* à Listres, miracle si notoire que les habitans prennent les Apôtres pour des Dieux; celui du jeune homme tombé du troisieme étage & brisé, & cela devant les témoins de Troade; celui que fit S. *Paul* devant les Insulaires de Malte, &c. ?

La fondation de tant d'Eglises assure, & les miracles qui ont autorisé les Apôtres à les établir, & la conviction générale de la vérité & de la notoriété de ces miracles. Saint *Paul* y rappelle toujours les Fideles, ou fervens, ou chancelans, comme au fondement inébranlable de leur foi. Ce don des Langues, des Miracles, des Prophéties, communiqué aux fideles, étoit si public, si commun, que saint *Paul* fit des réglemens pour l'usage & pour le fruit qu'on en devoit faire. Auroit-il pu en imposer jusqu'à ce point, si on n'avoit rien vu ni entendu d'extraordinaire ? Il reste donc établi que les promesses de Jesus-Christ aux Apôtres, ont été parfaitement accomplies, & que ces promesses confirment la réalité de sa Résurrection & de son Ascension.

RÉSURRECTION DES CORPS.

Réponse aux Objections faites contre cette vérité.

„ Pour qu'un mort reſſuſcite, dit M. *de Voltaire*,
„ il faut que toutes les parties imperceptibles
„ de ſon corps qui s'étoient exhalées dans l'air, &
„ que les vents avoient emportés au loin, revien-
„ nent ſe remettre chacune à leur place ; que les
„ vers & les oiſeaux ou les autres animaux nourris
„ de la ſubſtance de ce cadavre, rendent chacun
„ ce qu'ils lui ont pris. Les vers engraiſſés des en-
„ trailles de cet homme auront été mangés par des
„ hirondelles, ces hirondelles par des pigrièches,
„ ces pigrièches par des faucons, ces faucons par
„ des vautours. Il faut que chacun reſtitue préciſé-
„ ment ce qui appartenoit au mort, ſans quoi ce
„ ne ſeroit plus la même perſonne : tout cela n'eſt
„ rien encore, ſi l'ame ne revient dans ſon hôtel-
„ lerie. „

On voit bien que M. *de Voltaire* eſt un Poëte dont l'imagination ſe plaît à s'effaroucher. L'homme ceſſe de vivre, lorſque le ſang ceſſe de circuler dans ſon corps, & que l'ame en eſt ſéparée. Le Miracle de la réſurrection ſeroit-il douteux, ſi à la parole d'un homme le ſang recouvroit ſon mouvement, & le mort la vie ? Mais ſuppoſons que le corps d'un homme mort ait ſouffert les pertes dont parle M. *de Voltaire*, que beaucoup de parties imperceptibles de ce corps ſe ſoient exhalées dans l'air, & qu'elles aient été emportées par les vents, que des vers ſe ſoient nourris de ſes entrailles, & que ces vers aient été mangés par des oiſeaux ; on ne peut pas dire néanmoins, qu'il ait perdu ſon individualité, c'eſt-à-dire, qu'il ne ſoit le corps d'un tel homme. Si le mouvement étoit donc rendu à ce cadavre, & que l'ame qui en avoit été séparée lui fût réunie, ne seroit-il pas vrai que le même homme, qui étoit mort, seroit vivant ? Un tel prodige est-il au-dessus de la puissance du Créateur ? Seroit-il nécessaire que le Créateur, pour opérer ce prodige, fît faire aucune restitution à l'air, aux vers, aux oiseaux, des parties qui avoient appartenu à ce corps ? Le Créateur peut les remplacer subitement, ou successivement en laissant au ressuscité le soin de les recouvrer par l'usage des alimens, comme il arrive dans la convalescence après une grande maladie.

Supposons qu'il ne s'agisse pas seulement de la résurrection d'un mort au bout de quelques jours, mais de la résurrection d'un mort au bout de plusieurs années, après une infinité de mutations arrivées à son corps, en sorte qu'il n'en reste plus aucun vestige visible : osera-t-on dire que la résurrection d'un tel mort est impossible au Créateur ? Ce seroit n'avoir aucune idée ni du corps humain, ni du Créateur.

Il en est du corps de l'homme comme de son ame, à cette différence près, que l'ame étant une substance simple, ne peut périr par la dissolution de ses parties ; au lieu que le corps étant une substance composée, peut être détruite par cette voie. Mais il n'y a aucune raison de supposer que les parties dont il est essentiellement composé soient sujettes à la corruption, & qu'elles entrent jamais dans la composition d'un autre corps. Il subsiste toujours le même, malgré tous les changemens qui lui arrivent, depuis son état de germe jusqu'à son état de la plus extrême vieillesse : en sorte que tous les alimens qu'il prend, peuvent bien servir à son développement, mais sont toujours étrangers à son essence, & n'en font point partie. Que faut-il donc pour reſſuſciter un mort & tous les morts à la fin du monde ? Raſſembler toutes ces parties incorrompues des corps, & les développer, ſelon leur nature, y réunir les ames qui les avoient animées. Cela eſt-il impoſſible au Créateur ? Tout ne lui eſt-il pas connu, & ne peut-il pas tout ?

✣✣✣✣✣✣✣✣✣✣✣✣✣✣✣✣✣✣✣✣✣✣✣✣✣✣✣✣✣✣✣✣✣✣

RÉVÉLATION.

§. I.

Néceſſité d'une Révélation.

I. L'Homme, ce Roi de la nature, naît ſujet à l'ignorance, aux paſſions, aux miſeres & à la mort. Que d'erreurs & d'écarts dans le brillant de ſa raiſon ! Que de baſſeſſes & de révoltes dans la grandeur de ſa deſtinée ! Son ame immortelle eſt aſſervie aux ſens, & ſubjuguée par les créatures. D'où viennent ces contrariétés, cette double loi, cette oppoſition au bien ? De l'aveu des Payens mêmes, l'homme ainſi dépravé n'eſt pas ſorti tel des mains de ſon Créateur. Quelle eſt l'origine de ce déréglement ? La révélation ſeule peut dénouer cette énigme.

II. La Religion naturelle nous donne, il eſt vrai, certains principes ; mais nous fournit-elle des motifs efficaces pour combattre nos contradictions & pour remplir nos devoirs ? Offre-t-elle des remedes à nos maux, des reſſources à nos chûtes, des objets à nos deſirs & à nos beſoins ? Quelle récompenſe aſſure-t-elle à la vertu ? Quelle punition au vice ? Les plus ſages Philoſophes eurent quelques notions de Dieu, de l'homme & de ſes devoirs. Mais dans ce peu de lumieres, que de ténebres & d'extravagan-

RÉVÉLATION.

tes ! Leur fcience n'aboutit qu'à les rendre vains, fuperftitieux, idolâtres. L'homme a donc befoin d'un nouveau flambeau qui éclaire & dirige mieux fa raifon. Jufqu'ici elle a été infuffifante; & les hommes n'ont fait que l'obfcurcir par leurs erreurs & leurs vices.

III. L'homme, fait pour la Religion, doit à Dieu un culte réglé & convenable. Or, au milieu de tant de Religions fi oppofées, qui fe difent établies fur la raifon, qui le fixera fur celle qu'il doit fuivre ? De plus, il faut un culte public pour la Société ; que dira la raifon fur ce détail ? Il faut donc que Dieu daigne nous inftruire tous ; car il ne peut être indifférent fur toute forte de culte. Sa fageffe qui a tout réglé dans l'Univers n'a pu l'abandonner au caprice de chaque tête. Son culte intéreffe fa gloire, & il eft le premier devoir de la créature. En voulant être honoré, il ne peut agréer qu'un culte digne de lui. Il a donc déterminé les louanges, les rits & les victimes qui lui plairoient ; & comment les difcerner fans fa révélation ?

Qu'on ne dife pas que, comme un Roi ne s'amufe pas à regarder des fourmis, Dieu à plus forte raifon fe foucie peu de nos hommages. La différence eft infinie. Un Roi n'eft, ni le créateur de la fourmi, ni le maître de la nature. Son efprit & fon attention font bornés. Dieu eft l'intelligence infinie ; rien ne l'occupe, ni le diftrait. Le Soleil éclaire, échauffe la boue, fans s'abaiffer. La petiteffe du fujet fait voir la grandeur & la bonté du Maître. En un mot, fi Dieu ne connoît rien, il eft fans intelligence ; s'il voit & qu'il fe contente de tout, il eft fans difcernement, fans fageffe ; s'il ne récompenfe pas plus celui qui l'honore, que celui qui l'outrage, il eft fans juftice ; il n'eft point Dieu. Ainfi tout homme qui raifonne eft convaincu qu'il a des loix, des devoirs, & des inclinations contraires à ces devoirs ; que ces contrariétés de bien & de mal, de grandeur & de miseres, ne peuvent venir ni de lui, ni de Dieu, mais de quelque punition extraordinaire qu'il ne peut connoître dans sa source que par une nouvelle lumiere d'en-haut. Sans cette révélation, l'homme est un criminel sans cause, un ingrat sans culte, un malade sans remedes, & un mystere incompréhensible : c'est un insensé qui marche dans les ténébres, & qui meurt dans le désespoir. Mais la révélation est un fait, & on ne dispute point contre les faits.

§. II.

Existence de la Révélation.

La certitude de la révélation ne peut se tirer que de l'évidence des faits qui la prouvent. Je ne doute point, qu'il y ait eu un *César*, un *Mahomet*. L'histoire le dit ; & quand une foule de témoins me certifient une chose, quelque anciens & éloignés qu'ils soient, dès qu'ils parlent de bonne foi, le bon sens croit leur témoignage ; mais où trouver ces témoins véridiques de la révélation ?

J'ouvre les Histoires ; je fouille chez les Nations les plus connues ; mais je ne découvre par-tout qu'ignorance, erreur & superstition. En Grece, en Egypte, à Rome, j'y vois la divinité multipliée par mille fables, sous mille images ridicules ; j'y vois des hommes déifiés, des bêtes adorées, & des crimes autorisés. Je ne trouve nulle part aucun vestige du commerce de Dieu avec ses créatures. Tout y est bizarre, indécent, cruel & extravagant.

Dans le cours des siecles, je ne rencontre qu'un Peuple fort ancien, & isolé du reste des Nations, qui a une loi & des lumieres particulieres. Confornément à la Religion primordiale, il n'adore qu'un seul Dieu, Créateur du ciel & de la terre. Ses Livres sont les plus anciens qui soient au monde; & dans les fastes, dans le culte essentiel de ce Peuple, dans ses loix politiques & religieuses, tout paroît si naturel, si suivi, si divin, que s'il y a une révélation, elle ne put se trouver d'abord que chez les Juifs, & ensuite chez les Chrétiens qui leur ont succédé, & qui seuls prétendent la posséder. Examinons donc s'il est vrai, que par eux Dieu ait parlé aux hommes; s'il leur a fait connoître sa volonté suprême; s'il a fait avec la terre une alliance; si cette alliance est tracée sur des actes authentiques.

Or, je prétends, 1°. que Dieu a commencé & préparé cette alliance par les Juifs dans l'Ancien Testament. 2°. Qu'il l'a consommé dans le Nouveau chez les Chrétiens; & que c'est *Moyse* & JESUS-CHRIST (Voyez ces deux articles) qui nous ont communiqué cette révélation si nécessaire pour remedier aux besoins du genre humain.

―――――――――――――――――

ROMANS.

Combien ils sont nuisibles aux Lettres & aux Mœurs.

DIALOGUE.

A. Pourquoi les Moralistes s'élevent-ils avec tant d'amertume contre les Romans? Il me semble qu'ils ne sauroient faire ni grand bien, ni grand mal. Ils sont dans la République des Lettres ce que les Citoyens oisifs sont dans un Etat. On les recherche s'ils amusent; on les laisse s'ils sont ennuyeux. Mais ni les uns, ni les autres ne peuvent guéres être nuisibles.

B. Votre comparaison est ingénieuse; mais est-elle juste ? Et quand elle la seroit, j'en tirerois une conséquence opposée à la vôtre. Un Citoyen qui peut & qui doit servir la Patrie, lui nuit dès qu'il ne lui est pas utile. Ainsi les faiseurs de Romans pouvant employer leur temps à des productions d'une utilité réelle, le perdent en enfantant des ouvrages qui corrompent à la fois les lettres & les mœurs.

A. Mais de quels Romans parlez-vous ? Je passe condamnation sur ceux qui doivent le jour au libertinage d'un Ecrivain, & je n'ai garde de les défendre. Mais je ne vous abandonne point ces Romans honnêtes, où la vertu triomphe quelquefois & où une galanterie décente est peinte avec des couleurs modestes.

B. Et vous croyez que les Livres de ce dernier genre ne sont pas dangereux. Détrompez-vous; ils sont la source de plusieurs vices & le poison de presque toutes les vertus. Comme ouvrages frivoles, ils affoiblissent & retrécissent l'esprit. Ils le dégoûtent des lectures solides, & lui inspirent une paresse & une lâcheté qui s'étend à tout. Mais les passions dont ils racontent & peignent les effets avec des traits de feux, les rendent encore plus dangereux au cœur, & ce danger est d'une plus grande conséquence. En inspirant l'amour, ils enseignent l'art funeste de l'inspirer. En corrompant, ils apprennent les moyens de corrompre. On commence à aimer en les lisant, on finit par chercher l'art de plaire, & on le trouve sans quitter le livre. Qu'y voit-on en effet ? l'amour avec tous ses prestiges; la corruption avec tous ses artifices. Ici c'est un amant timide & respectueux en apparence, qui marche à pas lents, mais sûrs; qui cache sa passion sous le voile de l'estime & de l'amitié; qui la pare des dehors de la vertu & de l'innocence; qui s'insinue par cette ruse meurtriere dans un cœur ou trop pur pour n'être pas effrayé du nom d'amour, ou trop fier pour n'en être pas offensé ; mais assez crédule pour être trompé. Là c'est un amant audacieux qui ose dire que tout ce qui plaît est permis, qui triomphe de la pudeur en la brusquant, & qui finit par inspirer sa hardiesse à un sexe naturellement timide, mais le plus capable peut-être des derniers excès quand une fois il a violé les loix de l'honneur.

A. Mais ne faut-il pas que les femmes soient instruites ; ne doivent-elles pas connoître les piéges que les hommes leur tendent pour les éviter ; le précipice toujours ouvert sous leurs pas pour n'y pas tomber.

B. Fausse & ridicule maxime ! Les femmes les plus habiles en amour sont les plus prêtes à y succomber ; l'ignorance en cette matiere est la plus sûre gardienne de l'innocence ; la science suppose le crime ou y dispose. En voyant les tableaux des passions, elles perdent peu à peu cette pudeur sagement timide, l'apanage de leur sexe, l'admiration du nôtre & le plus bel ornement de la beauté. Elles deviennent plus emportées que les hommes. Leur présomption & leur orgueil augmentant avec leur hardiesse, elles oublient ce qu'elles sont, ce qu'elles doivent être. Et que sont-elles en effet les divinités de ce monde ? Non, elles peuvent le croire dans le délire passager que leur inspire la frénésie romanesque. Mais tout leur dit que la nature les a faites pour être les compagnes des hommes & non leurs tyrans, & qu'elles sont dans l'Etat au dernier rang des Citoyens dont le partage est d'obéir aux loix & non pas d'en donner. Est-ce bien là le rôle qu'elles jouent dans les Romans ? *La crainte superstitieuse*, disoit un Poëte follement impie, *a fait les Dieux* ; mais l'amour romanesque a fait les Déesses. En effet, dans ces Livres pernicieux, les femmes sont les arbitres de l'Univers; on leur rend des hommages; on leur addresse des vœux; on leur offre des sacrifices. Elles disposent de tout, & d'un coup d'œil elles font à leur gré la guerre ou la paix. Si les titres, si les dignités leur manquent, elles en ont l'essentiel, le pouvoir. Sans être Rois, ni Ministres, elles gouvernent la main qui porte le sceptre & qui tient la balance. De quel œil une femme remplie de ces flatteuses chimeres, verra-t-elle son époux, s'il veut se souvenir de ses droits & les soutenir.

A. En vérité, je n'aurois jamais imaginé que vous donneriez à *Clelie* ou à *Cléopatre* tant d'influence sur nos menages, & qu'il fallût attribuer à un plat Roman la pusillanimité d'un mari imbécille.

B. Ce qui paroît une conjecture ridicule est souvent une chose très-réelle, avouée par ceux qui connoissent le monde & l'intérieur des familles. Quelle a été la cause de la ruine de tant de maisons opulentes ? Les complaisances excessives d'un lâche époux pour toutes les fantaisies d'une femme, qui d'abord simple & modeste étoit devenue par la lecture des Romans & par les goûts que cette lecture lui avoit inspirés, vaine & impérieuse. Quelles fausses idées dans tous ces Livres ! Les maximes les plus pernicieuses y sont jointes aux exemples les plus dangereux. Tout y est dénaturé. L'amour, l'écueil de la jeunesse, le plus dur des esclavages, la passion souvent la plus basse dans ses principes & dans ses effets, y est peint comme une vertu qui éleve aux grandes choses, comme la source des plus beaux sentimens, comme le privilege du bel âge, &c. De telles idées ressassées jusqu'au dégoût par les *Artamenes* & les *Celadons*, peuvent bien faire des héroïnes d'amour, mais elles ne feront jamais des meres tendres & des filles modestes.

A. Je conviens qu'il est quelquefois dangereux pour une jeune personne, d'apprendre le langage & les artifices de l'amour, & de s'exagerer trop les plaisirs de cette passion trop souvent féconde en peines cruelles. Mais quel mal un Roman peut-il produire dans la tête d'un homme fait, qui cherche un délassement honnête après des études fatiguantes. Peut-il se recréer plus utilement qu'en parcourant des Livres qui donnent de l'agrément à l'esprit, qui inspirent au cœur de la délicatesse, & qui bien écrits peuvent former le goût.

B. Voilà de grands avantages; mais je n'aurois jamais soupçonné que les Romans pussent les produire. Loin d'avoir servi aux Lettres, il me semble qu'ils ont corrompu par une sorte de contagion, les genres d'écrire avec lesquels ils ont quelque rapport. Ils ont fait un grand tort à l'histoire, soit générale, soit particuliere, en la remplissant de fables, qui ont, pour ainsi dire, étouffé la vérité. Les Anglois ont mêlé dans leur ancienne histoire les hauts faits du Roi *Artus* & des Chevaliers de la Table Ronde. Tout est outré & exagéré dans les histoires Espagnoles & quelques-unes paroissent avoir été écrites par l'imagination de *Dom Quichotte*. Le vrai sans fard & sans ornemens a paru trop simple aux Ecrivains Romanesques; ils lui ont substitué un faux merveilleux. Pour dire des choses admirables, ils en ont forgé d'incroyables. Les Italiens avec un autre tour d'esprit ont également donné à leur histoire un air de Roman. Tout y est fardé, sous prétexte de l'embellir. L'exactitude de la vérité y est sacrifiée à des jeux d'esprit, à l'envie de briller ou d'amuser les lecteurs. Et que dirons-nous des François ? Ils ont eu *Maimbourg* & *Varillas* dans l'autre siecle ; ils ont M. *de Voltaire* dans celui-ci. *Maimbourg* plein de *Cyrus* & de *Clelie*, donne à tous ses héros des grands yeux bleus à fleur de tête, des nez aquilins, une bouche admirablement conformée, un génie perçant, un courage ardent & infatigable, une patience sans bornes, une constance à toute épreuve. *Varillas* faisoit une histoire exactement comme on fait une tragédie ; il rapprochoit ses personnages, fussent-ils éloignés de cent lieues ; il les faisoit parler, agir, suivant sa féconde & inépuisable imagination. M. *de Voltaire*, non moins téméraire que *Varillas* son prédécesseur, a fait des histoires, qui par les mensonges innombrables qui en forment le tissu, ne sont comme son *Zadig* & son *Candide*, que de purs Romans. On y voit un homme qui fait tout mêler, tout confondre, se jouer de tout ; qui travestit le vrai en faux ; qui ne connoît la vérité que pour la déguiser, le mensonge que pour le pallier ; un homme qui détruit ou réalise les faits, suivant que son cerveau ardent est bien ou mal monté ; enfin un homme qui s'embarrasse peu de tromper ses Lecteurs, pourvu qu'il les divertisse, & qui se flatte de pouvoir tout faire croire aux esprits simples & douter de tout aux beaux esprits.

A. Mais vous n'avez parlé jusqu'à présent que des abus du genre romanesque (& de quoi n'abuse-t-on pas) & vous vous êtes tû sur le bon usage qu'on en peut faire. Si M. *de Voltaire* a outragé les mœurs, la Religion & la vraisemblance dans son *Candide*, dans son *Ingenu*, dans son *Taureau blanc*, *Fénélon* n'a-t-il pas assuré le bonheur des Peuples & des Rois dans son immortel *Télémaque*.

B. Mais qu'il est peu d'ouvrages de ce genre ! Où trouverez-vous en effet un second *Télémaque*, un Livre où tous les mouvemens d'un cœur verneux font développés avec l'éloquence du sentiment ; un Livre où la vertu s'exprime dans le langage qui lui est propre ; un Livre où la Morale n'a pris la parure de la fiction que pour corriger plus sûrement les hommes ; enfin un Livre qui sera la leçon éternelle des Souverains & la consolation des Sujets. Demandez à la nature avare un second *Fénélon*, & je vous permets de faire des Romans & de les lire, parce que vous aurez alors des Livres également utiles & agréables, propres à former le goût & à polir l'esprit, sans exposer les mœurs. Mais la nécessité d'un vain amusement après de travaux pénibles ne sauroient autoriser la lecture des Romans frivoles ou licencieux. Le besoin de manger, dit un Ecrivain sage & ingénieux, ne donne pas la liberté de s'empoisonner.

ROUSSEAU.

Caractere de ses Ouvrages.

Cet Auteur débuta par soutenir une opinion outrée sur les Sciences. Il employa toute la profondeur de l'érudition, toutes les ressources de l'éloquence & du génie, pour en montrer les dangers & les suites funestes, relativement aux mœurs. Ce paradoxe n'étoit pas nouveau ; mais il lui donna les graces de la nouveauté par un ton d'éloquence forte & énergique dont nos Sybarites n'avoient pas encore d'idées.

La Religion ne s'intéresse pas aux disputes littéraires, elle n'entre que fort peu dans celle-ci ; mais M. *Rousseau* l'a mêlée dans ses autres Ouvrages & d'abord dans son Discours *sur l'origine des conditions*. Cet Ouvrage célebre est plus capable qu'aucun autre d'humilier la nouvelle Philosophie. Elle prétend feule inftruire l'Univers, diffiper fes ténèbres, chaffer les préjugés & la fuperftition, réformer, épurer la Religion, faire briller par-tout un nouveau jour, en un mot, apprendre à penfer & voilà qu'elle finit par mettre l'homme à niveau de la brute. On ne peut difputer à M. *Rouffeau* tous les avantages & les talens de cette Philofophie, le raifonnement, le calcul, l'érudition, l'éloquence, le feu, la modération même, & un defir d'annoncer le vrai. Mais qu'eft-ce que ces avantages lorfqu'on ne s'en fert que pour attaquer la Religion ?

M. *Rouffeau* veut égaler l'homme à la bête. Il borne l'homme métaphyfique & moral aux befoins phyfiques & aux pures fenfations. Semblable à l'animal quant aux idées, il n'en différe que du plus au moins. En fortant du cercle étroit des fonctions animales, il eft forti pour ainfi dire de fon être. Les maifons, les habits, la réunion des familles, les fentimens d'eftime, les liens de la fociété, l'agriculture & les Arts font autant de traits de la dégradation de l'homme. Les loix en affermiffant cet état ont confommé le malheur du genre humain.

Ce fyftême n'avoit pas befoin, ce femble, d'être réfuté. Il faut abandonner à lui-même & à fes idées l'Ecrivain, qui prétend que la deftination de l'homme eft de vivre feul dans les forêts, nud, défarmé, fans liens ni de mariage, ni de famille, plus folitaire & plus farouche que les Ours qui du moins habitent avec leurs femelles dans des tanieres.

On a donc abandonné les idées de M. *Rouffeau*, comme les rêves d'un Solitaire malade & fouffrant; heureux s'il n'avoit pas donné dans des écarts plus grands !

Emile eft la confommation de l'impiété de M.

Rousseau. Parmi une foule de vérités exprimées avec force, & revêtues de son style mâle & imposant, que d'opinions insensées, que de paradoxes hazardés, que d'idées dangereuses n'y trouve-t-on pas ! On y fait à la vérité un éloge sublime de l'Evangile ; mais les Miracles, les Prophéties qui établissent l'authenticité de ce Livre divin, sont attaqués sans ménagement. M. *Rousseau* n'écoutant que la voix téméraire de sa raison, pese tout à la balance de la Philosophie, & détruit, peut-être sans le vouloir, les plus solides fondemens de la vertu.

On sait quel sort a eu *Emile*. Le Parlement de Paris condamna l'Auteur & le Livre. M. *Rousseau* se tourne vers sa Patrie ; & ses Citoyens aussi indignés que les Etrangers lui ferment leurs portes. Proscrit, errant, il trouve un asyle en Suisse, d'où il croit foudroyer ses ennemis. C'est de-là que sont parties ses *Lettres de la Montagne*, où toutes ses erreurs sont reproduites, où sa doctrine sur les Miracles se montre avec la parure de l'éloquence la plus vive & la plus naturelle, & l'art le plus doux & le plus insidieux. Il tâche d'intéresser les cœurs, autant que de convaincre l'esprit, & il n'y réussit que trop. On pleure sur son aveuglement, on plaint ses malheurs ; & en étant touché pour l'Auteur, on pardonneroit peut-être à l'Ouvrage, si les attentats contre la Religion pouvoient se pardonner. Ces Lettres dangereuses causerent une fermentation parmi les Ministres Protestans qui fut funeste à leur Auteur. Obligé de quitter ce nouvel asyle, il se refugie en Angleterre, s'y brouille avec ses amis, & n'y trouvant plus que de dégoûts, il quitte cette terre étrangere où il croyoit avoir tant d'Admirateurs, & où il n'a vu que des jaloux & de mauvais plaisans.

De telles viciſſitudes dans la vie d'un homme prouvent qu'il n'a pas l'art de ménager les autres hommes. On a dit de lui qu'il reſſembloit plus *Diogene* qu'à *Socrate*. Mais s'il a quelque choſe de l'humeur du Cynique d'Athenes, auquel il eſt d'ailleurs ſi ſupérieur par le génie, il a plus de vertus que lui. Il eſt charitable, généreux, bienfaiſant. Sa main a pluſieurs fois ſéché les pleurs des malheureux ; ſa bourſe s'eſt ouverte à leurs beſoins, ſon cœur à leurs chagrins. Il n'a pas fait, comme d'autres Ecrivains, un trafic honteux de ſa plume & de ſes talens. Il n'a point trompé le Public par des Editions frauduleuſes ; il n'a point vendu le même Manuſcrit à différens Libraires. Ses Ouvrages auroient pu l'enrichir ; ſes Protecteurs lui auroient procuré des places conſidérables, & il a voulu demeurer dans ſa médiocrité, ſe contentant du pur néceſſaire, ſobre, tempérant, juſte, couchant ſur la dure, rempliſſant tous les devoirs d'un Philoſophe, autant qu'on peut les remplir, quand on n'eſt pas perſuadé de toutes les vérités du Chriſtianiſme. Plaiſe à ce Dieu qui lui a dicté un ſi bel éloge de la Morale Evangélique, lui inſpirer plus de foi pour ſes dogmes, & ouvrir ſes oreilles à la voix de la grace, & ſes yeux à la lumiere de la vérité ! (Voyez Esprits-forts & Querelles Philosophiques.)

SAINT-EVREMONT

SAINT-EVREMONT.

Avis sur les Auteurs qui publient de productions scandaleuses sous le nom des autres.

Nous savons que *Saint-Evremont* n'étoit qu'un Epicurien ; mais comme il n'a rien écrit de formel contre la Religion, nous ne l'aurions pas placé dans ce Dictionnaire, si l'on ne s'étoit servi de son nom pour débiter des Ecrits licencieux. Tel est un Ouvrage intitulé *Analyse de la Religion*, qu'on a décoré du nom de ce célebre Ecrivain. Il est évident que cet écrit n'est pas de lui ; il étoit incapable par sa façon de penser de faire un Livre contre le Christianisme, & plus incapable encore de se tourmenter l'esprit à des recherches épineuses d'histoire, & à des raisonnemens profonds de métaphysique. Il faut donc mettre cette production pernicieuse au rang de tant d'autres, dont les véritables Auteurs se cachent derriere un mort respectable, qui ne peut plus porter la peine de leurs sottises, mais qui en recueille la honte aux yeux des hommes peu instruits. C'est ainsi qu'on a vu sortir du magasin d'impiété établi près d'un lac, le *Dîner du Comte de Boulainvilliers*, par *St. Hyacinthe* ; l'*Examen important*, par *Mylord Bolingbroke* ; le *Dialogue du Douteur & de l'Adorateur*, par *l'Abbé de Tilladet* ; les *Pensées de la Mothe le Vayer & de l'Abbé de Saint Pierre*, &c. &c. Il n'est pas inutile d'avertir qu'aucun de ces Ecrits n'est de ceux dont ils portent le nom. L'aigreur du style, l'entassement des sarcasmes, de mauvaises plaisanteries & des blasphêmes désignent assez dans quel terrein ces fruits funestes ont dû croître. L'Auteur a beau se couvrir d'un voile ; on voit sa figure à travers, &

ce n'est pas celle d'un homme doux, modéré &
honnête. C'est l'Arlequin de la Littérature moderne
qui à la tête de ses Brochures est tantôt Quakre,
tantôt Juif, tantôt Capucin, tantôt Prédicant, tantôt Abbé, tantôt Bachelier, tantôt Avocat, tantôt
Médecin, tantôt Apôtre, tantôt Empereur, tantôt
A, tantôt B, tantôt C, & toujours le plus dangereux des Charlatans dont les turlupinades & les
impostures ont amusé & trompé les hommes.

Au reste, nous avons dit que *Saint-Evremont*
étoit incapable par sa façon de penser d'écrire contre le Christianisme, & cela est vrai. Il avoit assez
de bon sens, pour penser, qu'il est du devoir du
Citoyen de respecter la Religion de ses peres & de
sa patrie. Il ne pouvoit souffrir que de misérables
petits-maîtres en fissent un sujet de plaisanterie. *La
seule bienséance & le respect qu'on doit à ses concitoyens*, disoit-il, *défendent une pareille licence*. Tout
homme bien né & qui n'a pas dépouillé toute
honte pensera de même. Quant à ceux qui ont violé
depuis long-temps l'honnêteté publique, ils peuvent se permettre tout ce qu'ils voudront ; on n'a
plus rien à dire à un homme qui vous insulte du
haut du grenier, où ses indécences l'ont fait confiner.

SAINT-FOIX.

Réflexions de cet Auteur sur la nouvelle Philosophie.

ON a accusé cet Auteur d'incrédulité, & nous
ne l'ignorons point. Les *Lettres Turques* qu'on
lui attribue, ont donné des soupçons sur sa Religion. Ne cherchons point à l'excuser ; mais en supposant qu'il ait été incrédule, les réflexions qu'il
fait sur la nouvelle Philosophie n'en auront que plus

de force. Voici comment il apostrophe ces nouveaux Charlatans de sagesse, qui dressent des tréteaux, pour prêcher ce qu'il ne faudroit pas même dire à l'oreille.

" Petits Aigles, qui planez si dédaigneusement
,, au-dessus de vos chétifs compatriotes, nouveaux
,, phénomenes dans la Littérature, je prends la
,, liberté de vous considérer dans votre apogée,
,, & je crois m'appercevoir que les rayons de votre
,, gloire ne sont composés que de paradoxes, d'i-
,, dées singulieres, de traits contre les femmes,
,, contre votre nation, & d'un vernis d'irréligion...

,, Il parut, il y a environ quarante ans, deux pe-
,, tits Ouvrages, les *Dialogues des Dieux*, & les
,, *Lettres Galantes & Philosophiques*. Le but de l'Au-
,, teur étoit d'affoiblir, de confondre & de brouil-
,, ler toutes les idées, tous les principes de mo-
,, rale qui guident ordinairement les hommes.

,, Il tâchoit d'établir que la fausseté, l'avarice,
,, la paresse & l'ingratitude ne sont point des vices;
,, que la pudeur & la chasteté ne sont pas des
,, vertus; qu'un mari, loin de s'opposer aux galan-
,, teries de sa femme, peut en tirer vanité; qu'un
,, fils ne doit à ses parens aucune reconnoissance,
,, ni de la vie qu'il en a reçue, ni de l'éducation
,, qu'ils lui ont donnée, & qu'on n'est obligé ni
,, d'aimer, ni de servir, ni de défendre la Patrie.
,, Ne seroit-il pas plaisant qu'en blutant, ressas-
,, sant & commentant deux Ouvrages (je me sers
,, du terme) si méprisables de toutes façons, ne
,, seroit-il pas plaisant, dis-je, qu'on s'imaginât
,, que la Philosophie des mœurs fait depuis quel-
,, ques années de grands progrès parmi nous ?

,, C'est pour être utile que Dieu vous a donné des
,, talens ; c'est pour vous mettre en occasion d'être
,, bienfaisant, qu'il vous a donné des richesses : il

„ me semble que cette vieille morale de l'Evangile
„ vaut bien celle de la nouvelle Philosophie. „ (*Essais sur Paris*. Tome IV. page 92, 93 & 94.)

On voit par ce morceau que si M. de *Saint-Foix* a été infecté des principes de la nouvelle Philosophie, il s'en est sagement repenti. Plût à Dieu que l'exemple de cet homme d'un esprit si fin & si éclairé & d'un caractere si aimable, pût toucher ceux qui l'avoient égaré, ou qui s'étoient égarés avec lui !

SAINTS PERES.

Injustice des Philosophes modernes, lorsqu'ils rendent compte des sentimens des Saints Peres.

L'Auteur du *Dictionnaire Philosophique* a outragé les Saints Peres, dans plusieurs endroits de son abominable Ouvrage. Nous n'entreprendrons pas ici de les venger. Ils existent depuis des siécles ; ils existeront autant que la Religion ; & le *Dictionnaire Philosophique* ne sera vraisemblablement qu'une brochure de quelques jours. *Bayle* non moins téméraire, n'épargna ni les *Augustin*, ni les *Basile*, ni les *Chrysostôme*, ni les *Tertullien*, ni les *Lactance*, ni les *Arnobe*. Il fit plus ; il leur imputa des sentimens qu'ils n'avoient jamais eus. Nous nous bornerons à un exemple tiré du *Journal de Trévoux*, mois de Mai 1755.

Le Philosophe *Anaxagore* abandonna ses terres à la merci des bestiaux, pour s'appliquer uniquement à l'Astronomie & à la Physique. Ce fait donne occasion à *Bayle* de critiquer saint *Jean Chrysostôme* : avec quel succès ? Nous en faisons juge le Lecteur. *Je suis surpris*, dit notre Aristarque, *que saint Chrysostôme ait blâmé ce noble désintéressement, & qu'il* l'ait traité de folie & de bêtise. N'est-ce pas rendre la pareille aux Gentils, qui traitent de foux & de stupides tous les Chrétiens qui renoncent à leurs patrimoines, pour se retirer dans des solitudes ? C'est ainsi qu'on trouve du bien ou du mal partout, selon qu'on est rempli de préjugés.

Remarquons, avant tout, que saint *Chrysostôme* ne parle point du Philosophe *Anaxagore*. Ensuite écoutons-le dans sa septieme Homélie sur les *Actes des Apôtres*. *Les premiers Fideles*, dit-il, *distribuoient leurs biens aux pauvres, selon les besoins d'un chacun : ce qui n'étoit pas une chose vaine, comme l'action des Philosophes, dont les uns quittent leurs terres, les autres jettent beaucoup d'or à la mer.* Or ceci, ajoute le saint Docteur, *n'étoit pas un mépris des richesses, mais une folie & une sottise. D'ailleurs, le démon a toujours pris à tâche de calomnier les créatures de Dieu, comme s'il n'étoit pas possible de faire de bons usages de l'argent.*

On voit que la pensée du saint Evêque est très-belle. Les Philosophes abandonnent leurs terres & leur or sans motif raisonnable, bien loin d'être portés à cette action par des raisons aussi sublimes que celles des Chrétiens, qui se retirent dans les déserts. Le renoncement des Philosophes n'étoit pas non plus comparable, pour le mérite & pour la générosité, aux distributions que les premiers Fideles faisoient de leurs biens, soulageant les pauvres, & ne permettant pas qu'aucun d'eux manquât du nécessaire. Saint *Chrysostôme* ajoute en même temps un mot contre les Manichéens de son temps, qui *calomnient* les créatures de Dieu ; l'or, l'argent, les possessions ; calomnie qui ne pouvoit être qu'un effet des artifices du démon. Demandons présentement si le préjugé fait parler le saint Docteur, ou s'il a voulu rendre la pareille aux Gentils, qui se moquoient de la Philosophie toute céleste des Chrétiens ? (Voyez le N°. VI. de l'Article RELIGION.)

Bayle, M. *de Voltaire*, le Marquis d'*Argens* ont intenté un procès à St. *Augustin*, qu'ils regardent comme le Patriarche de l'Intolérance. Ils l'accusent d'avoir soutenu qu'il falloit détruire, exterminer les Hérétiques ; c'est une calomnie. Ce grand Docteur a eu un zele ardent pour ramener les errans au sein de l'Eglise. Il a consacré ses soins, ses travaux à ce grand ouvrage ; mais il n'a employé que des voies de charité & de douceur. En voici une preuve bien décisive. Les Donatistes & les Circoncellions remplissoient l'Afrique de troubles, de ravages & de meurtres. Après avoir tenté tous les moyens possibles pour arrêter ces désordres, les Empereurs furent enfin forcés de publier des Edits sanglans contre ces furieux. Saint *Augustin* craignant qu'on n'exécutât ces Edits dans toute leur rigueur, écrivit au Comte *Marcellin*, " nous pourrions, lui
,, dit-il, dissimuler leur mort, puisque nous ne
,, les avons ni accusés, ni présentés devant vous;
,, mais nous serions fâchés que les souffrances des
,, serviteurs de Dieu fussent vengées par la loi du
,, Talion. ,, Il écrivit au Proconsul *Apringius*, qui devoit juger ces criminels ; & en lui faisant la même priere. " Si j'avois, dit-il, affaire à un Juge
,, qui ne fût pas Chrétien, je ne lui parlerois pas
,, ainsi, mais je n'abandonnerai pas pour cela la
,, cause de l'Eglise ; & s'il vouloit bien m'écouter,
,, je lui représenterois que les souffrances des Ca-
,, tholiques devroient être des exemples de patience,
,, qu'il ne faut pas ternir par le sang de leurs en-
,, nemis. ,, Ces traits éclatans de modération peignent-ils l'ame d'un persécuteur ?

Saint *Jérôme* n'a pas été plus épargné. M. *de*

Voltaire dans la grave préface de ses *Contes de Guillaume Vadé* l'accuse d'avoir été le plus *colere de tous les hommes*, & d'avoir dit de *très-grosses injures* à ceux qui ne pensoient pas comme lui. D'autres Satyriques lui ont reproché de *n'avoir pas été retenu par les liens les plus sacrés de la Société, & d'avoir exhalé sa fureur & sa bile contre* Ruffin, *parce qu'il avoit embrassé les opinions d'Origene.* Voici le récit sincere du fait. *Ruffin* ayant fait une traduction infidele d'*Origene*, y joignit une Préface, où désignant saint *Jérome*, il insinuoit qu'il n'avoit entrepris cet Ouvrage qu'à sa priere. Saint *Jérome* fut obligé de se justifier ; son silence l'auroit fait passer pour un Partisan des erreurs d'*Origene*. Il écrivit à *Ruffin*, & se plaignit doucement de cette Préface, où feignant de le louer, il l'accusoit en effet d'*Origénisme*. Il le prie de ne plus agir ainsi. Quoi de plus équitable ! & peut-on sur un procédé si doux fonder des reproches si amers & si injurieux ? Il est vrai que la solitude & les infirmités avoient donné au caractere de saint *Jérome* une teinture de mélancolie & d'aigreur qu'il se reprochoit lui-même ; mais ces légeres imperfections qu'il ne faut pas exagérer étoient couvertes par de grandes vertus. Mais quelles qualités peuvent effacer les égaremens de nos Philosophes modernes ? Est-ce à des hommes qui se sont livrés aux emportemens les plus grossiers pour une égratignure, à trouver le style de saint *Jérome* trop violent ? Nous disons la même chose de saint *Bernard*, & des autres Peres auxquels nos Philosophes doux & modérés reprochent trop de vivacité.

SALOMON.

*De la mort d'*Adonias *; du Temple de* Salomon.

M. *de Voltaire* blâme beaucoup *Salomon*; il lui reproche sur-tout la mort d'*Adonias* son frere. Il est vrai que *Salomon*, en montant sur le trône, lui avoit promis la vie, s'il se comportoit en homme de bien. Mais à peine *David* eut expiré que le desir de regner se ranima dans son cœur. *Joab*, le chef des troupes, & *Abiathar* le grand-Prêtre étoient d'intelligence avec lui. Il étoit à présumer que les cabales produiroient des intrigues funestes. *Salomon* voyant les desseins ambitieux de son frere, qui demandoit en mariage *Abisag*, la Sunamite qui avoit rechauffé la vieillesse de *David*, pour favoriser ses vues, ordonna qu'on le fît mourir. Il infligea la même peine à *Joab*, souillé par les meurtres d'*Abner* & d'*Amasa*, & exila le grand-Prêtre *Abiathar*. La justice ne fut violée dans aucun de ces châtimens. *Salomon* n'avoit promis la vie à son frere, qu'à condition qu'il seroit tranquille; *Adonias* ayant manqué à sa parole, *Salomon* fut dégagé de la sienne. Il pouvoit lui pardonner; mais l'intérêt de l'Etat demandoit une prompte justice.

Quant aux richesses que *David* laissa à *Salomon* ou que celui-ci se procura par le moyen de ses flottes, l'Auteur du *Dictionnaire Philosophique* n'y croit pas. Les autres Incrédules l'ont imité en cela, comme dans tout le reste. Comment, dit-on, un Pays aussi borné que la Judée pourroit-il admettre l'idée de l'opulence effrayante de *Salomon* ?

Mais, 1°. les Juifs n'étoient pas resserrés alors dans les limites étroites de la Palestine. *David* avoit reculé ses frontieres à l'Orient vers l'Euphrate, &

foumis, vers le Midi, une partie de l'Idumée. Maître de l'extrêmité septentrionale du Golfe Arabique, il n'eut pas de peine à établir à Aïlath & à Efiongaber, deux ports autrefois si célébres, une navigation qui s'étendit successivement à tous les lieux vers lesquels cette mer ouvroit un passage. *Eupoleme* cité par *Eusebe*, nous apprend cette circonstance si intéressante du regne de *David*.

2°. Les Juifs devinrent possesseurs de tout le commerce d'Afrique, d'Arabie, de Perse & des Indes. L'argent, l'ivoire, les pierres précieuses dûrent refluer à Jérusalem avec une abondance dont les premiers retours du Mexique & du Perou peuvent donner une idée. *David* en profita pendant vingt-cinq ans. *Salomon*, non moins sage que son pere, se rendit lui-même aux deux ports du golfe Arabique, les fortifia, & prit toutes les mesures nécessaires pour perfectionner & étendre ce commerce, un des plus lucratifs qu'il y ait eu au monde; commerce que les Juifs perdirent sous le Roi *Achaz* & qui passa à d'autres Peuples.

3°. L'Ecriture marque *Ophir* & *Tarsis* comme les principaux lieux où commerçoient les Juifs. Ophir pourroit bien être le pays des Aliléens & des Cassandrins qu'*Agatharcides* place dans l'Arabie méridionale. L'or y étoit si commun, suivant cet Auteur, qu'on y donnoit le double pesant d'or pour du fer, le triple pour de l'airain, & dix fois autant pour de l'argent. Il suffit que ce pays ait été à portée des Juifs pour que nous soyons en droit de conclure que ce Peuple actif & industrieux y a commercé. Les premieres années d'un commerce si profitable ont pu rendre *l'argent aussi abondant à Jérusalem que les pierres*, suivant l'expression du IIIe. Livre des Rois. Il n'est donc point ridicule de croire que *Salomon* ait laissé dans ses coffres la somme sur laquelle M. *de Voltaire* s'eſt tant de fois récrié ; & il réſulte de toutes nos conjectures, que les Juifs ont pu être le Peuple le plus riche du monde, comme ils en étoient inconteſtablement alors les ſeuls hiſtoriens.

Examinons actuellement ce que notre Auteur dit du Temple dans ſon *Dictionnaire* prétendu *Philoſophique*, & ſur-tout dans ſa *Philoſophie de l'hiſtoire*.

Pour connoître le Temple des Juifs, il faut repréſenter la forme des Temples anciens qui étoient bien différens des nôtres. Rapportons la deſcription que fait *Strabon* de quelques Temples de l'Egypte qu'on voyoit de ſon temps. " On trouve d'abord,
,, nous dit-il, une grande place ; de-là on entre
,, dans un grand veſtibule, enſuite dans un autre,
,, & enfin dans un troiſieme, après quoi on ren-
,, contre un vaſte parvis qui eſt devant le Temple.
,, Au fond de ce parvis eſt un bâtiment d'une gran-
,, deur médiocre qui eſt le Temple proprement
,, dit. ,, Ainſi, rien ne paroît plus auguſte que les bois ſacrés, les parvis, les portiques, les cours, qui accompagnent ces Temples. C'étoit à peu près ſur cette forme qu'étoit conſtruit le Temple de Jéruſalem. Le troiſieme Livre des Rois cité par l'Auteur, ne parle que du Temple proprement dit. Il dit peu de choſe de ſes accompagnemens ; mais nous les trouvons décrits dans *Ezéchiel*, depuis le chapitre quarante juſques à quarante-ſix. On y trouve d'abord le parvis d'*Iſraël* large de cent coudées ; or, la coudée chez les Hébreux avoit vingt pouces, & preſque demi ; ainſi le parvis d'*Iſraël* avoit cent ſoixante & dix pieds de largeur ; enſuite on voyoit le parvis des Prêtres qui avoit la même largeur. Ces deux parvis étoient précédés d'une vaſte cour, dont le mur qui en faiſoit l'enceinte avoit ſix cens coudées, c'eſt-à-dire, mille vingt-

cinq pieds de roi en quarré. Mais, dans le temps qu'il fut bâti après le retour de la captivité, on établit dans la premiere cour, le parvis des Gentils.

Le Temple proprement dit, étoit composé du vestibule de trente-quatre pieds deux pouces de longueur, le Saint de soixante & huit pieds quatre pouces, le Sanctuaire de vingt coudées ou trente-quatre pieds deux pouces en longueur & autant en largeur, ce qui fait pour la longueur du Temple proprement dit, cent trente-huit pieds huit pouces & non pas quatre-vingt dix pieds sur trente de face, comme le dit l'Auteur. Le troisieme Livre des Rois rapporte en effet que le Temple n'avoit que soixante coudées ; mais dans le verset suivant il est dit, qu'outre ce bâtiment de soixante coudées, il y avoit un portique, ou vestibule de vingt coudées de long. C'étoit dans le parvis que logeoient les Prêtres, & non pas dans des appentis de bois adossés à la muraille du Temple. Ces entablemens adossés à la muraille du Temple dont il est parlé dans le troisieme Livre des Rois, étoient des galeries qui étoient occupées pendant le service public. C'est sur ce plan qu'on peut se former une idée du Temple de Jérusalem. *Les fenêtres*, dit l'Auteur, *qui étoient beaucoup plus étroites en dehors qu'en dedans, ressembloient à des meurtrieres.* Cependant Ezéchiel nous apprend qu'elles avoient la même dimension que la porte orientale ; or la porte orientale avoit treize coudées de haut, & dix coudées de largeur, ce n'étoit donc pas des meurtrieres. Il est dit, qu'elles étoient plus évasées en dedans qu'en dehors, & cela devoit être dans des murs de six coudées ou dix pieds d'épaisseur.

Quant au second Temple qui fut bâti après la captivité, il est vrai qu'il n'étoit pas si somptueux que celui de *Salomon* ; mais on ne peut pas dire que c'étoit bien *plutôt une grange qu'un Temple*. Le livre d'*Esdras nous apprend*, dit notre Philosophe, *que les murs de ce nouveau Temple n'avoient que trois rangs de pierre brute, & que le reste étoit de simple bois.*

Esdras rapporte que *Cyrus* donna ordre de rebâtir le Temple qui devoit avoir soixante coudées de hauteur & autant de largeur, & qu'il devoit y avoir trois ordres de pierres non polies : mais comme il ne fut achevé que sous *Artaxerxès longue main*, il y a apparence qu'on le finit d'une maniere plus magnifique, puisqu'*Artaxerxès* donna cent talens d'argent pour le finir ; or le talent, suivant la maniere de compter des Juifs, valoit 4867 livres, 3 sols, 9 deniers de notre monnoie ; ce qui fait près de 500000 livres. Avec cette somme seule on devoit bâtir une plus belle grange que ne le sont celles de nos campagnes.

Notre Auteur ajoute qu'*Hérode fut obligé, comme nous l'apprend* Joseph, *de démolir le Temple de Néhémie qu'il appelle le Temple d'Aggée.* Ce n'est pas la maniere dont *Joseph* nous présente ce fait. Il faut entendre qu'il le fit réparer, aggrandir & embellir, mais non pas entiérement démolir, tout au plus quelques parties qui tomboient de vétusté.

Voilà en substance tout ce que j'ai pu recueillir sur les Temples des anciens, & ce que l'Ecriture sainte nous apprend du Temple de Jérusalem, qui fut le premier Temple élevé au vrai Dieu. On peut juger maintenant de l'exactitude de notre Philosophe dans les faits historiques qu'il nous a cités.

Vous voyez dans tout ce Livre, que lorsqu'on y cite l'Ecriture, c'est toujours à faux, ou à contre-sens. Dans le Chapitre des Temples que je viens de citer, l'Auteur s'exprime ainsi : " Il est dit, » au troisieme Livre des Rois, que l'édifice avoit

soixante coudées de long, & vingt de large,
c'est environ quatre-vingt dix de long sur trente
de face ; il n'y a guére de plus petit édifice public. „ Il est dit en effet que le Temple avoit soixante coudées dans le Chapitre sixieme ; mais un
homme impartial auroit ajouté ce qui est dit au
verset suivant ; c'est-à-dire, qu'outre le Saint & le
Sanctuaire qui avoient soixante coudées, il y avoit
un vestibule à l'entrée du Temple, qui avoit vingt
coudées de long, & qui faisoit partie du Temple. Il n'auroit pas omis ce qu'en dit *Ezéchiel*,
qui en parle d'une maniere si étendue. Il ne nous
auroit pas donné de fausses idées sur la coudée
des Juifs. Il ne nous auroit pas représenté comme des appentis les galeries de bois de cedre que
Salomon fit construire dans le Temple. Enfin il
auroit écrit en Historien & non en Romancier
satyrique.

Quant aux autres accusations intentées contre *Salomon*, voyez CANTIQUE DES CANTIQUES, EC-CLESIASTE & PROVERBES.

SAMSON.

Des prodiges opérés par Samson. *Réponse aux difficultés des Incrédules.*

I.

L'Auteur de la *Philosophie de l'Histoire* ne veut pas que *Samson* ait pu trouver un essain d'a-beilles dans le cadavre d'un lion. Il taxe à ce sujet les Ecrivains sacrés, d'hommes livrés aux préjugés populaires. Mais l'Ecriture sainte ne dit point que la corruption de ce cadavre produisit les abeilles, comme on le prétend, mais seulement qu'elles se trouverent dans le corps du lion que *Samson* déchira de ses mains. Elles pouvoient y être, sans qu'elles y fussent nées. La chair de cette bête féroce ayant été bientôt desséchée par les ardeurs brûlantes du soleil de la Palestine, & n'ayant plus rien de cette infection, qui, de l'aveu des Naturalistes, est insupportable aux abeilles, il vint un essain s'établir dans sa carcasse. *Hérodote* rapporte un fait assez semblable. Il dit qu'on vit un essain d'abeilles se retirer & faire son miel dans le crâne desséché d'*Onesyle*, tyran de Cypre, après que sa tête eut été quelque temps suspendue aux portes de la ville d'Amathuse.

II.

Les Incrédules sont fort révoltés de ce que *Samson* tua trente Philistins, pour en donner les robes à ceux qui avoient expliqué ses énigmes. Mais ils ne font pas attention qu'il est dit dans l'Ecriture, qu'il fut saisi d'une impulsion surnaturelle qui le poussoit à faire des choses extraordinaires. *Samson*, considéré comme un particulier, n'auroit pas eu droit de le faire; mais l'esprit de Dieu l'ayant saisi, il en eut le droit & le pouvoir.

D'ailleurs, 1°. Les Philistins étoient censés dans un état de guerre avec les Israélites; ils étoient leurs oppresseurs, leurs tyrans. 2°. *Samson* étoit actuellement le général d'Israël, choisi du Ciel pour punir les Philistins. 3°. Il ne fut dans cette rencontre que l'instrument dont Dieu se servit pour châtier des coupables.

III.

L'aventure des trois cents renards rassemblés par *Samson* pour brûler les bleds des Philistins, choque encore plus nos petits raisonneurs. Mais il faut être bien incrédule pour douter d'un fait qui n'eft pas auffi dénué de vraifemblance qu'on pourroit le croire.

1°. Il eft certain que les renards étoient, & font encore très-communs dans la Paleftine, où l'on en trouve en très-grand nombre jufques dans les haies & dans les ruines des bâtimens.

2°. L'Ecriture en parle fur ce pied-là. On y trouve que divers lieux, dans le pays de Chanaan, y prenoient leur nom des renards qui y abondoient.

3°. Ajoutez que, fous le nom de renards on comprenoit encore les *thoas*, animal qui tient du renard & du loup, & qui eft fi commun dans la Paleftine, fur-tout vers Céfarée, qu'on y en voit quelquefois des troupes de deux cents.

4°. Qu'y a-t-il de fi incroyable à voir trois cents renards raffemblés par *Samfon*, quand on a lu dans l'*Hiftoire Romaine* que *Sylla* produifit, dans les fpectacles qu'il donna au Peuple Romain, cent lions, *Céfar* quatre cents, *Pompée* jufqu'à fix cents, dont trois cents quinze avec leurs crinieres, *Probus*, mille autruches, & une infinité d'autres animaux. Qu'on life fur tout cela les vaftes recueils de *Bochart*.

Si l'Hiftorien facré difoit que *Samfon* raffembla ces trois cents renards dans un jour, ou dans une nuit, on pourroit fe récrier. Mais qui l'empêcha d'y mettre quelques femaines, d'y employer plufieurs mains, des piéges, des filets, & toutes les rufes de la chaffe ? Enfin, fi l'on demande pourquoi il employa des renards plutôt que des chiens ou des chats au deffein qu'il fe propofoit, il eft bien aifé de fatisfaire ceux qui propofent cette queftion. Car, outre que la longue queue des renards favorifoit fon deffein, que cet animal eft fort vîte, qu'il craint extrêmement le feu, & que fon inftinct le porte à gagner la campagne, & à se jetter dan[s] les bleds, plutôt que les animaux domestiques [...] outre cela, dis-je, Samson opéroit deux biens à [la] fois. Il délivroit son pays de trois cents animau[x] incommodes & nuisibles, & il les jettoit dans [le] pays ennemi.

IV.

La mâchoire d'âne, dont le héros Israélite s'ar[ma] pour défaire les Philistins, a été une sourc[e] de plaisanteries, pour les mêmes Incrédules ; ma[is] leurs railleries sont bien déplacées. Il est aisé de concevoir comment Samson, animé de l'esprit d[e] Dieu, rendit cette arme fatale à la vie de ses enne[]mis. Les Philistins étonnés à l'aspect du héros q[ui] brisoit ses chaînes, étoient encore dans toute l'é[]motion de la surprise, lorsqu[e] fondant sur eu[x] comme un lion, il profita de leur trouble pour leu[r] porter des coups assurés. Une terreur panique s'em[]para d'eux. Ils crurent voir apparemment ceux d[e] Juda seconder leur redoutable ennemi ; & aucu[n] n'osant résister, il ne porta sur eux que des coup[s] mortels. Ainsi, pour n'alléguer qu'un seul exempl[e] d'une valeur extraordinaire, l'Empereur *Aurélien* dans la guerre qu'il fit aux Sarmates, leur tu[a] dans un jour, de sa propre main, quarante-hui[t] hommes, & en divers autres jours, jusqu'à neu[f] cents cinquante.

Nous le dirons néanmoins : il y a ici plus qu[e] d'une valeur humaine. C'étoit celui qui ôte le cou[]rage aux forts, & qui fortifie les mains des foibles[,] qui assistoit *Samson* dans cette rencontre. C'étoi[t] l'esprit de Dieu qui accomplissoit en lui la promesse que Dieu avoit faite autrefois aux Israélites : *Per[]sonne ne pourra subsister devant vous, & un seul de vous en poursuivra mille.* (Lévit. XXVI. ⱴ. 8.) L'Incrédule qui doute que le Tout-Puissant com[]mande

mande à la nature jufques-là, n'eſt digne que de mépris.

V.

Comment, diſent nos nouveaux Philoſophes, *Samſon* a-t-il pu, en ſecouant deux colonnes, faire tomber un Temple, & écraſer tous ceux qu'il renfermoit. Pour répondre à cette difficulté, il faut être inſtruit des uſages antiques, & nos raiſonneurs ſuperficiels les ignorent. La maiſon dont il s'agit étoit, ſuivant l'opinion la plus probable, conſtruite de bois, à la maniere des Temples Egyptiens. C'étoit proprement une rotonde, une vaſte ſalle bâtie en rond, & de maniere qu'elle repoſoit ſur deux colonnes. De grands portiques lui ſervoient d'entrées; ſon toît étoit en plate-forme avec une large ouverture au milieu, par où l'on voyoit dans le Temple. *Samſon*, après avoir ſervi de ſpectacle au peuple, qui étoit deſſus & deſſous les galeries dans les portiques, fut apparemment mené dans le Temple, où les principaux des Philiſtins avoient, ſelon la coutume, mangé en préſence de *Dagon*, leur Dieu.

Le toît étoit chargé de ſpectateurs; & comme ſans doute l'édifice étoit bien connu de *Samſon*, il n'eut pas beſoin de déviner pour ſouhaiter d'être conduit vers les deux colonnes qui le ſoutenoient. On remarque, au reſte, que le fameux Temple d'*Hercule*, à Tyr, & un autre auſſi d'*Hercule*, en Afrique, avoient deux colonnes comme celui de *Dagon*. Mais, quand il ne ſeroit pas certain que les Temples fuſſent conſtruits en Egypte, comme on le ſuppoſe ici, & que le Temple du fameux *Dagon* fût ſur ce modele, on peut ſuppoſer, avec la foule des interprêtes, que la maiſon en queſtion étoit une ſorte de théatre de bois, appuyé ſur des piliers de matiere, fait à la hâte; mais apparemment conſ-

Tome II. Z

truit à peu près comme ceux que les Romains bâtirent dans la suite. Au milieu de l'édifice, devoient regner deux larges poutres sur lesquelles presque tout le reste portoit, & qui reposoient elles-mêmes par une de leurs extrêmités, sur deux colonnes presques contiguës, en sorte que ces colonnes ne pouvoient pas être ébranlées sans que l'édifice croulât. On dira peut-être qu'il est inconcevable qu'un pareil édifice eût été assez solide pour soutenir plus de trois mille ames ? Mais qu'on lise ce qu'atteste *Pline* des deux théatres que *C. Curion* avoit fait construire à Rome, & qui, assez vastes, comme parle cet Auteur, pour contenir tout le Peuple Romain, étoient d'une structure si singuliere, qu'ils portoient chacun sur un seul pivot. Il y a pourtant une grande difficulté dans ce sentiment. C'est que l'édifice de Gaza avoit un toît capable de porter jusqu'à trois mille personnes. Il faut donc que ce fût un édifice d'une structure singuliere, comme la salle égyptienne de *Vitruve*, & nullement semblable aux théatres des anciens Grecs & Romains.

M. *Shaw*, ce voyageur si éclairé & si digne de créance, croit avoir pris en Afrique une juste idée de la structure du Temple de *Dagon*.

" Il y a, dit-il, dans ce pays-ci, plusieurs palais
" & *Dou-Wanas*, (comme ils appellent les cours
" de justice) qui sont bâtis comme ces anciens
" enclos sacrés qui étoient entourés les uns en par-
" tie seulement, les autres tout-à-fait, de bâtimens
" avec des cloîtres par-dessous. Les jours de fêtes,
" on couvre la place de sable, afin que les Pello-
" wan, ou Lutteurs, ne se fassent point de mal en
" tombant, pendant que les toîts des cloîtres d'a-
" lentour fourmillent de spectateurs. J'ai souvent
" vu à Alger plusieurs centaines de personnes dans
" ces sortes d'occasions, sur le toît du palais du

„ Dey, qui, de même que plufieurs autres grands
„ édifices, a un cloître avancé qui reffemble à un
„ grand appentis, n'étant foutenu dans le milieu
„ ou fur le devant, que par un ou deux piliers.
„ C'eft dans de femblables bâtimens ouverts, que
„ les Bachas, les Cadis, & autres grands Offi-
„ ciers, s'affemblent & s'affeyent au milieu de leurs
„ gardes & de leurs Confeillers, pour adminiftrer
„ la juftice, & pour régler les affaires publiques
„ de leur Province. Ils y font auffi des feftins,
„ comme les principaux d'entre les Philiftins en
„ faifoient dans le Temple de *Dagon*. De forte qu'en
„ fuppofant que ce Temple étoit conftruit comme
„ les bâtimens dont je viens de parler, il eft aifé
„ de concevoir comment *Samfon*, en faifant tom-
„ ber les piliers qui foutenoient ce cloître, le ren-
„ verfa, & tua plus de Philiftins par fa mort, qu'il
„ n'en avoit fait mourir pendant fa vie. „

VI.

Samfon dit, en invoquant le Seigneur pour l'é-
croulement du Temple de *Dagon*: *Que je meure
avec les Philiftins.* On demande fi ce fouhait étoit
innocent. Sa conduite ne favorifoit-elle point le fui-
cide ? Nous ne croyons point que ces queftions
puiffent embarraffer les perfonnes pieufes & éclairées. 1°. La priere que *Samfon* venoit d'adreffer à
Dieu, prife dans fon vrai fens, ne laiffe aucun
doute fur la droiture de fes intentions. Ce n'eft ni
le dégoût de fa vie, ni l'impatience, ni le défef-
poir, ni rien de femblable qui le pouffe à demander
à Dieu qu'il lui permette de s'immoler. 2°. Nous
répétons de nouveau, que *Samfon* étoit animé
d'une façon finguliere de l'efprit du Seigneur, qui
l'avoit fait naître pour des actions héroïques & extraordinaires. 3°. Dès qu'on le confidere comme
le chef & le libérateur d'Ifraël, on ne doit plus voir

dans le vœu qu'il forme, & dans l'action qu'il commet, qu'un effort d'héroïsme & de vertu.

Ce qui nous interdit d'attenter sur nos jours, favoir le bon ufage que nous pouvons toujours en faire pour notre propre falut, & l'obligation où nous fommes de les conferver, tant qu'ils peuvent être de quelque utilité pour notre Patrie, à l'Etat, à l'Eglife, & à nos familles : ces raifons-là même, doivent difpofer un Général vaillant & fidele à fe dévouer à la mort, dès qu'il peut, par ce moyen, rendre un fervice effentiel au public, & contribuer à la gloire de Dieu. La premiere intention de notre héros, fut de venger la gloire du Seigneur; & la feconde, de donner fa vie pour cela, s'il ne pouvoit remplir autrement fa vocation. C'est un guerrier intrépide qui préfere de s'immoler, plutôt que de manquer l'occafion de porter un funefte coup à l'ennemi.

SCEPTICISME, voyez PYRRHONISME.

SENSATIONS.

Obfervations fur cet article du Dictionnaire Philofophique. *Digreffion fur les Songes.*

L'Imagination de notre Philofophe eft ici à fon aife. Il donne deux fens à l'huitre, quatre à la taupe, cinq aux autres animaux & à l'homme. Il eft plus libéral à l'égard des Habitans des autres Globes. " Il fe peut faire, dit-il, que le nombre des ,, fens augmente de Globe en Globe, & que l'Etre ,, qui a des fens innombrables & parfaits, foit le ,, terme de tous les Etres. ,,

Nous l'abandonnons volontiers à fon imagination, dans ce nombre de fens dont il lui plaît d'enrichir les autres Globes. Mais nous ne concevons nullement cet Etre à qui il attribue des sens innombrables & parfaits. Seroit-ce l'Etre suprême ? Mais comme on ne peut entendre par les sens, ou que les organes, ou que les sensations, peut-on en feindre dans l'Etre suprême ? Les organes appartiennent à des corps, & les Sensations ne conviennent qu'à un Etre capable de passivité. C'est ce qu'il nous dit lui-même en remarquant que nous recevons la Sensation, & qu'il nous est impossible de ne pas l'avoir, quand l'objet nous frappe. Mais il est bon de remarquer de plus que nous pouvons avoir des Sensations très-vives en conséquence de nos réflexions, sans l'impression d'aucun objet sur nos organes. Ajoutons encore qu'il dépend beaucoup de nous, d'affoiblir ou d'augmenter la Sensation qui nous vient de l'impression des objets sur nos organes, par le plus ou le moins d'attention que nous lui donnons, & que nous sommes toujours maîtres de l'approuver ou de l'improuver.

Revenons à notre Philosophe ; il poursuit ainsi. ,, Nous sommes étonnés de la pensée ; mais le sen-,, timent est tout aussi merveilleux. Un pouvoir di-,, vin éclate dans la Sensation du dernier des in-,, sectes, comme dans le cerveau de *Newton*. ,,

Sans doute le sentiment est aussi merveilleux que la pensée & aussi incompatible avec les corps; mais de grace, qui a dit à notre Philosophe que les insectes & les animaux ont des sentimens ? Quelle certitude en a-t-il ? Il a le sens intime de ses Sensations. Est-il assuré par la même voie des Sensations des animaux ? Il voit en eux les divers mouvemens qu'il éprouve lui-même dans son corps en conséquence de l'action des objets sur les organes; mais ces mouvemens des animaux, par lesquels ils s'approchent, ou s'éloignent des objets qui agissent sur eux, peuvent n'être qu'un jeu des ressorts infinis, qui entrent dans la composition de leur machine admirable. Et certes, quelle part ont ces Sensations aux mouvemens que l'homme éprouve dans son corps à l'occasion de l'impression des objets extérieurs ? Les Sensations accompagnent bien nos mouvemens, mais les produisent-elles ?

Au reste, nous faisons volontiers l'aveu de notre ignorance sur la nature des animaux. Ce que nous savons, c'est que, si l'Etre suprême leur avoit accordé la faculté de sentir, il s'ensuivroit qu'il auroit mis dans eux une substance entiérement différente de leurs corps. On ne pourroit néanmoins en rien conclure pour leur immortalité. Car, comme ils ne subsistent qu'autant que l'Etre suprême les conserve, ils pourroient n'être conservés qu'un certain temps, parce qu'ils pourroient n'avoir été créés que pour un temps. On en pourroit dire autant de l'homme, s'il n'étoit susceptible que de Sensations : mais ce vouloir, ce désir d'être heureux, & de l'être toujours qui fait partie de la nature de cet Etre qui a en lui le sentiment de sa propre existence, de sa distinction de tout autre Etre, de son identité sous l'ensemble ou sous la succession de ses Sensations ; cette idée qu'il a de l'Auteur de son Etre ; cette capacité de connoître & aimer la vérité ; ces loix qu'il porte gravées dans le fond de son cœur, & dont il ne sauroit s'écarter, sans se reprocher son injustice ; cette liberté de suivre ces loix, ou de les violer ; ce sentiment qu'il a du rapport de sa fidélité à les suivre avec la récompense, & de son infidélité à les suivre avec le châtiment : tout cela ne lui permet pas de douter qu'il ne soit réservé à une autre vie, & que la présente ne lui soit accordée, que pour se préparer à cette autre vie qui l'attend.

Dès que nous recevons nos idées, de même que nos Senfations, rien de plus frivole que la difcuffion de ce principe de l'Antiquité, que rien n'eft dans notre entendement qu'il n'ait été dans nos fens. En effet, qu'importe que nous commencions par fentir avant que d'avoir des idées, fi nos Senfations & les objets qui les occafionnent ne font pas le principe de nos idées ? Y aura-t-il moins de différence de nos idées & de nos Senfations, avec les objets qui les occafionnent ? Que l'Etre fuprême nous faffe naître avec des idées, ou qu'il nous les donne fucceffivement avec les Senfations, tout cela eft parfaitement égal.

Ce qu'il y a de fûr, c'eft que nous tenons de fa main l'idée que nous avons de fon Etre infiniment parfait : en réculant les bornes du fini, nous ne pourrions jamais arriver qu'à l'idée de l'infini en puiffance ; jamais à l'idée de l'infini abfolu. Ce qu'il y a de fûr, c'eft que l'Etre penfant a le fens intime de fa propre exiftence avant toute Senfation ; car fans ce fens intime de fa propre exiftence, il ne feroit pas fufceptible de Senfation. Ce qu'il y a de fûr, c'eft que les fens ne peuvent avoir aucune part aux idées des vérités purement intellectuelles. Ce qu'il y a de fûr encore, c'eft que fi la connoiffance des objets particuliers & individuels nous eft d'abord donnée, elle eft bientôt fuivie en nous d'idées générales des mêmes objets, idées, où ni les fens, ni les objets individuels ne fauroient influer.

Ajoutons encore à ces courtes réflexions fur le principe cité de l'ancienne Philofophie, qu'on ne concevra jamais que l'Etre penfant reçoive l'exiftence, fans recevoir quelqu'idée en même temps ; car fon effence eft d'avoir le fens intime de fa propre exiftence & de fon amour pour le birn-être. Or, quoi de plus inséparable des idées de l'Etre & du bien en général.

L'article des *Songes* ayant une liaison intime avec celui des *Sensations* dans le *Dictionnaire Philosophique*, nous ne les séparerons point. Pour répondre aux questions que fait l'Auteur du *Dictionnaire* au sujet des Songes, il faut avoir recours aux Loix de l'union de l'ame & du corps. Il n'y a que le Créateur qui puisse agir sur ces deux substances ; car le corps n'a que des mouvemens à communiquer ; l'ame est incapable d'en recevoir ; & elle n'a de son côté que des pensées & des vouloirs ; & le corps est réciproquement incapable d'en recevoir. Malgré l'union si intime de ces deux substances, elles sont indépendantes l'une de l'autre en plusieurs choses. Combien de modifications dans l'ame indépendantes du corps ! Combien réciproquement de mouvemens dans le corps indépendans de l'ame ! Mais en conséquence de cette union intime de l'ame & du corps, il est un grand nombre de modifications dans l'ame qui dépendent des mouvemens du corps ; & il est un grand nombre de mouvemens dans le corps qui dépendent de l'ame. Cependant cette dépendance du corps par rapport à l'ame n'a lieu que lorsque le corps est dans certaines dispositions. Par exemple, que les mains, les pieds, &c. soient affligés de paralysie, en vain l'ame commanderoit, ces membres demeureroient immobiles : de même en vain tenteroit-elle d'exercer l'empire qu'elle a sur le cerveau, si le cerveau ne se trouve pas dans un état propre à lui obéir. Or, c'est précisément ce qui arrive dans le sommeil : une partie des esprits animaux est repompée dans le sang ; l'autre partie qui y reste, ne suffit plus, pour y rémuer avec ordre les fibres, dont les unes sont alors trop relâchées, & les autres trop tendues.

SENSATIONS.

Dès-là même les causes occasionnelles des pensées de l'ame étant dérangées, il doit y avoir du dérangement dans les pensées de l'ame ; ces pensées ne sauroient être régulieres & cohérentes. De-là les Rêves & les Songes.

Au reste, notre Philosophe rêveroit assez plaisamment, s'il vouloit conclure des rêves, que l'ame n'est pas une substance distinguée du cerveau, mais qu'elle n'est qu'une faculté de penser propre à cette partie du corps humain. Car, ou cette faculté seroit une, ou il faudroit en admettre autant qu'il se trouve dans les rêves de pensées irrégulieres & incohérentes. Dans le premier cas, ce seroit à lui à rendre raison des rêves de cette faculté de penser qui seroit une : dans le second cas, diverses facultés de penser qui ne se connoissent en aucune sorte, pourroient-elles avoir des pensées régulieres & cohérentes dans la veille, plutôt que dans le sommeil ?

Il ne paroît pas douteux que les Songes n'aient été souvent des objets de superstition, & qu'on n'ait pris des rêves pour des Songes envoyés par les Dieux, parce que ces rêves étoient suivis de l'événement : mais ne faudroit-il pas être dans le délire, pour refuser à Dieu la puissance d'envoyer aux hommes des Songes prophétiques, & celle d'accorder le don de les interpréter ?

Peut-on, par exemple, regarder comme naturels les Songes de *Pharaon*, de son grand Echanson & de son grand Pannetier ? Peut-on aussi regarder comme naturelle l'explication qu'en donna *Joseph* ? Nul rapport entre ces Songes & les événemens qui suivirent de près. Comment donc ces Songes pourroient-ils être regardés comme naturels ? Comment l'explication eût-elle été possible sans une lumiere divine ? L'application de ce raisonnement se fait d'elle-même au Songe de *Nabuchodonosor*, révélé à *Daniel* & interprêté par ce Prophête. La succession de diverses Monarchies dans la suite de plusieurs siécles ne se présente pas naturellement en Songe, & un Songe de cette nature se devine & s'interprête encore moins naturellement. De ces exemples où la Divinité se fait sentir si visiblement, on ne peut conclure que la Loi des Juifs ne défendoit pas l'*Oneiromantie*, ou la science des Songes, que des hommes vains & superstitieux auroient voulu s'attribuer.

SENTIMENS, PASSIONS.
Si les Philosophes ont raison d'être les Panégyristes des passions ?

TOUS les Philosophes nous crient sans cesse, que les passions sont un bienfait du Créateur ; que ce sont des ressorts nécessaires pour imprimer le mouvement à la machine ; que ce sont des vents qui enflent les voiles du vaisseau ; qu'elles le submergent quelquefois, mais que sans elles il ne pourroit voguer. Tel est le système que *Voltaire*, l'Orateur & l'Apôtre du vice, fait valoir depuis quarante ans en vers & en prose. Oui, dit-il,

> Oui, pour nous élever aux grandes actions,
> Dieu nous a par bonté donné les passions.
> Tout dangereux qu'il est, c'est un présent céleste.
> L'usage en est heureux, si l'abus est funeste....
> Vous qui vous élevez contre l'humanité,
> N'avez-vous jamais lu la docte antiquité ?
> Ne connoissez-vous point les filles de Pelie ?
> Dans leur aveuglement voyez votre folie.
> Elles croyoient dompter la nature & le temps,
> Et rendre leur vieux pere à la fleur de ses ans.
> Leurs mains par pitié dans son sein se plongerent.

Croyant le rajeunir ses filles l'égorgerent.
Voilà votre portrait, Stoïques abusés,
Vous voulez changer l'homme, & vous le détruisez.

Cet étrange syſtême né ſur les bords de la Tamiſe, revêtu par le *Boileau* Anglois (*Pope*) de tous les charmes de la Poéſie, tranſporté ſur les bords de la Seine avec tant d'autres rêveries britanniques par M. *de Voltaire*, eſt devenu le ſentiment général de tous nos Sophiſtes modernes, échos les uns des autres. Il faut l'examiner en peu de mots.

Si par le terme de *Paſſions* on entend ſimplement les deſirs, les ſentimens, les inclinations du cœur humain, ſans doute dans ce ſens les paſſions ſont néceſſaires. Notre cœur n'eſt compoſé que de deſirs & de ſentimens. C'eſt un feu dévorant qui a toujours beſoin de quelque nourriture. Tous ces deſirs, l'aliment de notre ame, prennent leur ſource dans l'amour du bien-être, ſentiment néceſſaire & indifférent par lui-même, & qui ne devient vertueux ou criminel que par ſon objet.

Mais ſi par *paſſions*, on entend ces mouvemens rapides & violens qui emportent l'ame hors de ſa ſphere, ces tyrans impérieux qui ſubjuguent notre raiſon, ces vautours cruels qui habitent dans notre cœur, peut-on dire dans ce ſens que les paſſions ſont néceſſaires à l'homme.

Ainſi donc, ſuivant la cabale philoſophique & le digne chef de cette cabale, le poiſon de la haine, la perfidie de l'envie, les fureurs de l'amour, les inquiétudes de l'avarice, les emportemens de l'ambition, tous ces monſtres, enfans & bourreaux du cœur humain, qui en font un théatre éternel de diſſentions & de guerre; ces monſtres, dis-je, toujours renaiſſans & toujours abbatus ſeroient pour nous des bienfaits de la Divinité. Quels horribles bienfaits ! Et périsse à jamais l'affreuse Philosohpie, qui veut me faire regarder comme utile & même comme nécessaire à mon être, ce qui seul m'empêche d'être vertueux, & ce qui dans tous les siécles a fait les grands criminels !

 Cependant c'est dans ce dernier sens que le terme de *passions* est pris par la plûpart de nos Philosophes, lorsqu'ils prêchent la nécessité des passions. C'est une branche du grand système que *tout est bien*, système qui tend à prouver qu'il n'y a point de désordre moral ; qu'ainsi les passions elles-mêmes, prises dans le sens ordinaire, sont un bien. Rentrons dans le cercle que la révélation a tracé autour de notre imbécille raison, & l'illusion des chimeres philosophiques s'évanouira au flambeau de la vérité. Que dis-je ? Sans la révélation, nous apprendrons à connoître le danger des passions. Les Philosophes Payens, au milieu des ténébres de l'idolâtrie, ont parlé sur ce danger avec une énergie & une éloquence qui doit bien faire rougir nos Sophistes, chez qui les lumieres du Christianisme sont obscurcies par les passions basses & viles dont ils sont les panégyristes. En parlant pour les mouvemens déréglés de l'ame, ils plaident pour leur maîtresse. La raison n'est chez eux que l'esclave des passions.

SERVET.

Histoire de sa vie & de sa mort.

Michel Servet naquit à Villa-Nueva en Aragon en 1509, ou en 1511, à Tudelle dans le Royaume de Navarre. Dès sa plus tendre jeunesse, il s'appliqua sans relâche à des études sérieuses. Ses progrès furent si rapides, qu'à l'âge de quatorze ans, il entendoit le Latin, le Grec & avoit quelque teinture de l'Hébreu, de la Philosophie, des Mathématiques, & de la Théologie scholastique. Son pere l'envoya étudier en Droit à Toulouse, où il commença à s'élever des doutes dans son esprit sur le Mystere de la Trinité. Ces doutes se fortifierent en Italie, où il alla à la suite du Confesseur de *Charles-Quint*. Il se rendit de-là en Allemagne & y perdit son Maître, & le seul soutien de sa foi chancelante.

Servet, devenu indépendant par cette mort, résolut de s'ériger en réformateur de la Religion. Il se rendit à Bâle en 1530, & il conféra de ses sentimens avec *Œcolampade*. Ce Théologien avoit alors quarante-huit ans, & *Servet* étoit au plus dans sa vingt-deuxieme année. Le premier touchant à la vieillesse & chargé d'occupations, ne dédaigna point néanmoins de se prêter aux desirs d'un étranger à peine sorti de l'enfance. Mais l'Ecolier, en jeune étourdi, se permit les expressions les plus révoltantes en public & en particulier contre celui qui l'instruisoit & contre le Mystere qu'il défendoit. La présomption de la jeunesse & la vanité Espagnole ne suffisent point pour expliquer cette conduite. Il faut y ajouter un esprit aigre, une humeur chicaneuse & un orgueil peu commun. C'étoit le caractere de *Servet*.

De Bâle, *Servet* alla à Strasbourg, pour conférer aussi avec *Bucer* & *Capiton*. Il irrita tellement le premier de ces Théologiens, qui étoit assez modéré, qu'il dit en chaire, qu'*il méritoit qu'on le mît en pieces, & qu'on lui arrachât les entrailles*. En partant de Bâle, il laissa un Manuscrit entre les mains d'un Libraire. C'étoit un Ouvrage où il attaquoit la Trinité. L'Imprimeur n'osant le mettre sous presse l'envoya à *Haguenau*, où *Servet* se rendit pour accélérer l'édition. L'Ouvrage parut en 1531 & l'année suivante il en publia un second sur la même matiere. Le premier étoit intitulé : *De Trinitatis erroribus libri septem*, in-8°. sans lieu d'impression. Cet Ouvrage est si rare, (*) qu'on n'en connoît qu'une douzaine d'exemplaires dans toute l'Europe. La raison de cette rareté, vient de ce que tous les gens de bien s'empresserent d'anéantir cette horreur, qui d'ailleurs est très-peu recommandable pour le style.

Il y a si peu de bon sens (dit *Richard Simon*, dans sa *Bibliotheque critique*, Tom. I. page 32.) dans tout cet Ouvrage impie, que s'il étoit devenu commun, on n'auroit que du mépris, & pour le Livre & pour l'Auteur. Il y est si embarrassé, si obscur, si entortilé sur les matieres qu'il traite, qu'on voit bien qu'il ne les entendoit guere. Le dogme de la Trinité y est combattu d'une maniere choquante. Il appelle les trois Personnes une *pure imagination, une chimere, des Dieux métaphysiques*.

Son grand but est de montrer que les noms de Jesus & de Christ, & celui de *Fils de Dieu*, ne désignent qu'un homme ; & il tâche de le prouver par plusieurs passages de l'Ecriture Sainte. Il explique plusieurs autres passages conformément à son systême, & il répond aux objections des Orthodoxes. On peut aisément entendre cette partie de son Livre ; mais lorsqu'il explique ses pensées sur la Personne de Jesus-Christ ; ce qu'il dit paroît inintelligible.

Le second Ouvrage de *Servet* est intitulé : *Dialogorum de Trinitate, Libri duo*, in-8°. 1532.

(*) Cet Ouvrage & le suivant ont été contrefaits depuis quelque temps en Allemagne ; consultez sur cette contrefaction la *Bibliographie instructive*, Tom. I. N°. 754.

rétracte dans son Avertissement tout ce que renfermoit son premier Ouvrage. Ce n'est pas qu'il croie que ce qu'il a dit contre la doctrine de la Trinité soit faux ; mais parce que son Livre est imparfait, & la production d'un enfant. L'Anti-Trinitaire se conduisit en homme qui vouloit avoir des Disciples. Il envoya ses Ouvrages en Italie, & ils s'y répandirent en tant d'endroits, que *Mélanchton* se crut obligé d'écrire en 1539, une Lettre au Sénat de Venise, pour le prier de préserver les Etats de la République des erreurs abominables de *Servet*. Son second Ouvrage n'étoit ni mieux écrit, ni plus clair, ni plus méthodique que le premier, & il n'est pas moins rare. Sa présomption & sa vanité y paroissent à découvert. Il croyoit être en droit d'écrire contre la Trinité avec autant de liberté, que les prétendus Réformateurs écrivoient contre l'Eglise ; & il se trompoit.

Servet se voyant sans ressource en Allemagne, & en horreur à la plûpart des Eglises réformées, se détermina à passer en France, pour se perfectionner dans la Médecine. Il étudia sous *Sylvius* & *Fernel*, célébres Professeurs, & reçut le bonnet de Docteur. Il fit paroître en 1535 à Lyon une édition de *Ptolomée*, in-folio, qui est très-rare. Elle est marquée au coin de ses autres Ouvrages. On y voit un homme qui a des idées confuses sur les matieres qu'il traite. Un passage de la description de la Judée, qui se trouvoit dans la premiere édition à la tête de la douzieme Carte, forma un chef d'accusation contre lui, dans le procès qui lui fut intenté à Geneve. Voici ce passage tel qu'il a été traduit par M. de la *Chapelle*, dans le Tome II. de la *Bibliotheque raisonnée*.

" Les Livres de la Bible, & *Joseph*, qui les a sui-
,, vis, appellent cette terre Canaan, & la disent

,, abondante en diverses richesses, fertile en fruits,
,, bien arrosée, pleine de baume, & placée au mi-
,, lieu du monde; ce qui fait qu'elle n'est ni in-
,, commodée d'un trop grand froid, ni brûlée par
,, les chaleurs. A raison d'un climat si heureux,
,, les Israélites, autrement nommés les *Hébreux*,
,, crurent que c'étoit le Pays *découlant de miel &*
,, *de lait* que Dieu avoit autrefois promis à leurs
,, Peres, *Abraham*, *Isaac* & *Jacob*. C'est pourquoi,
,, quarante ans après leur sortie du pays d'Egypte,
,, ils s'en emparerent, sous la conduite du vaillant
,, Chef *Josué*. Sachez pourtant, ami Lecteur, que
,, c'est à tort & par pure vanterie, qu'on a attribué
,, à ce pays une si grande bonté; car l'expérience
,, des marchands & des voyageurs le découvrent
,, inculte, stérile, & destitué de toute douceur. ,,

Son humeur contentieuse lui suscita une vive querelle en 1536, avec les Médecins de Paris. Il fit son apologie, qui fut supprimée par Arrêt du Parlement. Les chagrins que ce procès lui causa, & sa mésintelligence avec ses confreres, le dégoûterent du séjour de la Capitale. Il alla à Lyon, où il demeura quelque temps chez les *Frellons*, Libraires célébres, en qualité de Correcteur d'Imprimerie. Il fit ensuite un voyage à Avignon, puis retourna à Lyon; mais il n'y fit que paroître. Il alla s'établir à Charlieu, où il exerça la Médecine pendant trois ans. Ses insolences & ses bizarreries l'obligerent de quitter cette Ville. Il trouva à Lyon *Pierre Palmier*, Archevêque de Vienne, qu'il avoit connu à Paris. Ce Prélat aimoit les Savans & les encourageoit par ses bienfaits; il le pressa de venir à Vienne, où il lui donna un appartement auprès de son Palais. Ce fut pour lui témoigner sa reconnoissance, que *Servet* lui donna la seconde édition de son *Ptolomée*, & la lui dédia. Il auroit pu mener une vie douce & tranquille à Vienne, s'il se fût borné à la Médecine, & à ses occupations littéraires ; mais toujours rempli de ses premieres idées contre la Religion, il ne laissoit échapper aucune occasion d'établir son malheureux systême.

Notre Médecin Anti-Trinitaire, faisoit de fréquens voyages à Lyon ; & en 1542, il prit soin de l'édition d'une Bible *in-fol.* imprimée par *Hugues de la Porte.* Cette Bible a pour titre : *Biblia sacra ex sanctis Pagnini translatione*, Lyon 1542. On voit dans la Préface, que le Médecin commentateur s'étoit fait un systême particulier sur les Prophéties. Il prétendoit qu'elles ont leur sens propre & direct dans l'histoire du temps, où elles ont été prononcées. Elles ne regardent Jesus Christ, suivant lui, qu'autant que les faits historiques, qui y sont marqués, figuroient les actions du Sauveur ; & même ces Prophéties ne peuvent s'appliquer à J. C. que dans un sens sublime & relevé.

Le Messie n'entre qu'en second dans toutes ses notes. Il prétend toujours contre l'explication des Ecritures, que c'étoient les actions des Rois ou des Prophêtes qui figuroient Jesus - Christ ; & non point la parole même des Prophéties. Nous nous bornerons à quelques exemples. Voici comme il met à la torture quelques passages très-clairs, pour leur faire dire ce qu'ils ne disent point. On connoît ces paroles du Pseaume 90. verset 1. *Le Seigneur a dit à mon Seigneur : asseyez-vous à ma droite.* Servet veut prouver que cet oracle regarde *Salomon* & non Jesus-Christ. C'est dommage que cet illustre commentateur n'ait pas vécu du temps des Pharisiens. Il leur auroit fourni une réponse à la difficulté, par laquelle le Sauveur les confondit, & qui étoit fondée précisément sur ces paroles. Il leur auroit appris & à Jesus-Christ lui-même, qu'il s'agit de *Salomon* dans ce paſſage, & que l[e] Meſſie n'y entre que comme repréſenté par *Sa*[-]*lomon*.

Se ſeroit-on encore jamais douté que ces parole[s] du même Pſeaume : *Tu es Sacrificateur éternellement ſelon l'ordre de Melchiſedech*, puſſent s'entendre d[e] *Salomon* ? Mais notre Eſpagnol nous apprend doc[-]tement, que ce Prince a quelquefois fait les fonc[-]tions de Sacrificateur. Il explique le Chapitre LIII d'*Iſaïe*, de *Cyrus*, en reconnoiſſant qu'il peut êtr[e] relatif à Jesus-Christ, dans un ſens ſublime.

Quelquefois il s'oublie au point de détourner l[e] ſens des paſſages les plus clairs & les plus formel[s] en faveur de la Religion. Il applique à l'hiſtoire de[s] Juifs des Prophéties qui portent uniquement ſur l[e] Meſſie, ſans dire qu'elles aient le moindre rappor[t] à Jesus-Christ. Telle eſt l'explication qu'il donn[e] du fameux oracle des ſoixante & dix ſemaines d[e] *Daniel*. Elles ne regardent que *Cyrus*, ſes Succeſ[-]ſeurs & *Antiochus*.

Jean Frellon, Imprimeur de *Servet*, étoit ami d[e] *Calvin*. Ce fut par ſon moyen qu'il entra en com[-]merce de Lettres avec ce fameux Réformateur. *Ser*[-]*vet* avoit examiné ſes Ouvrages ; mais ne trouvan[t] pas qu'ils méritaſſent les éloges emphatiques que le[s] Réformés en faiſoient, il conſulta l'Auteur moin[s] pour l'avantage de s'inſtruire que pour le plaiſir de l'embarraſſer. Il envoya de Lyon trois queſtions à *Calvin*, qui rouloient ſur la Divinité de Jesus-Christ, ſur la Régénération, & ſur la néceſſité du Baptême.

Le Patriarche des Calviniſtes lui répondit d'une maniere aſſez honnête. *Servet* réfuta ſa réponſe avec beaucoup de hauteur. *Calvin* répliqua avec viva[-]cité, en feignant que l'intérêt de la vérité, l'orgueil de ſon adverſaire, & la nature des erreurs qu'il

défendoit, lui arrachoient malgré lui des expressions un peu dures. " Je ne saurois, lui disoit-il,
„ ce que vous voulez dire, si je n'étois accoutumé
„ à vos rêveries : pardonnez la force des termes,
„ la nature de la chose me les arrache. Je ne vous
„ hais ni ne vous méprise; & je n'ai point dessein
„ de vous pousser avec trop d'âpreté. Mais il faudroit que je fusse de fer, pour ne pas être ému,
„ quand je vous vois insulter à la sainte doctrine
„ avec tant de hauteur. „

Le commerce de Lettres des deux disputans ne consista presque plus qu'en injures & en invectives. *Servet* voulant humilier *Calvin*, qui écrivoit secrettement contre lui, lui envoya un manuscrit où il relevoit impitoyablement les bevues & les erreurs de son *Institution Chrétienne. Calvin* fut tellement irrité, qu'on osât attaquer sa production favorite, qu'il écrivit à ses amis *Farel* & *Viret* que si cet hérétique tomboit entre ses mains, il feroit en sorte qu'il perdroit la vie. L'occasion s'en présenta bientôt.

Servet, aheurté à ses malheureux principes, commença un troisième Ouvrage contre la Trinité & contre d'autres dogmes du Christianisme. Le Livre parut au commencement de 1553, sous ce titre : *Christianismi Restitutio*, & il est devenu si rare qu'on n'en connoît que deux ou trois exemplaires dans le monde. *Frellon* en fit tenir un exemplaire à *Calvin* qui fut extrêmement choqué de la manière méprisante dont *Servet* parloit de sa personne & de ses ouvrages. Il médita dès-lors le moyen de satisfaire son ressentiment. Il y avoit à Geneve un *Guillaume Trie*, prosélite Calviniste, & Lyonnois. Il étoit en commerce de Lettres avec un de ses parens appellé *Antoine Arneys* établi à Lyon. *Calvin* lui fit écrire une Lettre, pour dénoncer *Servet*, qu'on peignoit comme un monstre, & qu'on désignoit sur-tout comme Auteur du nouveau Livre contre la Trinité On en envoya en même temps le titre, l'indice & les quatre premieres feuilles.

Arneys communiqua la Lettre de son parent, qu[i] faisoit un crime aux Catholiques Romains de c[e] qu'ils souffroient au milieu d'eux un Anti-Trini[-]taire, & les feuilles qui l'accompagnoient à *Mat[-]thieu Ory*. C'étoit le nom de l'Inquisiteur que l[e] Cardinal de *Tournon*, Archevêque & Gouverneu[r] de Lyon, avoit fait venir de Rome, pour veille[r] sur les hérétiques. *Ory* ayant examiné les piece[s] avec *Benoît Buatier*, Vicaire-Général du Cardinal[,] avertirent ce Prélat des erreurs du Médecin Navar[-]rois. Le Cardinal de *Tournon* qui étoit alors dan[s] un château au-dessous de Vienne, écrivit au Lieu[-]tenant-Général de Dauphiné de faire les perquisi[-]tions nécessaires.

Comme on ne put cependant trouver d'indice[s] assez forts pour faire arrêter *Servet*, *Arneys* eu[t] ordre d'écrire à *Trie*, pour lui demander le Trait[é] *De Christianismi restitutione*. *Calvin* fit réponse sou[s] le nom de son confident, & envoya plus de piece[s] qu'il n'en falloit pour convaincre le dogmatisan[t] Espagnol.

On commença le 6 Mars 1553, les procédure[s] contre lui, & après les diverses perquisitions, il fu[t] conclu que *Michel de Villeneuve*, Médecin, (c'es[t] ainsi qu'il est appellé dans toutes les pieces du pro[-]cès,) & *Balthazar Arnolet* son Imprimeur, se[-]roient arrêtés pour répondre de leur foi. Sur les si[x] heures du soir *Arnolet* fut conduit dans les prison[s] de l'Archevêché, & dans le même temps le Vice-Baillif ou Juge de la Ville se transporta chez M. d[e] *Maugiron*, Lieutenant Général de Dauphiné, o[ù] étoit *Michel de Villeneuve*, servant ledit Seigneu[r] dans sa maladie. Il se servit d'un stratagême pour l[e] faire entrer en prison. Il lui dit qu'il y avoit au Palais Delphinal plusieurs prisonniers malades & blessés, & qu'il le prioit de vouloir bien venir les visiter avec lui. *Servet* le suivit sans se douter de rien. Pendant qu'il faisoit sa visite, le Vice-Baillif envoya prier le Grand-Vicaire de venir le joindre. Dès qu'il fut arrivé, ils déclarerent au Médecin qu'ils le constituoient prisonnier, pour répondre aux informations faites contre lui. Ils ordonnerent cependant au Geolier de le traiter honnêtement & par estime pour son habileté dans la Médecine, & par égard pour ceux qui s'intéressoient à son sort. On lui permit de voir quelques-uns de ses amis, & d'avoir son domestique.

Servet, voyant sa vie entre les mains d'un Inquisiteur, songea à la mettre en sûreté, & il exécuta son dessein après le second interrogatoire. Il y avoit dans la prison un jardin avec une plate-forme, qui regardoit sur la cour du Palais où l'on rend la justice. Au-dessus de la plate-forme étoit un toît, d'où l'on pouvoit descendre au coin d'une muraille, & delà se jetter dans la cour. Quoique le jardin fût soigneusement fermé, on en permettoit quelquefois l'entrée à des prisonniers au-dessus du commun, soit pour se promener ou pour d'autres nécessités; *Servet* y étoit entré la veille, & avoit tout bien examiné. Le 7 Avril, il se leva à quatre heures du matin & demanda la clef au Geolier, qui alloit faire travailler à ses vignes. Celui-ci le voyant en bonnet de nuit & en robe de chambre, ne soupçonna pas qu'il fût tout habillé, ni qu'il eût son chapeau caché sous sa robe. Il lui donna la clef, & sortit quelque temps après avec ses ouvriers. Lorsque *Servet* les crut assez éloignés, il laissa au pied d'un arbre son bonnet de velours noir, & sa robe de chambre fourrée; sauta de la terrasse sur le toît, &

parvint jufques dans la cour fans fe faire le moindre mal. Il gagna promptement la porte du Pont du Rhône, peu éloignée de la prifon, & paffa dans le Lyonnois. On ne s'apperçut de fon évafion, que plus de deux heures après. On fit de grandes perquifitions pour le découvrir ; on écrivit même aux Magiftrats de Lyon & des autres Villages, où l'on préfuma que *Servet* auroit pu fe retirer ; mais toutes les recherches furent inutiles.

On a cru que le Vice-Baillif, intime ami de *Servet*, favorifa fon évafion ; mais on n'en a point de preuves certaines. Le Geolier ne fut pas non plus complice de fa fuite. On continua néanmoins le procès commencé, & le 17 Juin il fut condamné à être brûlé vif à petit feu. Le même jour la fentence fut exécutée en effigie. On mit la figure du Médecin dans un tombereau avec cinq balles de fes Livres, & l'on ne fit qu'un bucher de l'effigie de l'Auteur & des exemplaires de fes Ouvrages.

Servet avoit le courage d'un Philofophe ; c'eft tout dire. Il trembloit en parlant de fermeté. Il n'avoit jamais été dans la difpofition de rifquer fa vie pour fes fentimens. Il chercha dans fon premier & dans fon fecond interrogatoire à donner le change à fes Juges. Il s'y prit avec tant d'artifice, qu'ils n'auroient guére pu le condamner à quelque grande peine, fur les pieces qu'ils avoient en main. Il fe diftinguoit de *Servetus* comme un homme qui lui étoit inconnu, & il défavouoit tout ce qui avoit été imprimé fous le nom de ce *Servetus*. Les Lettres à *Calvin* étoient un violent préjugé ; mais il l'affoibliffoit, en difant qu'il n'avoit foutenu les propofitions controverfées dans fes Epîtres que par voie de difpute, & qu'il étoit prêt à fe foumettre à toutes les décifions de l'Eglife. Il eft vrai que cette foumiffion ne devoit guére paroître fincere. Outre les erreurs de *Servet* sur la Trinité & sur le Baptême; il y avoit dans son Livre des choses contre l'autorité du Pape, la Messe, le Sacrement de l'Autel, & d'autres erreurs qui seules auroient suffi alors pour le faire brûler. La sentence des Juges Ecclésiastiques ne fut prononcée que le 23 Décembre 1553, c'est-à-dire, six mois après celle du Vice-Baillif. Elle le déclaroit hérétique, confisquoit ses biens & ordonnoit que ses Livres seroient brûlés. M. l'Abbé d'*Artigny*, qui a instruit le Public de toute cette procédure, a orné le second volume de ses *Mémoires* de cette sentence, ainsi que d'un grand nombre de pieces qui répandent beaucoup de jour sur cette partie de l'histoire de *Servet*.

Le bûcher se présentant sans cesse devant les yeux de ce malheureux Anti-Trinitaire, il erra pendant trois ou quatre mois en Suisse & en Italie. Enfin, la Providence qui vouloit effrayer par son supplice les téméraires, qui tentent de renverser ses Autels, permit qu'il se retirât à Geneve. *Calvin* bilieux & ardent, autant qu'un Théologien Hétérodoxe peut l'être, & opiniâtre dans ses haines ainsi que dans ses erreurs, apprit que *Servet* étoit dans la Ville. Ce nom réveilla tous ses ressentimens. Il engagea le premier Syndic à le faire mettre en prison; il fut arrêté le 13 Août. On trouva sur lui quatre-vingt-dix-sept pieces d'or, une chaîne du même métal qui pesoit environ vingt écus, & six bagues d'or.

Il falloit que quelqu'un poursuivît ce malheureux pour le mettre en justice. *Calvin* n'osant faire ce personnage lui-même, & cherchant à venger ses injures particulieres, sans compromettre sa réputation, se servit du ministere d'un Etudiant nommé *Nicolas de la Fontaine*. Le 14 Août *Servet* comparut pour la premiere fois, & la *Fontaine* demanda qu'il répondît sur trente-huit Articles, qui devoient servir à sa condamnation. La plûpart regardoient la doc‑trine. Il y en avoit un touchant les injures que *Servet* avoit dites à *Calvin* dans ses Livres ; le prisonnier répondit qu'il n'avoit usé que du droit de représaille. La *Fontaine* produisit aussi contre lui un Manuscrit & un Livre imprimé ; *Servet* reconnut être l'Auteur de l'un & de l'autre ; mais il assura que le Manuscrit n'avoit point été imprimé, & qu'il s'étoit contenté de l'envoyer à *Calvin*, environ six ans auparavant, pour savoir ce qu'il en pensoit. Enfin après divers interrogatoires & l'exhibition de ses autres Livres, *Calvin* disputa le 21 Août avec *Servet* sur le véritable sens des mots de *Personne* & d'*Hypostase* ; & cette dispute ne servit pas à calmer son ennemi. Les Juges lui accorderent cependant de l'encre & du papier, comme il l'avoit demandé, & il s'en servit le lendemain pour présenter une Requête aux Syndics de Geneve.

Le but de cette Requête étoit 1°. de montrer l'abus des loix pénales contre les Hérétiques. Il exposoit 2°. que les erreurs qu'on lui attribuoit n'avoient pas été enfantées dans le territoire de Geneve, & que depuis qu'il y étoit, il n'avoit pas été ni perturbateur, ni séditieux. Il demandoit 3°. un Procureur qui suppléât à son ignorance des coutumes & de la façon de procéder du pays.

Cette Requête paroissoit très-juste en certains points ; il n'obtint cependant rien. Il ne s'agit point d'examiner les raisons & les faits qu'il allegue contre les loix pénales. Mais *Servet* avoit raison de se plaindre, de ce qu'on l'avoit emprisonné à Geneve. Il n'étoit point sujet de la République, il n'avoit point été surpris en faisant rien de contraire aux loix, & par conséquent les Magistrats de Geneve n'avoient aucun droit sur lui. Ce qu'il avoit fait ailleurs n'étoit pas de leur ressort, & ils ne pou‑

voient sans injustice retenir un étranger, qui passoit par leur Ville & qui s'y étoit tenu tranquille. D'ailleurs, quoi de plus juste & de plus équitable que d'accorder à un tel prisonnier un Avocat pour défendre sa cause!

Le 23 Août il parut trente-huit nouveaux Articles, sur lesquels le Procureur-Général demanda, que le prisonnier fût interrogé, & qu'il répondît affirmativement, ou négativement. Ces articles étoient précédés d'un préambule, qui tendoit à prouver que *Servet* méritoit la mort. Le Procureur-Général remontre aux Juges que *Servet* varioit dans ses réponses; qu'elles étoient pleines de mensonges, & qu'il se moquoit de Dieu & de sa parole, en alléguant, corrompant, & détournant faussement les passages de la Sainte Ecriture, pour *couvrir ses blasphêmes & évader punition*. On cite contre lui les loix des Empereurs, qui ont condamné les Hérétiques à la mort. On dit qu'il est dans le sentiment des Anabaptistes, qui ôtent le droit du glaive au Magistrat. Enfin le Procureur-Général conclud, que puisque le Prisonnier *sait si bien mentir*, on ne doit point lui donner un Procureur comme il le demande; que cela est défendu par le Droit, & qu'on ne l'a jamais accordé à de pareils Séducteurs. *Servet* déclara le même jour qu'il persisteroit dans sa croyance, à moins que l'on ne lui démontrât la fausseté de sa doctrine. Mais comment éclairer un opiniâtre & un enthousiaste? C'étoit dire qu'il ne vouloit pas se rétracter.

Le 31 Août, les Syndics & le Conseil de Geneve reçurent une Lettre du Vice-Baillif de Vienne & du Procureur du Roi de la même Ville, datée du 26, par laquelle ils les remercioient de leur avoir fait savoir, que *Servet* avoit été arrêté & emprisonné à Geneve. Ils les prioient de leur renvoyer le Prisonnier, afin qu'on exécutât la fentence rendue contre lui. Leur Lettre, accompagnée d'une copie de cette fentence, fut portée par le Viguier ou Capitaine du Palais Royal de Vienne. Le même jour *Servet* ayant comparu de nouveau, on fit entrer ce Capitaine. On demanda au Prifonnier s'il le connoiffoit ; il répondit qu'oui, & qu'il avoit été deux jours fous fa garde. On lui demanda enfuite s'il aimoit mieux demeurer à Geneve entre les mains de MM. du Confeil, ou retourner à Vienne avec le Geolier qui l'étoit venu chercher. *Servet* fe jetta à terre fondant en larmes, & dit qu'il fouhaitoit être jugé par les Magiftrats de Geneve.

Ce commerce de Juges d'une Ville Calvinifte avec ceux d'une Ville Catholique, dans un temps où ce commerce faifoit horreur, prouve quel étoit le but des Magiftrats de Geneve & de celui qui les faifoit agir. Pourquoi donner avis à Vienne, qu'on tenoit *Servet*, fi on n'avoit pas intention de le livrer ? Les Juges de Vienne avoient-ils fait quelque requifition ? N'y avoit-il pas de la cruauté, à propofer au Prifonnier d'opter entre demeurer à Geneve, ou d'être livré à la juftice de Vienne ? Quelle queftion de demander à un homme, s'il veut aller être brûlé à petit feu ? N'eft-ce pas le mettre dans la néceffité de fe foumettre à une Jurifdiction, qui n'avoit naturellement aucun droit fur lui? C'étoit vraifemblablement le but qu'on fe propofa, pour légitimer des procédures, qui dans leur origine étoient très-iniques.

Le premier Septembre, *Servet* refufa par générofité de nommer les Créanciers qu'il avoit en France, pour ne pas enrichir fes ennemis & expofer fes amis. Il reparut de nouveau devant fes Juges à diverfes reprifes, & le 15 Septembre il préfenta une nouvelle Requête, dans laquelle il expofoit tout ce qu'il souffroit dans la prison, & demandoit surtout que sa cause fût renvoyée au Conseil des Deux Cents. On croit que cette idée lui fut suggérée par les ennemis de *Calvin*, qui contribuerent, autant & plus que lui, à la perte de *Servet*. Ce malheureux se croyant appuyé ne garda aucune mesure ni avec *Calvin*, ni avec ses Juges. Se flattant de triompher du Réformateur, par le crédit du parti qui lui étoit opposé, il fut la victime de sa présomption. C'est le nœud de la conduite qu'il tint à Geneve, si différente de celle qu'il avoit tenue à Vienne. Il fut aussi roide & aussi inflexible avec les Juges Génevois, qu'il avoit été souple & pliant avec les Magistrats Dauphinois.

La faute capitale que ses faux amis lui firent commettre, fut de l'engager à braver la Justice & les Juges, dans la confiance qu'il n'y avoit rien à craindre pour sa vie. Il ne voulut point rétracter ses blasphêmes contre la Trinité, qu'il appelloit avec une impiété horrible, un *Cerbere à trois têtes*. Il persista dans son abominable système *Dieu est tout*. Il dit de grosses injures à *Calvin*. Le 22 Septembre il présenta une Requête pour demander qu'il fût puni comme calomniateur; & il revint bientôt à la charge par des plaintes non moins graves. Le Réformateur se voyant dans la nécessité de se perdre lui-même, ou de s'opposer à tout ce qui pouvoit favoriser *Servet*, ne balança point, & poursuivit son ennemi avec le dernier acharnement.

Comme le procès de ce Médecin étoit de la derniere importance, les Magistrats de Geneve consulterent les Cantons Suisses Protestans. Ils leur envoyerent le *Christianismi restitutio*, avec les écrits de *Calvin*, & les réponses du Prisonnier; & ils demanderent en même temps le sentiment de leurs Théologiens sur cette affaire intéressante. Toutes les réponses tendoient à exhorter MM. de Geneve à réprimer *Servet* & à empêcher ses erreurs de se répandre.

Enfin le jour de sa condamnation arriva le 26 Octobre. On prononça la sentence, qui le condamnoit au bûcher. Dès que le Navarrois l'eut entendue, il parut tout interdit & sans mouvement, puis il poussa de grands soupirs, & il cria à la maniere des Espagnols, *miséricorde, miséricorde*.

Deux heures avant sa mort, il demanda à parler à *Calvin*. Ce Théologien se rendit dans la prison accompagné de deux Magistrats; *Servet* lui demanda pardon. C'étoit une bassesse dont il auroit pu se dispenser, sur-tout si la Religion ne lui inspira pas cette démarche, comme on n'en peut douter. *Calvin* lui répondit, qu'il n'avoit jamais pensé à venger ses injures personnelles. Qu'il y avoit seize ans qu'il tâchoit de le faire revenir de ses erreurs; que dans cette vue il lui avoit écrit avec beaucoup de douceur; & qu'il n'avoit cessé de lui donner des marques de son affection, que lorsqu'il avoit vu qu'il se déchaînoit contre lui, parce qu'il l'avoit repris avec quelque liberté. Il exhorta *Servet* à demander pardon à Dieu, de ce qu'il avoit entrepris de détruire les trois hypostases de son essence, & de l'avoir appellé un *Cerbere à trois têtes*, s'il y avoit une distinction réelle entre le Pere, le Fils, & le Saint-Esprit, &c. Ses exhortations étant inutiles, *Calvin* se retira, non sans quelque plaisir de voir son obstination. On prétend même qu'il sourit, lorsqu'il le vit passer pour aller au bûcher : dernier coup de pinceau à ajouter au portrait de ce célébre Réformateur.

Farel accompagna *Servet* au supplice, & il eut bien de la peine à lui faire dire, qu'il souhaitoit que le Peuple priât Dieu pour lui. C'est ainsi que ce malheureux expira au milieu des flammes le 25 Octobre 1553. sans parler, & sans donner aucune marque de repentir. Remarquons que cet Hérétique fut brûlé, à la poursuite d'un autre Hérétique, qui auroit péri comme lui s'il avoit osé passer en France.

" *Calvin* & les Ministres Protestans, (dit M.
,, l'Abbé *Pluquet*, *Mémoires pour servir aux éga-*
,, *remens de l'Esprit humain*, Tome I. p. 332) qui
,, avoient établi pour base de la Réforme , que
,, l'Ecriture étoit seule la regle de notre foi, que
,, chaque particulier étoit le Juge du sens de l'E-
,, criture, *Calvin*, dis-je, & les Ministres Pro-
,, testans faisoient brûler *Servet* qui voyoit dans
,, l'Ecriture un sens différent de celui qu'ils y
,, voyoient ; ils firent brûler *Servet*, qui se trom-
,, poit grossiérement sur un dogme fondamental ,
,, mais qui pouvoit sans crime ne pas déférer au
,, jugement des Ministres & de *Calvin*, puisqu'au-
,, cun d'eux ni leurs consistoires n'étoient infailli-
,, bles, & que ce n'est point à eux que Dieu a dit ,
,, *qui vous écoute m'écoute.*

,, *Calvin* osa faire l'apologie de sa conduite en-
,, vers *Servet*, & entreprit de prouver qu'il falloit
,, faire mourir les Hérétiques.

,, *Lelio Socin* & *Castalion*, écrivirent contre *Cal-*
,, *vin*, & furent réfutés à leur tour par *Théodose de*
,, *Beze.*

,, Et cependant les Réformateurs, les Ministres
,, se sont déchaînés contre les rigueurs qu'on exer-
,, çoit contre eux dans les Etats Catholiques, où
,, l'on ne punissoit les Protestans, que parce qu'ils
,, étoient condamnés par une autorité infaillible,
,, par l'Eglise, Voilà à quoi ne font pas assez d'at-
,, tention ceux qui prétendent excuser *Calvin*, sous
,, prétexte qu'il n'avoit fait qu'obéir aux préjugés

„ de son siecle sur le supplice des Hérétiques. D'ail-
„ leurs, il est certain que *Calvin* auroit traité *Bol-*
„ *sec* comme *Servet*, s'il avoit osé. Cependant
„ *Bolsec* ne pensoit sur la Prédestination, que com-
„ me pensoient beaucoup de Théologiens Luthé-
„ riens. Ce n'étoit donc point la nature des erreurs
„ de *Servet* qui avoit allumé le zele de *Calvin.*
„ *Bayle* est beaucoup plus équitable sur cet article,
„ que son continuateur. „

M. l'Abbé *Pluquet* renvoie le Lecteur à la Note F,
de l'Article *Beze*, du *Dictionnaire critique de Bayle.*
Cette remarque roule sur le Livre *De puniendis Hæ-*
reticis. Comme elle est curieuse, nous croyons devoir la rapporter ici.

“ On ne peut nier que la crainte du dernier sup-
„ plice n'ait beaucoup de force pour faire taire ceux
„ qui auroient des doutes à proposer contre la
„ Religion dominante, & pour maintenir l'unité
„ de communion extérieure ; mais il en va du
„ dogme qui autorise cette pratique, comme de
„ l'invention des bombes & des carcasses, & de
„ toutes sortes de machines de guerre. Ceux qui
„ s'en servent les premiers en retirent de grands
„ avantages ; & pendant qu'ils sont les plus forts,
„ cela va le mieux du monde : mais quand ils sont
„ les plus foibles, on les accable de leurs propres
„ inventions. Si le parti de *Beze* avoit été le plus
„ fort par-tout le monde, & s'il avoit été assuré de
„ le maintenir toujours dans sa supériorité, le
„ dogme *De puniendis Hæreticis* auroit rendu de
„ grands services, & eût réprimé le zele ou l'hu-
„ meur bouillante des Novateurs; mais comme à un
„ quart de lieue de Geneve, on étoit sous le ca-
„ price du plus fort, & qu'on ne savoit pas si Dieu
„ permettroit que la secte de *Socin* devînt supé-
„ rieure, il y avoit beaucoup d'imprudence à sou-

„ tenir que les Magistrats doivent infliger la peine
„ de mort aux Hérétiques. Le profit présent ne nous
„ doit pas si fort éblouir qu'il nous empêche de
„ songer aux suites..... Je ne parle pas des au-
„ tres raisons qui peuvent combattre ce dogme ;
„ je ne m'arrête qu'à celle de l'utilité alléguée par
„ l'Historien de *Théodore de Beze*. Cette utilité est
„ bien peu de chose, en comparaison du mal que
„ le Livre *De puniendis Hæreticis* produit tous les
„ jours ; car dès que les Protestans se veulent plain-
„ dre des persécutions qu'ils souffrent, on leur
„ allégue le droit que *Calvin* & *Beze* ont reconnu
„ dans les Magistrats. Jusqu'ici, on n'a vu per-
„ sonne qui n'ait échoué pitoyablement à cette ob-
„ jection *ad hominem.* „

C'est en effet une des plus étranges contradictions que de se plaindre d'être persécuté pour cause de Religion, & de prétendre être en droit de persécuter les autres. Il est vrai que *Servet* doit être distingué des autres Hérétiques. Les Calvinistes ne détruisent que quelques points de la Religion, au lieu que l'enthousiaste Espagnol renversoit le Christianisme de fond en comble. Car si JESUS-CHRIST n'est pas Dieu, comme il vouloit le prouver, le Mahométisme est préférable à la Religion Chrétienne, ainsi qu'*Abbadie* l'a démontré dans son *Traité de la Divinité de* JESUS-CHRIST. Adorons donc les desseins de Dieu dans le supplice de *Servet*. Il permet quelquefois que les méchans prévalent contre d'autres méchans, pour instruire les gens de bien.

D'ailleurs, la lecture des Ouvrages de *Servet*, découvre en lui indépendamment de ses erreurs, un caractere abominable. Je ne parlerai pas de ses invectives contre ceux qui admettent le Dogme de la Trinité, elles sont au-delà de tout ce qu'on peu imaginer. Ni la groſſiéreté de ſon ſiécle, ni la perſuaſion où il étoit qu'on repréſentoit fauſſement la Divinité, ne peuvent excuſer un langage auſſi odieux, & auſſi outrageant contre un Myſtere, reſpecté par toute l'Egliſe Chrétienne. Il n'eſt pas plus modéré quand il parle du Pape. Selon lui, le Pontife Romain eſt l'*Antechriſt*, la *bête à qui le Dragon a donné ſa puiſſance*, Rome eſt la *Babylone*, le ſiege ancien de *Satan*, où la bête ſuit encore les mêmes pratiques idolâtres qu'autrefois. Il oſe dire que les pratiques des Mahométans ſont préférables à celles de Rome, & ſous prétexte que la Trinité eſt une invention des Papes, il s'épuiſe en injures, les plus violentes & les plus atroces. Que penſer d'un homme, qui vivoit à Vienne dans une Religion dont il fait un ſi affreux portrait, qui peut-être participoit à ſes adorables Myſteres, & qui dans les interrogatoires qu'il ſubit, proteſtoit qu'il ſe ſoumettoit aux déciſions de l'Egliſe ? C'étoit certainement, ou un ſcélérat hypocrite, ou un fou orgueilleux, dévoré de l'envie de ſe faire valoir par la ſingularité de ſes idées. Quant à la folie, il eſt difficile de ne pas la reconnoître en lui, quand on a lu ſes Ouvrages. C'eſt un fatras d'impiétés obſcures & d'énigmes inexplicables, qui ne pouvoient guére ſortir que d'un cerveau dérangé.

Le Chevalier *Lubiéniski* a rapporté dans ſon Hiſtoire des *Anti-Trinitaires* de Pologne un ſermon prononcé par *Servet* lorſqu'il étoit ſur le point de mourir. Mais M. *Simon*, dans ſa *Réponſe à quelques Théologiens de Hollande*, a prétendu que ce diſcours étoit une piece ſuppoſée.

Les Savans ne ſont pas d'accord non plus ſur les talens de *Servet*. M. l'Abbé *d'Artigni* en fait un portrait très-avantageux, & ajoute, que s'il eût fait un bon uſage de ſes talens, on ne pourroit ſans

injuſtice

injustice lui refuser une place distinguée parmi les enfans devenus célébres par leurs études. M. *Simon* ne paroît pas avoir une si haute idée du savoir de *Servet*. Il paroît manifestement, (dit-il, dans le Livre déja cité) par les Livres de cet Auteur, " qu'il avoit bien de la peine à écrire en Latin ; & ,, ce qu'il y cite de Grec & d'Hébreu est si peu de ,, chose, qu'on n'en peut pas conclure, qu'il ait ,, été habile dans ces deux Langues. Aussi eut-il ,, honte lui-même d'avoir fait de si pitoyables Li- ,, vres sur la Trinité. Il les retracte dans la Préface ,, qui est à la tête de ses Dialogues touchant la ,, Trinité. ,, Il est certain, & nous l'avons déja assez fait sentir, qu'il écrivoit d'une maniere barbare, & que s'il avoit quelques connoissances, cette gloire étoit bien affoiblie par la bizarrerie de son esprit. On a cependant voulu lui faire honneur de la découverte de la circulation du sang ; mais telle est l'importance de cette découverte, que quiconque a écrit anciennement quelque chose qui y ait du rapport, a trouvé des érudits fanatiques, qui ont voulu absolument la lui attribuer.

SIBYLLES.

De l'usage qu'on fit de leurs prédictions dans la primitive Eglise. Digression sur les Millenaires.

ON ne peut disconvenir qu'il n'y ait eu des Chrétiens respectables dans le second siecle de l'Eglise, qui voyant les Payens extrêmement prévenus en faveur de ses Oracles, s'en servirent pour les battre par leurs propres armes ; il faut avouer que dans le même temps il y eut des Chrétiens animés d'un zele & d'une piété mal-entendus, ou même de faux Chrétiens qui ne rougirent pas d[e] forger des Oracles & de les mettre fur le compte de[s] Sibylles; de même qu'ils ne rougirent pas de fai[re] paroître fous de grands noms une multitude d[e] Livres apocryphes, comme fi le Chriftianifme ap[-]puyé fur tant de preuves triomphantes avoit befoi[n] de toutes ces fictions. Mais M. *de Voltaire* ne [fe] borne pas là; il ajoute que les Partifans du regn[e] de mille ans de Jesus-Christ fur la terre avec fe[s] Elus, cherchoient auffi un appui à leur opinio[n] dans les Sibylles; & il en prend occafion de jette[r] des nuages fur divers paffages de nos Livres divin[s].

Le premier texte qu'il tâche d'obfcurcir eft tir[é] de la prédiction que Jesus-Christ fait à fes Apô[-]tres de la ruine du Temple & de la Ville de Jéru[-]falem. Le Sauveur entre ici dans un détail furpre[-]nant des fignes qui doivent précéder cette ruine[;] il joint à la prédiction de cette ruine, les figne[s] effroyables qui doivent précéder fon fecond avéne[-]ment pour juger les hommes, & ajoute: *Je vou[s] dis en vérité que cette génération ne paffera point que toutes ces chofes ne foient accomplies*: ce qu'[il] plaît à M. *de Voltaire* d'entendre de la génératio[n] préfente: mais fur quel fondement? La race pré[-]fente devoit fans doute être livrée aux malheur[s] prédits contre le Temple & la Ville de Jérufalem[:] la colere du Ciel, avoit dit le Sauveur, (Luc xx[i.] ⅴ. 23.) tombera fur ce Peuple, *Ira populo huic*[;] mais le fecond avénement ne devant pas fuccéde[r] immédiatement à la ruine du Temple & de la Vill[e] de Jérufalem, il ne s'agit plus de la race préfente a[u] verfet 32, mais de la race des Juifs ou de la pof[-]térité de *Jacob* qui ne doit point finir avant le der[-]nier avénement du Fils de l'homme.

Cela n'eft pas moins manifefte dans St. *Matthieu* [:] Jesus annonçant aux Juifs la vengeance, que Dieu devoit exercer contre leurs cruautés envers les Prophêtes qui leur avoient été envoyés, & qui leur devoient être envoyés, dit bien clairement que cette vengeance devoit fondre fur la génération ingrate & dure à laquelle il adreſſe la parole: au lieu qu'en parlant de ſon ſecond avénement il s'exprime bien différemment. Il ne dit pas que les ſignes qu'il vient de donner de cet avénement, fondront ſur cette génération à laquelle il parle, mais que cette génération, cette race ne finira point avant que toutes ces choſes aient leur accompliſſement. Il eſt indubitable que JESUS-CHRIST, en joignant les ſignes avant-coureurs de ſon ſecond avénement aux ſignes qui doivent précéder la ruine de Jéruſalem, ne les donne pas comme devant ſuccéder ſans intervalle à cette ruine: c'eſt ce qu'indique manifeſtement la parabole des talens. Ce n'eſt qu'après un long voyage, qu'il viendra dans ſa majeſté accompagné de ſes Anges demander compte à ſes ſerviteurs des talens qui leur a confiés pour les faire valoir.

M. *de Voltaire* en parlant des Sybilles, examine auſſi l'opinion des Millenaires. Il prétend la trouver, mais très-mal à propos, dans les Verſets 13 & ſuivans du Chapitre IV. de la I. *Epître aux Theſſaloniciens*. Ces fidèles ſe livroient à une douleur trop exceſſive à la mort de leurs freres; & il ſemble que la cauſe de cette douleur, étoit la crainte ou que ces morts ne reſſuſcitaſſent pas, ou que leur réſurrection ne fût différée après la leur. L'Apôtre ne veut pas qu'ils s'affligent comme ceux qui n'ont point d'eſpérance pour le ſiecle à venir. Il écarte le premier ſujet de leur crainte en leur repréſentant, que ſi nous croyons que JESUS-CHRIST eſt mort & reſſuſcité, nous devons croire auſſi que ceux qui s'endorment avec lui du ſommeil de la mort reſſuſciteront de même au dernier jour, Dieu les amenant alors & les réunissant avec Jésus-Christ. Pour dissiper le second sujet de leur crainte, il ajoute, même au nom du Seigneur, que les Elus qui se trouveront alors vivans sur la terre, & en la personne desquels il parle, ne précéderont point dans la gloire de la résurrection ceux qui seront morts avant eux. Il s'explique, & il déclare qu'aussi-tôt que le signal aura été donné par la voix de l'Archange & par le son de la trompette de Dieu, le Seigneur Jésus descendra lui-même, & aussi-tôt ceux qui seront vivans & qui seront demeurés sur la terre jusques-là, étant dans ce moment même changés & revêtus de l'incorruptibilité comme ceux qui seront ressuscités, seront emportés avec eux dans les nuées, pour aller au-devant du Seigneur au milieu de l'air : & réunis ainsi tous avec le Seigneur, ils demeureront éternellement avec lui. Y a-t-il un seul mot dans ce texte qui insinue le Milléranisme ? Ce ne sont donc que ses propres visions que voit ici l'imagination exaltée de M. *de Voltaire*.

La remarque qui suit est bien digne de la même imagination. " Il est bien étrange, dit-il, que *Paul*
,, dise que c'est le Seigneur lui-même qui lui avoit
,, parlé ; car *Paul* loin d'avoir été un des Disci-
,, ples du Christ, avoit été long-temps un de
,, ses persécuteurs. ,,

Il n'y a rien ici d'étrange que la tête de M. *de Voltaire*. Saint *Paul* ne dit pas que le Seigneur lui a parlé, mais qu'il a appris du Seigneur : & quand il auroit dit que le Seigneur lui a parlé, qu'y auroit-il en cela de si étrange ? Est-ce que le Seigneur n'a pu parler après son Ascension ? Est-ce qu'il n'avoit pas fait entendre sa voix à son persécuteur, & n'en avoit-il pas fait un des plus zélés de ses

Apôtres? Jesus-Christ fait révéler ses secrets par une autre voie que par sa parole ; & il ne peut être douteux que saint *Paul* n'en ait reçu cette abondance de lumieres qui éclatent de toute part dans ses Epîtres.

Nous avons déjà vu l'origine des opinions des Millénaires ; ceux d'entre les Peres de l'Eglise qui embrasserent cette opinion d'après *Papias*, Evêque d'Hiérapolis, se trompoient en croyant la voir autorisée dans l'Apocalypse. Le regne de J. C. dont parle saint *Jean*, n'est autre chose que la paix donnée à l'Eglise par *Constantin*, & qui doit durer jusqu'à la grande persécution que l'*Ante-Christ* doit exercer contre l'Eglise. De même la Cité, la Ville sainte, la nouvelle Jérusalem montrée à saint *Jean*, n'est autre chose que l'Eglise du Ciel, l'Eglise triomphante, la réunion des Elus dans le sein de Dieu, & non une Ville terrestre. Outre qu'une Ville telle qu'elle est décrite par saint *Jean* ne se conçoit guéres possible, il y a plusieurs termes dans cette vision, (tels sont ceux où il est parlé de Dieu & de l'Agneau) qui montrent que cette Ville n'est que l'emblême d'une Cité toute spirituelle.

L'opinion des Millénaires est une tache dans les *Justin*, les *Irénée*, les *Tertullien* : mais ces grands hommes sont si respectables par tant d'autres endroits, qu'il n'y a qu'un M. *de Voltaire* qui soit capable d'y chercher l'occasion d'en parler avec mépris.

SONGES, voyez Sensations

SPINOSA.

Spinosa mérite-t-il qu'on fasse mention de lui dans cet Ouvrage ? Oui. Plus son système est extravagant, & plus il montre jusqu'à quel excès l'homme se porte lorsqu'il veut méconnoître son Créateur.

Benoît *Spinosa* né à Amsterdam en 1632, étoit fils d'un Juif Portugais. Après avoir étudié la Langue Latine, il étudia quelques années la Théologie, & il se consacra ensuite à celle de la Philosophie. Plus il acquéroit de connoissances, & plus il se formoit des doutes sur le Judaïsme que ses Rabbins ne pouvoient résoudre. Il se brouilla donc avec eux, & un coup de couteau que lui donna un de ses confreres en sortant de la Comédie, le fit quitter leur communion. Il ne fut depuis attaché à aucune Religion, & il voulut anéantir l'effet du culte de toutes les Religions. Son système ne pouvoit avoir beaucoup de partisans, & l'Auteur écrivant en latin & d'une maniere géométrique n'avoit pas travaillé à s'en faire. Aussi le *Spinosisme* ne survécut guéres à son Auteur, mort en Hollande en 1677 à 44 ans. Ceux qui prétendent qu'on peut être vertueux sans Religion, ont fait un portrait avantageux de ses mœurs ; mais doit-on sur de pareils témoignages justifier la mémoire d'un Athée de profession ?

Systême monstrueux de Spinosa.

Spinosa, ayant trop médité d'après *Descartes*, fit un système d'autant plus extraordinaire, qu'il ne paroît pas qu'aucun Athée ait pensé comme lui. Selon ce visionnaire, il n'y a qu'une seule substance éternelle & indivisible, qu'il appelle Dieu. Tous les Etres, que nous croyons bien différens les uns des autres, ne font que cette fubftance éternelle & indivifible, modifiée en autant de façons différentes, qu'il y a d'Etres divers en apparence. Ainfi fon Dieu eft en même temps efprit & matiere, homme & bête, bon & mauvais, jufte & impie, froid & chaud, &c..... De forte que pour parler jufte dans ce fyftême bizarre, il ne faut pas dire le Soleil échauffe la terre, la Mer porte des Vaiffeaux, *Brutus* a poignardé *Céfar*, &c. mais il faut dire : *Dieu modifié en foleil échauffe Dieu modifié en terre : Dieu modifié en mer, porte Dieu modifié en vaiffeaux : Dieu modifié en* Brutus *a poignardé Dieu modifié en* Céfar, &c..... Expofer fimplement ce fyftême avec fes conféquences, n'eft-ce pas le réfuter ! Quel homme feroit affez extravagant pour ofer fe glorifier d'être le Difciple d'un tel Maître ? Quel fera l'efprit-fort, que nos Myfteres éblouiffent, qui pourra foutenir la vue de tant de monftrueufes extravagances ? Quelque parti que prennent d'autres Athées, ils n'imagineront rien qui foit plus raifonnable ; rapporteront-ils tout à un aveugle deftin ou au hazard ? Mais qu'eft-ce que le hazard ? Un mot vuide de fens, & auquel je défie tous nos beaux efprits d'attacher une idée, qu'ils puiffent eux-mêmes concevoir. Diront-ils que ce vafte Univers s'eft formé par le concours fortuit d'une infinité de corpufcules incréés ? Mais outre qu'ils feront obligés d'admettre une infinité de ces petits Etres néceffaires & indépendans, il faudra qu'ils les croyent fujets au changement jufqu'à tel point & non au-delà : qu'ils les croyent en mouvement jufqu'à ce qu'ils s'accrochent d'une certaine façon. Enfin, qu'ils ajoutent à tant de merveilles, que ces petits Etres, dont le mouvement doit être néceffaire, ceffent pourtant de fe mouvoir contre la pente invincible de leur nature au moment que fans regle & au hazard, ils auront formé une machine, dont l'arrangement merveilleux furpaſſe toute intelligence humaine. Celui qui concevra ces paradoxes pourra bien en imaginer & concevoir d'autres.

Je doute qu'il y ait au monde un homme aſſez préſomptueux pour ne pas reconnoître que ces énigmes font au-deſſus de ſa pénétration. En deux mots, tout Athée doit admettre quelque choſe d'éternel, ſoit matiere, ſoit eſprit, puiſque ce qui n'a point de cauſe ne peut avoir commencé d'être. Autrement il faudroit qu'en commençant d'être, cette choſe ſe fût donné le commencement à elle-même, & qu'ainſi elle eût exiſté avant que d'exiſter; ce qui eſt une contradiction palpable: ou du moins, qu'on eût encore recours au hazard; ce qui feroit recourir à une cauſe, lorſqu'on n'en ſuppoſe aucune, & à une cauſe qui eſt un beau rien caché ſous un grand mot.

Or, éternité pour éternité, n'eſt-il pas infiniment plus raiſonnable de reconnoître l'Etre éternel qu'adorent les Chrétiens ? Puiſque tout incompréhenſible qu'il eſt, l'idée que nous en avons, ne renferme rien de contraire à la droite raiſon. Mais l'Etre éternel & néceſſaire, que l'Athée eſt contraint d'imaginer, manque évidemment d'un attribut eſſentiel, qui eſt l'immutabilité; & par conſéquent il feroit éternel & néceſſaire, & il ne le feroit pas.

D'ailleurs, pour nier le Dieu Créateur, l'Athée doit ſoutenir qu'il n'y a jamais eu de premier homme; que les générations n'ont jamais commencé, & que tous les hommes, ſans exception, ont eu chacun un pere: ou du moins, que s'il y a eu un premier homme, il eſt venu de lui-même ou de rien, & cela ſans cauſe; ou il s'eſt formé je ne fais comment, de certaines parties de matiere mues au hazard. Tout cela n'est-il pas absurde? (Voyez ATHÉES.)

Ces réflexions aussi courtes qu'intelligibles, suffiroient pour démontrer que l'Athéisme, quelque forme qu'il prenne, est un monstre qui doit faire horreur à la raison humaine, lorsqu'elle n'est point aveuglée par quelque passion violente. Mais ce n'est point assez de détruire, il faut établir : il faut démontrer que les choses étant dans l'état que je les vois, il est impossible qu'il n'y ait pas un Etre éternel, Tout-Puissant & Créateur de tous les Etres sujets au changement. C'est ce que nous avons fait dans ce Dictionnaire. (Voyez DIEU, CRÉATION.)

SPIRITUALITÉ DE L'AME.

Preuves de cette vérité.

LE Matérialiste ne combat la spiritualité de l'ame, que parce qu'elle ne s'accorde pas avec la corruption de ses mœurs. Il n'a aucune preuve contre cette vérité ; il n'allégue que des doutes. Qui sait, dit-il, si la pensée n'est point une des propriétés inconnues de la matiere ? Voilà toute sa science.

I. On ne connoît les choses que par les idées qu'on en a. Or, l'idée de la matiere ne m'offre qu'un composé de parties, qui est divisible & figuré, qu'une substance longue, large & profonde. Or, la pensée ne souffre ni parties, ni figures, ni couleurs, ni superficies, ni côtés, ni mouvement.

II. L'ame pense. La pensée ne peut sortir de la matiere, ni comme essence, puisque tout être matériel ne pense pas ; ni comme propriété, puisqu'on n'en conçoit point d'autres, que les diverses combinaisons de ses parties ; tout être matériel est borné à un lieu : la pensée les franchit tous.

III. Nous avons des idées abstraites, purement intellectuelles, comme les idées de l'être, de l'ordre, du possible, du bien & du mal. Ces idées pures excluent toute image sensible ; donc elles supposent nécessairement un principe simple & purement spirituel.

IV. Nous avons une conscience, témoin inévitable, & juge incorruptible de nos actions. De-là, les remords, les troubles, & la frayeur sur le crime, opéré même en secret ; de-là un retour de satisfaction sur le bien qu'on a fait. Il y a donc en nous une loi connue & un jugement forcé. Tout jugement suppose une connoissance de la loi & de la relation de nos œuvres à cette regle ; & tout cela ne peut être que dans une intelligence, dans un esprit.

V. Je sens que mon ame est libre. Je veux ou ne veux pas. Je choisis, je délibére, je me détermine à mon gré. On ne peut violenter que mon corps ; or, tout être matériel est incapable de réflexion, de délibération & de choix. Il n'a que l'indifférence passive. L'ame est donc spirituelle, c'est-à-dire, une substance simple, un être réel, indépendant & supérieur à la matiere. Répondons aux chicanes.

Si nous avons une ame, pourquoi ne peut-on pas la montrer. Ce seroit une belle chose de voir son ame. Nous appellons ame ce qui anime ; nous n'en savons guéres davantage.

Reponse. Quand nous verrions notre ame la connoîtrions-nous mieux qu'elle se connoît elle-même par le sens intime qu'elle a de sa propre existence ? Se connoître ainsi, c'est, si on peut user de ce terme, se voir par le dedans : au lieu qu'en se

SPIRITUALITÉ DE L'AME.

voyant, elle ne verroit que son image, comme l'œil ne se voit pas lui-même, & qu'il ne voit que son image.

Un Philosophe ne juge pas de son Ame par son corps. Il lui est impossible de douter qu'il n'y ait en lui un Etre qui a le sens intime de sa propre existence, qui connoît, qui juge, qui veut, qui est toujours le même sous l'ensemble ou sous la succession de ses pensées & de ses sensations dont son corps peut être l'objet, mais non le sujet. Voilà ce qu'entend un Philosophe par l'Ame.

Non certes, la végétation des corps organisés, la force motrice des corps, l'instinct des animaux, ne sont pas des Etres distingués de ces différens corps ; ce sont les organes & les parties de ces mêmes corps, mues de telle ou telle maniere selon les Loix efficaces du souverain Moteur. C'est dans ces Loix que réside la cause de toutes ces diverses qualités attribuées à la matiere, puisque toutes se réduisent au mouvement qui ne sauroit être l'effet que d'un souverain Moteur, & jamais de la matiere indifférente par elle-même au repos comme au mouvement.

Mais il est étonnant que l'Auteur du *Dictionnaire Philosophique* donne ces qualités attribuées à la matiere pour des qualités immatérielles & indivisibles, afin de conclure qu'il ne s'ensuit point du tout que l'Ame soit immatérielle, parce que ses pensées, ses connoissances par exemple, ses jugemens, &c. n'ont ni parties, ni divisibilité. Comment ne voit-il pas que ces termes généraux, végétation, force motrice, gravitation, instinct, ne sont que des termes sous lesquels notre esprit renferme tout ce qu'il conçoit dans les corps, & dans le jeu de leurs organes ou de leur mouvement. Il n'est donc pas étonnant, que ces qualités exprimées ainsi en général & extraites, pour ainsi dire, des corps, & réunies sous de simples termes paroissent immatérielles & indivisibles : mais cette immatérialité & cette indivisibilité disparoissent dans le moment qu'on les rapproche des corps d'où elles avoient été comme extraites, puisque ce sont les corps mêmes. Au contraire, plus on rapproche de l'Ame ses perceptions & ses diverses opérations, plus elles paroissent immatérielles & indivisibles, parce qu'elles appartiennent à un Etre qui ayant le sens intime de sa propre existence, de sa distinction de tout autre Etre, de son identité, est nécessairement simple & sans parties.

En effet, rapprochez le terme de végétation des végétaux, quelle perception voulez-vous exprimer, si ce n'est une multitude de perceptions, d'une foule de diverses parties de la matiere qui concourent à l'accroissement & à l'entretien des végétaux, des sucs nourriciers par exemple, des vaisseaux propres à recevoir ces sucs, des vaisseaux propres à les faire monter & à les distribuer dans la plante, de tant d'autres vaisseaux où ils se filtrent, pour servir de nourriture aux fleurs, aux fruits ? Quel autre Etre qu'un Etre simple & actif peut réunir les perceptions de tant d'organes sous un seul terme ? Un Etre composé seroit-il capable d'une telle opération ? Les verroit-il ces images hors de lui-même, si elles étoient divisées en diverses parties du cerveau ? Et pourroit-il les voir en lui-même, s'il n'étoit pas un lui-même, & s'il étoit un amas de diverses parties ? Il en est de même de ces autres termes, force motrice, gravitation, mouvement. Le terme de force motrice n'est qu'un terme confus pour exprimer ce sentiment de résistance qu'éprouve notre Ame, en appliquant son propre corps à faire changer de place

SPIRITUALITÉ DE L'AME.

un autre corps. Le terme de mouvement n'exprime encore que la perception d'un corps changeant successivement de position d'un lieu dans un autre. Celui de gravitation emporte la même perception d'un corps vers un autre que nous regardons comme le centre. Un Philosophe apperçoit dans tout cela une action immatérielle & indivisible, qui est non pas l'action de ces corps, mais l'action du souverain Moteur des corps. Quelle différence donc entre les opérations de l'Ame & ces qualités des corps ? Ces qualités sont aussi divisibles que les corps mêmes : au lieu que rien de plus simple en soi que les opérations de l'Ame, & que l'Ame elle-même.

Rien encore de moins philosophique que d'avancer qu'on n'a point d'autre idée de l'Ame que comme d'un pouvoir de sentir & de penser. Est-ce qu'un Etre qui n'auroit pas le sentiment de sa propre existence, seroit capable de sentir & de penser ? La sensation ne se sent pas elle-même ; le plaisir, par exemple, ne se plaît pas à lui-même ; la douleur ne se déplaît pas à elle-même. C'est donc un Etre qui se sent lui-même, qui peut être capable de recevoir une sensation, & qui n'est pas une simple capacité, un pouvoir de recevoir.

Connoît-on assez la matiere pour en exclure la faculté de penser ?

REPONSE. Oui, la matiere, selon son essence & son idée, est une substance solide, divisible, capable de mouvement & de figures ; on n'y conçoit que cela, & la pensée, le desir, le doute rejettent tout cela. Otez à la matiere ces propriétés assignées, vous n'en concevez plus : ôtez-les à l'esprit, il n'en est que plus pur. Mais l'Incrédule connoît-il lui-même assez la matiere, pour prononcer que la pensée peut être une de ses propriétés ? Est-il nécessaire de pénétrer dans le fond de la nature pour en juger ? Les idées qu'on en a, & les épreuves qu'on fait, ne suffisent-elles pas pour prononcer ? L'or n'est pas l'eau, par exemple ; par des suppositions aveugles on confondroit, on renverseroit tout.

L'ame peut être un atôme subtil, invisible, mais toujours matériel.

RÉPONSE. On en diroit autant de Dieu. Un atôme matériel a une surface, des côtés, des parties, des figures ; ce que n'a point une idée, un desir. Un atôme pensant auroit donc autant de pensées que de parties, & jusqu'à l'infini : il faudra encore que les parties se replient sur elles-mêmes comme les pensées : cela est impossible. Une partie ne peut devenir l'autre, ni se répéter. Enfin, l'atôme penseroit ou par le repos, ou par le mouvement ; ni l'un ni l'autre ne peut former un raisonnement, un vouloir.

On conçoit bien l'union de deux parties de la matiere, mais non l'union d'un esprit à une portion de matiere dont il dépendroit.

RÉPONSE. Cette union est cependant visible ; mais elle suppose la volonté absolue du Créateur qui a fixé cet état, en voulant que l'ame ait des perceptions & des sentimens, à l'occasion des mouvemens du corps, & que le corps reçoive ses mouvemens, ou de l'empire de l'ame, ou à l'occasion des sensations de l'ame. Vraîment, il est bien plus incompréhensible de supposer une matiere qui pense & délibére.

Nos idées ne sont que des tableaux matériels, semblable à ceux qui sont tracés au fond de l'œil.

RÉPONSE. 1°. Sans l'ame qui anime l'œil, qui reçoit les traces venues des objets, l'œil ressembleroit à une pierre polie qui ne voit rien. 2°. Nous avons des idées indépendantes de toute sensation.

2°. Ces images matérielles ne seroient que des êtres séparés & passifs comme les grains de sables ; ils ne formeroient ni idées, ni jugemens.

Les animaux pensent, raisonnent avec une ame matérielle : pourquoi l'homme matériel ne raisonneroit-il pas ?

Réponse. Les bêtes n'ont qu'un instinct & des sensations. Leur différence d'avec l'homme est infinie. 1°. Ils ne connoissent ni Dieu, ni le vrai, ni le bien, ni le mal moral. 2°. Ils n'ont rien inventé de nouveau. Ils font bien ce qu'ils font ; mais ils sont fixes : ils le font sans réflexion. Ceux qui paroissent le moins sont les plus industrieux, comme l'araignée & l'abeille. Ils ne suivent que la loi que le Créateur leur a donnée. Ils font tout convenablement, sans connoître la convenance. Tout montre en eux la sagesse de Dieu ; rien n'indique leur intelligence. On plie les animaux par des signes & des coups ; mais on ne peut les instruire par principes ; & il faut toujours monter les cordes de l'instrument sur le même ton.

SUICIDE.

Raisons qui doivent nous faire respecter nos jours.

Quelques Philosophes modernes ont préconisé cette horreur. Le Président de *Montesquieu* en fait l'apologie dans ses *Lettres Persannes* ; M. de *Voltaire*, loin d'en détourner, semble le conseiller dans ses Romans honnêtes & pieux de *Candide* & du *Huron* ou l'*Ingénu*. Des Philosophes plus sages ont montré tout ce que cet attentat avoit d'horrible, & c'est ainsi que l'un d'eux parle à un malheureux qui vouloit s'arracher la vie :

" Tu veux cesser de vivre ; mais je voudrois bien

„ savoir si tu as commencé. Quoi ! fus-tu placé sur
„ la terre pour n'y rien faire ? Le Ciel ne t'impose-
„ t-il point avec la vie une tâche pour la remplir?
„ Si tu as fait ta journée avant le soir, repose-toi
„ le reste du jour, tu le peux ; mais voyons ton
„ ouvrage. Quelle réponse tiens-tu prête au Juge
„ suprême qui demandera compte de ton temps ?
„ Malheureux ! trouve-moi ce juste, qui se vante
„ d'avoir assez vécu ? Que j'apprenne de lui com-
„ ment il faut avoir porté la vie, pour être en droit
„ de la quitter ?

„ Tu comptes les maux de l'humanité, & tu dis:
„ la vie est un mal. Mais regarde, cherche dans
„ l'ordre des choses si tu y trouves quelques biens
„ qui ne soient point mêlés de maux. Est-ce donc
„ à dire qu'il n'y ait aucun bien dans l'Univers ;
„ & peux-tu confondre ce qui est mal par sa nature,
„ avec ce qui ne souffre le mal que par accident?
„ La vie passive de l'homme n'est rien & ne regarde
„ qu'un corps dont il sera bientôt délivré ; mais sa
„ vie active & morale qui doit influer sur tout son
„ être, consiste dans l'exercice de sa volonté. La vie
„ est un mal pour le méchant qui prospére, & un
„ bien pour l'honnête-homme infortuné ; car ce
„ n'est pas une modification passagere, mais son
„ rapport avec son objet qui la rend bonne ou
„ mauvaise.

„ Tu t'ennuies de vivre ; & tu dis : *la vie est un*
„ *mal.* Tôt ou tard tu seras consolé ; & tu diras:
„ *la vie est un bien.* Tu diras plus vrai, sans mieux
„ raisonner ; car rien n'aura changé que toi. Chan-
„ ge donc dès aujourd'hui ; & puisque c'est dans
„ la mauvaise disposition de ton ame qu'est tout le
„ mal, corrige tes affections déréglées, & ne brûle
„ pas ta maison pour n'avoir pas la peine de la
„ ranger.

SUICIDE.

„ Que font dix, vingt, trente ans pour un être
„ immortel ? La peine & le plaisir passent comme
„ une ombre : la vie s'écoule dans un instant, elle
„ n'est rien par elle-même ; son prix dépend de son
„ emploi. Le bien seul qu'on a fait demeure, &
„ c'est par lui qu'elle est quelque chose. Ne dis
„ donc plus que c'est un mal pour toi de vivre,
„ puisqu'il dépend de toi seul que ce soit un bien ;
„ & que si c'est un mal d'avoir vécu, c'est une rai-
„ son de plus de vivre encore. Ne dis pas non plus,
„ qu'il t'est permis de mourir ; car autant vaudroit
„ dire, qu'il t'est permis de n'être pas homme ;
„ qu'il t'est permis de te révolter contre l'Auteur
„ de ton être, & de tromper ta destination.

„ Le suicide est une mort furtive & honteuse.
„ C'est un vol fait au genre humain. Avant de le
„ quitter, rends-lui ce qu'il a fait pour toi. *Mais*
„ *je ne tiens à rien. Je suis inutile au monde.* Philo-
„ sophe d'un jour ! ignores-tu que tu ne saurois
„ faire un pas sur la terre, sans trouver quelque
„ devoir à remplir, & que tout homme est utile à
„ l'humanité, par cela seul qu'il existe ?

„ Jeune insensé ! s'il te reste au fond du cœur le
„ moindre sentiment de vertu, viens, que je t'ap-
„ prenne à aimer la vie. Chaque fois que tu seras
„ tenté d'en sortir, dis en toi-même : que je fasse
„ encore une bonne action avant que de mourir ;
„ puis vas chercher quelque indigent à secourir,
„ quelque infortuné à consoler, quelque opprimé
„ à défendre. Si cette considération te retient au-
„ jourd'hui, elle te retiendra encore demain, après
„ demain, toute ta vie. Si elle ne te retient pas ;
„ meurs, tu es un méchant.

Tome II.   C c

THÉATRE.

Autorités non suspectes qui le condamnent.

M. de Voltaire dans son *Catéchisme d'un Curé* qui n'est pas assurément celui d'un Chrétien, lui fait dire : *j'ai du goût pour la Comédie quand elle ne choque point les mœurs.* (Il n'y en a point ou presque point de ce genre.) *Ces représentations inspirent la vertu par l'attrait du plaisir. Je ne vois rien là que de très-innocent & même de très-utile., & je compte bien d'assister à ces spectacles pour mon instruction.* Voilà une Morale commode. *Escobar* n'en a jamais eu de plus indulgente. Il seroit beau d'entendre un Curé prononcer tout cela dans un Prône ; mais on voit bien que le Pasteur de M. *de Voltaire* est un être chimérique. C'est le Loup dont parle *la Fontaine* qui prend l'habit de Berger, pour sucer plus à son aise le sang des brebis. Dépouillons l'animal du masque qui le couvre, & examinons non pas si le Théatre peut former les mœurs, (on convient généralement du contraire) mais voyons s'il ne produit pas un effet tout différent.

Le Théatre (dit M. l'Abbé de *la Tour* dans ses *Réflexions* sur cette matiere, Livre IV) n'est que le regne des passions. L'art du Théatre n'est que l'art de les exciter, pour en faire goûter le plaisir. En cela l'art dramatique est différent de l'éloquence, qui enseigne aussi à remuer les passions, mais qui a en vue un but honnête ou utile. L'Orateur ne remue que pour faire agir ; l'Acteur pour faire sentir. *Demosthene* tonnoit pour faire déclarer la guerre à *Philippe*, *Ciceron* pour faire chasser *Catilina* & *Marc-Antoine*. La passion n'est que le ressort qu'on monte pour faire agir la machine ; mais on peut tourner cette passion vers un bon objet, au lieu qu'au Théatre l'objet est toujours mauvais.

Racine, *Corneille*, *Voltaire*, ne veulent que plaire. La passion n'est pour eux que le ressort du plaisir. Le spectateur ne demande rien de plus. La vertu, qu'on dit en être le fruit, est une fin éloignée dont ni les uns ni les autres s'embarrassent, & les Actrices encore moins. " C'est donc (dit l'Auteur cité) en matiere de galanterie l'art d'aimer d'*Ovide* mis en œuvre, & dans les autres vices c'est l'Ouvrage trouvé dans les papiers de la *Brinvilliers*, heureusement brûlé avec elle, l'art des poisons; ou si l'on veut le Livre de *Frontin*, un recueil de stratagêmes de guerre pour faire réussir tous les crimes, favoriser toutes les passions, ménager toutes les intrigues, traverser tous les peres, maris & maîtres, & goûter librement tous les plaisirs."

" Les valets, les soubrettes, les confidens de la Comédie ne sont que des fourbes vendus aux vices de leur maître, dont il emploie l'industrie, suit les conseils, applaudit les bons mots, récompense les honteux services; gens échappés à la potence, & très-dignes d'y monter. " *Rousseau* prétend que l'Acteur qui joue si bien le *fripon sur le Théatre pourroit bien ailleurs mettre à profit son adresse, & par une utile distraction prendre la bourse de son maître pour celle de Valere.* Il a malheureusement raison. En effet, qui voudroit être servi par des valets de Théatre ? La Tragédie n'est pas moins pleine de scélérats d'un haut rang; vengeance, assassinats, empoisonnemens, ambition, révolte, fureur, désespoir : il n'y a presque point de scene où il ne soit question de quelque forfait. La sensation d'horreur & de désespoir qui en résulte est-elle nécessaire pour éloigner du crime un cœur vertueux qui n'a pas besoin de ces horribles leçons ? Il n'a pas même pensé que de telles énormités fussent possibles ; & quant aux scélérats, ce ne sera pas le Théatre qui les corrigera.

L'ingénieux M. *Trublet* (dans ses *Mémoires sur la Motte Houdar*) rapporte un trait bien frappant du Discours de ce Poëte sur la Tragédie de *Romulus* donnée en 1722. " Les Tragédies ne peuvent pas ,, être, dit-il, d'un grand fruit pour les mœurs, ,, quoique la partie du Théatre la plus sévere. Nous ,, ne nous proposons pas d'éclairer l'esprit sur le ,, vice & la vertu, en les peignant de leurs vraies ,, couleurs ; nous ne songeons qu'à émouvoir les ,, passions par le mélange de l'un & de l'autre. ,, Nous mettons les préjugés à la place des vertus. ,, Dans les personnages intéressans nous faisons ,, presque aimer les foiblesses par l'éclat des vertus ,, que nous y joignons: dans les personnages odieux ,, nous affoiblissons l'horreur du crime par de grands ,, motifs qui les élevent ou de grands malheurs qui ,, les excusent. ,, Tout cela ne va que fort indirectement à l'instruction, ou plutôt ce n'est que mieux apprêter le poison, & affoiblir le prétendu remede. Le même la *Motte*, dans l'Ode sur la *Fuite de soi-même*, cherche un homme, comme *Diogene*, & demandant où l'on peut le trouver, dit :

    Le chercherai-je aux Théatres,
    Vive école des passions ;
    Qui charment les cœurs idolâtres
    De leurs vaines illusions,
    Où par des aventures feintes,
    On nous fait à de fausses plaintes
    Prendre une véritable part ;
    Où dérober l'homme à lui-même
    Fut toujours le talent suprême
    Et la perfection de l'art ?

Racine pense de même (Préface de *Phédre*.) " Le Théatre de *Sophocle* & d'*Euripide* étoit une école où la vertu n'étoit pas moins bien enseignée que dans celles des Philosophes. Il seroit à souhaiter que nos ouvrages fussent aussi solides & aussi pleins d'instruction. Ce seroit un moyen de réconcilier la Tragédie avec des personnes célebres par leur doctrine & leur piété, qui la condamnent, & qui en jugeroient plus favorablement, si les Acteurs songeoient autant à instruire qu'à divertir. " Ce grand Maître n'est pas suspect; il n'étoit pas encore converti. Voilà donc l'ancien Théatre, plus épuré que le nôtre, où l'on ne songe qu'à divertir, & non à instruire.

La Ville de Geneve, instruite de ces principes, n'a jamais voulu souffrir la Comédie. Le *Dictionnaire Encyclopédique* a blâmé la sévérité des Genevois, & leur a conseillé d'appeler des troupes de Comédiens pour être dans leur ville les Prédicateurs & les modeles de la sainteté. M. *Rousseau*, Citoyen de Geneve, quoique amateur & compositeur, a pris la défense de sa Patrie, contre les Encyclopédistes, quoiqu'il fût de leur nombre, & a fait pour la défense de la vérité & de la vertu un Ouvrage digne de la plume la plus éloquente. Un Ecrivain pour lui répondre a rempli plusieurs Mercures de l'éloge des graces, des talens, & sur-tout de l'héroïque chasteté des Actrices. En a-t-il convaincu les gens de bien? En a-t-il persuadé ceux qui fréquentent les spectacles? Le croit-il lui-même? Il n'y a que la réponse de *Scarron* à faire. *oh non*.

Bayle, le Cynique *Bayle*, qui n'étoit Protestant que de nom, puisque selon lui-même il *protestoit contre tout*, n'étoit pas assurément dévot. La licence de son Dictionnaire en écarte bien loin le soupçon;

que ne dit-il pas de la vie & des mœurs de *Moliere*, de *Poisson*, & de tous les Acteurs & Actrices qui tombent sous sa main. Son style caustique a beau jeu. Voici comme il parle de la Comédie. " Bien
„ des gens disent fort sérieusement à Paris que
„ *Moliere* a plus corrigé de défauts à la Cour & à
„ la Ville, lui seul, que tous les Prédicateurs en-
„ semble, & je crois qu'on a raison, pourvu qu'on
„ ne parle que de certaines qualités qui ne sont pas
„ tant un crime qu'un faux goût, comme l'hu-
„ meur des prudes & des précieuses, de ceux qui
„ outrent les modes, qui s'érigent en Marquis,
„ qui ont toujours quelque piece de leur façon à
„ montrer, &c. Voilà les défauts dont les Comé-
„ dies de *Moliere* ont un peu arrêté le cours ; car
„ pour la galanterie, l'envie, la fourberie, l'ava-
„ rice, la vanité, & les autres crimes, je ne crois
„ pas qu'elles leur aient fait beaucoup de mal. On
„ peut même assurer qu'il n'y a rien de plus propre
„ à inspirer la coquetterie que ses pieces, parce
„ qu'on y tourne continuellement en ridicule les
„ soins que les peres & les meres prennent de s'op-
„ poser aux amours de leurs enfans. „ (*Nouvel. de la Rép. des Lettres*, Mars 1684.)

Qu'opposera M. *de Voltaire* à tant d'autorités ? La sienne est certainement bien respectable, sur-tout lorsqu'il éleve des trophées à la vertu de la *le Couvreur*, & qu'il regarde le chemin où on l'enterra comme son saint *Denis*; mais il nous permettra de croire sur le danger du Théatre plutôt les *Augustin*, les *Ambroise*, les *Tertullien*, & les Ecrivains que nous avons cités, que l'Auteur de la *Pucelle*, & du *Cadenat*. Qu'il s'écrie donc tant qu'il lui plaira : *Muses, graces, amours, dont elle fut l'image… O mes Dieux & les siens ! son triste tombeau est pour nous un temple nouveau.* Ce langage ne séduira perfonne. Mdlle. *le Couvreur* déifiée par M. *de Voltaire*, une Actrice à qui un Poëte comique donne l'apothéose, ne fera jamais d'idolâtres. On fait que jamais la vertu ne canonifa le vice.

✳✳✳✳✳✳✳✳✳✳✳✳✳✳✳✳✳✳✳✳✳✳✳✳✳✳✳✳✳✳✳✳✳

THÉOCRATIE.

Ce Gouvernement n'a été connu que des Juifs.

LE Gouvernement théocratique étant un des privileges du Peuple de Dieu, M. *de Voltaire* a voulu affoiblir cette glorieufe prérogative, en la faifant partager à plufieurs Peuples de l'antiquité. " Il femble, dit-il, que la plûpart des anciennes „ Nations aient été gouvernées par une efpêce de „ Théocratie. On voit des Brames long-temps Souverains dans l'Inde; en Perfe, une grande autorité dans les Mages: en Egypte, les Prêtres prefcrire aux Rois la mefure de leur boire & de leur manger, élever leur enfance, & les juger après leur mort: en Grece, le grand Prophète *Chalcas* avoit affez de pouvoir dans l'armée, pour facrifier *Iphigénie* la fille d'*Agamemnon*: dans les Gaules, la puiffance des Druides: chez les premieres Peuplades qui s'étoient choifi un Dieu, les Prêtres dominer fur les efprits au nom de ce Dieu tutélaire. C'eft fans doute de cette fource que font venus les facrifices de fang humain, qu'on fuppofoit ordonnés par le Dieu reconnu. Hors la Chine, la Théocratie étoit fi établie, que les premieres Hiftoires font celles des Dieux qui s'étoient incarnés pour venir gouverner les hommes: en Egypte, le regne des Dieux pendant des millions d'années: dans l'Inde, le Dieu *Brama*: à Siam, *Sommonocodon*: en

„ Syrie, le Dieu *Adad*: en Phénicie, la Déesse
„ *Cybele*: *Jupiter* en Crete; en Grece & en Italie
„ *Saturne*. Le même esprit préside à toutes ces Fa-
„ bles ; c'est par-tout une confuse idée chez les
„ hommes que les Dieux sont autrefois descendus
„ sur la terre. „

Que voit au travers de ces erreurs un Philosophe exempt de préjugés ? Il voit l'idée confuse d'un Dieu puissant & juste qui régit tout, gravée profondement dans l'homme, puisqu'elle se manifeste dans les premieres Peuplades, de même que dans les Nations policées. Il n'est pas moins frappé de l'impression que faisoit cette idée sur les esprits ; puisque les Prêtres en pouvoient abuser jusqu'au point d'arracher les enfans à leurs peres & à leurs meres, & de les immoler à leurs Dieux. Mais ce qu'il voit encore plus clairement, c'est l'aveuglement étrange de toutes ces Nations, qui prenant des hommes pour des Dieux, croyoient que les Dieux étoient descendus sur la terre pour les gouverner.

Etonné néanmoins de cette idée que les Peuples avoient de la descente des Dieux sur la terre, il en cherche l'origine ; car elle ne lui paroît pas naturelle : elle lui paroît plus propre à révolter l'esprit humain qu'à s'en faire recevoir. Comment donc cette idée avoit-elle pu entrer dans l'esprit de tous les Peuples ? Il faut nécessairement ici avoir recours à une tradition transmise par les peres des premieres Peuplades à leurs enfans ; mais cette tradition étant générale & commune, doit avoir nécessairement une origine commune à tous les hommes. Où trouver cette origine ? Dans l'Histoire que *Moyse* nous donne de la formation du premier homme, & de la premiere femme, Histoire obscurcie & dépravée par toutes ces fables qu'imaginerent les Prêtres & les Poëtes du Paganisme.

THÉOCRATIE.

Voilà ce que M. *de Voltaire* auroit dû chercher dans les erreurs des Nations, au lieu d'y chercher des preuves d'un Gouvernement Théocratique : celles qu'il a cru y trouver sont très-foibles, pour ne rien dire de plus. Les Mages en Perse ont eu de l'autorité : s'ensuit-il qu'ils étoient Rois ? *Smerdis* a été placé sur le trône de *Cyrus* après la mort de *Cambyse*, sous le nom d'un frere de ce Prince ; s'ensuit-il que ce fût en qualité de Mage ? Les Rois d'Egypte étoient-ils moins Rois, parce que les Prêtres ayant la réputation de Savans leur servoient de Précepteurs dans l'enfance, de Médecins pendant leur vie, de Juges après leur mort.

Nulle trace d'un Gouvernement vraîment Théocratique, si ce n'est chez le Peuple Hébreu. Ce n'est que là que le Dieu Créateur se choisit des sujets, qu'il leur impose des Loix, qu'il ordonne de la guerre, de la victoire, de la paix ; qu'il punit les transgresseurs de ses Loix, qu'il en récompense les observateurs. Par-tout ailleurs, si vous exceptez la fable du regne des Dieux pendant des milliers de siécles chez les Egyptiens, ce sont de foibles mortels assis sur le trône.

La Royauté même est presque toujours séparée du Sacerdoce, soit chez les Egyptiens, comme nous l'avons vu, soit dans la Chaldée. Le titre d'Archi-Mage ne fut uni à celui de Roi chez les Perses, que sous *Darius*, fils d'*Hystaspe*, par un caprice de ce Prince. Le grand Pontificat chez les Romains ne fut pas toujours joint à la premiere dignité de l'Etat, ni sous les Rois, ni sous les Consuls, ni sous les Empereurs. Il est vrai que les Prêtres de toutes ces Divinités chimériques, des *Jupiter*, des *Cybelle*, des *Adad*, des *Brama*, &c. se donnoient pour leurs organes ; mais quelles preuves donnoient-ils, que les Dieux parlassent par leur bouche ? Ils rendoient des oracles au nom de ces Dieux ; mais étoient-ce des ordres que les Dieux intimassent aux Peuples comme leurs Rois ? Non, *Apollon*, par exemple, consulté sur quelque événement qui se passoit dans un pays éloigné, répondoit en Devin ; consulté sur quelque événement futur, il répondoit en Prophête, jamais en Roi.

✳✳✳✳✳✳✳✳✳✳✳✳✳✳✳✳✳✳✳✳✳✳✳✳✳✳✳✳✳✳

TINDALL.

Ses opinions, son caractere.

Matthieu *Tindall* fut en Angleterre ce que les *Freret*, les *Boulanger*, les *Voltaire* ont été en France. Il affecta beaucoup de zele pour la Religion naturelle, parce que dans le fond il n'avoit aucune Religion. Son *Christianisme aussi ancien que le monde, ou l'Evangile seconde publication de la Religion de nature*, est plein des sophismes les plus captieux. Son hétérodoxie n'empêcha pas qu'il ne fût pensionné de la Cour d'Angleterre. On considéroit en lui le Citoyen qui avoit rendu quelques services à l'Etat, & non l'impie qui avoit voulu nuire à la Religion.

Nous remarquerons avec satisfaction que *Tindall* étoit, comme la plûpart des autres impies, un homme inconséquent dans sa conduite & dans ses écrits. Tour-à-tour Jacobite & Wigh, il se tourna toujours du côté le plus fort. Les bizarreries de son esprit se firent connoître même en delà du tombeau. Il voulut imiter, à ce qu'il disoit, *Alexandre* le grand dans la distribution de son héritage, en le laissant au plus digne. Il légua en effet cinquante mille livres à un homme inconnu, qui n'étoit pas son parent, & priva ainsi de cette somme sa famille qui n'étoit pas opulente.

Au reste quelques Ecrivains ont confondu *Matthieu Tindall* avec *Nicolas* son neveu, traducteur de l'histoire d'Angleterre par *Rapin Thoyras*. Celui-ci étoit un homme de beaucoup de mérite, au lieu que son oncle n'avoit précisément que le génie qu'il falloit pour produire quelques feuilles volantes pour ou contre le Gouvernement. *Pope* qui se connoissoit en hommes, en fait un portrait dégoûtant dans sa *Dunciade*. Il est vrai que ce Poëte étoit son ennemi ; mais le ressentiment n'empêche pas toujours de rendre une exacte justice. Voyez sur cet homme singulier les *Anecdotes sur la vie & les sentimens de quelques prétendus esprits-forts de nos jours* dans le *Mercure Suisse*, Juillet 1734. *Tindall* étoit mort à Londres l'année précédente, avec la douleur d'avoir survécu à sa réputation. *Leland* & *Foster*, deux Ecrivains Anglois, ont pulvérisé ses chimeres anti-chrétiennes.

TOLAND.

Notice raisonnée de ses Ouvrages, & idée de son caractere.

JEan *Toland*, né en 1670, dans un Village nommé Redeastle, en Irlande, passa long-temps pour le fils d'un Prêtre Catholique ; & la prétendue illégitimité de sa naissance fut une source d'injures pour ses ennemis. L'Auteur de sa vie a voulu détruire ce reproche par une attestation de trois Franciscains, Irlandois, datée de Prague en Bohême du 2 Janvier 1708. Ils déclarent qu'il descendoit d'une noble & ancienne famille d'Irlande. On a attaqué cette attestation & on l'a défendue : temps perdu de part & d'autre. Qu'importe que *Toland* ait été bâtard ou légitime? Ce font fes mœurs & fa conduite qu'il faut étudier; & s'il manqua de probité & de vertu, fût-il né d'un Prince, les atteftations des Cordeliers ne fauroient rétablir fa mémoire.

Ses parens étoient Catholiques Romains. Il nous apprend lui-même, que *dès le berceau il avoit été élevé dans la fuperftition & l'idolâtrie la plus groffiere; mais que graces à Dieu fa raifon aidée de quelques autres perfonnes, avoit été l'heureux inftrument de fa converfion; car il n'avoit pas encore feize ans, qu'il étoit déja auffi zélé contre le Papifme, qu'il l'a toujours été depuis.* Il n'avoit pas certainement de quoi fe féliciter; car ayant fecoué le frein que l'autorité de l'Eglife met à la liberté de penfer, il ne chercha plus qu'à fe fignaler par fa hardieffe. Après avoir étudié dans les Univerfités de Glafkow & d'Edimbourg, il paffa à Leyde en 1690. Le jeune *Toland* étoit déja rongé du defir de fe diftinguer à quelque prix que ce fût; défaut dont M. *Locke*, qui le protégeoit, s'apperçut aifément. Il étudia deux ans l'hiftoire Eccléfiaftique fous le favant Fréderic *Spanheim*, & retourna enfuite en Angleterre, très-difpofé à faire la guerre.

Son premier coup d'effai contre la Religion eut pour objet les Eccléfiaftiques, qu'il attaqua dans une Satyre violente intitulée: *La Tribu de Lévi*. On lui oppofa d'abord un Poëme Anglois fous le titre de *Rapfache Vapulans*, où fon cœur & fon efprit font peints avec les couleurs les plus noires, & peut-être les plus vraies. Le genre fatyrique ne lui ayant pas réuffi, il fe tourna du côté du genre impie; & il publia à Londres *in*-8°. en 1696, un Ouvrage infame, où il entreprit de prouver qu'il n'y a point de Myfteres dans la Religion Chrétienne.

Le titre de ce livre eft: *La Religion Chrétienne fans*

Mysteres, ou *Traité dans lequel on fait voir, qu'il n'y a rien dans l'Evangile de contraire à la raison ni qui surpasse ses lumieres, & qu'il n'y a point de dogme du Christianisme qui puisse être appellé proprement Mystere.*

Les raisons qu'apporte M. *Toland* pour prouver sa these, n'ont pas autant de clarté, qu'il voudroit en donner à nos Mysteres. Les Libraires de Londres ayant envoyé des Exemplaires de son Livre en Irlande, il n'y fit pas moins de bruit qu'en Angleterre. Les clameurs augmenterent par l'arrivée de l'Auteur en 1697, & sur-tout par ses propos hardis. Il excita contre lui les cris de tous les partis, non-seulement par sa dangereuse singularité, mais par son affectation extravagante de les répandre & de les soutenir. Les caffés & la table étoient les endroits qu'il choisissoit pour s'entretenir sur les vérités les plus importantes.

L'Auteur & le Livre furent dénoncés au Magistrat, & on l'excita vivement à punir un jeune étourdi, qui venoit ériger en Irlande une Ecole d'impiété. La Chambre des Communes de ce Royaume ordonna le 9 Septembre, que *le Livre intitulé: La Religion Chrétienne sans Mysteres, contenant plusieurs doctrines hérétiques, contraires à la Foi, & à l'Eglise établie en Irlande, seroit brûlé publiquement par la main du bourreau, & que l'Auteur Jean Toland seroit mis sous la garde du Sergent d'armes, & poursuivi en justice par le Procureur Général, pour avoir composé, & fait imprimer ledit Livre: comme aussi que l'on présenteroit une adresse aux Régens, pour qu'ils défendissent qu'on n'en apportât plus d'exemplaires dans le Royaume, & qu'on débitât ceux qui y étoient déja.*

L'Auteur se voyant poursuivi vivement, se sauva en Angleterre avec précipitation. On sent bien qu'il

n'avoit pas tort ; les Philosophes n'en ont jama[is]
Auſſi dès qu'il fut arrivé à Londres, il publia [sa]
juſtification ſous ce titre : *Apologie de M. Tolan[d]
contenue dans une Lettre écrite par lui-même, à [un]
Membre de la Chambre des Communes d'Irlande, [la]
veille du jour que ſon Livre fut condamné au fe[u],
avec une Préface qui explique le ſujet qui la lui a f[ait]
écrire.* Cette Apologie eut l'effet qu'ont ordinai[re]ment toutes celles de ce genre. Les torts de l'Aute[ur]
incrédule n'en firent que plus d'éclat.

Ses opinions commençant à ſe répandre, [la]
convocation du Clergé en demanda la condamn[a]tion dans un Mémoire préſenté aux Evêques [en]
1700. La Chambre proſcrivit & cenſura ſon Liv[re].
On en tira quelques propoſitions ſcandaleuſes ; ma[is]
on le fit avec ſi peu de jugement, qu'on omit l[es]
plus mauvaiſes ; & que celles qu'on choiſit, quo[i]que très-condamnables dans les vues de l'Auteu[r],
étoient néanmoins ſuſceptibles d'un bon ſens. Cet[te]
cenſure fut envoyée aux Evêques, qui ne croya[nt]
pas que la Chambre baſſe eût le pouvoir de fai[re]
juger les Livres, laiſſa entiérement tomber cet[te]
affaire.

Les traverſes ne corrigerent pas M. *Toland.* Il m[it]
au jour en 1699 un Poëme intitulé : *Cliton ou [la]
force de l'Eloquence.* Cet Ouvrage reſpire l'irré[li]gion. Il courut quelque temps en manuſcrit. L'A[u]teur veut y prouver tout le pouvoir de l'Eloquence
même en matiere de Religion. " Je ne prétends p[as]
„ m'arrêter là, dit-il, tous les Impoſteurs ſacré[s]
„ de toutes les Religions ſeront oppoſés à mes trait[s]
„ ſoit qu'ils cachent leur orgueil ſous un hab[it]
„ noir, ſoit qu'ils déguiſent leur fourberie ſous de[s]
„ capuchons ; en un mot, ſous quelque déguiſe[e]„ ment qu'ils ſe mettent pour mener le Peuple pa[r]
„ le nez en partageant ſes dépouilles. „

En 1701, il passa à la Cour de Berlin, où il vit quelquefois la Reine. Cette Princesse l'engagea dans une dispute avec le savant *Beausobre* sur l'authenticité des Livres du Nouveau Testament ; & cette conférence ne tourna pas à sa gloire. Aussi lorsqu'il retourna à Berlin en 1707, il fut reçu avec la froideur qu'il méritoit.

Toland étoit de ces hommes qui sacrifient tout à l'intérêt présent, & qui sont toujours prê.s à écrire contre eux-mêmes, si la situation de leur fortune paroît l'exiger. Il avoit plu à la Cour par quelques mauvais Livres ; il voulut y plaire davantage, en se donnant pour un homme irréprochable. Il publia en 1702. *in-8°*. *Vindicius Liberius*, ou *Apologie de M. Toland contre la Chambre basse de la Convocation & autres, où l'on trouve, outre ses Lettres à l'Orateur, l'éclaircissement de quelques endroits du Livre, intitulé*: Le Christianisme sans mysteres: *d'autres y sont rectifiés, avec un exposé clair & complet des principes de l'Auteur en matiere de politique & de Religion, & la justification des Wighs & des Républicains contre les fausses idées qu'en donnent leurs adversaires*. *Toland* reconnoît que ses Livres contenoient quelques propositions téméraires ; mais il prie de les lui pardonner en faveur de la sincérité de sa Religion, & de son attachement pour les Rois. Après cela doit-on être étonné, que le plus illustre de nos *Titans* modernes, après avoir attaqué toute sa vie la Divinité & les Monarques qui en sont les images, dise à ses ennemis: " Je leur dé-
,, clare que je veux vivre & mourir dans le sein
,, de l'Eglise Catholique, Apostolique & Romaine,
,, sans attaquer personne, sans nuire à personne,
,, sans soutenir la moindre opinion qui puisse offen-
,, ser personne. Je déteste tout ce qui peut porter le
,, moindre trouble dans la Société ; & si jamais on

,, a imprimé sous mon nom une page qui puisse
,, scandaliser seulement le Sacristain de leur Pa-
,, roisse, je suis prêt de la déchirer devant eux. ,,
(Lettre de M. *de Voltaire* au Pere de la *Tour*, Jésuite.)

Toland après diverses courses en Allemagne com-
mencées en 1707, & qui augmenterent sa vanité &
diminuerent sa bourse, regagna avec assez de peine
la Hollande, où il demeura jusqu'en 1710. Il
avoit publié l'année précédente à la Haye deux Dissertations latines, intitulées : *Adeisidæmon & Origines Judaicæ*. Il veut prouver dans ses *Origines Judaïques* que le passage de *Strabon* au sujet de la Nation Israëlite est très-important. Il semble préférer
ce que l'Auteur Payen dit des Juifs & de leur Religion au témoignage des Juifs-mêmes. Il tourne en
ridicule M. *Huet*, qui dans sa *Démonstration Evangélique* avoit cru retrouver quelques uns des grands
Personnages de l'ancien Testament dans les Divinités Payennes ; *Moyse*, par exemple, dans *Bacchus*, *Typhon*, *Silene* & *Adonis*. L'Auteur de la
Philosophie de l'Histoire, qui a fait tant d'incursions
impies chez les Anglois, n'a pas oublié les railleries de M. *Toland*, & leur a prêté même une nouvelle force dans son dangereux Ouvrage. " Voilà,
,, dit-il, après avoir rapporté quelques-unes des
,, preuves du savant Prélat) ce que *Huet* appelloit
,, sa Démonstration. Elle n'est pas à la vérité Géo-
,, métrique. Il est à croire qu'il en rougit les der-
,, nieres années de sa vie, & qu'il se souvenoit de
,, sa Démonstration, quand il fit son Traité de la
,, foiblesse de l'esprit humain, & de l'incertitude
,, de ses connoissances. ,, (*Nouveaux mélanges*,
Tome. I. pag. 132.

L'illustre Evêque rougit si peu de sa Démonstration, qu'il fut très-piqué de l'attaque que *Toland*
osoit

ósoit lui porter. Il se défendit très-vivement dans une lettre publiée d'abord par les Journalistes de Trevoux, & qui reparut ensuite avec quelques changemens dans la collection de M. l'Abbé Tilladet.

Une des productions de *Toland*, qui méritoit le plus l'animadversion des gens de bien, est son *Nazarenus*. Il parut en 1718, in-8°. sous ce titre : *Nazarenus ; ou le Christianisme Judaïque, Payen & Mahométan ; contenant l'Histoire de l'ancien Evangile de St. Barnabé, & de l'Evangile moderne des Mahométans attribué à cet Apôtre, qui avoit été inconnue aux Chrétiens jusqu'à présent. On y explique par occasion le plan original du Christianisme, par l'Histoire des Nazaréens, dont on peut se servir avec succès pour terminer plusieurs disputes touchant la Religion Chrétienne, Religion divine, mais qui a été fort corrompue. On y a joint une Rélation d'un Manuscrit Irlandois des quatre Evangiles, & un Abrégé de l'ancien Christianisme d'Irlande, comme aussi l'existence des Keldées* (Ordre de Religieux Laïques) *contre les deux derniers Evêques de Worcester.*

Voici quel étoit, suivant M. *Toland*, le plan original du Christianisme. Les Juifs, quoiqu'associés avec les Gentils convertis, qu'ils reconnoissoient pour freres, continuerent néanmoins à observer toujours la Loi ; & les Gentils, qui, embrassant le Judaïsme, ne reconnurent qu'un seul Dieu, ne furent pas obligés cependant d'observer la Loi. Mais les uns & les autres furent unis & ne formerent qu'un seul corps, principalement pour cette partie du Christianisme, qui, plus parfaite que toutes les purifications préparatoires des Philosophes, prescrit la sanctification, & le renouvellement de l'homme intérieur. C'est en cela seul que le Juif & le Gentil, le Grec & le Barbare, l'Esclave &

l'homme libre, sont *tous un en* JESUS-CHRIST, quoiqu'ils différent à d'autres égards.

L'art insidieux de proposer des questions dangereuses & d'y répondre foiblement, est encore un larcin que l'Auteur du *Dictionnaire Philosophique* & de la *Philosophie de l'Histoire* a fait aux Anglois. *Toland* lui en avoit donné le premier l'exemple. On trouve à la fin de son Livre deux Problêmes historiques sur les Juifs & sur leur Religion, où sans qu'il affirme rien, on voit bien ce qu'il pensoit.

Il demande dans le premier Problême, " si l'on peut démontrer, sans avoir recours aux miracles, par la nature du gouvernement ou de la Religion des Juifs, que ce peuple dispersé dans toutes les parties du monde, a pu se conserver depuis près de 1700 ans, quoiqu'il n'ait point été protégé par aucun Potentat, & qu'il ait été exposé à la haine & au mépris de toutes les Nations ? "

Ce Problême paroît d'autant plus important à *Toland*, qu'il y a long-tems que les Religions des Égyptiens, des Babiloniens, des Grecs & des Romains, ont été entiérement abolies. Mais si l'Auteur avoit un peu raisonné conséquemment, il se seroit apperçu que la cause de la conservation du Peuple Juif, n'est plus problématique. L'exception que cette Nation unique fait parmi toutes les Nations, indique assez que c'est l'effet d'une influence particuliere de la Providence, qui fournit en même tems une preuve de la Divinité de l'origine de la Religion Judaïque & de la Chrétienne.

Toland demande dans le second problême. " Si l'on peut expliquer par la nature du Gouvernement ou de la Religion des Juifs, sans avoir recours aux miracles, d'où vient que ce peuple avoit un si grand penchant à l'Idolatrie,

„ & à épouser des femmes des Nations voisines,
„ pendant qu'il fut en possession de la Palestine?
„ Et d'où vient que ce même Peuple depuis sa
„ dispersion, a une horreur extrême pour l'Ido-
„ latrie, & évite soigneusement d'être confondu
„ avec les Nations parmi lesquelles il habite? „
Je ne vois pas la fin de ce prétendu Problême,
(dit M. de *Chaufepié*, Dictionnaire critique, Article *Toland*.) Je ne sçasse personne qui ait trouvé quelque chose de miraculeux dans le penchant que les Israélites eurent autrefois à l'Idolâtrie. A l'égard de l'éloignement qu'ils ont eu depuis pour ce crime, il n'est pas difficile d'en rendre raison. Outre l'expérience des chatimens que leurs Peres avoient éprouvés, on peut dire encore, qu'il y a en cela une direction de la Providence, qui veut conserver ce Peuple dans l'état de séparation où il se trouve.

Qu'on juge encore des intentions de *Toland* par ce qu'il disoit d'un Livre qu'il avoit dessein de publier, intitulé: La *République de Moyse*.
„ Ceux, dit-il, qui croient, que la Loi fut
„ révélée à *Moyse* sur le Mont Sinaï, me sau-
„ ront bon gré de ce que je fais voir, qu'elle
„ est plus excellente & plus parfaite, & par
„ conféquent plus digne de Dieu, qu'on ne la re-
„ présente dans tous les systêmes de Théologie
„ sans exception, où l'on se plaint de ses défauts
„ & de ses imperfections; & ceux qui supposent
„ avec *Strabon* & *Diodore* de Sicile, que cette
„ Loi est une pure invention de *Moyse* dont il
„ fit Dieu Auteur, pour la rendre plus vénéra-
„ ble, feront obligés de reconnoître que *Moyse*
„ étoit infiniment plus habile que *Zaleucus*, *Cha-*
„ *rondas*, *Solon*, *Licurgue*, *Romulus*, *Numa*,
„ & qu'aucun autre Législateur." On sent aisé-

ment ce que cette alternative veut dire, & où *Toland* en vouloit venir.

La méthode qu'ont nos Auteurs Anti-Chrétiens d'aujourd'hui d'attaquer la partie de la Religion qu'on ne croit pas, pour mieux détruire celle que l'on croit, n'étoit pas inconnue à M. *Toland*. Il crut faire tort à l'Eglise Romaine, en se moquant de quelques sottises, dont elle rit la premiere. Il publia une brochure en 1718, sous ce titre : *La Destinée de Rome, ou la probabilité de la prompte & finale destruction du Pape, tirée en partie de plusieurs raisons naturelles & observations politiques, & en partie de la fameuse Prophétie de St.* Malachie, *Archevêque d'Armagh dans le VIII siecle; piéce curieuse, contenant les caracteres emblématiques de tous les Papes depuis son tems, jusqu'à leur entiere destruction, & que l'on donne ici non-seulement complette, mais que l'on met dans un plus grand jour qu'on ne l'avoit fait encore, dans une Lettre à un Théologien de l'Eglise du premier né.* Les plus judicieux Critiques Catholiques Romains regardent cette Prophétie, de St. *Malachie*, comme une piece supposée des plus absurdes & des plus impertinentes, & le Pere *Menestrier*, Jésuite, en a fourni des preuves convaincantes.

Toland eût encore cette ressemblance avec le Chef de nos Mécréans à la mode; c'est que l'âge, loin de le corriger, ne fit que l'enfoncer d'avantage dans ses abominables principes. Il leva entiérement le masque dans son *Pantheisticon, sive formula celebrandæ sodalitatis Socraticæ* 1720, *in-8°. Cosmopoli*, c'est-à-dire, à Londres.

Ce Formulaire d'une Société de Disciples de *Socrate*, est en forme de Dialogue entre le Président & les Membres de la Société. Le Président recommande l'amour de la vérité, de la liberté &

de la santé, & les encourage à être de bonne humeur, sobres, tempérans, & dégagés des superstitions populaires. Il leur lit des passages de *Ciceron* & de *Sénéque*, & quelquefois il chante des Vers tirés des anciens Poëtes, & convenables à leurs maximes. Les Odes d'*Horace* sont leurs Hymnes. A l'égard de la Religion de ces Philosophes libertins, leur nom la fait assez connoître. Ce sont des *Panthéistes*, des gens qui ne reconnoissent d'autre Divinité que l'Univers. Cette Piece singuliere est composée d'Antiennes, de Leçons, de Litanies, &c. Le but de l'Auteur étoit à la fois de tourner en ridicule les Liturgies Chrétiennes & de répandre son libertinage. Il semble qu'il sentit lui-même qu'il s'étoit trop livré à son imagination déréglée; car il la fit imprimer secrétement à ses dépens, & n'en fit tirer qu'un petit nombre d'exemplaires. Il en portoit toujours quelques-uns avec lui, & il les vendoit mystérieusement. Ses affaires étoient alors en désordre; on le savoit, & la plupart n'en achetoient que pour lui faire l'aumône; & pour que ce secours le mena plus loin, il n'en donnoit guere au-dessous de la Guinée.

Le Docteur *Hare*, dit dans son *Écriture défendue*, in-8°. 1721, que " cet Athée non-content
„ de ce qu'il a osé faire imprimer dans cette
„ Piece impie, a ajouté, à ce que l'on m'a
„ assuré, dans quelques exemplaires, une priere
„ écrite en ces termes ou en d'autres équivalens:
„ *Omnipotens & sempiterne Bacche, qui hominum*
„ *corda donis tuis recreas, concede propitius ut qui*
„ *hesternis poculis ægroti facti sunt, hodiernis cu-*
„ *rentur & per pocula poculorum.* „

L'Auteur de la vie de *Toland* assure qu'il n'a jamais écrit une telle priere. " Je ne nommerai

„ pas, dit-il, la personne qu'on m'a dit en être
„ l'Auteur, par respect pour sa profession. Je
„ m'imagine qu'il n'a eu dessein que de tourner
„ en ridicule la Société des Philosophes *Panthéis-*
„ *tes* de M. *Toland*, qu'il a pris tous pour des
„ yvrognes ; c'étoient au contraire des gens gra-
„ ves, sobres, & tempérans. Dans le fond il faut
„ avouer, que s'il y a plus d'esprit & de plaisan-
„ terie dans cette priere, il y a aussi une profa-
„ nation plus déclarée que dans aucun endroit
„ du *Panthéisticon*. ,, Mais ne peut-il pas se faire
que *Toland*, qui se méloit souvent de plaisanter
& qui le faisoit souvent assez mal, eût inventé
lui-même cette espece d'*Oremus*, pour amuser ceux
qui le nourrissoient ? Quand on a lu les autres
Ouvrages de cet impie, on n'est guere tenté
de douter que les plus mauvaises Pieces pussent
sortir de sa plume.

Cette impiété téméraire, qui le caractérisoit,
est très-marquée dans un ouvrage qu'il donna la
même année que le *Pantheisticon*. Ce Livre parut
à Londres en 1720, *in-8°*. sous le titre de : *Tetra-
dymus où les quatre Jumeaux*, contenant :

I. HODEGUS *où l'on prouve que la colonne de
nuée & de feu, qui guidoit les Israëlites dans le Désert, n'étoit point miraculeuse, mais que c'étoit (ainsi
que cela est fidélement rapporté dans l'Exode,) un
signal, également en usage parmi d'autres Nations,
& non-seulement utile, mais nécessaire dans ces déserts.*

II. CLIDOPHORUS, *ou le Porte-clefs, ou la
Philosophie Exotérique, & Erotérique, c'est-à-dire,
la Doctrine publique & secrette des Anciens, par
l'exemple desquels on justifie la prudence de ne dire
ce que l'on pense en matiere de Religion, qu'en
tems & lieu convenable en se réservant d'ailleurs de
parler comme le vulgaire.*

III. *Hypatie, ou Histoire de la plus vertueuse, la plus savante, & la plus accomplie Dame, que le Clergé d'Alexandrie mit en pieces, pour assouvir l'orgueil, la jalousie, & la cruauté de* Cyrille, *leur Archevêque, communément nommé Saint: titre dont il est indigne.*

IV. *Mangonautes, ou défense du Nazarénus, au très-Révérend* Jean *Evêque de Londres, contre son Chapelain le Docteur* Mangey, *son Dédicateur* Paterson, *& le Révérend Docteur* Brett *(que j'aurois dû nommer le premier) ci-devant de l'Eglise de Londres.*

M. de la *Chapelle* parla de ces singulieres Dissertations de *Toland*, dans le Tome IV. de la *Bibliothéque Angloise*. Il démasqua l'ennemi du Christianisme de la maniere la plus propre à faire connoître l'indignité de son caractere. Le Journaliste fait voir que *Toland* se moque de la Religion, en faisant semblant d'être en colere contre ceux qui l'accusoient d'irréligion. C'est une espece de charlatanerie en usage parmi les incrédules, & que les Disciples François du Déiste Anglois n'ont pas manqué de suivre.

La santé de *Toland* commençoit à se déranger, ainsi que son esprit. Il appella un Médecin qui fit si bien, que le Malade eut un vomissement & un dévoiement continuel. Il fit un effort pour retourner à Putney, solitude dans laquelle il passa les dernieres années de sa vie. Il se trouva mieux, & eut quelque espérance de se rétablir. Il profita de ce bon intervalle, pour composer une Dissertation sur l'incertitude de la Médecine, & sur le danger qu'on court, en confiant sa vie à ceux qui la pratiquent, tandis qu'il nous est aisé de nous guérir en usant des remedes qui nous conviennent, & que l'expérience & l'attention sur nous-mêmes peuvent nous faire connoître. Cette Brochure n'arrêta pas le cours du mal; & il fut enlevé au monde, qu'il corrompoit, le 11 Mars 1722.

L'Auteur de sa vie dit, " que pendant toute
" sa maladie, il témoigna une patience philoso-
" phique, qu'il vit approcher la mort sans en
" témoigner la moindre crainte, & qu'au mo-
" ment qu'il alloit expirer il prit congé des
" assistans, en leur disant, *qu'il alloit dormir.*

On trouve dans une autre Lettre écrite vers ce tems-là par un de ses amis. " Pendant toute sa
" maladie, dit-il, il a marqué une patience phi-
" losophique & une entiere résignation à la vo-
" lonté de Dieu; sentant parfaitement qu'il ap-
" prochoit de sa fin; car, comme il me parut
" un peu plus gai la veille de sa mort; je lui
" dis que j'espérois qu'il étoit mieux, à quoi il
" me répondit sur le champ, *Monsieur je n'espére*
" *qu'en Dieu.* Quelques minutes avant que d'ex-
" pirer, ayant regardé fort attentivement quel-
" ques amis qui étoient dans la chambre, on lui
" demanda s'il avoit besoin de quelque chose;
" à quoi il répondit avec la plus grande fermeté:
" *je n'ai besoin que de la mort.* "

Toland se fit une Épitaphe quelques jours avant sa mort. Elle n'est certainement pas modeste. Il s'y peint comme l'Apôtre de la vérité, le défenseur de la liberté, préférant toujours l'honnête à l'utile; insensible aux maux & aux menaces; n'étant ni le Sectateur, ni le courtisan de personne. Jamais un aussi petit homme ne s'est fait de plus grandes idées de lui-même. Dans les affaires d'Etat, dit un homme d'esprit, la mouche de la fable & lui, c'étoit la même chose; & quant à la Religion, ce n'est pas outrer son caractere, que de dire qu'il auroit été un des plus zélés Déistes, s'il avoit eu le bonheur de vivre parmi les Athées.

" Ses disgraces (dit l'Auteur du *Fruholders Journal*, 21 Mars 1721) doivent êtres attri-
" buées à sa vanité. Il affectoit d'être singulier
" en tout : maniere de se distinguer fort aisée.
" Il rejettoit un sentiment, parce qu'un Auteur
" célébre l'embrassoit. Avec une teinture de tou-
" tes les langues, il n'étoit habile dans aucune.
" Son style étoit bas, confus & désagréable ; il
" mettoit des titres bizarres à ses Ouvrages à
" l'imitation des anciens Philosophes ; & il ai-
" moit à y parler de lui-même avec une extrême
" complaisance. Il se plaisoit à tracasser en dis-
" putant ; & il étoit grossier, décisif, quoiqu'il
" eut toujours tort. Il doit principalement sa ré-
" putation aux critiques que les Savans ont faites
" de ses Écrits. Dans les disputes qu'ils avoient
" entr'eux, une de leurs injures ordinaires étoit
" d'accuser leurs adversaires d'avoir des senti-
" mens approchant de ceux de *Toland* ; reproche
" qui étoit regardé comme la chose la plus hon-
" teuse, & une marque infaillible d'erreur. Ja-
" mais personne n'a autant écrit contre la Reli-
" gion que lui, & n'a fait si peu de mal. C'est
" encore un problême de savoir, si les gens de
" bien ont eu plus de compassion pour lui, que
" les Incrédules de mépris.

Nous nous sommes étendus sur cet impie, parce que son histoire nous a paru très-propre à développer le caractere des Incrédules. C'est un original qui a aujourd'hui bien des copies en France.

THÉOLOGIENS, Voyez MINISTRES, AB-BADIE, BOSSUET, &c.

TOLÉRANCE.

§. I.

Idée des Écrits de M. de Voltaire sur la Tolérance.

I. M. *de Voltaire* prêche sans cesse la Tolérance, & il n'y a point d'homme plus intolérant ; c'est ce que prouve invinciblement son acharnement contre la Religion Chrétienne. Il ne peut supporter le culte de son pays, celui de sa famille, celui de ses peres ; qu'il est beau après cela de se vanter d'être tolérant ! Je ne répéterai point ce qu'on trouve dans tous les Livres sur la Tolérance Ecclésiastique & Civile ; mais il est certain que ce n'est point en vomissant des blasphêmes contre la Religion dominante, en la calomniant, en la défigurant, qu'on doit prêcher la Tolérance. Cette méthode inconnue jusqu'à nos jours, est un des fruits de la nouvelle Philosophie. Les *Léibnitz*, les *Pélisson*, les *Papin*, qui ont écrit sur ce sujet, ne s'en sont point servis. Une cause aussi importante doit être traitée avec plus de circonspection & de douceur, & il ne faut pas être emporté en prêchant l'indulgence.

II. Les Écrits sur la Tolérance sont infectés d'une horrible profanation de quantité de passages de l'Écriture Sainte, des Peres, des Auteurs Ecclésiastiques, &c. On y étale sans discernement les objections des ennemis de la Révélation & de l'Eglise Catholique, pour faire illusion aux Lecteurs, qui ne connoissent pas les réponses péremptoires qu'on a faites à ces objections.

III. On s'efforce, en marchant sur les pas de *Dodwel*, de diminuer le nombre des Martyrs du

TOLÉRANCE.

Chriſtianiſme. On ſait que l'Auteur & ſes Partiſans n'ambitionnent pas, que leurs noms en allongent la liſte ; mais il devroient au moins laiſſer les choſes, telles qu'elles ſont. Quelques efforts qu'ils faſſent, pourra-t-on jamais croire que les *Néron* & les *Dioclétien* aient été les Propagateurs du Chriſtianiſme ? (Voyez les articles CHRISTIANISME & MARTYRS.)

IV. M. de *Voltaire* veut perſuader que les Juifs, les Grecs & les Romains ont été très-tolérans ; & pour le prouver, il cite quelques faits, qu'il altère & qu'il défigure par des gloſes contraires aux Textes. Mais il garde un ſilence artificieux ſur un nombre infiniment plus grand d'autres faits, qui détruiroient totalement le ſyſtême qu'il veut établir. (*Voyez les Paragraphes ſuivans.*)

V. M. de *Voltaire* vante la Tolérance des Turcs, des Perſans, des Chinois, des Japonnois. Eh ! Monſieur, vous n'avez qu'un moyen de nous convaincre, mais ce moyen eſt infaillible. Allez faire chez ces Peuples ce que vous faites ici ; allez inonder la Turquie, la Perſe, la Chine, le Japon, de libelles monſtrueux contre la Religion de ces Etats, & ſi on vous laiſſe tranquille, nous croirons alors ce que vous voulez nous faire croire aujourd'hui.

VI. Je ne dirai rien des hiſtoires douteuſes, fauſſes, indécentes, qu'on débite dans les Ecrits ſur la Tolérance, & des conſéquences qu'on en tire. Il eſt manifeſte qu'on cherche moins à faire tolérer les hommes, dont on ſe ſoucie aſſez peu, qu'à prouver que la Religion eſt intolérable.

TOLÉRANCE.
§. II.

Les Juifs étoient-ils Tolérans ?

Quand on soutient la vérité, il n'est pas possible de ne pas la défendre avec zele. Elle est une, elle est sainte, elle est jalouse. On ne peut s'unir avec ceux qui l'attaquent. Nous le voyons dans les Juifs. La loi les obligeoit à lapider celui qui auroit osé publiquement les détourner du culte du vrai Dieu. Il furent prêts à déclarer la guerre aux deux Tribus, qui éleverent au-delà du Jourdain un autel, pour être un monument d'union ; parce qu'ils crurent qu'on l'élevoit pour y offrir des Sacrifices. Le schisme de Samarie occasionna les guerres les plus cruelles, & *Joseph* rapporte que cinq cens mille hommes périrent dans une seule bataille. La division du culte fut la cause de ces fureurs, autant que la division du Royaume.

S'ils ont vécu en paix sous l'Empire des Perses & des Grecs, c'est qu'on leur a toujours laissé le libre exercice de la Religion. Dès qu'Antioche voulut le leur ôter, il y eut des Martyrs ; & bientôt suivirent les guerres des Machabées. Ne vit-on pas sous *Caligula* la Nation presque entiere disposée à se laisser égorger plutôt qu'à souffrir qu'on plaçât dans le Temple de Jérusalem la statue de ce Prince extravagant ? Comment M. *de Voltaire* a-t-il pu oublier ces faits, en voulant prouver, la Tolérance & la douceur par l'exemple des Juifs ?

S'il n'y a pas eu de guerres de sectes, c'est qu'on ne vît jamais (si l'on excepte le schisme de Samarie) de sectes opposées à la loi. Celles des Pharisiens & des Esséniens ne parurent que sur la fin de la Synagogue. Loin de combattre la loi, ils prétendoient l'observer avec plus d'exactitude. C'étoient des sectes de ferveur, si on peut ainsi parler, & non de révolte. Les Saducéens nioient des dogmes essentiels ; mais ils ne formerent jamais un corps. Semblables aux Matérialistes de nos jours, qui répandus par tout ne se montrent nulle part & n'ont aucun intérêt à s'unir, ils se bornoient à jouir des fruits de leur systême, qui devenoit celui des riches & des grands. En un mot, les Juifs suivirent toujours, sur la Tolérance, le plan & les maximes Catholiques, parce que comme eux ils avoient le dépôt de la vérité.

§. III.

La Tolérance étoit-elle établie dans le Paganisme ?

Le Paganisme avoit ses dogmes aussi bien que sa morale, & ses fêtes pouvoient également exciter des troubles. Aussi les Payens entroient en fureur dès qu'on attaquoit leurs superstitions. Les Chrétiens indiscrets, qui souvent, malgré les Evêques, insultoient les faux Dieux & brisoient les Idoles, allumoient le feu de la persécution. Toute la Ville d'Ephese ne fut-elle pas en alarmes, parce qu'on dit que Saint *Paul* détruisoit le culte du fameux Temple de *Diane* ? *Cambyse* vit élever une sédition générale en Egypte, lorsqu'il tua le Taureau *Apis*, qui étoit si pompeusement adoré. On pourroit citer une infinité d'autres traits ; mais en supposant la modération des Payens, les causes qu'en allégue M. *de Voltaire* sont imaginaires : voici la véritable.

Le Paganisme étoit une Religion commode, qui ne génoit en rien les passions ; une Religion de volupté & de plaisirs. Il suffisoit d'être Citoyen ; du reste on avoit libre carriere. Cette Religion (si toutefois on peut donner ce nom à un amas d'absurdités) s'allioit avec toutes les superstitions de la terre. Rome en subjuguant les Nations fit goût[er] son Empire aux divers peuples, en adoptant leu[rs] Dieux. Delà de nouveaux Temples, de nouvell[es] fêtes; c'étoit un Dieu ajouté à mille. Ces Dieu[x] vaincus qui s'accoutumoient d'abord à Rome sembloient y accoutumer les Peuples, & cette mé thode fut un trait de prudence du Sénat. Cet[te] adoption ridicule de toutes les Divinités est un op[pro]probre. Il n'y aura point de guerres, il est vrai parmi tant de Peuples différens, toujours disposé[s] à adopter leurs Idoles mutuelles; mais il y aura u[ne] extravagance perpétuelle, & un déplorable échang[e] de songes & d'illusions. Voilà le principe de la To lérance des Payens. M. *de Voltaire* en fera-t-il en core l'éloge?

Cette Tolérance ne s'étendit pas jusqu'au Die[u] des Chrétiens, par ce que la vérité ne pouva[it] s'allier avec l'erreur, les premiers fideles ne vou lurent point unir leur culte à celui de l'Empir[e] contre lequel même ils s'éleverent. Voilà pour quoi les Romains quelque tolérans qu'ils fussen[t] ne le furent pas pour eux. C'est à quoi M. *de Voltai[re]* n'a pas réfléchi, lorsqu'il a voulu prouver la libr[e] propagation du Christianisme par l'extrême Tolé rance des Romains. On peut voir dans l'articl[e] CHRISTIANISME les raisons, ou du moins le[s] prétextes que les Empereurs & le peuple eurent d[e] persécuter cette Religion naissante, & de s'éloigne[r] en cela de leurs principes, ou du moins de ceu[x] que M. *de Voltaire* leur suppose.

§. IV.

Pourquoi les Déistes sont-ils Tolérans?

La Tolérance des Déistes n'a rien de surprenant 1°. Le Déisme est de nouvelle date. On avoit atta[qué]

TOLÉRANCE.

qué tous les Myſteres de la Religion Chrétienne ; mais rien n'avoit encore effacé le reſpect profond pour les oracles d'un Dieu incarné. Les diſputes, loin de détruire ce reſpect, ſembloient le prouver. C'eſt parce qu'on adoroit ces oracles comme la vérité même, que les Peuples s'y attachoient avec une exactitude, qui (mal dirigée) les en détournoit. Un des motifs principaux des guerres ſanglantes des Huſſites, étoit la Communion ſous les deux eſpeces. Ce fanatiſme prouvoit au moins leur attachement à la foi Chrétienne puiſqu'un ſeul point excita tant de ravages. Le Déiſme n'a commencé qu'au ſeiziéme ſiécle ; encore même ne s'eſt-il pas d'abord produit ſous cette idée odieuſe. C'eſt le Socinianiſme qui lui a applani les voies. On auroit d'abord eu horreur d'un Philoſophe qui auroit oſé nier JESUS-CHRIST. *Socin*, ſans le nier, ſans paroître abroger les Myſteres, enlevoit cependant la clef de la Religion, en renouvellant avec l'Arianiſme une foule d'autres erreurs. Il étoit évident que la Religion qu'il changeoit en Philoſophie, alloit aboutir bientôt à une Religion purement naturelle ; & par un nouveau progrès inſéparable de l'erreur, ce Déiſme étant ſans principe, devoit néceſſairement dégénérer en ſecte Philoſophique. Delà, le vrai Déiſme, enſuite le Matérialiſme, l'Athéiſme. Voilà le berceau & l'hiſtoire abrégée de ce monſtre moderne. Son objet eſt de rétablir ſur les ruines du Chriſtianiſme la Philoſophie des prétendus Sages de la Grece & de Rome.

2°. Les Déiſtes ne ſont pas une ſecte connue, & unie par les principes & par le culte. Ce ſont des gens iſolés, qui penſent ſeuls, qui forment ſeuls dans leurs cœurs leur Religion prétendue. On ne les connoît pas, ils ne ſe connoiſſent pas entr'eux. Dans une ſemblable obſcurité, ne point former de brigues, ce n'est pas une modération.

Les Déistes sont indifférens pour tous les cultes. Ils s'en acquittent comme d'une cérémonie de bienséance & de société. Sans être Chrétiens, on les voit au Temple ; & d'un pas aussi tranquille, ils iroient à Ispahan dans la Mosquée. Observateurs singuliers de la loi naturelle, ils ne trouvent point de duplicité à suivre un culte qu'ils méprisent, & à cacher en quelque sorte le Dieu qu'ils adorent. Dès-lors, sans doute, ils n'excitent point de tumulte ; il ne peut naître que de l'attachement à un culte proscrit, ou du refus de se conformer à un culte établi. Les Déistes sont assez complaisans pour feindre ; delà leur tranquillité ; mais en cela sont-ils vrais Philosophes, si la vraie Philosophie consiste à connoître les droits de la Religion véritable & à s'y soumettre ?

La seule intolérance dont ils se piquent est celle des gens de bien qui respectent ou qui défendent la Religion ; jusqu'à quel point de fureur M. *de Voltaire* n'a-t-il pas poussé la haine contre les vengeurs du Christianisme ? Il a non-seulement taché de les diffamer dans tous ces libelles éphémeres que sa plume de fer ne cesse de publier ; il a pris sourdement des informations contr'eux ; il les a fait dénoncer à ses Protecteurs ; & lorsqu'il n'a pas pu armer l'autorité contre ceux qui lui déplaisoient, il a taché de les immoler à la risée du public. Aussi on a dit de lui que ses déclamations en faveur de la Tolérance sont aussi ridicules dans sa bouche, que les discours d'un Gascon qui vante son courage en prenant la fuite.

§. V.

TOLÉRANCE.

§. V.

Inconséquences de Bayle, au sujet de la Tolérance civile & de la révocation de l'Edit de Nantes.

Le droit d'accorder ou de refuser aux Sectes quelconques la Tolérance civile n'appartient qu'aux Princes ; puisque seuls ils prescrivent des loix à la Société. L'Eglise n'a que le pouvoir de condamner les errans, & de les punir par des peines spirituelles. Dès qu'il s'agit du for civil ou criminel, il faut qu'elle ait recours aux loix humaines. Ainsi, dans aucun cas possible, elle ne peut sans le concours de l'autorité temporelle, infliger la moindre peine, ou priver du moindre privilege de Citoyen. Cette juste idée fixe la matiere & les bornes de la Tolérance civile.

Bayle, en discutant si amérement la *révocation de l'Edit de Nantes*, devoit donc admettre cette distinction. Point du tout. Ce grand Commentateur disserte à perte de vue ; il crée des hypotheses, il s'égare en digression superflues, & parmi ce ramas de sophismes il ne pose pas même le véritable état de la question. Ecoutons-le dans sa Préface où il ouvre son plan. " Le mot *Convertisseur* devoit originairement signifier une ame véritablement zélée pour la vérité, & pour détromper les errans ; mais il ne signifiera plus qu'un Charlatan, qu'un fourbe, qu'un voleur, qu'un saccageur de maisons, qu'une ame sans pitié, sans humanité, sans équité, un monstre moitié Prêtre moitié Dragon, qui comme le centaure de la fable, réunissoit en une même personne l'homme & le cheval ; confond en un seul suppot les personnages différens de Missionnaire qui dispute, & de soldat qui bourrele un

Tome II. E e

„ pauvre corps, & qui pille une maison. On dit
„ qu'il y a déja quelques cabarets en Allemagne
„ qui ont pour enseigne *le Convertisseur habile*....
„ On lui voit sur la tête une moitié de mitre &
„ une moitié de casque, une crosse d'une main &
„ un sabre de l'autre, une moitié de rochet &
„ une moitié de cuirasse..... Faisant sonner le
„ *monte-à-cheval* à la moitié de la Messe, & la
„ charge à l'endroit où il auroit fallu donner la
„ bénédiction & l'*Ite, Missa est*. „ (p. 10 de son
commentaire sur ces paroles de l'Evangile : *contrains-les d'entrer.*)

Nous ne daignerons pas rélever l'indécence & la grossiéreté de ce texte digne des Halles. Cette controverse triviale insulteroit le Public. Laissons-là les injures ; prouvons seulement que ce grand raisonneur ne s'accorde pas avec lui-même.

Bayle attaque la révocation de l'édit de Nantes ; & pour censurer cet acte d'autorité Royale, il se jette sur les Convertisseurs moitié Prêtres & moitié Dragons. Il remplit sa longue Préface d'invectives contre l'Eglise Romaine. Rien n'est moins conséquent. C'est le Conseil du Roi qu'il faut attaquer ; ou plutôt le droit du Trône sur la Religion & sur le bien civil qui en résulte. Ce droit qui suppose la vigilance, l'autorité des loix, la punition même des errans, *Bayle* l'accorde à l'Empereur de la Chine contre les Chrétiens. Il y auroit de l'humeur à le refuser à *Louis* XIV. "La raison & la
„ justice veulent, dit-il, qu'un Prince qui voit
„ venir des étrangers dans son Etat pour y annon-
„ cer une nouvelle Religion, s'informe ce que
„ c'est qu'une telle Religion, & si elle accorde
„ la fidélité que les sujets doivent à leur Prince
„ avec celle qu'ils doivent à Dieu ; & par consé-
„ quent cet Empereur de la Chine doit, dès la

TOLÉRANCE.

» premiere converfation, s'informer de ces Mif-
» fionnaires de quelle nature eſt leur doctrine par
» rapport au bien public & aux loix fondamenta-
» les qui font le bonheur des Sujets & des Souve-
» rains. Je ne fais pas difficulté de dire qu'un Roi
» qui ne s'informeroit pas de cela, pécheroit con-
» tre les loix éternelles qui veulent qu'il veille au
» repos public du peuple que Dieu lui a foumis. »

Puis donc que l'Empereur de la Chine, doit, par un principe de confcience, non-feulement veiller à ce que quelque nouvelle Religion ne vienne troubler fes fujets, mais chaffer les Chrétiens de fon Etat, fi leur doctrine ne s'accorde pas avec la fidélité des Citoyens à la patrie : tous les autres ont le même droit, & telle eft la queſtion de la Tolérance civile ; le pouvoir des Princes relativement à l'extérieur de la Religion, aux nœuds qui la lient avec la Société.

Voilà ce que *Bayle* devoit difcuter, & ce qu'il a oublié, parce que cette difcuſſion, s'il avoit été fincere, auroit entiérement renverſé l'édifice qu'il vouloit élever.

§. VI.

Les Calviniſtes ont-ils à fe plaindre de la maniere dont on les traite en France ?

Pour répondre à cette queſtion, nous n'avons qu'à confulter M. *de Voltaire*. Il nous a fait part de toutes les déclamations des Proteſtans de l'autre fiecle dans fon traité de la *Tolérance*, & il les a fait valoir avec tous les charmes de fon éloquence & de fon imagination. Mais voici comme il y répond dans fes *Nouveaux Mélanges*, (pag. 39 & fuivantes.) " Je comptois ces chofes, il y a
» quelques jours, à M. de *Boucacous*, Languedo-

„ cien très-chaud & Huguenot très-zélé. *Cavalif-*
„ *que* ! me dit-il, on nous traite donc en France
„ comme les Turcs ; on leur refuse des Mosquées,
„ & on ne nous accorde point des Temples ? Pour
„ des Mosquées, lui dis-je, les Turcs ne nous
„ en ont point encore demandé ; & j'ose me flat-
„ ter qu'ils en obtiendront quand ils voudront,
„ parce qu'ils sont nos bons alliés ; mais je doute
„ fort qu'on rétablisse vos Temples, malgré toute
„ la politesse dont nous nous piquons ; la raison
„ en est, que vous êtes un peu nos ennemis. Vos
„ ennemis ! s'écria M. *de Boucacous*, nous qui
„ sommes les plus ardens serviteurs du Roi ! Vous
„ êtes fort ardens, lui repliquai-je, & si ardens
„ que vous avez fait neuf guerres civiles. C'est
„ que vous nous cuisiez en place publique ; on
„ se lasse à la longue d'être brûlé ; il n'y a pa-
„ tience de Saint qui puisse y tenir : qu'on nous
„ laisse en repos, & je vous jure que nous serons
„ des sujets très-fideles.

„ C'est précisément, ce qu'on fait, lui dis-je ;
„ on ferme les yeux sur vous ; on vous laisse faire
„ votre commerce ; vous avez une liberté assez
„ honnête. Voilà une plaisante liberté ! dit M. *de*
„ *Boucacous*, nous ne pouvons nous assembler en
„ pleine campagne quatre ou cinq mille seule-
„ ment, avec des Pseaumes à quatre parties, que
„ sur le champ il ne vienne un Régiment de Dra-
„ gons, qui nous fait rentrer chacun chez nous.
„ Est-ce là vivre ? Est-ce là être libre ?

„ Alors, je lui parlai ainsi : il n'y a aucun pays
„ dans le monde, où l'on puisse s'attrouper sans
„ l'ordre du Souverain ; tout attroupement est con-
„ tre les loix. Servez Dieu à votre mode dans
„ vos maisons ; n'étourdissez personne par des hur-
„ lemens que vous appellez musique. Pensez-vous

„ que Dieu soit bien content de vous quand vous
„ chantez ses Commandemens, sur l'air de *Re-*
„ *veillez-vous belle endormie.*

„ Enfin nous sommes la Religion dominante
„ chez nous : il ne vous est pas permis de vous
„ attrouper en Angleterre ; pourquoi voudriez-
„ vous avoir cette liberté en France ? Faites ce
„ qu'il vous plaira dans vos maisons, & j'ai pa-
„ role de M. le Gouverneur, & de M. l'Intendant
„ qu'en étant sages, vous serez tranquilles ; l'im-
„ prudence seule fit & fera les persécutions. „

Le temps de ces guerres funestes & sacrées qui ont si cruellement ensanglanté la France & tant d'autres Etats est passé. Nous savons qu'un zele aveugle a précipité autrefois des errans dans les flames, après avoir réduit les villes en cendres & brulé les moissons. Nous detestons le fatal entousiasme de quelques Guerriers sanguinaires armés au nom de la Religion qui les désavouoit. L'Europe n'offre plus de tels hommes. Tous les Etats sont tranquilles ; toutes les Sectes jouissent en paix de leurs foyers. Mais puisque les Protestans sont en France aussi libres qu'ils l'ont jamais été depuis la revocation de l'Edit de Nantes, ne troublons pas le repos dont ils se glorifient par des déclamations, publiées en leur nom, contre une intolérance imaginaire. Exhortons tous les Fidéles à la douceur & à la paix ; mais ne les taxons point de combattre l'erreur par des bourreaux, lorsqu'ils se bornent à la refuter par des instructions pacifiques. Rendons également justice aux Catholiques & aux Protestans, & ne ressemblons point à ces hommes sans foi & sans loi, qui prennent le parti de Geneve pour rendre Rome odieuse & qui ensuite ridiculisent Geneve pour faire accroire qu'ils sont encore dans le sein de l'Eglise Romaine.

TOUSSAINT.

Caractere de l'Auteur & de son Ouvrage des Mœurs.

C'EST à cet Auteur Parisien, Avocat au Parlement de cette Ville & Membre de l'Académie de Berlin, que nous devons les *Mœurs*. Cet Ouvrage parut en 1748, & fut condamné au feu par le premier Tribunal du Royaume. Il est écrit purement & avec esprit ; il y paroît d'abord un air de vérité & de sagesse ; mais sous ces beaux dehors, il enseigne l'erreur & le vice.

Observons d'abord les vérités utiles, telles que l'existence & les perfections de Dieu ; l'immortalité de l'ame ; l'horreur du suicide, de l'adultere, de la vengeance, de l'injustice, l'amour de l'équité & de l'humanité. L'Auteur admet ces premiers devoirs de l'homme ; mais il altere les autres vertus, qui doivent animer son cœur.

1°. Il veut que les notions sur la piété aient été écloses dans les cerveaux Philosophes, au lieu d'en faire honneur à la Religion Chrétienne, qui est la véritable source de nos lumieres.

2°. Pour donner une idée de l'amour de Dieu, il en fait un parallele indécent avec l'amour profane.

3°. Il donne une fausse idée du culte que l'on doit à l'Etre suprême, & tombe impitoyablement sur la Religion Chrétienne, dans laquelle il ne voit que le Rigorisme ou le Fanatisme.

4°. Il établit de faux principes sur les passions & sur l'amour de nous-mêmes. " Les Moralistes, " dit-il, (page 39,) déclament d'ordinaire avec " force contre les passions & ne se lassent point " de vanter la raison. Je ne craindrai point d'a-

,, vancer, qu'au contraire ce sont nos passions qui
,, sont innocentes, & notre raison qui est coupa-
,, ble. ,, Il ajoute quelques pages après, que *tout
sentiment, qui naît en nous de la crainte des souffrances ou de l'amour du plaisir, est légitime & conforme à notre instinct.* De tels principes peuvent
mener loin.

5°. L'amour sensuel est érigé en vertu. " Qu'on
,, aime véritablement, dit-il, (page 277,) & l'amour
,, ne fera jamais commettre de fautes, qui blessent
,, la conscience & l'honneur. Car quiconque est
,, capable d'aimer est vertueux. J'oserois même dire
,, que quiconque est vertueux est aussi capable d'ai-
,, mer..... Je ne crains rien pour les mœurs de la
,, part de l'amour, il ne peut que les perfection-
,, ner. ,, C'est apparemment d'après ces admirables principes, qu'il approuve les mariages clan-
destins, ou plutôt le concubinage proscrit par toutes les Loix.

6°. Il anéantit l'amour filial. " Il n'est pas, dit-
,, il, d'une obligation générale qu'il ne puisse être
,, susceptible de dispense. On ne peut aimer qu'au-
,, tant qu'il est nécessaire d'aimer ses ennemis mê-
,, mes, un pere dont on n'éprouve que de témoi-
,, gnages de haine. Toute la distinction qu'on lui
,, doit c'est de le traiter en ennemi respectable. ,,

7°. Il condamne l'usage du serment en Justice;
il dit que c'est outrager gratuitement les hommes
que d'exiger d'eux des sermens. " C'est les supposer
,, tout à la fois & capables de mentir, & assez su-
,, perstitieux pour mettre de la différence entre un
,, mensonge & un parjure. ,,

8°. Cet esprit réformateur qui voudroit anéantir le serment, condamne en même temps le droit
de mort, que la Patrie exerce sur les scélérats. Il
prétend que la loi naturelle ne souffre point, qu'*on*

réprime les méchans par des méchancetés ; & qu'on punisse les homicides par le meurtre.

9°. Une idée encore plus singuliere est celle de vouloir qu'on décide les contestations en Justice par le plus petit nombre des voix & non par la pluralité; *parce*, dit-il, *qu'il est plus raisonnable de supposer qu'il y ait cinq Conseillers prudens sur vingt-cinq, que de présumer qu'il y en ait vingt.* Il appuye ce sophisme palpable sur une loi de l'Exode, qu'il n'a pas plus entendu que sa propre idée.

Malgré ces paradoxes & plusieurs autres, le Public fit l'accueil le plus favorable au nouveau Moraliste. Les gens du monde reçurent avec plaisir un Livre où tous les devoirs sont renfermés dans les loix de la nature. L'Ouvrage d'ailleurs se fait lire avec plaisir, par un mélange heureux de raisonnemens, de tableaux & de conseils, qui se donnent mutuellement de force. Nous lui donnons cet éloge avec d'autant plus de plaisir, que l'Auteur ayant senti enfin le poison de son Livre, l'a réfuté dans un volume *in-*12, imprimé à Bruxelles en 1764. C'est à la vérité se raviser un peu tard, mais une rétractation est toujours bonne à prendre, pourvu qu'elle soit sincere. Nous avons lieu de croire que celle de M. *Toussaint* est de ce genre. Il regne dans son Livre, à travers les sophismes & les erreurs que nous avons relevé, un caractere de galant homme qui intéresse. C'est sans doute celui de l'Auteur; & nous nous en félicitons avec lui, s'il continue de perfectionner un si heureux naturel par les sublimes vertus de la Religion.

Cet Auteur est mort en 1772.

TRANSSUBSTANTIATION.

Exposition de ce Dogme.

M. de Voltaire dans ses *Questions Encyclopédiques*, fait dire aux Protestans que les Catholiques n'ont fondé leur systême de l'Eucharistie & de la Transsubstantiation que sur une équivoque, & qu'ils ont pris au propre ce qui n'a pu être dit qu'au figuré. C'est ce que nous avons examiné dans l'article EUCHARISTIE ; il est question dans celui-ci d'éplucher le mot de *Transsubstantiation* qui fait tant de peine à nos Adversaires.

Par les paroles de la Consécration, le pain & le vin sont convertis au Corps & au Sang de JESUS-CHRIST, puisque par ces paroles le Corps & le Sang de JESUS-CHRIST deviennent réellement présens dans l'Eucharistie ; ensorte que le pain & le vin deviennent le Corps & le Sang de JESUS-CHRIST. Le Corps & le Sang de JESUS-CHRIST auquel le pain & le vin sont changés, est le Corps & le Sang qui a été livré & répandu pour nos péchés sur la Croix, ce qu'il est absurde de dire du pain. Ainsi après les paroles de la Consécration, il n'y a plus dans l'Eucharistie de pain & de vin ; ils ont été changés au Corps & au Sang de JESUS-CHRIST.

Ce changement de la substance du pain & du vin au Corps & au Sang de JESUS-CHRIST est appellé *Transsubstantiation*, & quoiqu'on n'ait exprimé ce changement par le mot de *Transsubstantiation*, que dans les derniers siecles, cependant ce Dogme étoit connu dans l'Eglise aussi anciennement que celui de la présence réelle. Le quatrieme Concile de Latran en 1215, celui de Constance en 1414, ceux de Florence & de Trente l'ont défini.

Tous les Peres, toutes les Liturgies parlent de la conversion du pain & du vin au Corps & au Sang de Jesus-Christ ; toutes les prieres de la Messe demandent que le pain & le vin deviennent le Corps & le Sang de Jesus-Christ. (*)

Le mot *Transsubstantiation* exprime très-bien ce changement, & l'on ne doit point désapprouver l'usage de ce mot, parce qu'il n'est pas dans l'Ecriture ; le mot de *Trinité* & le mot *consubstantiel* ne s'y trouvent pas, & les Protestans n'en condamnent pas l'usage : le Concile de Latran a donc pu consacrer le mot *Transsubstantiation*, comme le Concile de Nicée a consacré le mot *consubstantiel*.

Les Luthériens & les Calvinistes, si opposés sur la présence réelle, se réunissent contre la *Transsubstantiation* : ils ont combattu ce Dogme par une infinité de sophismes de Logique, de Grammaire, &c. dans l'examen desquels il seroit également inutile & ennuyeux de descendre, & qu'ils ont eux-mêmes abandonnés pour la plupart. Nous allons tâcher de réduire leurs principale difficultés à quelques points simples :

Premiere Difficulté.

„ Il est absurde de supposer que le Corps de
„ Jesus-Christ, qui étoit un corps humain, au
„ moins de cinq pieds, soit contenu dans la plus
„ petite partie sensible du pain ou du vin, parce
„ qu'alors il faudroit que les parties de son Corps
„ se pénétrassent, & par conséquent que la matiere
„ perdît son étendue & son impénétrabilité : ce qui

(*) Perpetuité de la Foi, tom. 2, l. 6, p. 586.

… est impossible, puisque la toute puissance divine ne peut dépouiller une chose de son essence. „

Je réponds, 1°. que cette difficulté s'évanouit dans le systême qui suppose que l'étendue est composée de points inétendus.

Je réponds, 2°. qu'il faudroit tout au plus conclure de là, que ce n'est, ni dans l'étendue, ni dans l'impénétrabilité, que consiste l'essence de la matiere, comme l'ont pensé *Descartes* & *Gassendi*, mais dans quelque chose que nous ne connoissons pas.

Je réponds, 3°. qu'il n'est pas prouvé qu'il soit impossible que le corps d'un homme de cinq pieds, soit réduit à un espace égal à celui des espêces Euchariftiques : ne condense-t-on pas l'air au point de lui faire occuper quatre mille fois moins d'espace, qu'il n'en occupe dans un état naturel ? Si l'industrie humaine peut resserer ou dilater si prodigieusement les corps : pourquoi Dieu ne pourroit-il pas réduire un corps humain à la grandeur des espêces Euchariftiques ?

Seconde Difficulté.

" Si le pain & le vin étoient changés au Corps „ & au Sang de Jesus-Christ dans l'Euchariftie, „ il faudroit que le Corps de Jesus-Christ se trou- „ vât sous les espêces Euchariftiques, & comme la „ Consécration se fait en même temps en différens „ endroits ; il faudroit que le Corps de Jesus- „ Christ, le même Corps qui est dans le Ciel, se „ trouvât en même temps en cent mille endroits à „ la fois dans du pain & dans un calice. „

Je réponds qu'il n'est point impossible qu'un corps soit en même temps en plusieurs lieux à la fois, & que par conséquent il n'est pas impossible que le Corps de Jesus-Christ soit dans le Ciel, & dans tous les lieux où l'on consacre : voici ma preuve. Un corps en mouvement exifte en plufieurs lieux pendant un temps déterminé : un corps, par exemple, qui, avec un dégré de vîteffe, parcourt un pied dans une feconde, fe trouve dans foixante pieds différens, s'il fe meut pendant une minute. Mais, fi au lieu d'un dégré de vîteffe, je lui en donnois foixante, il parcourroit ces foixante pieds dans une feconde, & par conféquent fe trouveroit dans foixante lieux différens pendant une feconde. Si au lieu de foixante dégrés de vîteffe, je lui en donnois cent vingt, il fe trouveroit dans ces foixante lieux, ou parties de l'efpace, dans une tierce ; ainfi en augmentant la vîteffe à l'infini, il n'y a point de petite portion de temps, pendant laquelle un corps ne puiffe être dans plufieurs lieux ; ou, fi l'on veut, la rapidité du mouvement peut être affez grande, pour que dans la plus petite durée imaginable, un corps parcoure un efpace donné, & fe trouve par conféquent en plufieurs lieux pendant la plus petite durée imaginable. La plus petite partie imaginable du temps, eft pour nous un inftant indivifible ; ainfi il eft poffible que le même corps foit, non-feulement par rapport à nous, mais réellement dans plufieurs lieux dans le même temps : pour cela, il ne faut que fuppofer la diftance des lieux bornée & la vîteffe infinie.

D'ailleurs, le mouvement n'eft, felon beaucoup de Philofophes, que l'exiftence ou la création fucceffive d'un corps dans différens points de l'efpace, & la création eft un acte de la volonté divine : or, qui peut douter que la volonté divine ne puiffe créer fi promptement, fi rapidement le même corps, que dans le même temps ce corps exifte en plufieurs lieux, quelle que foit la diftance, & quelque courte que foit la durée.

Il ne répugne donc point que Dieu faffe exifter un

TRANSSUBSTANTIATION.

corps dans plusieurs lieux en même temps, & que ce corps y soit transporté, même sans passer par les intervalles qui séparent ces lieux.

Nous ne prétendons point, au reste, expliquer le Mystere de la *Transsubstantiation*, mais faire voir qu'on ne prouve point qu'il répugne à la raison ; ce qui suffit pour faire tomber les difficultés des Protestans.

Troisieme Difficulté.

" Le Dogme de la *Transsubstantiation*, sappe
,, tous les fondemens de la Religion. La Religion
,, est, dit-on, fondée sur des miracles, & sur des
,, faits qui ne sont connus que par le témoignage
,, des sens. Ainsi c'est ébranler les fondemens de la
,, Religion, que de supposer que le témoignage
,, constant & unanime des sens peut nous tromper.
,, C'est cependant ce que les Catholiques sont obli-
,, gés de reconnoître dans le Dogme de la *Trans-*
,, *substantiation* ; car les sens attestent constamment
,, & unanimement à tous les hommes que l'Eucha-
,, ristie, après la Consécration, est encore du pain
,, & du vin ; & cependant le Dogme de la *Trans-*
,, *substantiation* nous apprend qu'il n'y a en effet
,, ni pain, ni vin. ,,

On peut répondre, 1°. que nous ne connoissons les corps, que par des impressions excitées dans notre ame : que ces impressions peuvent s'exciter dans l'ame indépendamment des corps, & par une opération immédiate de Dieu sur nos ames : il n'y a donc point de liaison nécessaire entre le témoignage de nos sens & l'existence des objets dont ils nous rapportent l'existence.

La certitude du témoignage des sens, dépend donc de la certitude que nous avons que Dieu n'excite point en nous, ou ne permet pas que des esprits supérieurs à nous excitent dans notre ame les impressions que nous rapportons aux corps. Ainsi, il est possible que Dieu fasse sur notre ame les impressions que nous rapportons au pain & au vin, quoiqu'il n'y eut ni pain ni vin ; & celui qui le supposeroit, n'affoibliroit point la certitude du témoignage des sens, s'il supposoit que Dieu nous a avertis de ne point croire nos sens dans cette occasion ; or, c'est ce que les Catholiques soutiennent : car Dieu nous ayant fait connoître que par la Consécration, le pain & le vin étoient changés au Corps & au Sang de Jesus-Christ, il nous a suffisamment avertis de ne pas nous fier au témoignage des sens dans cette circonstance.

Mais cette circonstance dans laquelle Dieu nous avertit de ne point croire nos sens, loin d'affoiblir leur témoignage, le confirme par rapport à tous les objets sur lesquels Dieu n'a point averti les hommes que les sens les trompent : tels sont l'existence des corps, la naissance, les miracles, la passion, la résurrection de Notre Seigneur, objets qui conservent, par conséquent, le plus haut dégré de certitude, même dans les principes des Catholiques & du Dogme de la *Transsubstantiation*.

On répond, 2°. que le témoignage des sens sur les symboles Eucharistiques n'est, ni faux en lui-même, ni contraire au Dogme de la *Transsubstantiation*.

Nos sens nous attestent qu'après la Consécration, il y a sous nos yeux, & entre nos mains, un objet qui a toutes les propriétés du pain & du vin ; mais ils ne nous disent pas qu'il n'a pu se faire, & qu'il ne s'est point fait un changement intérieur dans la substance du pain, & dans celle du vin, au Corps & au Sang de Jesus-Christ : ce changement n'est point du ressort des sens ; leur témoignage n'en dit rien, & n'est par conséquent point contraire au dogme de la Transubstantiation.

Qu'est-ce donc que les sens nous disent exactement sur l'Eucharistie après la consécration ? Rien autre chose, sinon qu'il y a devant nos yeux un objet qui a les propiétés du pain & du vin ; mais est-il impossible que Dieu fasse que les rayons de lumiere qui tombent sur l'espace qu'occupoient le pain & le vin, soient réfléchis après la consécration, comme ils l'étoient avant ? Est-il impossible que l'évaporation des parties insensibles qui faisoient l'odeur du pain & du vin, avant la consécration, se soient conservées sans se dissiper : est-il impossible qu'une force de répulsion répandue au tour du Corps & du Sang de Jesus-Christ, prenne la forme des especes Eucharistiques, & produise la solidité que nos sens y découvrent.

Non, sans doute ces choses ne sont pas impossibles ; & si elles existoient, elles formeroient un objet tel que nos sens nous le représentent. Nos sens ne nous trompent donc point en nous rapportant qu'il y a sous nos yeux un objet qui agit sur nos organes, comme le pain & le vin y agissent. Mais nous nous tromperions nous même en jugeant que cet objet est du pain, puisque nos sens n'attesteroient pas que ce ne peut être autre chose.

※

TRINITÉ.

Notions préliminaires.

LA révélation nous apprend qu'il y a trois personnes divines, le Pere, le Fils, & le S. Esprit, lesquelles existent dans la substance divine : voilà le mystere de la Trinité. La réunion des trois personnes dans une seule & unique substance simple & indivisible, fait toute la difficulté de ce mystere. On peut donc le nier, ou en supposant que le Pere, le Fils, & le S. Esprit ne sont point trois personnes, mais des noms différens, donnés à une même chose; ou en supposant que ces trois personnes sont trois substances différentes.

Il y a deux sortes d'Anti-Trinitaires, les Trithéistes, qui supposent que les trois personnes Divines sont trois substances, & les Unitaires, qui supposent que les trois Personnes ne sont que trois dénominations données à la même substance.

Les Trithéistes & les Unitaires, si opposés sur ce dogme, s'appuient cependant sur des principes communs. Ils prétendent, 1°. qu'il est impossible que trois personnes existent dans une substance simple, unique indivisible : 2°. que quand il ne seroit pas impossible qu'il y eût trois personnes dans une seule substance, on ne pourroit en faire l'objet de notre croyance, parce que nous ne pouvons nous former une idée de ce mystere, ni par conséquent le croire. L'examen de ces deux difficultés, dont les erreurs des Anti-Trinitaires ne sont que des conséquences, nous occupera dans cet article.

§. I.

TRINITÉ.
§. I.

Est-il impossible que trois Personnes existent dans une seule substance.

On suppose une chose impossible, lorsqu'on unit le oui & le non, c'est-à-dire, lorsqu'on affirme qu'une chose est & n'est pas en même tems. Ainsi il est impossible que trois substances ne fassent qu'une substance, parce qu'alors cette substance seroit unique, & ne le seroit pas. Mais il n'en est pas ainsi, lorsqu'on suppose que trois personnes existent dans une substance, parce que la personne & la substance étant différentes, la multiplicité des personnes n'emporte point la multiplicité des substances, ni l'unité de substance, l'unité des personnes. L'unité de substance n'exclut donc point la multiplicité des personnes, & l'on ne réunit point le oui & le non, quand on dit que trois personnes existent dans une substance.

Pour juger que deux choses sont incompatibles, il faut connoître ces deux choses, & les connoître clairement; car le jugement que l'on porte sur l'incompatibilité de deux choses, est le résultat de la comparaison que l'on fait de ces deux choses. On ne peut les comparer sans les connoître, ni les comparer assez pour les juger incompatibles, si on ne les connoît clairement toutes deux sous les rapports sous lesquels on les compare; il ne suffit pas d'en connoître une. Ainsi je suis fondé à dire que la rondeur & la quadrature sont incompatibles, lorsque j'ai une idée claire de la rondeur & de la quadrature; mais il est clair que je ferois un jugement téméraire, & même insensé, si connoissant le cercle & n'ayant aucune idée du rouge, je jugeois que le cercle est incompatible avec le rouge.

TRINITÉ.

Le raisonnement des Anti-Trinitaires n'est pas moins vicieux. Ils connoissent clairement & incontestablement, qu'il y a un Etre nécessaire, souverainement parfait; mais ils ne connoissent, ni l'immensité de ses perfections, ni l'infinité de ses attributs, & ils n'ont point une idée claire de ce que c'est que la personne en Dieu; cependant ils jugent que les trois personnes & la substance divine sont incompatibles.

Ce vice regne dans tous les raisonnemens des Anti-Trinitaires, & il est sur-tout remarquable dans l'Auteur des *Lettres sur la Religion essentielle*. Comme ces Lettres sont entre les mains de tout le monde, j'ai cru qu'il ne seroit pas inutile de faire quelques réflexions sur les difficultés par lesquelles il combat le dogme de la Trinité. Il faut un parallele entre les principes que la raison admet comme évidents, sur la nature de Dieu, & les dogmes renfermés dans le mystere de la Trinité.

Vérités immuables.	*Dogmes de la Trinité.*
I.	I.
Dieu est un.	Il y a une Trinité en Dieu.
II.	II.
Dieu est un Etre simple.	Il y a en Dieu trois Personnes, réellement distinctes.
III.	III.
Dieu est exempt de toute composition.	En Dieu on compte le Pere, le Fils, & le S. Esprit.
IV.	IV.
Dieu est indivisible.	Le Pere n'est pas le Fils, le Fils n'est pas le S. Esprit,

	& le S. Esprit n'est ni le Pere, ni le Fils.
V.	V.
Dieu ne peut être engendré.	Le Fils n'est pas moins le Dieu suprême que le Pere; car autrement il y en auroit deux, un Suprême, & un Subalterne; le Fils est engendré.
VI.	VI.
Dieu n'a point d'origine, il ne procede de personne.	Le Saint-Esprit Dieu suprême, Tout-puissant comme le Pere & le Fils, Procede du Pere & du Fils.

1°. Lorsque l'Auteur que l'on vient de citer dit que c'est une premiere vérité de la raison, que Dieu est un; il veut dire avec tout le monde, qu'il n'y a qu'une substance divine; & lorsque les Orthodoxes disent qu'il y a Trinité en Dieu, ils ne disent pas qu'il y a trois substances divines; donc ils ne contredisent pas cette premiere vérité.

2°. Lorsqu'on dit que Dieu est un Etre très-simple, on entend que Dieu n'est point formé par l'union de plusieurs parties; & lorsqu'on dit qu'il y a en Dieu trois personnes distinctes, on ne dit point que ces personnes composent la substance divine; mais on dit que dans cette substance simple, il existe trois choses qui sont analogues à ce que nous appellons *Personne* : le dogme de la Trinité ne contredit donc point la simplicité de Dieu.

3°. La raison démontre que Dieu est exempt de composition, c'est-à-dire, que la substance divine, ou l'Etre nécessaire, n'est pas formé par l'union de différentes parties; mais le Pere, le Fils,

& le S. Esprit ne sont point des parties qui composent la substance de l'Etre nécessaire : ces trois personnes existent dans la substance divine.

4°. La raison nous apprend que Dieu est indivisible, parce que sa substance n'est pas composée de parties : or, le Pere, le Fils, & le S. Esprit ne sont point des parties de la substance divine.

5°. La raison nous apprend que Dieu ne peut être engendré, c'est-à-dire, que la substance divine existant par elle-même, on ne peut sans absurdité la supposer engendrée, ou produite : mais lorsqu'on dit qu'en Dieu il y a un Fils, qui est engendré par le Pere, on ne dit, ni que la substance divine soit produite, ni qu'il y ait en elle rien qui soit tiré du néant, puisqu'on dit que le Fils est co-éternel au Pere, & engendré, comme disent les Théologiens, par une opération nécessaire & immanente du Pere.

6°. Il faut dire la même chose du S. Esprit.

Ainsi le Dogme de la Trinité ne combat aucun des principes de la raison sur la nature & sur les attributs de Dieu.

Mais, dit le même Auteur, *les trois Personnes ne sont-elles pas trois êtres, & trois êtres Divins ? Si cela est, voilà trois Dieux bien distincts.*

Je réponds que ces trois personnes sont trois choses, qui existent dans la substance Divine, & que par conséquent elles ne sont point trois Divinités distinctes.

Mais, poursuit cet Auteur, *quelle différence y a-t-il entre être & personne ? Car sans cela ce mot, ne signifie rien.*

Je réponds que le mot être, pris en général, signifie tout ce qui est opposé au néant, & que sous cette généralité, il embrasse les substances & les affections des substances ; que la personne Divine n'est point une substance, mais qu'elle est si je peux parler ainsi, une affection de la substance divine, qui existe dans cette substance, & qui n'est ni un attribut, ni une simple rélation de la substance divine avec les créatures, mais quelque chose d'analogue à ce que nous appellons une personne, parce que la révélation nous le fait connoître sous ces traits, & avec des propriétés que je vois dans les êtres que j'appelle des personnes.

Il ne faut donc point supprimer le mot de Personne, lorsqu'on parle de la Trinité, comme le prétend cet Auteur; s'il eût été moins superficiel, il auroit bien vu que la suppression de ce nom n'applanit point les difficultés, & que les Personnes Divines sont représentées dans l'Ecriture, sous des traits qui ne peuvent désigner des attributs de la Divinité.

La suppression du mot Personne, lorsqu'on parle du Pere, du Fils, & du S. Esprit, ne remédie donc à rien; d'ailleurs, nous avons fait voir que le Dogme de la Trinité n'est contraire à aucune maxime de la raison : on n'a donc aucune raison pour supprimer ce mot, & on en a d'indispensables pour le conserver, ou tout autre qui exprimât ce qu'il exprime.

Je ne suivrai pas davantage cet Auteur, qui, pour prouver que les Personnes Divines ne sont que des attributs, s'appuie sur les définitions que quelques Théologiens donnent des Personnes Divines.

Il n'est pas question ici de savoir comment les Théologiens ont défini chaque Personne Divine; mais si l'Ecriture ne nous enseigne pas qu'il y a un Pere, un Fils, & un S. Esprit, qui sont consubstantiels, & qui ne sont ni des attributs, ni des relations de la Divinité avec les créatures, mais trois choses distinguées, & qui ont les attributs & les propriétés que nous concevons sous l'idée de personne ; voilà la question dont cet Auteur & tous les Anti-Trinitaires s'écartent sans cesse.

§. II.

Le Mystere de la Trinité peut-il être l'objet de notre Croyance ou de notre Foi ?

Pour rendre possible la croyance d'une chose, il faut que nous entendions le sens des termes dont on se sert pour l'expliquer, & qu'elle n'implique point contradiction avec celles de nos connoissances précédentes, que nous savons être certaines & évidentes.

1°. Il est impossible que nous croyons une chose qu'autant que nous concevons les termes dans lesquels elle est proposée ; car la foi regarde seulement la vérité ou la fausseté des propositions, & il faut entendre les termes dont une proposition est composée, avant que nous puissions prononcer sur la vérité ou sur la fausseté de cette proposition, qui n'est rien autre chose que la convenance ou la disconvenance de ces termes, ou des idées qu'ils expriment.

Si je n'ai nulle connoissance du sens des termes employés dans une proposition, je ne puis faire aucun acte de mon entendement à cet égard ; je ne puis dire, je crois ou je ne crois pas une telle chose : mon esprit est parfaitement dans le même état où il étoit auparavant sans recevoir aucune nouvelle détermination ; & si je n'ai qu'une notion générale & confuse des termes, je ne puis donner qu'un consentement général & confus à la proposition ; ensorte que, l'évidence de ma croyance est toujours proportionnée à la connoissance que j'ai du sujet que je dois croire.

Si l'on exige, par exemple, de moi que je croie que A est égal à B, & que je ne sache ni ce que c'est que A, ni ce que c'est que B, ni ce que c'est qu'égalité, je ne crois rien de plus que ce que je croyois avant que cela me fût proposé ; je ne suis capable d'aucun acte de foi déterminé : tout ce que je puis croire dans cette occasion, revient à ceci, qu'une certaine chose a un certain rapport à une autre chose, & que ce qu'on veut que je croie est affirmé par une personne d'une grande connoissance, & qui mérite d'être crue, & que par conséquent la proposition est vraie dans le sens dans lequel cette personne l'entend ; mais je ne suis en rien plus savant qu'auparavant, & ma foi n'a acquis aucun dégré de connoissance par cette proposition.

Que si je sais qu'A & B sont deux lignes, & que par deux lignes, égales on entend deux lignes qui ont une même longueur, cette connoissance ne peut produire qu'une foi générale & confuse, savoir qu'il y a une certaine ligne concevable qui est de la même longueur qu'une autre certaine ligne : mais si par A & B on entend deux lignes droites, qui sont les côtés d'un triangle donné, & que je croie sur la parole d'un Mathématicien, sans démonstration, que ces deux lignes sont égales, c'est un acte de foi distinct & particulier, par lequel je suis convaincu de la vérité d'une chose que je ne croyois pas, ou que je ne savois pas auparavant.

2°. Supposons maintenant que je suis obligé de croire qu'un seul & même Dieu est trois différentes Personnes, je ne puis le croire qu'autant que j'entends les termes de cette proposition, & que les idées qu'ils expriment n'impliquent point contradiction. Pour faire donc un acte de foi sur ce sujet, il faut que j'examine quelles idées j'ai de Dieu, de l'Unité, de l'Identité, de la diftinction, du nombre, & de la perfonne.

Il n'en eft pas des noms de Pere, de Fils, de S. Efprit, comme de ceux qui expriment les attributs de Dieu: ceux-ci n'expriment qu'une idée incomplete de la Divinité; chacun de ceux-là, au contraire, fignifie un Etre qui a tous les attributs de la Divinité.

L'idée que nous avons de Dieu eft donc complete, avant que nous lui donnions les noms de Pere, de Fils, de S. Efprit: chacun de ces noms renferme donc l'idée totale de la Divinité, & quelque chofe de plus, quelque chofe que nous ne connoiffons point par la raifon, & qui fait toute la diftinction qui eft entre ces Perfonnes.

Nous ne pouvons concevoir ni croire trois Etres infinis, réellement diftincts l'un de l'autre, & qui aient les mêmes perfections infinies; donc la diftinction perfonnelle que nous pouvons concevoir dans la Divinité doit être fondée fur quelques idées acceffoires à la nature Divine, & la combinaifon de ces idées forme cette feconde notion, qui eft exprimée par le mot de Perfonne: quand par exemple nous nommons Dieu le Pere, nous formons autant que notre infirmité nous le peut permettre, l'idée de Dieu comme agiffant d'une telle maniere à tous égards & avec telles relations; & quand nous nommons Dieu le Fils, nous ne concevons que la même idée de Dieu, agiffant d'une autre maniere à tous égards & avec telles relations: il en eft de même du S. Efprit.

La différence qui fe trouve entre le Pere, le Fils, & le S. Efprit, vient donc de leur différente maniere d'agir: c'eft au Pere qu'appartient l'action qui caractérife le Pere, comme l'action qui caractérise le Fils appartient au Fils ; le Pere, le Fils, & le S. Esprit, sont donc trois principes, qui ont chacun une action qui leur est propre ; nous pouvons donc concevoir ces trois Etres comme trois Personnes, car le mot de personne ne signifie rien autre chose qu'un certain Etre intelligent, agissant d'une certaine maniere qui existe en soi, & qui est incommunicable.

Nous avons donc idée des termes qui composent cette proposition, *Dieu est un en trois Personnes ; il y a en un seul Dieu trois personnes, le Pere, le Fils, & le S. Esprit.*

D'ailleurs, nous ne voyons point qu'il soit contraire à aucune des vérités que nous connoissons, qu'il y ait trois Personnes en Dieu, comme nous l'avons fait voir dans le Paragraphe précédent : nous pouvons donc croire le Mystere de la Trinité, ou former sur ce Mystere un acte de foi, distinct & déterminé.

Mais, dira-t-on, concevons-nous comment ces trois Personnes peuvent exister dans une seule & même substance simple & indivisible ; & si nous ne concevons pas comment ces trois Personnes existent dans une même substance, comment pouvons-nous croire qu'en effet elles y existent ?

Je réponds que je n'ai pas une connoissance assez claire de la Personne Divine, ni une idée assez nette, assez complete de la substance Divine, pour voir comment les Personnes existent dans cette substance : mais pour croire qu'elles y existent en effet, il suffit que je ne voie point de répugnance entre l'idée de la substance de l'Etre nécessaire, & l'idée des trois personnes Divines. Ne croyons-nous pas que nous pensons ? & savons-nous comment nous pensons ? Révoquons-nous en doute l'existence de la matiere, quoique nous ignorions sa nature ? Nions-nous les effets de l'électricité, ceux du tonnerre, les phénomenes de l'aimant, le mouvement ? Et qui peut se flatter de connoître comment toutes ces choses s'operent ?

§. III.

Le Dogme de la Trinité a toujours été cru distinctement dans l'Eglise.

Les Sociniens ont prétendu que le Dogme de la Trinité avoit été inconnu aux premiers siecles de l'Eglise ; nous avons réfuté leurs raisons, lorsque nous avons parlé de la *consubstantialité du Verbe.* Voyez ce mot.

Le Ministre Jurieu renouvella cette erreur, pour dégager les Eglises Protestantes des conséquences qui naissoient des variations, que M. *Bossuet* leur reprocha dans son *Histoire des Variations.* Ce Ministre a prétendu que l'Eglise avoit varié sur les Mysteres, & que jusqu'au Concile de Nicée, on n'a eû dans l'Eglise qu'une foi très-informe sur la Trinité (1).

Nous avons prouvé dans l'article CONSUBSTANTIALITÉ, que la consubstantialité du Verbe a toujours été crue ; nous avons renvoyé pour les détails au savant *Bullus*, à M. *de Meaux*, &c. Nous observerons seulement ici, que l'Eglise a toujours condamné, & ceux qui ont cru que le Pere, le Fils, & le S. Esprit, étoient trois simples dénominations de la substance Divine, & ceux qui les ont regardés comme trois substances distinctes ; d'où il suit évidemment, que l'Eglise a toujours cru le Dogme de la Trinité comme nous le croyons.

---

(1) Tableau du Socianisme, Lettre 6.

TRINITÉ.

Les difficultés des Anti-Trinitaires & des Sociniens à cet égard, se tirent des comparaisons que l'on trouve dans les Peres sur le Mystere de la Trinité. La nature de cet Ouvrage ne nous permet pas de descendre dans les détails de ces difficultés : nous nous bornerons à rappeller ce que l'illustre M. *Bossuet* a dit sur ce sujet.

„ Le langage humain commence par les sens :
„ lorsque l'homme s'éleve à l'esprit, comme à la
„ seconde région, il y transporte quelque chose
„ de son premier langage : ainsi l'attention de
„ l'esprit est tirée d'un arc tendu ; ainsi la com-
„ préhension est tirée d'une main qui serre & qui
„ embrasse ce qu'elle tient.

„ Quand de cette seconde région, nous passons
„ à la suprême, qui est celle des choses divines :
„ d'autant plus qu'elle est épurée, & que notre
„ esprit est embarrassé à y trouver prise, d'au-
„ tant plus est-il contraint d'y porter le foible
„ langage des sens pour se soutenir ; & c'est pour-
„ quoi les expressions tirées des choses sensibles y
„ sont plus fréquentes.

„ Toutes les comparaisons tirées des choses hu-
„ maines sont les effets, comme nécessaires, de
„ l'effort que fait notre esprit, lorsque prenant
„ son vol vers le ciel, & retombant par son pro-
„ pre poids dans la matiere d'où il veut sortir, il
„ se prend, comme à des branches, à ce qu'elle
„ a de plus élevé & de moins impur, pour s'em-
„ pêcher d'y être tout-à-fait replongé.

„ Lorsque poussés par la foi, nous osons porter
„ nos yeux jusqu'à la naissance éternelle du Ver-
„ be : de peur que nous replongeant dans les ima-
„ ges des sens qui nous environnent, & pour
„ ainsi dire nous obsedent, nous n'allions nous
„ représenter dans les Personnes Divines & la

„ différence des âges, & l'imperfection d'un en-
„ fant venant au monde, & toutes les autres
„ baſſeſſes des générations vulgaires, le S. Eſprit
„ nous repréſente ce que la nature a de plus
„ beau, & de plus pur; la lumiere dans le So-
„ leil, comme dans ſa ſource, & la lumiere
„ dans le rayon, comme dans ſon fruit: là on
„ entend auſſitôt une naiſſance ſans imperfection,
„ & le Soleil auſſitôt fécond qu'il commence
„ d'être, comme l'image la plus parfaite de ce-
„ lui qui étant toujours, & auſſi fécond.

„ Arrêtés dans notre chute ſur ce bel objet,
„ nous recommençons de-là un vol plus heureux,
„ en nous diſant à nous-mêmes, que ſi l'on voit
„ dans les corps & dans la matiere une ſi belle
„ naiſſance, à plus forte raiſon devons-nous croire
„ que le Fils de Dieu ſort de ſon pere *comme*
„ *l'éclat rejailliſſant de ſon éternelle lumiere, comme*
„ *une douce exhalaiſon de ſa clarté infinie, comme*
„ *le miroir ſans tache de ſa majeſté, & l'image*
„ *de ſa bonté parfaite*; c'eſt ce que nous dit le
„ livre de la Sageſſe (1).

„ Et ſi nos Prétendus Réformés ne veulent pas
„ recevoir de-là ces belles expreſſions; Saint Paul
„ les leur ramaſſe en un ſeul mot, lorſqu'il ap-
„ pelle le Fils de Dieu, *l'éclat de la gloire, &*
„ *l'empreinte de la ſubſtance de ſon Pere* (2).

„ Il n'y a rien qui démontre mieux dans le
„ Pere & dans le Fils la même nature, la même
„ éternité, la même puiſſance, que cette belle
„ comparaiſon du Soleil & de ſes rayons, qui
„ portés à des eſpaces immenſes, ſont toujours un

---

(1) Sapient. 7, v. 25, 26.
(2) Hebr. 1, 3.

TRINITÉ.

„ même corps avec le Soleil, & en contiennent
„ toute la vertu. Mais qui ne sent toutefois, que
„ cette comparaison, quoique la plus belle de
„ toutes, dégénere nécessairement comme les au-
„ tres; & si l'on vouloit chicaner, ne diroit-on
„ pas, que le rayon, sans se détacher du corps
„ du Soleil souffre diverses dégradations, ou
„ comme parlent les Peintres, que les teintes de
„ la lumiere ne sont pas également vives?

„ Pour ne laisser point prendre aux hommes une
„ idée semblable du Fils de Dieu : Saint Justin,
„ le premier de tous, présente à l'esprit un autre
„ soutien : c'est dans la nature du feu, si vive &
„ si agissante, la prompte naissance de la flamme
„ d'un flambeau soudainement allumé à un autre :
„ là se répare parfaitement l'inégalité que la rai-
„ son sembloit laisser entre le Pere & le Fils : car
„ on voit dans les deux flambeaux une flamme
„ égale, & l'un allumé sans diminution de l'au-
„ tre. Ces divisions & ces portions, qui nous
„ offensoient dans la comparaison du rayon, ne
„ paroissent plus : Saint Justin observe expressé-
„ ment qu'il n'y a ici, *ni dégradation ou diminu-*
„ *tion, ni partage* (1).

„ M. *Jurieu* remarque lui-même, que ce Mar-
„ tyr satisfait pleinement à ce qu'elle demandoit,
„ l'égalité. Il est donc à cet égard content de lui,
„ & peu content de Tertullien avec ses proportions
„ & ses parties (2).

„ Mais s'il n'étoit pas entêté des erreurs qu'il
„ cherche dans les Peres, il n'y auroit qu'à lui
„ dire que tout tend à une même fin; qu'il faut

---

(1) Lib. adversus Tryph.
(2) Tableau du Socinianisme, let. 6, p. 229.

„ prendre des comparaisons, non comme il le
„ fait, le grossier & le bas : autrement le flam-
„ beau allumé de Saint Justin ne seroit pas moins
„ fatal à l'union inséparable du Pere & du Fils,
„ que le rayon de *Tertullien* sembloit l'être à leur
„ égalité : car ces deux flambeaux se séparent,
„ on en voit brûler un, quand l'autre s'éteint ;
„ & nous sommes bien loin du rayon qui demeure
„ toujours attaché au corps du Soleil.

„ C'est donc à dire en un mot, que de chaque
„ comparaison, il ne falloit prendre que le beau
„ & le parfait ; & ainsi on trouveroit le Fils de
„ Dieu plus inséparablement uni à son Pere, que
„ tous les rayons ne le sont au Soleil, & plus égal
„ avec lui, que ne le sont tous les flambeaux
„ avec celui où on les allume, puisqu'il n'est
„ pas seulement un Dieu sorti d'un Dieu, mais,
„ ce qui n'a aucun exemple dans les créatures,
„ un Dieu seul avec celui d'où il est sorti.

„ Et ce qui rend cette doctrine sans difficulté,
„ c'est que tous les Peres font Dieu immuable ;
„ ils ne le font pas moins spirituel, indivisible
„ dans son être, sans grandeur, sans division,
„ sans couleur, sans tout ce qui touche les sens,
„ & innapercevable à toute autre chose qu'à
„ l'esprit. . . . .
. . . .
„ Qui est donc Dieu ? Est Dieu tout entier, ne
„ dégenere de Dieu par aucun endroit. Tous les
„ Peres sont uniformes sur la parfaite simplicité
„ de l'Etre Divin ; & *Tertullien* lui-même, qui,
„ à parler franchement, corporalise toutes les
„ choses divines, parce qu'aussi son langage in-
„ culquant le mot de corps, peut-être signifie
„ substance, ne laisse pas en écrivant contre *Her-*
„ *mogenes*, de convenir d'abord avec lui, comme

,, d'un principe commun, que Dieu n'a point de
,, parties, & qu'il est indivisible ; de sorte qu'en
,, élevant leurs idées par les principes qu'ils nous
,, ont donnés eux-mêmes, il ne nous demeurera
,, plus, dans ces rayons, dans ces extensions,
,, dans ces portions de lumiere & de substance,
,, que l'origine commune du Fils & du St.-Esprit,
,, d'un principe infiniment communicatif ; & à vrai
,, dire, ce qu'a dit le Fils en parlant du Saint-
,, Esprit, *il prendra du mien*, ou *de ce que j'ai*, *de*
,, *meo*, comme je prends de mon Pere, avec qui
,, tout m'est commun.

,, Il ne falloit donc pas imaginer dans la doc-
,, trine des Peres ce monstre d'inégalité, sous pré-
,, texte de ces expressions qu'ils ont bien sçu épu-
,, rer, & bien sçu dire avec tout cela, que le
,, Fils de Dieu étoit *sorti parfait du parfait éternel*
,, *de l'Eternel Dieu de Dieu*. C'est ce que disoit
,, Saint *Gregoire*, appellé par excellence le fai-
,, seur de miracle ; & Saint *Clément* d'Alexandrie,
,, disoit aussi qu'il étoit *le Verbe né parfait du Pere*
,, *parfait*. Il ne lui fait pas attendre sa perfection
,, d'une seconde naissance, & son Pere le produit
,, parfait comme lui même ; c'est pourquoi, non-
,, seulement le Pere, mais encore en particulier
,, *le Fils est tout bon*, *tout beau* ; par conséquent
,, tout parfait, &c. (1).

,, Il est donc plus clair que le jour, que l'idée
,, d'inégalité n'entra jamais dans l'esprit des Peres ;
,, au contraire nous venons de voir, que pour l'é-
,, viter, après avoir nommé selon l'ordre, le Pere
,, & le Fils, ils disoient exprès contre l'ordre,
,, *le Fils & le Pere*, dans le dessein de montrer,

---

(1) Greg. Nyss. de Vita Greg. Neocef. Clem. Alex.
Pedag. l. 5, 6.

„ que si le Fils est le second, ce n'est pas en per-
„ fection, en dignité, en honneur. Loin de le
„ faire inégal, ils le faisoient en tout & par tout
„ *un avec lui, aussi-bien que le S. Esprit* : & afin
„ qu'on prit l'unité dans sa perfection, comme
„ on doit prendre tout ce qui est attribué à Dieu,
„ ils déclaroient que Dieu étoit une seule & même
„ chose, parfaitement une, au-delà de tout ce
„ qui est uni, & au-dessus de l'unité même. „

Dans le reste de l'avertissement, *Bossuet* entre dans des détails sur le Concile de Nicée, & sur les bévues de *Jurieu*, que nous ne pouvons suivre, mais qu'il faut lire.

Nous n'entrerons point dans les détails des difficultés que les Sociniens tirent de l'Ecriture, & nous n'entreprendrons point de réfuter les fausses explications qu'ils donnent des passages de l'Ecriture, sur lesquels on fonde le dogme de la Trinité. Les Théologiens ont très-bien réfuté les interprétations sociniennes : personne n'a mieux réussi que le savant Pere *Petau* dans ses *Dogmes Théologiques*, (voyez l'article PYRRONISME) & il peut sur ce point, comme sur beaucoup d'autres, tenir lieu de tous les Théologiens.

TYRANNICIDE.

Doctrine de M. de Voltaire sur ce crime.

M. de *Voltaire* s'est élevé dans quelques-unes de ses Ouvrages contre cette Doctrine abominable ; mais comme il a l'esprit extrêmement conséquent & qu'il ne change jamais d'opinion, il l'a clairement enseignée dans ses Tragédies de la *mort de César* & de *Brutus*. Il a beau dire qu'on ne doit pas

pas le rendre responsable de ce que disent ses personnages. Quand ce qu'on leur met dans la bouche touchant une opinion dangereuse est plus fort que ce qu'on leur oppose, il faut mettre nécessairement leurs discours sur le compte de l'Auteur qui les fait parler.

La Tragédie de *la mort de César* est la piece la plus emportée qu'on puisse lire contre le Gouvernement monarchique. Le Tyrannicide y est présenté sans aucun correctif, comme l'action la plus héroïque. La clémence de *César*, mise en contraste avec l'atrocité de *Brutus*, ne sert qu'à relever le courage du Républicain, & à mieux prouver qu'on ne doit pas épargner un Tyran, fut-il l'homme le plus estimable & le plus aimable.

> Je déteste *César* avec le nom de Roi ;
> Mais *César* Citoyen seroit un Dieu pour moi.
> Je te préfére au monde, & Rome seule à toi.

Le meurtre de *César* est d'autant plus odieux, que cet Empereur, quoique d'abord conquérant injuste, étoit devenu légitime par l'approbation du Peuple & du Sénat ; qui l'avoit créé Dictateur perpétuel, & lui avoit conféré le pouvoir souverain ; ce qui rendoit sa personne sacrée. Ce trait ne fait pas l'éloge de *Cicéron*, lequel, selon les temps, bas adulateur & dangereux républicain, loue *César* à l'excès pendant sa vie, & se déchaîne contre lui après sa mort. Si certains Casuistes avoient fait cette attention, ils n'auroient pas, d'après *Cicéron*, excusé & loué les meurtriers de *César*, parce que c'étoit un Tyran d'invasion qui s'étoit emparé du Gouvernement par violence.

Malgré ces distinctions, je condamnerai toujours le Tyrannicide, même dans les cas qui sont rapportés dans l'Ecriture où l'on ne voit pas que Dieu l'ait jamais approuvé, quoiqu'il en ait tiré sa gloire pour l'exécution de ses desseins, aussi-bien que de tant d'autres crimes. Je serai toujours persuadé que si on a dû supprimer les Livres de quelques Casuistes obscurs qui enseignent cette doctrine, on doit, à plus forte raison, proscrire les ouvrages des Auteurs de nos jours qui en donnent publiquement des leçons.

Voici dans le goût de M. *de Voltaire* des exhortations à la fidélité qu'on doit à son Prince.

Si tu n'es qu'un Tyran, j'abhorre ta tendresse......
Allez ramper, sans moi, sous la main qui nous brave;
Et toi vengeur des loix, toi mon sang, toi *Brutus*,
César nous a ravi jusques à nos vertus........
Vous vivez dans *Brutus*; vous mettez dans mon sein
Tout l'honneur qu'un Tyran ravit au nom romain....
Non, tu n'es plus *Brutus*. Ah! reproche cruel!
César tremble, Tyran; voilà ton coup mortel.
Non, tu n'es plus *Brutus*, je le suis, je veux l'être:
Je périrai, Romain, ou vous serez sans Maître......
Je vois que Rome encor a des cœurs vertueux......
On demande du sang; Rome sera contente.....
César étoit au Temple & cette fiere Idole
Sembloit être le Dieu qui tonne au Capitole.....
Si *Caton* m'avoit cru, plus juste en sa furie,
Sur *César* expirant il eut perdu la vie.....
Faisant tout pour la gloire, il ne fit rien pour Rome,
Et c'est la seule faute où tomba ce grand homme;
Dans une heure à *César* il faut percer le sein.....
Ah! je te reconnois à cette noble audace:
Ennemi des Tyrans & digne de ta race,
Ton nom seul est l'arrêt de la mort des Tyrans.
Lavons, mon cher *Brutus*, l'opprobre de la terre,
Vengeons le Capitole au défaut du tonnerre....
Nous détestons *César*, nous vengeons la patrie,
Nous la vengerons tous; *Brutus* & *Cassius*
De quiconque est Romain raniment les vertus:
Admettrons-nous quelqu'autre à ces honneurs suprêmes?...

Non, ce n'est qu'avec vous que je veux partager
Cet immortel honneur & ce pressant danger.
Là je veux que ce fer enfoncé dans son sein,
Venge *Caton*, *Pompée* & le Peuple Romain.
Mais qu'une telle mort est noble & désirable !
Qu'il est beau de périr dans des desseins si grands,
De voir couler son sang dans le sang des Tyrans !
Mourons, braves amis, pourvu que *César* meure ;
Faisons plus, mes amis, jurons d'exterminer
Quiconque, ainsi que lui, prétendra gouverner,
Fussent nos propres fils, nos parens & nos freres ;
Scellons notre union du sang de nos Tyrans.....
Je dois sa mort à Rome, à vous, à nos neveux.....
L'honneur du premier coup à mes mains est remis. &c.

La plume me tombe des mains. Tous les Casuistes ultramontains ensemble ont-ils inspiré autant de fanatisme qu'une seule représentation de cette piece pourroit en produire ?

On l'imprime, on la lit, on la représente dans tout le Royaume.

Dans la Tragédie de *Brutus* on ne fait pas même la distinction ordinaire du Tyran d'invasion, & du Tyran de Gouvernement. *Tarquin* regnoit depuis vingt-quatre ans sur un Etat jusqu'alors monarchique. On ne se plaignoit que de sa fierté, de son luxe, & de la violence faite à *Lucrece* par un de ses enfans. Quel pays seroit tranquille, si ces sortes de prétextes suffisoient à l'inconstance & à l'inquiétude du Peuple pour chasser un Roi & sa famille, & changer la constitution d'un Etat ? *Est-ce un crime d'entretenir des intelligences avec le Prince légitime, pour le faire remonter sur le Trône ?* Le Général Monk, qui forma un parti à Charles II, Roi d'Angleterre, les Parisiens qui du temps de la ligue demeurerent attachés à Henri III & à Henri IV, étoient-ils criminels ? leur mort eut-elle été un acte de justice ? & un Ligueur qui sur ce prétexte auroit fait mourir son propre fils, eut-il été un Héros ? Voilà toute la piece. La révolte de Rome contre son Roi est la plus juste & la plus belle action ; la guerre qu'on lui fait, les avantages qu'on remporte contre lui, sont autant de Triomphes ; les mesures qu'on prend pour le rétablir, des trahisons & des conjurations. On ne doit pas épargner ses propres enfans. M. *de Voltaire* peut-il oublier que ce qu'il canonise dans *Brutus*, il l'a anathématisé dans la *Henriade* ? Quelques feuilles suffisent pour dénaturer le crime & la vertu. Au premier Tome le langage des Ligueurs est sacrilege, au second Tome il est héroïque.

> Destructeurs des Tyrans, vous qui n'avez pour Rois
> Que les Dieux de *Numa*, vos vertus & vos loix...
> Que *Tarquin* satisfasse aux ordres du Sénat ;
> Exilé par nos loix, qu'il sorte de l'Etat....
> Tombe ou punis les Rois, ce sont là nos traités...
> Accoutumons des Rois la fierté despotique
> A traiter en égale avec la République....
> Et l'esclave des Rois va voir enfin des hommes.
> N'alléguez point des nœuds que lui-même a rompus,
> Les Dieux qu'il outragea, les droits qu'il a perdus.....
> Il nous rend nos sermens, lorsqu'il trahit le sien,
> Et dès qu'aux loix de Rome il ose être infidele
> Rome n'est plus sujette, & lui seul est rebelle.
> Pardonnez-nous, grands Dieux, si le Peuple Romain
> A tardé si long-temps à condamner *Tarquin*.
> *Tarquin* nous a remis dans nos droits légitimes,
> Le bien public est né de l'excès de ses crimes....
> Sur ton Autel sacré, Mars, reçois nos sermens.
> Si dans le sein de Rome il se trouvoit un traître
> Qui regrettât les Rois, qui souhaitât un maître,
> Que le perfide meure au milieu des tourmens....
> Qu'aux Tyrans désormais rien ne reste en ces lieux
> Que la haine de Rome & le courroux des Dieux.
> Sous le joug des *Tarquins* la cour & l'esclavage
> Amollissoient leurs mœurs, énervoient leur courage.
> Leurs Rois trop occupés à dompter leurs sujets...
> Ils ne se piquent pas du devoir fanatique

TYRANNICIDE.

De servir de victime au pouvoir despotique,
Ni du zele insensé de courir au trépas
Pour venger un Tyran qui ne le connoît pas.
Nous sommes de leur gloire un instrument servile.
Je suis fils de *Brutus*, & je porte en mon cœur
La liberté gravée & les Rois en horreur.
Tyrans que j'ai vaincus, je pourrois vous servir....
Va, ce n'est qu'aux Tyrans que tu dois ta colere.
Mais je te ferai vaincre, & mourrai comme toi.
Vengeur du nom Romain, libre encor & sans Roi...
Le devoir de mon sang est de vaincre les Rois,

Encore une fois nous n'attribuerions pas à M. *de Voltaire* les sentimens détestables que cette Tragédie respire, s'il n'avoit très souvent insinué en prose ce qu'il dit ici ouvertement en vers. Ses Tragédies, ainsi que ses autres Ouvrages, sont l'école de l'esprit Républicain le plus indépendant. L'Abbé *Nonotte* prétend que ses propos en ce genre ne sont pas plus réservés que ses Ecrits, & qu'il dit un jour, en présence d'un Magistrat de Lyon, qu'*il faudroit en Europe un* Cromwel *tous les cent ans*.

VANINI.

§. I.

Ses travers & ses vices. Erreurs de Bayle à son sujet.

Lucilio *Vanini*, Docteur en Droit Civil & Canonique, né à Taurosane dans le Royaume de Naples en 1585, fut brûlé à Toulouse en 1619. Ses aventures sont assez détaillées dans les *Dictionnaires*. Développons son caractere. C'étoit un homme plein de feu, d'une vivacité réjouissante dans la conversation, d'une mémoire heureuse, mais son imagination ardente le jetta dans beaucoup d'écarts. Plein de vanité, brûlant de l'ambition de s'élever au-dessus des grands hommes qui l'avoient précédé, il n'avoit ni assez de jugement, ni assez de talent, pour remplir une idée si présomptueuse. *Cardan*, *Pomponace*, *Averroés*, *Aristote* étoient ses Auteurs favoris. Il les regardoit comme les *Dieux des Philosophes, & les Souverains Pontifes des Sages*. C'est dans leurs Ouvrages qu'il puisa, dit-on, les semences de l'Athéisme & les principes pernicieux & obscurs qu'il s'avisa d'enseigner. Son esprit étoit un cahos, mêlé de tous les décombres de la vieille Philosophie. *Brucker* prétend (dans son *Histoire critique de la Philosophie*, Tome IV, partie IV.) que *Vanini* ne savoit pas trop lui-même ce qu'il croyoit. Il mêla confusément, dit-il, le vrai & le faux, le bon & le mauvais, disputant pour & contre, à tort & à travers. Tout ce qu'il écrivit contre la saine Philosophie & la Religion lui paroît plutôt l'effet d'un dessein formé d'élever un système d'impiété & d'Athéisme, que la production d'une tête sans cervelle.

La même bizarrerie qui regne dans ses Ecrits, se montre dans toute sa conduite. Dans le voyage qu'il fit en Angleterre en 1614, cet homme brûlé comme un Apôtre de l'Athéisme s'attira la persécution des Protestans par son attachement à la Religion Catholique. On le mit en prison, où il demeura quarante-neuf jours, *bien préparé*, dit-il, dans ses *Dialogues*) *à recevoir la couronne du Martyre, pour laquelle il soupiroit avec toute l'ardeur imaginable.*

Dès qu'il eut été élevé au Sacerdoce, il prêcha avec beaucoup de feu. Si on ajoute foi à ce qu'il dit de ses Sermons, (*Dialogues*, page 234.) c'étoient des discours faits avec soin & plein de suc. Un jour qu'il prêchoit sur cette question importante, *pourquoi Dieu a créé l'homme?* Il la résolut par la fameuse échelle d'*Averroës*, en vertu de laquelle il doit y avoir une espêce de gradation du dernier des êtres jusqu'au premier de tous. Voici cette échelle telle qu'il la propose; elle est digne des Scholastiques du treizieme siecle.

" I. La premiere matiere, qui est la puissance
" seule, l'Acte pur, c'est-à-dire Dieu.

" II. Près de Dieu, il y a les substances immaté-
" rielles.

" III. Près de la matiere, il y a la forme de la
" corporéité.

" IV. Entre ces deux, il y a deux ames brutes,
" l'une *végétative*, & l'autre *sensitive*.

" V. Au-dessus d'elles on trouve l'entendement
" moindre que les intelligences; car existant dans
" la matiere, il est matériel, & séparable de la
" matiere, distinct d'elle par son essence, & con-
" fondu avec elle en tant qu'il l'informe & qu'il
" l'anime. "

Son inconstance & sa légéreté le conduisirent dans un grand nombre de pays de l'Europe. Il changeoit de nom à mesure qu'il changeoit de contrée. Il fut *Pompeio* en Gascogne, *Julio Césare* en Hollande, *Vanino* à Paris, *Taurisano* à Lyon, *Lucilio* à Toulouse. Son goût pour les voyages fut plutôt la source de ses différentes courses, que l'envie de faire des prosélytes. Cependant le Pere *Mersenne* assure (dans son *Commentaire sur la Genese*) qu'il avoua devant le Parlement assemblé, qu'il avoit conçu à Naples l'étrange dessein, d'aller répandre l'Athéisme dans le monde, avec douze compagnons de son libertinage, & que la France lui étoit échue par ce sort. Mais ce fait n'est guere vraisemblable. Il difficile de concevoir que *Vanini*, cherchant à se justifier, eut fait un pareil aveu devant une Cour Souveraine, qui pouvoit aggraver son supplice. D'ailleurs, le Président *Grammond*, qui étoit sur les lieux, n'en dit rien dans la Relation du procès & de l'exécution de ce misérable, quoiqu'il rapporte avec fidélité tout ce qui peut le rendre odieux.

Vanini voulut fixer son inconstance, en se faisant Religieux dans un Couvent de Guienne, mais un crime digne du feu le fit chasser de son Monastere. Il est surprenant que *Bayle* ait parlé d'une maniere si décisive de la pureté des mœurs de cet Impie. " Le détestable *Vanini*, dit-il, (*Pensées diverses*, " Tome I. page 356.) avoit toujours été assez ré- " glé dans ses mœurs, & quiconque eut entrepris " de lui faire un procès criminel sur toute autre " chose que sur ses dogmes, auroit couru grand " risque d'être convaincu de calomnie. " Mais où sont les preuves de ce qu'avance M. *Bayle*? Il n'en avoit aucune. Il vouloit seulement montrer par quelque exemple célebre que l'Athéisme est compatible avec la vertu. Il ne pouvoit pas plus mal rencontrer, qu'en citant *Vanini*. Ses Dialogues prouvent, qu'il étoit initié dans les Mysteres les plus abominables de la lubricité. Le trente-neuvieme de la *procréation du mâle & de la femelle* est tout ce qu'on peut concevoir de plus infame. Plusieurs des Dialogues suivans sont sur le même ton. Il y parle de sa maîtresse *Isabelle*. Il agite dans la quarante-huitieme les questions les plus obscenes; & on y reconnoît un homme, qui ne s'en est pas tenu à la spéculation. Il les finit en disant avec l'*Amynte* du *Tasse*.

> Le temps passé loin des amours,
> Est un temps perdu pour toujours.

M. *Bayle* n'a pas mieux réussi, en faisant de *Vanini* un martyr de l'Athéisme. " Quand je con-

VANINI.

„ sidére, dit-il, (*Pensées diverses*, Tome I. page
„ 375 & suivantes) que l'Athéisme a eu des Mar-
„ tyrs, je ne doute plus que les Athées ne se saf-
„ sent une idée d'honnêteté, qui a plus de force
„ sur leur esprit que l'utile & l'agréable. Car d'où
„ vient que *Vanini* s'est indiscrétement amusé à
„ dogmatiser devant des personnes qui le pouvoient
„ déférer à la Justice ! S'il ne cherchoit que son uti-
„ lité particuliere, il devoit se contenter de jouir
„ d'une parfaite sécurité de conscience, sans se
„ soucier d'avoir des Disciples. Il faut donc qu'il
„ ait eu envie d'en avoir, & cela ou afin de se ren-
„ dre Chef de parti, ou afin de délivrer les hom-
„ mes d'un joug, qui, à son avis, les empêchoit
„ de se divertir tout à leur aise..... Mais d'où
„ vient qu'il n'a pas trompé ses Juges, & qu'il a
„ mieux aimé mourir dans les plus rudes tourmens,
„ que de donner une rétractation, qui dans ses
„ principes ne pouvoit lui faire aucun tort dans
„ l'autre monde ? Pourquoi ne pas faire semblant
„ d'être désabusé de ses impiétés, puisqu'il ne
„ croyoit pas que l'hypocrisie eût été défendue de
„ Dieu ? .... Après avoir dogmatisé mal à pro-
„ pos, il eut à tout le moins juré, qu'il étoit re-
„ venu de ses erreurs, & qu'il signeroit de son
„ sang tous les Articles de notre créance. Au lieu
„ de cela, il se fit un ridicule point d'honneur de
„ se roidir contre les tourmens. Ce qui fait voir,
„ qu'avec une opiniâtreté de cette nature, il étoit
„ capable de mourir pour l'Athéisme, quoiqu'il
„ eût été très persuadé de l'existence de Dieu. „

Voilà bien des paroles perdues. M. *Bayle* raisonne souvent beaucoup sur de fausses suppositions.
Vanini a été si peu un Martyr de l'Athéisme, qu'il
fit tout ce que le critique s'imaginoit qu'il n'avoit
point fait. Il se retracta, il jura qu'il étoit ortho-

doxe. Interrogé sur ce qu'il pensoit sur l'existence de Dieu, il répondit qu'il adoroit avec l'Eglise un Dieu en trois personnes. Enfin bien loin d'avoir cette constance, dont *Bayle* lui fait gratuitement honneur, il ne négligea rien pour éviter la mort.

§. II.

Ses Ouvrages.

La premiere production de *Vanini* est son fameux *Amphithéatre*. Il fut imprimé à Lyon en 1615, in-8°. sous ce titre : *Amphitheatrum æternæ Providentiæ Divino-magicum, Chrystiano-Physicum, nec non Astrologo-Catholicum, Adversus Veteres Philosophos, Athæos, Epicureos, Peripateticos, Stoicos, Autore Julio Cæsare Vanino*, &c. Ce Livre est revêtu de deux approbations fort avantageuses. Les Censeurs y trouvoient des *raisonnemens très-subtils & très-forts contre les Athées, suivant la doctrine des plus sublimes Maitres de Théologie.* Tous les Auteurs n'en ont pas jugé de même. Le plus grand nombre a cru que son but étoit de donner gain de cause aux Athées par la foiblesse de ses réponses. Son impiété leur a paru d'autant plus dangereuse, qu'elle est plus cachée. Quelques Critiques pensent au contraire, que l'idée qu'on avoit que *Vanini* étoit Athée a fait appercevoir cette doctrine révoltante dans son *Amphitheatrum*. Je doute, (dit M. de *Chaufepié*) qu'on y découvrit l'Athéisme, si l'on n'avoit aucun autre Ouvrage de cet Incrédule. En lisant ce Livre, j'y ai trouvé à la vérité beaucoup de scholastique, des idées bizarres, hazardées, obscures, mais en même temps des principes absolument incompatibles avec ceux des Athées. Sa notion de Dieu n'a aucun caractere d'Athéisme. " Dieu est son principe & sa fin, Pere
„ de l'un & de l'autre, & n'ayant besoin ni de

,, l'un, ni de l'autre; éternel fans être dans le
,, temps; préfent par-tout, fans être en aucun lieu.
,, Il n'y a pour lui ni paffé ni futur; il eft par-tout,
,, & hors de tout; gouvernant tout, &c. ,,

On ne peut trouver du venin dans cette définition
qu'en fuppofant que *Vanini* étoit Athée. Ce qu'il dit
de notre ignorance fur la nature de Dieu eft conforme
à ce que les Philofophes & les Théologiens
les plus fages en ont penfé. Cela eft fi vrai que M.
Saurin ne trouve *Vanini* repréhenfible qu'en fuppofant
fon Athéifme. " Cet homme, dit-il, fe prit
,, d'une façon bien finguliere à prouver, qu'il n'y a
,, point de Dieu, ce fut d'en donner l'idée. Il crut
,, que le définir, c'étoit le réfuter; & que le meil-
,, leur moyen de faire voir qu'il n'y a point de Dieu,
,, c'étoit de dire ce que Dieu eft. ,, (*Sermon*,
Tome I. page 183.)

Quelles que fuffent les vues fecretes de *Vanini*, il
faut avouer qu'on trouve moins dans fon Ouvrage
l'Athéifme, que les vaines fubtilités d'un efprit
paradoxal.

L'impiété fe découvre bien plus facilement dans
fes Dialogues, publiés fous ce titre: *De Admirandis
Naturæ, Reginæ deæ quæ mortalium, Arcanis Dialogorum
Libri IV. Lutetiæ Parifiorum*. Perrier, 1616,
in-8°. Quand on les a lus, on ne peut guere douter
de l'Athéifme de l'Auteur. Ils font pleins d'idées
auffi extravagantes qu'impies qu'il débite fous le
nom d'un Athée, mais qui ne doivent pas moins
être imputées à celui qui le faifoit parler.

Dans le Dialogue cinquante, faint *Paul*, JESUS-
CHRIST, *Elie*, *Moyfe*, les Martyrs font fucceffivement
l'objet de fes railleries indécentes & téméraires.
Il attribue, dans le cinquante-deuxieme, l'origine
& la décadence des Religions aux aftres. C'eft
par leur vertu que fe font les miracles. Il foutient

dans le cinquante-troisieme, que le pouvoir de prédire l'avenir vient de ce que l'on est né sous la constellation, qui donne la faculté de prophétiser. Il adopte la pensée de *Pomponace*, qu'il se peut qu'un nouveau Législateur reçoive des Astres la puissance de ressusciter les morts. Le Ciel est, à ses yeux, un animal éternel & divin. Il insinue, qu'il ne convient point à un Philosophe de soutenir que le monde a eu un commencement. On ne doit, selon lui, les vertus & les vices qu'à la naissance, à l'éducation, à l'influence des astres, à l'intempérie de l'air, & aux alimens dont on se nourrit. Ce Livre infâme est une dérision continuelle des vérités les plus importantes. L'impiété & l'audace y sont à découvert. Comment donc un tel Ouvrage trouva-t-il des Approbateurs ? *Garasse* prétend qu'il substitua cet *Avorton d'Athéisme* aux cahiers que les Censeurs avoient approuvés. Quoiqu'il en soit, le poison fut bientôt découvert, & le Livre proscrit par l'autorité publique.

Les Apologistes de *Vanini* veulent qu'il ait été condamné sur la déposition du seul *Francon*; mais le Pere *Garasse*, (dans sa *Doctrine curieuse*, page 144,) prouve qu'il y eut d'autres témoins. Ce qu'il y a de surprenant, c'est qu'il ne paroît point qu'on ait allégué ses Ouvrages en preuve contre lui, ni le crime qu'on assure qu'il avoit commis dans un Couvent. Il est vrai que ce crime pouvoit être ignoré; mais ses Livres étoient entre les mains de tout le monde. Il fallut donc, que les dépositions fussent extrêmement fortes, & les blasphêmes, proférés par cet Impie, de l'horreur la plus révoltante. Le *Mercure François* de l'année 1619, rapporte " qu'il
,, soutenoit que nos corps étoient sans ame, & que
,, mourant tout étoit mort pour nous, ainsi que les
,, bêtes brutales. Que la Vierge, (ô blasphémateur

,, exécrable,) avoit eu connoissance charnelle com-
,, me les autres femmes ; d'autres mots bien plus
,, scandaleux du tout indignes d'écrire, ni de re-
,, citer. Par son éloquence il glissoit tellement sa
,, pernicieuse opinion dans l'entendement de ses
,, Auditeurs particuliers, qu'ils commencerent à
,, balancer dans la croyance de cette fausse doc-
,, trine. ,,

On voit par cette citation, que *Vanini* avoit fait des Prosélytes ; & ces Prosélytes furent vraisemblablement appellés en témoignage. La crainte que la témérité atroce de ce Professeur d'Irréligion n'eût des imitateurs, obligea sans doute le Parlement de Toulouse à s'armer de toute sa sévérité, & à le condamner avec la derniere rigueur. Il est des cas, où il ne suffit pas d'anathématiser l'impiété ; il faut encore proscrire l'Impie, ou du moins s'assurer de sa personne : & c'est ainsi sans doute que jugea le Sénat de Toulouse.

VERTU.

Quels sont les motifs qui peuvent nous porter à la véritable vertu ? insuffisance de ceux qu'offre la Philosophie.

L'Auteur du *Dictionnaire Philosophique* tâche d'affoiblir, dans cet Article, l'idée qu'on a des vertus Chrétiennes, & par conséquent de la morale. Il veut qu'on reduise la vertu à la bienfaisance envers le Prochain ; mais quel sera le fondement de cette vertu ? Quelle en sera la récompense ? Si les principes Chrétiens, quoique appuyés de si puissans motifs ne l'emportent pas toujours sur les passions, que sera-ce des principes Philosophiques ? Pour être le bienfaiteur des hommes, il faut être l'adorateur d'un Dieu, il faut avoir une Religion; & l'Auteur de l'article *Vertu* en a-t-il une?

" Quoi, dit très bien l'Abbé *Nonote*, un Auteur aura amassé des richesses qui seront autant le fruit de ses tours d'adresse que de ses talens; il se sera fait connoître pour un impie, un parjure, un débauché, un homme sans foi & sans loi; mais dans sa décrépitude il sacrifie quelque partie de ses richesses à son orgueil; il veut se faire la réputation d'homme bienfaisant; selon le système de M. *de Voltaire* il faut le regarder comme très-vertueux. Oh! Monsieur de la dissertation, la vilaine chose que votre vertu.

" Le même homme dans les principes du Dissertateur peut être en même temps très criminel & très vertueux; car il peut prendre, voler & piller d'une main, & répandre de l'autre. *Neron* dépouilloit de sages Sénateurs pour enrichir son infame *Sporus*; ce Prince étoit donc alors respectable par sa vertu. Comment doit-on regarder un Philosophe qui établit de pareils principes? comme un vieux fou. "

Non, ce n'est pas aux Sophistes modernes à parler de vertu, à définir ce que c'est que la vertu. On a dit que les Païens avoient une morale, mais que le Paganisme n'en avoit point; & on peut le dire à plus forte raison des Philosophes. Le Paganisme connoissoit au moins une autre vie, & la Philosophie la rejette. Elle ne peut donc tout au plus que proposer de bonnes regles, donner de bons préceptes, ou plutôt de bons conseils; mais elle ne sauroit offrir que de foibles motifs. Or en fait de morale les motifs sont l'essentiel. (Voyez l'article Enfer.)

La Loi la plus évidemment juste tire encore plus

de force des peines & des récompenses qui y sont attachées, que de l'évidence de sa justice. Il faut donc la croyance d'un Etre tout-puissant, vengeur du vice & rémunérateur de la vertu. Le plus grand bien qu'on peut faire à une Nation qui n'auroit pas cette croyance, ce seroit de la lui donner. Quel crime donc & quelle inhumanité de vouloir la détruire, où elle est établie !

La morale Chrétienne mérite sur-tout d'être respectée, elle condamne & attaque jusque dans sa source, c'est-à-dire, dans les pensées & dans les desirs des hommes, tout ce qui produit des malheurs sur la terre, les désordres de l'ambition, les fureurs de la vengeance, l'esprit d'intérêt, les dissolutions de l'incontinence. Quelles vertus oppose-t-elle à ces vices ? La modestie, la douceur, la paix, le désintéressement, l'amour du travail, la tempérance, vertus d'autant plus propres à faire le bonheur de ceux qui les possédent, que par elles ils contribuent à celui des autres.

Une Religion qui enseigne une telle morale ne mérite-t-elle pas, par cela seul, d'être infiniment aimée & respectée & soigneusement conservée ?

" La morale Chrétienne, dit l'Incrédule, est „ belle, mais elle est sévere. „

Réponse. C'est sa sévérité qui fait en partie sa beauté. Elle est principe de foi ou d'incrédulité, suivant la différente disposition des cœurs ; preuve de la Religion dans les cœurs purs & vertueux à qui elle la fait aimer; objection contre la Religion dans les cœurs vicieux & corrompus à qui elle la fait haïr. Un Incrédule disoit du Christianisme : *Je lui passe ses Dogmes en faveur de sa morale* ; mais cette morale le ramena bientôt aux Dogmes, parce qu'il joignoit une belle ame à beaucoup d'esprit.

Il en seroit de même de la plupart des Incrédules,

si en désirant le don de la Foi & en le demandant à Dieu, ils n'y mettoient aucun obstacle. Mais qui est l'Impie qui n'y en met point ? Vous doutez si la Religion est vraie ou fausse ? Observez ses préceptes comme si elle étoit vraie, & ne vivez point comme si elle étoit fausse. Conformez-y vos actions & bientôt les actions seront suivies de la croyance. Vous croirez si vous avez intérêt de croire: L'incrédulité pourroit-elle tenir contre la force de cet intérêt, réunie à celle des preuves ?

Nos Philosophes devroient sentir, (& ils le sentent sans doute, & n'en sont que plus coupables,) que tout est perdu pour les mœurs, & par conséquent pour la société qui ne subsiste que par les mœurs, si leurs leçons trouvent des dupes. Les hommes, avec les passions qui les portent au mal, ont-ils besoin de principes qui le leur permettent ? Ces principes sont donc aussi pernicieux que faux ; & ceux qui écrivent pour les établir, aussi mauvais Citoyens que mauvais Philosophes ; aussi aveugles en politique qu'en morale.

VICTIMES HUMAINES.

Si les Juifs en immolerent.

M. de Voltaire paroît étonné de voir les Juifs exterminer sans pitié, par l'ordre de Dieu, les Peuples de Chanaan qu'il regarde comme des victimes humaines immolées à l'Etre Suprême. Il ne peut concilier ce carnage avec la sagesse, la justice, la bonté de Dieu ; on peut conclure hardiment qu'il n'a des idées que bien imparfaites de ces Attributs divins. La Religion est la fin de la Sagesse divine dans la construction & la conservation de l'Univers ;

VICTIMES HUMAINES.

l'Univers ; & c'est l'homme qui est destiné à remplir cette fin. Tout homme donc assez ingrat pour oublier sa destination, se rend dès-là même digne de toute la sévérité de la Justice divine qui a soin, pour ainsi dire, de s'y former des adorateurs, & où elle continuera de s'en former, tant que subsistera l'Univers. Or qu'étoit-ce que le Peuple de Chanaan ? Étoit-ce un Peuple occupé à rendre au Dieu véritable la gloire qu'il s'étoit proposée dans la création & dans la conservation de l'Univers ? C'étoit un Peuple livré à toutes les superstitions de l'idolâtrie, & à toutes les abominations qui en sont les suites naturelles. Etant donc si contraires à la Sagesse de Dieu, il ne pouvoit être soumis qu'à la sévérité de sa Justice. Le Peuple Juif n'étoit peut-être pas meilleur : mais la bonté de Dieu lui avoit confié le dépôt de sa Religion en faveur des Justes qu'elle s'y étoit réservés, & qu'elle devoit y perpétuer jusqu'à l'accomplissement de la grande promesse faite au premier homme après sa chûte. C'étoit donc un effet de cette bonté ineffable de charger ce Peuple de la destruction de celui de Chanaan ; c'étoit lui imprimer l'horreur qu'il devoit avoir des abominations de ce Peuple ; c'étoit lui apprendre ce qu'il mériteroit lui-même, s'il s'y abandonnoit. Au reste, le Peuple de Chanaan étant aussi à portée que Rahab & les Gabaonites de connoître les merveilles opérées en faveur des Israëlites, pouvoit échapper à l'anathême auquel il avoit été dévoué par la suprême Justice ; soit en s'efforçant de fléchir cette Justice par une conversion sincere ; soit en cedant un pays dont la donation faite aux Israëlites par le souverain Maître de la nature, étoit appuyée de preuves si manifestes.

En ne considérant les choses qu'humainement, il faut avouer que le droit de la guerre étoit excessif chez les Hébreux. Mais ce droit étoit-il alors plus modéré dans les autres Nations ? Le sac de Troye par les Grecs, les premieres guerres des Romains, les expéditions de tous les Peuples anciens, offrent des traits de barbarie qu'on ne voit pas dans des temps plus modernes. Qu'étoit-ce en effet que les siecles héroïques suivant M. *de Voltaire* lui-même ? C'étoit le temps où l'on s'égorgeoit pour un puits & pour une citerne, comme on fait aujourd'hui pour une Province. La trahison & la fourberie se joignoient souvent à la cruauté. *Dolus an virtus quis in hoste requirrat* étoit la maxime de presque toutes les Nations avant que l'Evangile, par une douce mais secrete influence, eût inspiré des principes plus humains, même dans les barbaries inséparables des expéditions militaires.

M. *de Voltaire* croit appercevoir une loi d'immoler à Dieu des victimes humaines dans ces paroles : *tout ce qui aura été offert par un homme & consacré au Seigneur,* (Heb. *comme un anathême,*) *ne se rachetera point ; mais il faudra nécessairement qu'il meure.*

D'abord cette loi n'a rien de commun avec les victimes des fausses Religions, qui étoient immolées par le choix, ou par l'ordre des Prêtres & des Magistrats. Il s'agit ici d'un vœu fait au Seigneur de soi-même par son propre choix, non pour être mis à mort comme les animaux, mais pour se consacrer au service du Temple pour le reste de ses jours, sans qu'on pût se racheter : ce qui étoit une espêce de mort civile. En effet *Moyse* ne défend rien plus expressément que ces victimes humaines à l'imitation des Nations aveugles : *Prenez garde de ne pas imiter ces Nations, après qu'elles auront été détruites à votre entrée, & de vous informer de leurs cérémonies, en disant : je veux suivre moi-même le* culte dont ces Nations ont honoré leurs Dieux. Vous ne rendrez point de semblable culte au Seigneur votre Dieu ; car elles ont fait pour honorer leurs Dieux toutes les abominations que le Seigneur a en horreur, en leur offrant en sacrifice leurs fils & leurs filles, & les brûlant dans le feu.

Je ne sais sur quel fondement M. *de Voltaire* en parlant du butin en jeunes filles, & en troupeaux dans la victoire des Juifs contre les Madianites, avance, que de trente-deux mille filles on en immola trente-deux au Seigneur. L'Auteur du livre des Nombres dit bien qu'on en réserva trente-deux pour la part du Seigneur ; mais non certes qu'on les lui immola. Le Seigneur ne veut que des victimes pures & sans tache s'il s'agit d'animaux ; mais s'il s'agit d'hommes ou de femmes, ce n'est pas leur sang qu'il demande ; c'est la consécration perpétuelle de leurs personnes à son service. C'est à une immolation de ce genre qu'étoient destinées les trente-deux filles réservées pour la part du Seigneur. Voyez JEPTHÉ.

VŒUX.

Dialogue entre un Raisonneur moderne & un Novice Capucin.

LE RAISONNEUR.

IL est donc vrai que vous allez mourir au monde, dans un âge où vous ignorez ce que c'est que le monde.

LE NOVICE.

Oui, la résolution en est prise : j'échappe au tourbillon. Mes passions parloient pour le monde, la grace a plaidé pour le Cloître, & la grace l'a emporté. Je connois ce que je quitte, & je ne le regrette point. Ce n'est point l'âge qui m'a instruit sur le peu de valeur des choses que les Mondains prisent tant ; c'est la réflexion, c'est le souvenir de toutes les plaintes que je leur ai entendu faire au milieu de leurs délices & des amertumes qu'ils goûtent dans le sein des plaisirs. Un mois de retraite & de silence dans une solitude où Dieu parle au cœur, instruit plus que vingt ans passés dans la dissipation & dans les orages. J'ai cru entendre la voix du Très-Haut, & je lui obeis.

Le Raisonneur.

Cette voix que vous croyez venir du Ciel, ne viendroit-elle pas de la Terre ? n'est-ce pas votre Directeur qui vous l'a fait entendre, pour augmenter le nombre des Compagnons de son infortune, & pour avoir un soldat de plus dans son Régiment.

Le Novice.

Je vois bien que vous ne connoissez pas mon Directeur : il a des lumieres & il ne connoît pas l'intérêt personnel. Il ne peut vouloir me faire partager son infortune ; il est heureux, il ne desire pas d'augmenter sa Milice ; car quel poids ajouteroit à un Ordre un sujet de plus ? Vous le croyez auteur de mes sentimens ; il n'en a été que le dépositaire, & il ne les a approuvés qu'après l'examen le plus severe.

Le Raisonneur.

Cet examen si severe ne s'est pas étendu à tous les points. Est-il possible qu'il vous permette de faire vœu de renoncer aux plus précieux des biens, à la liberté, dans un âge où les loix ne vous permettroient pas d'aliener la plus petite portion de votre bien.

Le Novice.

Je conviens qu'on ne peut difpofer de fon bien, avant l'âge de vingt-cinq ans, mais on peut fe marier à quatorze ; croyez-vous donc que le Mariage ne foit pas un joug auffi pefant que le Célibat, un engagement auffi irrévocable que l'état religieux.

Le Raisonneur.

Non, je ne le crois point ; l'hymen eft un état naturel, c'eft la vocation de tous les Etres fenfibles. En prenant un état auquel le genre humain eft appellé, nous fuivons la pente de nos cœurs, & quel rifque peut-on courir en contractant de bonne heure des obligations auffi douces ?

Le Novice.

Le Mariage ! un état doux ! comme votre imagination peint en beau tout ce qui paroît flatter la nature ! Vous trouvez des rofes où d'autres n'ont trouvé que des épines. Je ne vous renverrai point, aux plaintes continuelles de ceux & de celles qui portent les chaînes de l'hymen ; je ne veux pour vous confondre que votre exemple & celui des Philofophes vos Confreres. Il refute entierement vos difcours. Si le Mariage a tant de douceurs, pourquoi avez - vous craint, pourquoi craignent - ils de s'y engager ? Ce que je vois à travers les contradictions continuelles qui font entre leur conduite & leurs propos, c'eft qu'ils vantent les douceurs du Mariage devant ceux qui y renoncent par efprit de religion, & les agrémens du Célibat devant leurs Profélytes, qui en fentent comme eux toutes les commodités.

Le Raisonneur.

Ils peuvent avoir tort en cela ; mais ils ont très-grande raison, lorsqu'ils s'élevent contre le droit d'engager sa liberté, avant qu'on ait acquis celui de disposer d'un héritage.

Le Novice.

Si l'on demande vingt-cinq ans pour qu'il soit permis d'administrer son bien, & si l'on peut à vingt entrer dans le Cloître, c'est qu'il y a une différence essentielle entre les engagemens religieux & les engagemens civils. Pour former les premiers, il suffit qu'on ait de la docilité, qu'on soit modeste, qu'on goûte les choses saintes, qu'on aime la concorde, la paix & l'innocence. Pour avoir ces différentes vertus, il ne faut ni force d'esprit, ni étendue de lumieres. Le cœur en fait tous les frais. C'est l'unique fonds sur lequel on travaille. Plus on se hâte de l'ameliorer, plus il rapporte de joie & de consolation dans le cours de la vie. Mais quand il est question de regir des biens, de disposer de ses revenus, il faut une fermeté à l'épreuve & une prudence consommée. Il faut s'opposer aux ravages de la cupidité & se défendre des pièges de la mechanceté. D'ailleurs faudroit-il attendre que les vices du monde eussent entièrement corrompu les vertus de la jeunesse pour se consacrer à Dieu ? Combien de vocations échoueroient parmi les écueils dont la terre est semée ? Et si du spirituel nous passons au temporel, combien de familles fatiguées de la longue incertitude de l'état de leurs enfans, ne chercheroient-elles pas à les fixer, en les forçant de s'établir selon les vues de leur intérêt lache & pusillanime. Il vaut donc mieux, à tous égards, qu'on les laisse répondre aux sollicitations de la grace, lorsqu'elle les porte à embrasser un état où elle doit les faire triompher des rufes de l'enfer & des prestiges du monde.

LE RAISONNEUR.

Que la jeunesse se consacre au Cloître, je le veux bien ; mais que ce ne soit pas pour toujours. Voyez ce que produisent les vœux absolus, quand c'est l'imprudence ou une ferveur passagere qui les a dictés. Qu'on se transporte dans ces Cloîtres où une barriere éternelle ne laisse aucun retour au répentir. Qu'on examine ce que deviennent ces infortunés qui les habitent, quand leur vertu trop foible ne peut supporter l'horreur d'un séjour pour lequel ils ne sont pas nés ? On ne verra dans leurs cœurs que la douleur & le désespoir.

LE NOVICE.

Je conviens avec vous que le sacrifice de la liberté, si ce sacrifice est fait sans réflexion, peut produire des pensées désespérantes dans ceux qui remplis de l'image des plaisirs qu'ils croyent avoir perdus, sont tourmentés ensuite par les regrets que leur inspirent ces plaisirs, ou par les remords qui suivent toujours la violation des devoirs. Mais ces hommes foibles qui sont le jouet de leurs vices ou de leurs caprices, sont plus rares que vous ne pensez dans le Cloître. D'abord on n'en admet aucun qu'après de longues épreuves ; & si ceux qui y sont soumis, n'ont pas l'esprit assez mur ; si leurs passions sont trop actives ; si leurs cœurs sont livrés à la dissipation, on les rejette comme des sujets incapables de porter le joug. La porte du Cloître leur est ouverte pendant un an ; & lorsque la grace ne peut détruire leurs penchans & la raison gouverner leur légéreté, ils sont obligés de sortir quand même ils ne le voudroient point. Vous vous plaignez que les vœux abſolus oppoſent un obſtacle invincible au retour dans le monde ; vous voudriez des vœux ſimples. Mais on a remarqué que toutes les Congrégations à vœux ſimples n'ont jamais eu l'éclat & la ſolidité des Ordres liés par des ſermens ſolemnels, ou que du moins cet éclat n'a été que paſſager. Les bons ſujets ſe forment dans le Corps, & dès qu'ils ſont formés ils cherchent à rentrer dans le monde. Ceux qui reſtent rempliſſent leurs devoirs comme pouvant ceſſer de les remplir, & ſe négligent ou ſe dégoûtent. Il eſt vrai que des liens éternels qu'on ne peut rompre peuvent faire quelques malheureux ; mais quel état n'en a pas ? Et combien de ſoldats quitteroient le mouſquet, ſi on ne les avoit intimidés par la crainte, ou retenus par l'eſpérance. Il vient d'ailleurs un temps où les paſſions ſe calment, & tel Religieux qui a été diſſipé à trente ans devient l'exemple de ſa Communauté à cinquante.

Le Raisonneur.

Mais au moins vous auriez dû choiſir un état plus doux que celui des Capucins, où le ridicule eſt joint à la plus auſtere mortification. Votre Salut eſt-il intéreſſé à la barbe que vous portez, & aux chemiſes que vous ne portez point.

Le Novice.

Tout état eſt doux, lorſqu'il plaît à celui qui l'embraſſe. L'habit que je porte ne vous paroît ridicule que parce que la façon de nous vêtir n'eſt plus celle du temps. Je ſuis habillé à peu près comme nos Ayeux. On peut être bon François quoiqu'on porte une longue barbe, & qu'on ne porte pas de chemiſe. Les anciens Romains n'en avoient pas plus que nous, & les Courtiſans de *François I.* avoient le menton préciſément comme nous.

VOLTAIRE.

§. I.

Analyse fidele de ses Ouvrages, & de l'esprit qui le lui a dictés.

CE Poëte est l'esprit le plus universel & l'Écrivain le plus élégant de sa nation ; mais ce n'étoit pas assez pour lui de cette gloire ; il voulut y joindre de bonne heure la malheureuse réputation d'Incrédule, & être à la fois l'*Alexandre* & l'*Attila* de la Littérature. On sait qu'il naquit en 1694 à Paris d'un Pere respectable (*) aussi connu par son esprit que par ses mœurs. Cet homme vertueux eut à gémir de bonne heure sur les égaremens de son fils. L'impieté éclata en lui aussi-tôt que le génie, & son génie fut prématuré. A peine savoit-il bégayer des vers, qu'il se signala par de petits Poëmes obscenes & impies.

Le Collége de Louis-le-Grand, cette École de l'esprit & du cœur, fut pour lui l'écueil le plus funeste. Ce n'est pas que ses Professeurs ne lui don-

---

(*) Des Calomniateurs ont dit qu'il étoit Porte-Clef du Parlement ; rien n'est plus faux. Il n'y a point de tel office dans le Parlement. M. *Arouet* avoit d'abord été Notaire à Paris, & avoit acheté ensuite la charge de Trésorier de la Chambre des Comptes, place qu'il remplissoit avec autant d'intégrité que d'intelligence ; sa maison étoit le rendez-vous de ce qu'il y avoit de plus ingénieux & de plus aimable dans son quartier. Voyez ce qui en est dit dans l'éloge de l'Abbé *Gedoin* à la tête de ses *Œuvres diverses*. M. *de Voltaire* avoit un frere aîné, qui pleura plusieurs fois sur les talens de son cadet, il prévoyoit l'usage qu'il en feroit. Il lui donna vainement les meilleurs avis ; il n'y répondit que par des Epigrames.

naſſent de bonne leçons, & des exemples encore meilleurs ; mais plus flatté de l'applaudiſſement des jeunes Libertins du College, que touché des remontrances de ſes Maîtres, il lâcha la bride à ſon orgueilleuſe témérité. Tout le monde ſait que le Pere le *Jay*, ſon Profeſſeur de Rhétorique, lui prédit dès-lors qu'il ſeroit *l'étendard de l'Incrédulité*.

Cette Prophétie ne s'eſt malheureuſement que trop accomplie. Au ſortir du Collége, le jeune *Arouet* (car il n'avoit point encore pris alors le titre *de Voltaire*) ſe lia avec les plus fameux Incrédules de Paris. Il fut des petits ſoupers du Temple, & le poiſon de l'impiété ne fit que s'exalter de jour en jour en lui par ſes converſations avec l'Abbé de *Chaulieu*, & avec les Compagnons de Table de ce Poëte Epicurien.

M. *de Voltaire* médita dès-lors ſon Epître à *Uranie*, qu'il attribua quelque temps après la mort de l'Abbé *de Chaulieu*, à ce Précepteur de Déiſme ; mais il ne perſuada perſonne. Cette Epître ſi célebre par le coloris du ſtyle & par l'harmonie de la verſification, l'eſt encore d'avantage par les blaſphêmes & par la liberté cynique qui y dominent.

Œdipe, la premiere piece *de Voltaire*, annonça un digne ſucceſſeur de *Corneille* & de *Racine* ; mais elle montra en même temps ſa façon de penſer. Les hommes Religieux y trouverent pluſieurs choſes repréhenſibles, entr'autres ces vers ſi captieux.

> Les Prêtres ne ſont point ce qu'un vain Peuple penſe,
> Notre crédulité fait toute leur ſcience.

Pluſieurs vers de la Henriade parurent frappés au même coin ; & lorſque le jeune Poëte montra ſon Ouvrage au célebre & malheureux *Rouſſeau*, ce grand homme, choqué du ton de déclamation, de ſatyre & de hardieſſe que le jeune Auteur y prenoit, lui conseilla d'imiter plutôt *Virgile* que *Juvénal*, & de respecter ce qui étoit respectable.

On imagine bien que M. *de Voltaire* ne changea pas sa façon de penser à Londres, où il se retira en 1726, pour oublier quelques mécontentemens & quelques outrages, qu'il avoit essuyés en France. C'est dans ce centre de l'irréligion qu'il écrivit ses fameuses *Lettres Philosophiques*, condamnées au feu par le Parlement de Paris, qui décreta l'Auteur de prise de corps. Cet Ouvrage paroît entiérement dicté par la haine du Christianisme ; mais par une haine aussi aveugle que furieuse ; aussi injuste qu'opiniâtre. Les infidelités historiques, les Paralogismes, les Antithéses, les Epigrammes en font toute la force. L'Auteur attaque presque sans cesse directement ou obliquement la Religion, mais toujours avec un acharnement inoui ; c'est un Vautour attaché à sa proie.

Loue-t-il quelques Sectes ; ce sont celles qui sympatisent avec le Tolérantisme, ou avec le Déisme. Plus elles semblent séparées du reste des Chrétiens, plus il affecte d'applaudir à leurs mœurs & à leurs usages, quelques singuliers qu'ils soient. Il y a un art très-dangereux dans ces éloges : & le panégyrique de quelques Membres séparés est presque toujours la satyre du Corps entier. Ainsi l'encens prodigué au Fanatisme des Quakers, est une insulte réfléchie sur les autres Chrétiens.

Croiroit-on que le Paganisme même est toujours mieux traité que le Christianisme ? Mais cela devoit être, & M. *de Voltaire* étoit bien digne d'aimer la Religion, qui adoroit des Dieux corrompus, & qui ne proposoit pour croyance que des fables corruptrices.

Les Anecdotes historiques, qu'on trouve dans ces *Lettres*, n'y sont placées ordinairement qu'autant qu'elles fourniffent des traits odieux contre notre Religion. Les obfervations, même les plus philofophiques, font femées de réflexions critiques fur nos Dogmes. Si l'Auteur traduit quelques morceaux des Ecrivains Anglois, il choifit toujours ceux qui font les plus favorables à l'indépendance & à l'incrédulité, & l'eftime qu'il en fait eft toujours proportionnée à l'excès de leur licence.

Mais le plus grand édifice, que M. *de Voltaire* ait élevé à l'Irréligion, c'eft fans contredit fon *Effai fur l'Hiftoire générale*, fi juftement profcrit par l'Affemblée du Clergé de 1765. Un homme d'efprit dit très-bien qu'on pourroit intituler cet Ouvrage: *Syftême d'Hiftoire univerfelle, dans lequel l'Auteur arrange les faits, fuivant fon imagination, pour prouver que la Religion eft une Chimere atroce, l'homme un animal fot & malfaifant, jouet éternel d'une deftinée aveugle: Production propre à former des honnêtes gens & des hommes vertueux.*

Quel eft en effet le réfultat de cette Hiftoire, que quelques Enthoufiaftes ont ofé mettre au-deffus du fublime difcours de *Boffuet*? Cette propofition, *quiconque ne craint point un Dieu ne fait ce que c'eft que de troubler l'Univers.* Le fatalifme y triomphe; on y voit une lifte magnifique de tous les Scélérats, qui ont vécu dans la profpérité & qui font morts tranquilles. On leur oppofe une foule de bons Rois & de gens de bien, qui ont péri d'infortune & de mifere. S'il eft queftion d'une guerre entreprife par un Souverain, l'Auteur ne manque pas de faire obferver que le plus jufte des combattans a été le plus malheureux.

Ce tableau des infortunes qu'éprouvent les gens de bien dans ce monde feroit une preuve pour un homme fage, qu'il y a une autre vie, où tout doit être compenfé. Mais notre judicieux Hiftorien n'a garde d'y croire : l'ame des bêtes, qu'il ne connoît point du tout, lui fournit des preuves sans réplique de la matérialité de la sienne propre. Tous les hommes ne sont que de pures machines, qu'un être capricieux anéantit, après qu'elles ont joué leur rolle. Un enfant & un petit chien se ressemblent à merveille, & entre Archiméde & une Taupe, il n'y a de différence, que la finesse des organes.

L'ame étant détruite, la révélation ne peut tenir long-temps, & c'est contr'elle que le grand Historien a tourné ses principales batteries. Il ramasse les fables anciennes & modernes, les contes des Indiens, les absurdités du Mahométisme; & après avoir donné un air de raison à toutes ces folies, il les place gravement à côté de la Religion Chrétienne, à laquelle il prête toutes sortes d'absurdités.

Les preuves de fait ne l'embarrassent point; l'Auteur les nie toutes ou les ridiculise. Les titres les plus authentiques, les Histoires les plus anciennes, les monumens échappés à la ruine des temps, tout disparoît à ses yeux éblouis. Cette Religion qui a triomphé de la fureur des *Césars* & de la haine des Philosophes, s'est établie comme toutes les autres Sectes, sans contradiction. Le vertueux *Néron*, le sage *Dioclétien*, leurs ministres & leurs bourreaux en ont favorisé les progrès. Voilà sans contredit de belles découvertes; & c'étoit à un Poëte qu'il étoit réservé de les faire.

Le même esprit regne dans le *Dictionnaire Philosophique*; mais il y paroît plus à découvert. L'Oracle des sages Modernes étoit autrefois enveloppé, insinuant, captieux; mais aujourd'hui c'est un énergumene furieux qui exhale sa haine avec d'autant plus de violence, qu'il avoit été plus long-temps forcé de la cacher. Il ne faut pas se gêner quand on est vieux, & certainement on ne se plaindra pas que M. *de Voltaire* ait enchaîné sa plume dans sa vieillesse. Voyez le *Dictionnaire* que nous venons de citer ; voyez la *Pucelle* ; voyez *Candide*. L'homme le plus familiarisé avec la licence, ne peut les lire sans indignation. Les ridicules outrageans, les impiétés grossieres, les ordures dégoûtantes en salissent chaque ligne. L'Auteur oublie à tout moment le respect dû à la Divinité, à la Religion, à la vertu, aux mœurs, nous oserons dire au goût ; car rien ne lui est plus opposé que ce style bas, qui exprime des mœurs encore plus viles, ce ramas d'incidens puérils, d'aventures sans vraisemblance, de plaisanteries forcées, dont certains laquais du bon ton ne se feroient pas honneur ; mais qui sont très-dignes de M. *de Voltaire* & de la canaille.

C'est encore pis quand M. *de Voltaire* attaque ses adversaires. L'emportement le plus grossier dirige alors sa plume, & il n'a égard ni au rang, ni aux dignités. Les vertus & les places de MM. l'Archevêque d'Auch & l'Evêque du Puy ne l'ont pas empêché de les traiter comme les plus vils des hommes. Il a poussé la brutalité jusqu'à les tutoier, & les épithetes dont il accompagne leurs noms, sont bien dignes de ce ton de décence & de politesse. Dans la Brochure qu'il a intitulée : *Défense de mon oncle*, il joint aux injures les plus infames, les obscénités les plus révoltantes. Il y a des Chapitres intitulés : *de la sodomie, de l'inceste, de la bestialité, d'Abraham & de Ninon de Lenclos*. La suite du Chapitre répond au titre. Personne n'a mieux fait connoître que lui, que plus on a de penchant à la critique, moins on aime à en être l'objet. Mais du moins en censurant, il auroit dû imiter la circonspection de ses adversaires. On ne comprend pas comment un septuagenaire qui se dit Philosophe, peut étaler une si étrange dépravation & une grossiéreté si abominable. Si l'Auteur croit par-là faire mieux vendre ses libelles, il est malheureux pour lui d'être dominé par les passions qui les lui font enfanter. Ses partisans eux-mêmes en rougissent ; & quel homme, fut-il né dans la lie du peuple, n'en rougiroit pas ?

C'est ainsi que M. *de Voltaire* se venge dans cette retraite forcée, qu'il nous peint comme un Paradis, de la privation des plaisirs de Paris, de Berlin & de la Cour. Il a beau afficher son mépris pour les grandeurs ; il les regrette, il les pleure. Il ne tenoit qu'à lui de vivre heureux auprès du Roi de Prusse ; mais il se permoit de familiarités indécentes avec le Monarque, il outrage ses Favoris, Il veut déplacer le Président de son Académie ; il écrit des satyres attroces, & il est obligé de disparoître.

" Vous êtes bien le maître de quitter mon service
,, quand vous voudrez, lui écrivit *Frederic* ; mais
,, avant de partir, faites-moi remettre le contrat
,, de votre engagement, la clef, la croix & le vo-
,, lume de poésies que je vous ai confié. Je souhai-
,, terois que mes Ouvrages eussent été seuls exposés
,, à vos traits ..... Je les sacrifie de bon cœur à
,, ceux qui croient augmenter leur réputation en di-
,, minuant celle des autres. Je n'ai ni la folie, ni
,, la vanité de certains Auteurs. Les cabales des
,, gens de lettres me paroissent l'opprobre de la
,, littérature. Je n'en estime pas moins les honnêtes
,, gens qui les cultivent. Les Chefs des cabales
,, sont les seuls avilis à mes yeux, (du 16 Mars
,, 1753.) ,,

Exilé des Etats d'un grand Roi, quel sera son asile ? Ira-t-il en Lorraine ? mais le Prince bienfaisant qui fait le bonheur de ce Pays, veut s'assurer de sa Religion ; & quelles assurances peut-il lui donner ? Enfin après avoir erré de Pays en

Pays, il se fixe au bord d'un lac; on le fête, on le caresse, on veille à sa santé; il écrit contre le seul homme qu'on y respecte, & il est obligé d'abandonner ce nouvel asile. Faut-il d'autre réfutation de tous les Écrits de M. *de Voltaire*? Non. Comparons sa conduite avec ses Ouvrages, & en connoissant l'esprit qui les a dictés, nous verrons l'impression qu'ils doivent faire sur les ames éclairées & sur les cœurs bien faits. Nous dirons avec le célèbre *Montesquieu* : (*) *Le bon esprit vaut mieux que le bel esprit.*

" En effet, dit un autre Auteur, le bon esprit
" sait menager les hommes, il se prête à leur hu-
" meur; il supporte leurs défauts; il plaît, on
" lui pardonne sa supériorité. Le bel esprit au con-
" traire, plein de lui-même, immole à son amour
" propre celui des autres; il se fait une foule d'en-
" nemis. Le bon esprit soumis à l'ordre, s'attire
" une considération générale. Le bel esprit se croit
" tout permis; il se fait mépriser du plus grand
" nombre. Le bon esprit toujours sage, même dans
" ses saillies, cherche moins à briller qu'à se ren-
" dre utile. Le bel esprit mendie les applaudisse-

(*) Voyez les *Lettres familieres de M. de Montesquieu* qui s'exprime ainsi à l'occasion de la disgrace de M. *de Voltaire* à Berlin. Que M. *de Voltaire* ne pense pas que ceux qu'il croit ses amis s'expriment différemment dans leurs lettres secrettes. Tous conviennent de son génie; tous s'accordent sur son caractere. Ainsi il lui est bien permis de nous traiter comme il a traité de grands Prélats, quoique nous soyons infiniment moins dignes de sa colere. Il ne fait que signer par de nouvelles injures l'opinion ancienne que le Public a sur sa douceur & sa modération. Ses outrages sont des lauriers dont les honnêtes gens se glorifient.

" mens

VOLTAIRE. 497

„ mens, court après les graces, tombe dans le ri-
„ dicule. L'un ne connoît point les airs ; il se tient
„ avec décence dans son état. L'autre mesure les
„ airs qu'il se donne, aux talens qu'il se croit, &
„ ils sont innombrables. Celui-là pense avec jus-
„ tesse & parle avec précision ; celui-ci charge son
„ discours de fleurs, aux dépens des idées. Le bon
„ esprit s'occupe du solide & s'amuse des agrémens.
„ Le bel esprit s'occupe des agrémens & s'ennuie
„ du solide. L'un ne prend que le sel de la plaisan-
„ terie & puise dans la critique des réflexions qu'il
„ réserve pour lui. L'autre se livre à la malignité
„ de la censure, & se déchaîne souvent contre des
„ défauts, dont il est lui-même pétri. Le bon es-
„ prit conçoit l'instabilité du bonheur ; il est pré-
„ paré contre les disgraces, il les supporte avec
„ fermeté. Celui qui n'est que bel esprit, est sou-
„ vent confondu par la plus légere humiliation, &
„ il se trouve sans ressource dans l'infortune. L'un
„ a pour objet principal d'exceller dans sa profes-
„ sion, & fait les plaisirs de ses devoirs. L'autre
„ sacrifie presque toujours les devoirs de son état
„ aux objets qui l'amusent. Enfin le bon esprit
„ garde en tout un juste milieu & fuit les extrêmi-
„ tés ; tandis que le bel esprit franchit toutes les
„ bornes & donne presque toujours dans l'extrê-
„ me. „ (Ceci est tiré du Tome IV. des *Mémoires*
de l'Académie de Nancy.)

§. II.

Portraits divers de l'Auteur du Dictionnaire
Philosophique, *par M. Q***.*

Ce portrait avoit déja paru à la fin de l'*Oracle des
nouveaux Philosophes*, mais avec des fautes qui le
défiguroient & que nous avons exactement corrigées.

" Vous me demandez, Monſieur, le portrait de
„ M. *de Voltaire* que vous ne connoiſſez, dites-
„ vous, que par ſes Ouvrages. C'eſt déja beau-
„ coup, ſelon moi, que de connoître l'Auteur.
„ Vous voulez voir l'homme. Je vais eſſayer de
„ vous peindre l'un & l'autre. „

" M. *de Voltaire* eſt au-deſſus de la moyenne
„ taille. Il eſt maigre, d'un tempérament ſec ; il a
„ la bile brûlée, le viſage décharné, l'air ſpirituel
„ & cauſtique, les yeux étincellans & malins. Tout
„ le feu que vous trouvez dans ſes Ouvrages, il l'a
„ dans ſon action. Vif juſqu'à l'étourderie ; c'eſt
„ une ardeur qui va & vient ; qui pétille & vous
„ éblouit. Un homme ainſi conſtitué ne peut man-
„ quer d'être valétudinaire ; & la lame uſe le four-
„ reau. Gai par complexion, ſérieux par régime,
„ ouvert ſans amis ; il fait le monde & l'oublie.
„ Le matin, *Ariſtippe*, (*a*) & *Diogene*, le ſoir. Il
„ aime la grandeur, & mépriſe les grands. Il eſt
„ aiſé avec eux & contraint avec ſes égaux. Il com-
„ mence par la politeſſe, continue par la froideur,
„ & finit par le dégoût. Il aime la Cour, & s'y
„ ennuie. Senſible ſans attachement, voluptueux
„ ſans paſſion, il ne tient à rien par choix, & tient
„ à tout par inconſtance. Raiſonnant ſans princi-
„ pes, ſa raiſon a ſes accès comme la folie des au-
„ tres. L'eſprit vif & le cœur injuſte, il pénétre (*b*)
„ tout & ſe moque de tout. Il ſait moraliſer ſans
„ mœurs. Vain à l'excès, mais encore plus inté-
„ reſſé, il travaille moins pour la réputation que
„ pour l'argent ; il en a faim & ſoif. Il ſe preſſe
„ de travailler pour ſe preſſer de vivre. Il étoit fait

(*a*) Il y a dans *l'oracle des nouveaux Philoſophes* : Ariſ-
tarque, c'eſt viſiblement une mépriſe.

(*b*) On lit dans *l'oracle* : il penſe à tout ; c'eſt encore
un contre-ſens.

„ pour jouir, & il veut amasser. Voilà l'Homme ;
„ voici l'Auteur. „

" Né Poëte, les vers lui coutent trop peu ; cette
„ facilité le nuit ; il en abuse, & ne donne pres-
„ que jamais rien d'achevé. Ecrivain facile, ingé-
„ nieux éloquent, après la Poéfie, son métier seroit
„ l'Histoire, s'il pouvoit approfondir & s'en tenir
„ à la vérité. Il a voulu suivre la méthode de *Bayle*,
„ il le copie en le censurant. On a dit que pour
„ faire un Ecrivain sans passion & sans préjugés, il
„ faudroit qu'il n'eut ni Religion ni Patrie. Sur ce
„ pied-là, M. *de Voltaire* marche à grand pas vers
„ la perfection. On ne peut pas d'abord l'accuser
„ d'être partisan de sa nation ; on lui trouve au
„ contraire un tic approchant de la manie des vieil-
„ lards ; les bonnes gens ventent toujours le temps
„ passé & sont mécontens du présent. M. *de Voltaire*
„ se plaint continuellement de son pays ; il le
„ blâme en tout, & loue avec excès ce qui est à
„ mille lieues de lui. Pour la Religion, on sait
„ qu'il n'en reconnoît aucune. Il a beaucoup de lit-
„ térature étrangere & françoise, & de cette érudi-
„ tion mêlée qui est à la mode aujourd'hui. Politi-
„ que, Physicien, Géometre, il est tout ce qu'il
„ veut, mais toujours superficiellement & sans rien
„ approfondir. Il faut pourtant avoir l'esprit bien
„ délié, pour effleurer comme lui toutes les matie-
„ res. Il a le goût plus délicat que sûr. Satyrique
„ ingénieux, mauvais critique, il aime les sciences
„ abstraites ; & l'on ne s'en étonne point. On lui
„ reproche de n'être jamais dans un milieu raison-
„ nable. Tantôt misantrope, tantôt satyrique ou-
„ tré, pour tout dire en un mot, M. *de Voltaire*
„ veut être un homme extraordinaire, & il l'est à
„ coup sûr. „

Non vultus, non color unus,

VOLTAIRE.

Rélation d'un voyage aux Délices par un Chinois.

" Je suis de retour d'un voyage que j'ai fait à Geneve. L'envie de voir un Européen qui passe pour le plus beau génie de son siecle, m'a fait entreprendre ce voyage. Ce grand homme ne fait point sa résidence dans la Ville qui porte ce nom ; il habite un beau château qui en est à quelque distance, où il a un excellente table, & où les étrangers qui viennent l'admirer sont admis. C'est, dit-on, la premiere fois depuis le renouvellement des arts en Europe, qu'on ait vu un Poëte avoir un cuisinier. "

" Son château a pour lui un grand avantage, c'est que sa personne y est en sûreté ; car cette grande lumiere est brouillée avec toutes les lumieres d'Europe. Heureusemnt pour lui, il s'est trouvé un petit Pays neutre sur la terre, qui l'a reçu ; sans quoi il auroit peut-être été forcé de finir son existence, faute d'un local pour exister. "

" Son château est bâti sur le terrein de deux Souverainetés étrangeres qui sont limitrophes ; il est, pour ainsi dire, à cheval sur deux Puissances ; de maniere que s'il venoit à être poursuivi par quelque Potentat, il n'auroit qu'à s'échapper dans une de ses chambres opposées, & il seroit aussitôt dans un Pays étranger. Ce n'est pas si mal imaginé pour un Ecrivain, qui craint le ressentiment des Princes qui, en Europe, n'oseroient violer les frontieres des Etats. "

" Le lendemain de mon arrivée, je me rendis à son château ; on m'annonça comme Chinois, & aussitôt les portes de son appartement me furent ouvertes. Sa vue m'effraya ; je crus voir un spectre ; je n'ai jamais vu d'homme qui ressemble plus à un mort. Cette momie Européene a à peine six onces

„ de chair fur les os. Puifqu'il exifte, il faut né-
„ ceffairement que ce foit un efprit; car il n'a
„ point de corps. Tu t'imagine bien qu'il eft
„ vieux; car il n'y a jamais eu de fantôme jeune.
„ Je m'entretins long-tems avec lui fur l'Afie;
„ & il me fit plufieurs queftions fur le gouverne-
„ ment Chinois. Dieux! que les grands génies
„ Européens font petits, quand on les examine
„ à côté de leurs Livres!

„ Jamais Auteur ne publia tant d'ouvrages diffé-
„ rents & n'enfanta tant de volumes. Il eft con-
„ tinuellement agité du démon de fes idées; il
„ ne dort, ni ne veille; il penfe. Son efprit eft
„ fans ceffe aux prifes avec fon imagination. Il
„ paffe fa vie à éclore; il enfante fouvent; mais
„ il fait beaucoup de jumeaux; c'eft le peré aux
„ menechmes; car fa mémoire trahit fouvent
„ fon efprit. A force d'accouchemens, il accouche
„ fouvent des mêmes productions. „

„ Il ne laiffe échapper aucune penfée; tout ce
„ qui fe préfente eft de bonne prife. Il ne fe dé-
„ robe en rien à lui-même; le Public jouit de
„ toute l'étendue de fon génie. Il fe laiffera tout
„ entier à la poftérité; il occupera la fcene du
„ beau génie, tant que fon efprit lui fournira
„ des productions; il ne mourra, que lorfqu'il
„ n'aura plus rien à dire.

„ Il eft riche contre toutes les regles de la litté-
„ rature. Il trafique depuis un demi-fiécle en gé-
„ nie; il paffe pour un des plus grands marchands
„ d'efprit, qu'il y ait en Europe; il a débité
„ pour plus de quatre cents mille livres tournois
„ de fes idées aux Libraires, & pour fe dépê-
„ cher d'être opulent, il leur a fouvent vendu
„ deux fois la même marchandife. „

VOLTAIRE.
Autre Portrait par Mr. de la B.*

Transportons-nous dans le XIXme siecle, & prêtons l'oreille. ,, Cet homme avoit tout ce qu'il
,, faut pour la réputation la plus étendue; (l'es-
,, prit de tout le monde, & de cet esprit plus
,, que personne) mais il n'avoit point ce qui la
,, rend durable, le génie. Il a beaucoup plu &
,, plait moins aujourd'hui, parce qu'il est plein
,, de beautés populaires. Tout ce qu'il voit il le
,, saisit & se le rend propre; mais s'il a la rapi-
,, dité de l'aigle, il n'en a pas le coup d'œil.
,, Cette abondance d'images pour peindre le même
,, objet, cette variété de tours, ce luxe d'élocu-
,, tion, ne sont que des efforts propres à masquer
,, la pâleur des pensées & la sécheresse du fonds.
,, Il ne choisit pas toujours l'expression la plus
,, propre, & manque rarement la plus brillante.
,, Il a l'art de rapprocher les extrêmes, & de sur-
,, prendre en les faisant contraster avec force,
,, harmonie, briéveté. Mais son imagination ne
,, vit que de celle d'autrui. Le vernis lui appar-
,, tient toujours, l'image jamais. Il nuisit à ses
,, talens en se répandant sur tous les genres. Il
,, y chercha la fécondité & la vérité, qui ne se
,, trouve que dans la force & dans la justesse
,, d'esprit. Il sentit que les qualités lui manquoient;
,, delà ces flots de bile contre tout ceux à qui
,, elles ne manquoient pas. Il étonna par un air
,, d'indépendance & de nouveauté un peuple qui
,, commençoit enfin à se lasser de la monotonie
,, & de l'esclavage de ses idées; & ce peuple prit
,, pour génie ce qui étoit tantôt plagiat chez les
,, Anglois, tantôt imprudence, quelquefois dé-
,, lire, souvent vérité superficielle embellie. Ses
,, Ouvrages ne lui coutoient gueres; mais ils ne

„ valoient que ce qu'ils coutoient. Dans la Phi-
„ losophie, absurdes ; dans l'Histoire, pleins de
„ mensonges & de goût ; dans la critique, sin-
„ gulier ou de mauvaise foi ; dans le tragique,
„ fort inégal, heureux dans les détails, mal adroit
„ dans le plan ; dans la Poésie, noble, majes-
„ tueux, brillant, léger, fidele au vrai ton des
„ sujets, jamais sublime. Dans la politique, tou-
„ jours étonné, toujours yvre, toujours à mille
„ lieues du vrai, semblable à un pigmée qui
„ raisonneroit de la guerre des Dieux & des
„ Géans. Une qualité bien estimable, c'est que
„ ses écrits exhalent par-tout le parfum de l'hu-
„ manité. Mais entre *Voltaire* & un certain Homme
„ du même siecle, (*) il y a la même différence
„ qu'entre l'ingénieux *Patercule* & le profond *Ta-*
„ *cite* : qu'entre ce mot du premier : *combien de*
„ *fois n'avons-nous pas vu* Tibere *s'asseoir parmi les*
„ *Préteurs ! Heureux le peuple qui voit son juge dans*
„ *son maître !* Et ce mot du second : Tibere *se*
„ *plaçoit quelquefois à la pointe du Tribunal du Pré-*
„ *teur : mais tandis qu'on pourvoyoit à la justice,*
„ *on corrompoit la liberté.* „

Très-humble Requête d'un ancien Domestique de M.
  de Voltaire *à son cher Maître.*

Jeune l'on péche, & vieux on obtient grace ;
vous l'avez dit autre fois, mon cher maître, &
j'espere que vous le vérifierez aujourd'hui en ma
personne. Séduit par la lecture de certains écrits
où l'on établissoit une égalité parfaite entre les
hommes, je trouvai que la providence avoit tenu

(*) Le Préf. de *Montesquieu.*

la balance très-inégalement entre vous & moi. Pour la mettre un peu en équilibre, j'eus le malheur de vous voler un écrin, qui avoit appartenu à je ne sçais quel Juif de Prusse. Derober à un Hebreu, n'auroit pas été un grand péché, car vous nous avez sagement peint ce peuple comme le plus abominable qui ait jamais été. Mais voler un maître respecté & cheri, c'est un crime qui seroit irrémissible, si vous étiez moins bon. La morale que vous avez prêchée dans votre édifiant *Dictionnaire Philosophique* doit vous rendre encore plus indulgent. Vous dites qu'on ne tourmentera pas éternellement *un pauvre homme pour avoir volé une chevre*. Or, si un voleur qui auroit enlevé à un Laboureur le seul animal qui soutenoit sa vie & celle de ses enfans, n'a rien à craindre de la part de Dieu, je n'ai pas beaucoup à redouter de votre part. Car enfin les deux cas sont bien différens. Quiconque vole une chevre, à un homme qui n'a que ce seul bien, s'empare du nécessaire & peut reduire cet homme à la mendicité; mais quiconque filoute des diamens soulage un homme riche d'un superflu inutile. L'écrin que j'eus la fantaisie de vous prendre, ne vous servoit à rien; & on ne peut vous disputer la qualité d'homme opulent. Vous me disputerez peut-être celle de bon raisonneur; mais je vous dirai que je ne fais que tirer des conséquences de vos principes; s'ils sont mauvais, ce n'est pas à moi qu'il faut s'en prendre. Reste, qu'ils me justifient & qu'ils sollicitent pour moi votre indulgence. Puisqu'on ne doit pas être *damné pour avoir volé une chevre*, je voudrois encore vous demander, mon cher maître, si on le sera pour avoir vendu deux fois la même marchandise, sur-tout quand cette marchandise est une chose futile, *du noir fur du blanc*, comme vous avez dit. j'attens votre réponse pour me défaire d'un manuscrit précieux. Je le ferai imprimer d'abord chapitre par chapitre, & j'aurai ainsi le produit d'une vingtaine de brochures. Ensuite je les réunirai sous le titre de *Contes de Vadé* ou de *ma mere l'oie*. Enfin après l'avoir publié sous le nom de *mélanges*, je le revendrai une quatrieme fois sous celui de *Collection complette* ou de *Redaction générale de mes fadaises*. Je n'attends que votre décision pour produire cet important ouvrage, & j'en destine le fruit à la restitution de vos diamans. Cette petite circonstance doit vous rendre moins sévére dans la résolution de ce cas épineux. J'apprends que vos Lecteurs l'ont déja décidé plus d'une fois ; mais ce sont des gens trop difficiles.

RELATION IMPORTANTE de la Communion de M. de Voltaire dans l'Eglise Paroissiale de Ferney. Sermon prêché par M. de Voltaire après sa Communion. Commerce de Lettres à ce sujet entre M. l'Evêque d'Annecy & M. de Voltaire. Sommation, Déclaration, Profession de Foi, Communion de M. de Voltaire, & autres Pieces curieuses, le tout fait par devant Notaire & Témoins.

Toutes les Gazettes ont retenti des Communions de M. *de Voltaire* en 1768 & 1769. Il avoit lui-même écrit aux Gazetiers pour qu'on les annonçât ; & il avoit de bonnes raisons pour cela. Nous voudrions de tout notre cœur pouvoir le féliciter sur la sincerité des démarches chrétiennes qu'il fit au mois d'Avril 1768 ; mais par malheur, la charité la plus indulgente ne sauroit ajouter foi aux démonstrations extérieures qu'il crut devoir donner au Public, dont l'indignation étoit alors à son comble. Elles sont si insuffisantes, & de plus M. d'*Annecy*, son Evêque, parut si peu persuadé de la droiture de ses intentions, que nous croyons devoir nous en tenir à son avis. Ce Prélat ayant appris qu'il avoit communié le jour de Pâques dans l'Eglise Paroissiale de Ferney, & qu'il avoit, après sa Communion, fait un Discours au Peuple sur les larcins & sur le vol, lui écrivit, le 11 Avril 1768, une Lettre où il déploya tout le zele & toute la modération d'un Pasteur aussi éclairé que charitable; il lui faisoit connoître combien il désiroit que sa conversion fût sincere, & lui indiquoit, avec ménagement, les moyens qu'il devoit prendre pour faire revenir sur son compte les personnes qui avoient été plus scandalisées qu'édifiées de sa Communion, qu'il auroit dû, disoit-il, faire précéder & suivre de quelques circonstances plus édifiantes.

M. *de Voltaire*, loin de répondre cathégoriquement aux insinuations du Prélat, se contenta de lui écrire d'un style qui n'annonçoit pas le Philosophe parfaitement converti. Il paroît d'abord étonné de la Lettre qu'il a reçue; & au lieu d'entrer dans les vues sages qu'on lui propose, il ne songe qu'à produire l'étalage de tout ce qu'il a fait pour ses Vassaux; il s'occupe à rappeller le souvenir de l'Eglise qu'il a bâtie, & paroît plus content d'avoir édifié une Eglise, que convaincu de la nécessité d'édifier son prochain. De-là il passe à une justification un peu amere au sujet des calomnies auxquelles il prétend avoir été en butte. Rendons-lui cependant justice, il dit " qu'il doit mépriser les impostu-
,, res sans pourtant hair les imposteurs; que plus il
,, avance en âge, plus il doit écarter de son
,, cœur tout ce qui pourroit l'aigrir; & que le

,, meilleur parti qu'il puisse prendre contre la
,, calomnie, c'est de l'oublier. ,, Ces sentimens
sont très-louables; mais il seroit à souhaiter que
tout ce qu'on a dit contre lui ne fût que des calomnies. Ensuite citant *Ciceron*, qu'il paroît choisir par trop de préférence dans une Lettre d'édification, il ajoute, " que sans la charité l'homme
,, n'est que l'ennemi de l'homme, que l'esclave
,, de l'amour-propre, des vaines grandeurs, des
,, distinctions frivoles, de l'orgueil, de l'avarice
,, & de toutes les passions. ,, Il est à croire, après
cela, qu'il gémit de bon cœur de tous les excès
dans lesquels ses diverses passions l'ont jetté. Mais
pourquoi, pour la plus grande satisfaction des
consciences droites & timorées, n'a-t-il pas ré-
tracté plus positivement tout ce qu'il a à se reprocher sur ces différens articles ? Enfin, dans un
Post-Scriptum, il justifie son Sermon du jour de
ses Pâques, par le droit qu'ont tous les Seigneurs
de Paroisse, à ce qu'il prétend, d'instruire les
Vassaux de tout ce qui se passe, le jour qu'ils
rendent le pain béni.

M. l'Evêque d'*Annecy* ne fut point content de
cette réponse. Il lui écrivit le 25 Avril, en ces
termes.

,, Je n'ai pu qu'être surpris qu'en affectant de
,, ne pas entendre ce qui étoit fort intelligible
,, dans ma Lettre, vous ayez supposé que je vous
,, savois bon gré d'une Communion de politi-
,, que, dont les Protestans n'ont pas été moins
,, scandalisés que les Catholiques. J'en ai gémi
,, plus que tout autre; & si vous étiez moins
,, éclairé & moins instruit, je croirois devoir
,, vous apprendre en qualité d'Evêque & de Pas-
,, teur, qu'en supposant le scandale donné au
,, Public, soit par les écrits qu'il vous attribue,

„ soit par la cessation de presque tout acte de Religion depuis plusieurs années, une Communion faite suivant les vrais principes de la Morale chrétienne exigeoit préalablement de votre part des réparations éclatantes & capables d'effacer les impressions prises sur votre compte, & que, jusques-là, aucun Ministre instruit de son devoir, n'a pu & ne pourra vous absoudre, ni vous permettre de vous présenter à la Table sainte, &c. „

M. d'*Annecy* n'en exigeoit pas trop. Une grande ame qui revient sincérement à Dieu, n'a pas besoin d'exhortation pour donner à la plénitude de son retour toutes les qualités que le repentir doit inspirer par lui-même. S. *Augustin* aussi grand génie, pour son tems, que M. *de Voltaire*, se porta de lui-même à déplorer ses erreurs & ses fautes. Il ne se borna pas à un simple Sermon sur le Vol.

Après avoir appris à M. *de Voltaire* ce qu'il devoit faire, M. *l'Evêque d'Annecy* réfute le prétendu droit qu'ont les Seigneurs de prêcher. Le reste de sa Lettre est rempli de leçons très-sages & très-propres à faire connoître au Pénitent la différence qui subsiste entre une ame élevée par le véritable esprit de la Religion, & une ame conduite par la vaine gloire de la Philosophie.

M. *de Voltaire* répondit encore à cette Lettre par une autre du 29 Avril. Celle-ci ne contient que des plaintes d'avoir été calomnié dans l'esprit du Prélat, qu'une tournure adroite pour faire valoir les services qu'il a rendus, & finit, comme la précédente, par un anéantissement devant la Providence divine où il renferme son néant, ses fautes & son repentir.

Dans sa réponse du 2 Mai de la même année,

VOLTAIRE.

M. *l'Evêque d'Annecy* justifie les personnes que M. *de Voltaire* soupçonne de l'avoir calomnié ; il lui rémontre que toute l'Europe étant imbue de ses écrits, il ne doit pas s'attacher à des Particuliers, pour leur imputer aucune délation auprès de son Pasteur ; il lui fait connoître que c'est à lui-même qu'il doit s'en prendre de s'être mis dans la nécessité d'avoir besoin d'une réparation éclatante ; il l'exhorte à désavouer les Ouvrages qu'on lui attribue, & à les retracter s'il en est l'Auteur, comme le moyen le plus sûr de rétablir sa réputation, selon lui, injustement attaquée ; il termine sa Lettre en abandonnant M. *de Voltaire* à ses réflexions, & lui déclare qu'il ne doit pas s'attendre à de nouvelles réponses, " jusqu'à ce ,, qu'un retour de votre part, tel que je le sou- ,, haite, lui dit-il, me mette à même de vous ,, convaincre de la droiture de mes instructions ,, & de la sincérité du desir de votre salut qui ,, sera toujours inséparable du respect avec le- ,, quel j'ai l'honneur d'être, &c. ,,

M. *de Voltaire* fit apparemment des réflexions sur les avertissements de son Evêque. Sans lui récrire, il prit le parti de se conformer à son devoir. L'a-t-il fait sincérement ? Nous nous garderons bien d'assurer le contraire. Nous mettrons les Pieces sous les yeux du Lecteur : il décidera lui-même ce qu'il en doit penser.

Acte signifié à M. le Curé de Ferney.

,, *François-Marie de Voltaire*, Gentilhomme
,, Ordinaire de la Chambre du Roi, Seigneur
,, de Ferney, Tournay, &c. &c. âgé de soixante-
,, quinze ans passés, étant d'une constitution très-
,, foible, s'étant traîné à l'Eglise le saint Jour du

„ Dimanche des Rameaux, malgré ſes maladies,
„ & ayant depuis ce jour eſſuyé pluſieurs accès
„ d'une fiévre violente, dont le ſieur *Bugros*, Chi-
„ rurgien, a averti M. le Curé de Ferney, ſelon
„ les loix du Royaume; & ledit malade ſe trou-
„ vant dans l'incapacité totale d'aller ſe confeſſer
„ & communier à l'Egliſe pour l'édification de
„ ſes Vaſſaux, comme il le doit & le deſire, &
„ pour celle des Proteſtans dont ce pays eſt en-
„ touré, prie M. *le Curé* de Ferney de faire, en
„ cette occaſion, tout ce que les Ordonnances
„ du Roi, & les Arrêts des Parlemens comman-
„ dent, conjointement avec les Canons de l'E-
„ gliſe Catholique, profeſſée dans le Royaume;
„ Religion dans laquelle ledit Malade eſt né,
„ a vécu & veut mourir, & dont il veut remplir
„ tous les devoirs, ainſi que ceux de Sujet du
„ Roi, offrant de faire toutes les déclarations
„ néceſſaires, toutes proteſtations requiſes, ſoit
„ publiques, ſoit particulieres, ſe ſoumettant
„ pleinement à ce qui eſt de regle, ne voulant
„ omettre aucun de ſes devoirs quel qu'il puiſſe
„ être, invitant M. *le Curé* de Ferney à remplir
„ les ſiens avec la plus grande exactitude, tant
„ pour l'édification des Catholiques que des Pro-
„ teſtans qui ſont dans la maiſon dudit malade:
„ la préſente ſignée de ſa main & de deux témoins,
„ dont copie reſtée au Château, ſignée auſſi du
„ malade & des deux mêmes témoins; l'original
„ & une autre copie laiſſée entre les mains de
„ mondit Sr. *Curé* de Ferney, par les deux té-
„ moins ſouſſignés; ſauf à les rendre authenti-
„ ques par main de Notaire ſi beſoin eſt,
„ le 30 Mars 1769, à dix heures du matin. „

DE VOLTAIRE.

Bigex, Vagniere, *Témoins*.

VOLTAIRE.

Déclaration de M. de Voltaire.

« Et depuis au Château de Ferney, le 31 Mars après midi, l'an 1769 pardevant moi Notaire soussigné, & en présence des Témoins ci-après nommés, est comparu Messire *François-Marie de Voltaire*, Gentilhomme Ordinaire de la Chambre du Roi, l'un des Quarante de l'Académie Françoise, Seigneur de Ferney, Tournex, Pregny & Chambeisi, demeurant en son dit Château, lequel a déclaré que le nommé *Nonote*, ci-devant soi-disant Jésuite, & le nommé *Guyon*, soi-disant Abbé, ayant fait contre lui des (*) Libelles aussi insipides que calomnieux, dans lesquels ils accusent ledit Messire *de Voltaire* d'avoir manqué de respect pour la Religion Catholique; il doit à la vérité, à son honneur & à sa piété, de déclarer que jamais il n'a cessé de respecter & de pratiquer la Religion Catholique professée dans le Royaume; qu'il pardonne à ses Calomniateurs; que si jamais il lui étoit échappé quelque indiscrétion préjudiciable à la Religion de l'Etat, il en de-

---

(*) Pourquoi appeller Libelles, & sur-tout *Libelles insipides & calomnieux*, deux Critiques excellentes que tous les Gens sensés ont appuyées de leurs suffrages ? Pourquoi se plaindre d'avoir été accusé injustement de manquer de respect pour la Religion Catholique ? Pourquoi assurer qu'on n'a jamais cessé de la respecter, & surtout de la pratiquer ? Ce ne sont point tant les Abbés *Guyon* & *Nonote* à qui il faut reprocher une pareille accusation, qu'à l'Auteur du *Cathécumene*, de l'Histoire *du Bannissement des Jésuites de la Chine*, du *Dictionnaire Philosophique*, de la *Philosophie de l'Histoire*, de l'*Epître aux Romains*, du Livre intitulé *Dieu & les Hommes*, de la *Canonisation de Cucufin*, &c. &c. &c.

» manderoit pardon à Dieu & à l'Etat, & qu'il a
» vécu & veut mourir dans l'obfervance de toutes
» les Loix du Royaume, & dans la Religion Ca-
» tholique étroitement unie à fes Loix. Fait & pro-
» noncé audit Château lefdits jour, mois & an que
» deffus, en préfence du Révérend Sieur *Antoine*
» *Adam*, Prêtre, ci-devant foi-difant Jéfuite,
» & de Sieur *Simeon Bigex*, Bourgeois de la Balme
» de Rhin en Genevois, de Sieur *Claude-Etienne*
» *Maugié*, Orfevre Bijoutier, & de *Pierre l'Ar-*
» *chevêque*, Sindic, tous demeurans audit Ferney,
» Témoins requis. »

Signé, DE VOLTAIRE.

Autre Déclaration de M. de Voltaire,
en recevant la Communion.

" Et depuis, au même Château de Ferney, à
» neuf heures du matin, du premier Avril 1769,
» par devant ledit Notaire, & en préfence des
» Témoins ci-après nommés, eft comparu ledit
» Meffire *François-Marie de Voltaire*, Gentilhomme
» Ordinaire du Roi, l'un des Quarante de l'Aca-
» démie Françoife, Seigneur de Ferney, Tournex,
» Pregni & Chambeifi, demeurant à fondit Châ-
» teau de Ferney, lequel immédiatement après
» avoir reçu dans fon lit, où il eft détenu malade,
» la fainte Communion de M. le Curé de Ferney,
» a prononcé ces propres paroles :
» *Ayant mon Dieu dans ma bouche, je déclare que*
» *je pardonne fincérement à ceux qui ont écrit au Roi*
» *des calomnies contre moi, & qui n'ont pas réuffi*
» *dans leurs mauvais* (*) *deffeins.*

(*) On trouve affez extraordinaire que ce pardon des
Ennemis ne paroiffe, en quelque forte, fondé que fur
» De

VOLTAIRE.

„ De laquelle Déclaration ledit Meſſire *de Vol-*
„ *taire* a requis acte que je lui ai octroyé, en pré-
„ ſence de Révérend Sieur *Pierre Gros*, Curé dudit
„ Ferney ; d'*Antoine Adam*, Prêtre, ci-devant
„ ſoi-diſant Jéſuite ; de *Simeon Bigex* ; de *Claude*
„ *Joſeph*, Capucin du Couvent de Gex ; de *Claude-*
„ *Etienne Maugié*, Orfevre & Bijoutier, & de
„ *Pierre l'Archevêque* ; Sindic dudit Ferney, y
„ demeurans, Témoins ſouſſignés, avec ledit
„ Meſſire *de Voltaire*, & moi Notaire ; audit Châ-
„ teau, leſdites heure, jour, mois & an que
„ deſſus. „

Profeſſion de Foi de M. de Voltaire.

„ L'an 1769, & le 15 Avril, par-devant moi
„ *Claude Raffo*, Notaire Royal au Baillage de
„ Gex, réſident à Ferney, ſouſſigné & en préſence
„ des Témoins ci-après nommés, ont comparu
„ Révérend Sieur *Pierre Gros*, Prêtre & Curé du-
„ dit Ferney ; *Pierre l'Archevêque*, Sindic dudit
„ Ferney ; *Claude-Etienne Maugié*, Orfevre Bi-
„ joutier ; *Jean-Baptiſte Antoine*, *Guillaume*,
„ *Louis Bugros*, Chirurgien, Aggrégé à l'Acadé-
„ mie Royale de Montpellier, Juré en ce dit Pays
„ de Gex ; Révérend Pere *Claude Joſeph*, Prêtre
„ & Capucin du Couvent de Gex ; & *Pierre Jac-*
„ *quin*, Maître d'Ecole, demeurant audit Ferney,
„ &c. leſquels ont déclaré avoir été préſens lorſ-
„ que Monſieur *François-Marie Arouet de Voltaire*,
„ Gentilhomme Ordinaire de la Chambre du Roi ;

---

l'impuiſſance où ils ont été de lui nuire. Si ce n'eſt pas là
l'intention du nouveau Converti, pourquoi a-t-il ajouté ;
& qui n'ont pas réuſſi dans leurs mauvais deſſeins ? Ces
mots étoient plus qu'inutiles dans la circonſtance préſente.

„ & l'un des Quarante de l'Académie Françoife,
„ Seigneur de Ferney, &c. &c. demeurant en fon
„ Château dudit Ferney, a fait la Confeſſion de
„ Foi fuivante, le premier Avril de ladite année,
„ fur les neuf heures du matin, avant de recevoir
„ le Saint Viatique dudit Sieur Curé de Ferney.

„ Je crois fermement tout ce que l'Eglife Catho-
„ lique, Apoſtolique & Romaine croit & confeſſe.
„ Je crois un feul Dieu en trois perfonnes, Pere,
„ Fils & Saint-Efprit, réellement diſtinguées, ayant
„ la même nature, la même divinité & la même
„ puiſſance ; que la feconde perfonne s'eſt fait hom-
„ me ; qu'elle s'appelle JESUS-CHRIST, mort pour
„ le falut des hommes, qu'il a établi la fainte
„ Eglife, à laquelle il appartient de juger du véri-
„ table fens des Ecritures ; je condamne auſſi tou-
„ tes les héréfies que la même Eglife a condamnées
„ & rejettées, ainfi que toutes les interprétations
„ & mauvais fens que l'on y peut donner.

„ C'eſt cette foi véritable & catholique, hors
„ de laquelle on ne peut être fauvé, que je profeſſe,
„ que je reconnois feule véritable, je jure, je pro-
„ mets, m'engage de la profeſſer & de mourir
„ dans cette croyance, moyennant la grace de
„ Dieu.

„ Je crois auſſi d'une foi ferme, & je confeſſe
„ tous & un chacun des articles contenus dans le
„ Symbole des Apôtres que j'ai recité en latin fort
„ diſtinctement ; je déclare de plus que j'ai fait
„ cette même profeſſion de Foi entre les mains du
„ Révérend Pere *Joſeph*, Capucin, avant que de
„ me confeſſer.

„ Telle est l'audition desdits Comparans qu'ils
„ ont confirmée par serment véritable, & de la-
„ quelle ils m'ont demandé acte que je leur ai
„ octroyé, pour servir à ce que de raison. Fait &
„ passé dans le Presbytere audit Ferney, en pré-
„ sence de *Bernard Jacques*, Manœuvre, & de
„ *J. l'Archevêque*, ancien Sindic, demeurant au-
„ dit Ferney, Témoins requis & illiterés, de ce
„ enquis lesdits Comparans ont signé,

„ *Gros*, Curé. *Claude-Joseph*, Capucin. *Pierre*
„ *l'Archevêque*, Sindic actuel. *Claude-Etienne*
„ *Maugié. Pierre Jacquin. Bugros*, Chirurgien.

„ Contrôlé à Gex, le 15 Avril 1769, reçu
„ vingt-un sols. „

Signé, DE LA CHAUT.

" Je soussigné *Claude Raffo*, Notaire Royal au
„ Baillage de Gex, résident à Ferney, déclare &
„ certifie avoir extrait & collationné mot à mot sur
„ leurs originaux les actes ci-dessus à moi exhibés
„ par M. *de Voltaire* : le tout fait à sa requisition.
„ Le 15 Avril 1769. „

RAFFO, avec paraphe.

SECOND DIALOGUE (*)

Entre l'Abbé Bazin & Dubois.

DUBOIS.

Royez-moi, mon cher Maître, ne publiez pas cette Bagatelle (**) ; elle n'ajoutera rien à votre gloire, & elle peut diminuer votre tranquillité.

L'ABBÉ BAZIN.

Je l'ai d'abord pensé comme toi ; mais je ne puis résister à l'envie de la voir imprimée. Si elle n'augmente pas ma réputation, elle ne fera pas tort à ma bourse. Nos petits soupers & nos représentations théatrales me coutent furieusement.....

DUBOIS.

Mais que faites-vous du revenu de vos terres ?

L'ABBÉ BAZIN.

Mes premieres terres sont mes Ouvrages ; je ne veux pas laisser mon esprit en friche. D'ailleurs on m'oublieroit entierement si je ne produisois plus rien.

DUBOIS.

Il vaudroit mieux ne rien produire, que d'enfanter toujours la même chose. On dit que vous

---

(*) Voyez le premier à la tête de l'Ouvrage. Nous plaçons celui-ci à la fin, parce qu'il acheve de caractériser l'homme du *Dictionnaire Philosophique*.

(**) Le *Taureau blanc*, Parodie impie de plusieurs morceaux de Livres saints.

ne faites plus que retourner vos vieux habits, & que vous vous volez vous-même, après avoir toute votre vie volé les autres. On ajoute que vos Brochures ne font plus que du radotage, & que dans le *Scribendi Cacoetés* qui vous tourmente, vous ne faites plus que rabacher les mêmes pensées & les mêmes plaisanteries. On appelle vos Mélanges, *Senis delirantis ludibria.* Enfin, que ne dit-on point ? Ces tristes vérités me fachent, car vous savez que je vous aime de tout mon cœur.

L'ABBÉ BAZIN.

Qu'importe qu'on se plaigne, pourvu que ceux qui se plaignent m'achettent.

DUBOIS.

Mais il n'est pas d'un honnête Négociant, comme vous disiez à *Maupertuis*, de vendre deux fois la même marchandise.

L'ABBÉ BAZIN.

J'avois raison de faire ce reproche à *Maupertuis*, parce qu'il se piquoit d'une sotte délicatesse à cet égard ; mais j'ai toujours traité le public avec une entiere liberté. Je me suis tout permis, parce qu'il m'a tout passé.

DUBOIS.

Croyez-vous qu'il soit toujours si indulgent. Vous avez à la vérité des partisans furieux, des *D. Quichottes* de votre renommée, des *Nains* qui croient doubler de taille en étant les trompettes du Geant ; mais je doute que vos entousiastes soient aujourd'hui en grand nombre ; & ce qui m'en fait douter, c'est l'accueil qu'on fait aux critiques publiées contre vous. L'Auteur de *l'Année litteraire* vend très-bien ses feuilles, malgré *l'Ecossoise* & le *Pauvre Diable*. L'Abbé *Nonotte* n'en a que plus de Lecteurs depuis que vous l'avez accablé d'injures dignes du métier que vous attribuiez faussement à son pere (Crocheteur.) L'Abbé *Guion*, Pensionnaire du Clergé de France, jouit en paix du produit de *l'Oracle des nouveaux Philosophes*; trop souvent réimprimé. L'Abbé *Bergier* est à la Cour aimé & respecté par ce qu'il y a de plus grand. Enfin l'Auteur du *Dictionnaire Anti-Philosophique*, qui est plus gai que vous, sans se tourmenter comme vous pour paroître enjoué, ne rit jamais d'aussi bon cœur, que lorsque vous vous mettez en colere contre lui. Il sait que vos invectives sont un sel qui préserve un ouvrage de la corruption; & depuis que vous l'avez peint comme un pilier de Caffé qui écrit pour ne pas mourir de faim, tous les piliers de Caffé de Paris ses chers confreres, ont voulu avoir son livre. Vous voyez par ce détail que l'entousiasme pour vous baisse, à mesure que vos Critiques s'élevent.

L'ABBÉ BAZIN.

C'est précisément parce que l'admiration diminue qu'il faut la soutenir comme on peut. Un Ouvrage médiocre ou mauvais ne me fera pas des partisans, mais ce sera une occasion de se rappeller de mes Chefs d'œuvres. On a dit après avoir lu la *Princesse de Babilonne*, le *Dépositaire*, le *Faux Connoisseur: comment ce pauvre homme écrit encore....Voyons ce que c'est.... Ah! cela ne vaut pas le papier qu'on y a employé.... Mais il a fait du bon, autre fois*; & tout de suite on donne ordre à un Laquais de lire *l'Histoire de Charles* XII,

DIALOGUE.

ou *Zaire*. Oh ! *voici du beau*, dit-on, & l'on oublie la petite mauvaife Brochure qui n'a pas laiffé de produire l'effet que j'en attendois.

DUBOIS.

Voilà qui eſt fin. Mais je doute que vos dernieres rapfodies (paſſéz moi le terme) aient produit cet effet. J'ai entendu plus d'un Lecteur s'écrier : *quoi! cet homme n'eſt pas encore las de voler le public. Ne ceſſera-t-il de repeter les mêmes blafphémes, les mêmes calomnies, les mêmes erreurs ? N'eſt-il pas temps qu'on lui arrache la plume, puiſqu'il ne veut pas la quitter.*

L'ABBÉ BAZIN.

La Morale de ces Gens-là eſt bien févére.

DUBOIS.

C'eſt celle de tout le monde. Perfonne n'aime à être la duppe de l'avidité de fon prochain, & on croit généralement que vos écrits réproduits vingt fois fous des titres différents, font un impôt que vous voulez lever fur le public. Vous avez beau faire le grand Seigneur, on voit à travers l'habit de Comte la mandille de l'Agioteur. Vous travailleriez beaucoup plus utilement pour votre gloire, en ne travaillant point du tout.

L'ABBÉ BAZIN.

C'eſt auſſi ce que je veux faire. Mais laiſſe moi publier le *Taureau blanc*, & puis je quitte la plume.

DUBOIS.

Eh ! Monfieur vous n'y penfez pas ; vous voulez

vous perdre. Cet Ecrit renferme les blafphemes les plus hardis & les moins voilés. Il eft marqué à votre coin ; il eft impie & méchant. Vous le ferez paffer difficilement fous le nom d'un autre.

L'ABBÉ BAZIN.

Je veux pourtant le mettre fous le nom de *D. Calmet*, comme j'ai mis les *Queftions* de *Zapata* fous celui du Docteur *Tamponet*.

DUBOIS.

Comment vous voulez non-feulement vous perdre ; vous voulez encore outrager deux hommes, dont l'un vous traita, en ami tendre, pendant le féjour que vous fites, en 1748, dans fon Abbaie de Senones, & dont l'autre vit encore. Vous compromettez ainfi fans fcrupule les vivans & les morts.

L'ABBÉ BAZIN.

Bon, bon, c'eft une plaifanterie.

DUBOIS.

Savez vous que dans un État policé de pareilles railleries pourroient vous gener extrêmement la refpiration.

L'ABBÉ BAZIN.

Il n'en eft pas de même en France ; tout le monde parle, perfonne n'agit. On fait que penfer avec juftefle & agir avec juftice font deux chofes dont je ne me fuis jamais piqué. On fait que je fuis en poffeffion de m'amufer de tout & de railler de tout. Comme je n'ai point de fyfteme à faire valoir, attendu que je n'en ai jamais fuivi aucun, on croit que mes Écrits doivent être fans conféquence. Chriſtianiſme, Déiſme, Materialiſme, Socinianiſme tout eſt bon pour moi, ou tout eſt indifférent pour moi, ſuivant que j'ai bien ou mal digeré; ainſi n'ayant aucun point fixe, dédaignant autant la raiſon que les preuves, proteſtant contre tout & riant de tout, on ne fait plus attention à ce que je dis, mais ſeulement à la maniere dont je le dis. Il y a cinquante ans que j'ai le droit de me donner la comédie à moi-même & de la donner aux autres.

DUBOIS.

Cette comédie pourroit enfin devenir ſérieuſe. Publierez-vous encore que vous ayez fait vos Pâques? Déſavouerez-vous? Crierez-vous à l'impoſture? Ce ſont des machines uſées auxquelles perſonne ne ſe laiſſe plus prendre.

L'ABBÉ BAZIN.

Tu me crois donc au bout de mon latin; j'ai d'autres ruſes que tu ne connois pas.

DUBOIS.

Et que ferez-vous donc, ſi vous craignez d'être enfermé.

L'ABBÉ BAZIN.

Ce que je ferai? J'écrirai, je ferai écrire, que je ſuis mourant; qu'accablé ſous le poids de l'âge & des maladies je n'ai pas quatre jours à vivre; que je ne ſors plus de mon lit; qu'incapable du plus petit travail, je ne m'occupe plus que de la fin de ma carriere. Le François eſt compatiſſant, quoique je l'aie peint quelquefois comme barbare; on dira aux Magiſtrats acharnés contre moi : *pourquoi voudriez-vous molester cet homme là ; il est au bord de son tombeau ; il ne peut faire ni bien, ni mal. Il a vecu dans les orages, laissez-le mourir en paix* ; & moyennant cette belle exhortation, j'écrirai tranquillement tout ce que je voudrai.

DUBOIS.

Je vous plains d'avoir à employer de tels artifices. Une pareille ruse s'accorde mal avec l'air de candeur que vous prenez dans vos Livres.

L'ABBÉ BAZIN.

Mon ami, le comble de la finesse est d'affecter de n'en avoir point du tout, & c'est ce que j'ai fait toute ma vie.

DUBOIS.

Continuez donc puisqu'elle vous a si bien réussi. Je m'en lave les mains, & je mets le tout sur votre conscience.

L'ABBÉ BAZIN.

Ah ! ah ! mon ami, la conscience ! tu va me faire pamer de rire. La conscience ! la conscience ! tu m'as pris par mon foible. La conscience ! est-ce que tu en as toi ?

DUBOIS.

J'en ai assez pour ne vouloir plus vivre avec ceux qui n'en ont point du tout. Adieu, & pour toujours.

VOOLSTON.

Ses Discours contre les miracles de JESUS-CHRIST, & conclusion de ce Dictionnaire.

NOus ne tirerions pas cet Auteur de la pouſſiere où il eſt enſeveli, s'il n'étoit utile de découvrir les ſources où puiſent les audacieux Adverſaires de l'Evangile. Il publia, il y a environ quarante ans, des Diſcours ſur les miracles de JESUS-CHRIST, qui ont été copiés par l'Auteur des *Lettres d'un Propoſant ſur les miracles.* L'Eau changée en vin, le Figuier deſſeché, les mauvais Eſprits envoyés dans un troupeau d'animaux immondes, & quelques autres prodiges, qui ont fourni des plaiſanteries ſi fines au prétendu Propoſant, ſont tournées en ridicule ou en allegorie par l'incrédule Anglois. L'Oracle des impies François auroit cru être infidelle à ſa ſecte s'il avoit laiſſé échapper ces momeries Britanniques. *Voolſton* pouſſe la témérité encore plus loin; il prodigue des Epithetes inſultantes à JESUS-CHRIST; & c'eſt en quoi il a été fidélement ſuivi par ſon copiſte. Mais la différence qu'il y a entre l'un & l'autre, c'eſt que le raiſonneur Anglican étoit franc & ſincere dans ſes plus grands excès; au lieu que le Poëte François voulant répandre ſes opinions, ſans perdre ſon bien-être, fait toujours précéder ſes Brochures ſcandaleuſes de quelque déſaveu dans les Journaux, ou de quelque annonce qu'il a fait ſes Pâques dans les Gazettes. Ainſi par un nouvel outrage il feint de s'approcher de l'Autel qu'il apprend à démolir : Lâche ſubterfuge qui met le comble à l'inſulte & le dernier trait au portrait des Philoſophes modernes.

Ce fut en 1721, que *Voolston* commença à déclarer ouvertement son système; & en 1727 on vit paroître son premier *Discours contre les miracles de Jesus-Christ*. Il en publia six dans l'espace de quatre années, avec deux apologies de ses dangereuses opinions. Il fut ensuite déféré par le Clergé à la justice civile. En 1728 au mois de Mai, il fut arrêté & mis sous la garde d'un Messager d'État, mais ensuite on le relâcha sous caution. En 1729, il fut sommé de paroître devant le premier Juge du Royaume à la poursuite du Procureur Général, pour avoir fait imprimer & publier quatre *Discours sur les miracles de J. C.* Le 28 Novembre de la même année, sa Sentence lui fut prononcée, en présence d'un grand concours de Peuple. Elle portoit qu'il payeroit 25 livres sterlings d'amende pour chacun de ses Discours, qu'il subiroit une année de prison, & qu'il donneroit caution pour sa bonne conduite pendant sa vie. Mais n'ayant pu satisfaire à cette sentence, il mourut, dit-on en prison.

L'Auteur du *Dictionnaire Philosophique* ayant copié *Voolston*, il est naturel qu'il ait défendu sa mémoire. Il prétend dans ses Lettres sur les Écrivains qui ont attaqué la Réligion Chrétienne, que cet Auteur ne fut pas puni en Angleterre pour ses témérités impies, & qu'il ne mourut pas en prison. Tous les Journaux du temps, tous les Dictionnaires attestent le contraire. Voyez entr'autres le *Mercure Suisse* (Juillet 1734) ces témoignages sont bien précis. Malgré ces autorités, il se peut faire que *Voolston* n'ait pas eu ce qu'il méritoit; on en a plus d'un exemple en France & en Angleterre, quoique ces deux contrées sentent plus que jamais les plaies que cette funeste science, qu'on appelle *Philosophie*, fait tôt ou tard aux mœurs & aux principes de tout Gouvernement. Nous ne parlons point de cette sagesse paisible qui apprend à connoître les devoirs de l'homme, à respecter ses Maîtres, à régler les passions, à acquérir de nouvelles vertus. Nous parlons de cette Science raisonneuse & sophistique, qui comme un ver malfaisant s'attache à tout pour ronger & pour détruire; de ce monstre qui déchire sourdement, en attendant le moment de se montrer avec audace & d'égorger ceux qu'elle a caressés. On ne peut se dissimuler que dans tous les âges où cette science pernicieuse a levé la tête, on n'ait méconnu le prix de la vertu, & recherché tous les rafinemens du vice. Les liens de la société ont été relâchés; l'amour paternel, la tendresse filiale, les sentimens les plus tendres & les plus touchants qu'inspire la nature, n'ont paru que des chaînes gênantes. Le Philosophe abandonné aux plaisirs des sens n'en connoît pas d'autres; il parlera du bonheur, mais il ne sacrifiera pas le plus petit de ses plaisirs pour faire des heureux. Il écrira sur la générosité; & livré à la plus honteuse lésine, il s'enrichira par de viles menées & s'engraissera du sang de ceux qu'il aura trompés & séduits. Voilà le poison que l'Auteur du *Dictionnaire Philosophique* débite dans tout son Livre comme le plus excellent des remedes; mais malheur à qui écoutera les leçons de cette Syrene enchanteresse. Au milieu de cette corruption générale, tout n'est pas désespéré.

Si la pureté des mœurs a été altérée, la Foi a moins souffert. Car malgré le ton victorieux que prennent les Sophistes à la mode, qu'ont produit jusqu'ici leurs efforts multipliés contre l'édifice sacré du Christianisme ? En a-t-il été ébranlé ? non.

On croit ce qu'on a cru. Il y a quelques infidèles sur-tout dans les grandes Villes ; mais la foi est toujours la même dans les petites, & les mécréans, qu'un vertige passager avoit enlevés à la saine Doctrine, se rangent tôt ou tard sous les drapeaux de la Religion. Ils sentent sur-tout, lorsque l'âge a muri leur raison, qu'il n'y a que des insensés qui puissent de gaieté de cœur braver l'Eternel jusqu'au dernier instant. La dissolution de leur être est pour eux l'époque d'une nouvelle lumiere. Les espérances consolantes ou terribles du Chrétien font taire les doutes incertains du Philosophe. Les Sages du siecle ne paroissent plus alors que des maîtres d'erreur ; & ces maîtres eux-mêmes, touchés du repentir de leurs Disciples, se joignent à eux pour rendre un hommage commun à la Religion qu'ils avoient outragée, à cette Religion sainte qui est le seul guide véritable pendant la vie & la plus douce consolation au moment de la mort.

RÉSULTAT

Des Réflexions répandues dans ce Dictionnaire.

L'Ordre alphabétique séparant & isolant les objets, il est nécessaire de les réunir & de les comparer dans un tableau général, qui sera comme un résumé des articles particuliers répandus dans cet Ouvrage.

I.

De l'existence de Dieu.

Il y a un Dieu. On prouve son existence comme on prouve celle du Soleil ; il ne faut qu'ouvrir les yeux pour en être convaincu. La Divinité est notre Soleil invisible, & ses rayons pénétrent dans les plus profondes ténebres de notre cœur.

J'existe, donc quelque chose existe de toute éternité ; je suis intelligent, donc il y a une Intelligence éternelle dont ma foible intelligence n'est qu'une émanation.

Si une chaumiere placée sur notre petit globe prouve un Maçon, si une maison prouve un Architecte, le cours des Astres & toutes les merveilles de la nature pourroient-elles ne pas me démontrer un Dieu ?

La matiere diversement combinée peut amener quelques arrangements qui surprennent ; mais elle ne produira jamais des êtres pourvus d'organes dont le jeu est incompréhensible, qui sentent, qui pensent & qui sont des êtres sentans & pensans. Une éternité de tous les mouvemens possibles ne donnera jamais ni une sensation, ni une idée ; parce qu'il n'y a nul rapport de la matiere au sentiment & encore moins à la pensée. Enfin, il n'y a que la suprême Intelligence qui ait pu faire des créatures intelligentes. Plus l'on méditera cette réflexion, plus l'on en sentira la force. Des pensées sublimes doivent avoir une source sublime.

II.

De la Providence & de l'Immortalité de l'Ame.

S'il y a un Dieu, ce Dieu est-il bienfaisant ? Pouvons-nous en douter puisque nous vivons ? La vie est un très grand bienfait, & l'horreur de la mort le prouve assez dans tous les êtres de la nature. Tous les élémens conspirent à nous détruire ; nous allons presque toujours par les souffrances à la mort, & nous aimons à vivre : preuve que les plaintes de la plupart des hommes font exagérées & que dans les douleurs même qui les éprouvent, ils ont des consolations sensibles.

L'espérance d'exister dans une meilleure vie est le premier adoucissement des amertumes de celle-ci. Cette espérance n'est point une illusion. Tous les Sages de l'antiquité ont embrassé ce dogme consolant : le nier & admettre une Divinité, c'est tomber dans la plus ridicule inconséquence. Il faut reconnoître un Dieu rémunérateur & vengeur, ou n'en point reconnoître du tout. Anéantissez l'opinion salutaire des récompenses & des vengeances qu'exerce l'Etre Suprême dans une autre vie, vous justifiez l'athéisme; vous lavez les crimes des plus grands scélérats. *Sylla* & *Marius* peuvent se baigner dans le sang de leurs Concitoyens, *Neron* peut se souiller du meurtre de sa mere. Ils n'ont rien à craindre, rien à espérer. Ils n'ont qu'à satisfaire leur ambition sanguinaire, leurs desirs effrénés, qu'ils les satisfassent, puisque leur ame devenue atroce n'a plus qu'à se livrer à son ivresse, & à une ivresse sans suite & sans conséquences.

La matérialité de l'ame ne peut jamais être une conviction ferme & inébranlable. Tous les Incrédules conviennent que nous avons autant de raisons de la nier que de l'admettre. Dans cette incertitude, que la révélation fait disparoître, agira-t-on comme si nos ames étoient matérielles? Se reposera-t-on dans le doute, tandis que la réflexion peut amener une démonstration complette de la spiritualité de l'ame & de son immortalité? non : dans une matiere aussi importante il faut se décider. Les remords ne peuvent s'éteindre qu'autant qu'on est parvenu à une persuasion lumineuse

&

& l'on n'y parviendra jamais. La situation du Matérialiste Pyrrhonien entraîne avec elle une inquiétude importune. On ne peut s'en délivrer qu'autant que la raison, & la Religion reprennent leur droits; il faut donc se livrer à ces deux meres consolantes qui rechauffent leurs enfans dans leur sein, tandis que l'incrédulité ne les embrasse que pour les étouffer.

III.

Nécessité d'admettre une révélation.

Les égaremens de la raison livrée à elle-même, les erreurs des Philosophes anciens & modernes qui n'ont voulu écouter qu'elle, les opinions absurdes dans lesquelles le Paganisme a entraîné tous les Peuples, démontrent assez la nécessité d'une lumiere plus pure; de la révélation. L'esprit de l'homme est tellement obscurci depuis la chûte du premier homme que si Dieu ne l'eût éclairé ou par lui-même ou par ceux auxquels il a bien voulu dévoiler sa loi, il auroit été éternellement le jouet des idées les plus folles & les plus ridicules. Dieu a parlé, nous ne pouvons en douter. Voulant instruire les hommes du culte qu'ils devoient lui rendre, il se communiqua d'une maniere sensible à un Chaldéen vertueux, digne d'être en commerce avec lui par la vivacité de sa foi & la pureté de ses mœurs. *Abraham*, ce respectable pere de la Nation Juive, fut le premier dépositaire des secrets du Très-Haut. *Moyse*, honoré d'une communication encore plus particuliere les recueillit. Ses Livres existent, & n'y eût-il que la sainteté de la morale qui y est répandue, cela seul prouveroit une révélation. Mais on y trouve d'ailleurs des Prophéties frappantes qui ont eu leur accomplissement & des miracles non moins éclatants que véritables.

IV.

De la promesse d'un Libérateur & de JESUS-CHRIST.

Parmi les Prophéties qui signalent la mission de *Moyse*, la plus importante est la promesse d'un Libérateur qui devoit délivrer & renouveller le genre humain. JESUS-CHRIST, fils de Dieu, Dieu lui-même a été ce Rédempteur. Il a porté tous les caracteres du Messie; il a accompli toute l'étendue des promesses. Les miracles les plus étonnans signalent sa venue. A peine est-il né que les Anges viennent du haut des spheres célestes annoncer ce grand événement aux Pasteurs de Bethléem. Une étoile nouvelle brille dans le Ciel du côté de l'Orient. Le tems de sa mission étant arrivé, Dieu le reconnoît publiquement pour son fils. Le Ciel s'ouvre à son Baptême; l'Esprit-Saint descend sur sa tête en forme de colombe, & une voix céleste fait entendre à un peuple immense ces paroles; *celui-ci est mon Fils bien aimé en qui je me plais uniquement.* Des possédés délivrés, des malades guéris, des morts ressuscités sont les signes du nouveau Messie qui se montre par-tout le Maître autant que le Rédempteur de la nature. Si sa Divinité a paru pendant sa vie, elle n'éclate pas moins à sa mort. Le soleil s'obscurcit, la terre est ébranlée, les morts ressuscitent, enfin il ressuscite lui-même & monte glorieux & triomphant dans le Ciel. La sainteté de sa vie, la pureté de sa morale, l'importance des vérités qu'il nous a révélés, l'accomplissement des promesses qu'il nous a faites, viennent à l'appui des miracles qu'il a opérés & doivent tenir tous les hommes dans un silence d'adoration & de respect.

V.

Des Apôtres, des Martyrs & de la propagation de la Religion.

Une Religion si pure, confirmée par des merveilles si authentiques, devoit se faire jour malgré les obstacles que lui opposoient la crédulité des Peuples & la politique des Princes. Les Apôtres la prêchent par toute la terre; des milliers de Martyrs scellent de leur sang le Mystere d'un Dieu immolé sur la Croix pour les crimes des hommes, & de l'Agneau sans tâche ressuscité pour leur justification. Les miracles de sa vie & de sa mort font des prosélytes innombrables & les bourreaux des Chrétiens deviennent eux-mêmes Martyrs & les plus éloquens Prédicateurs du Christianisme. Cette divine Religion triomphant de toutes parts, il falloit nécessairement que l'idolâtrie périt: toutes les idôles de l'Empire Romain furent enfin renversées & leur chûte fut un monument signalé du pouvoir irrésistible du Dieu qui les anéantissoit.

VI.

De la pureté de la morale du Christianisme & des mœurs des premiers Chrétiens.

Si la constance des Martyrs donna de l'éclat à la Religion Chrétienne, elle n'en reçut pas moins de la morale qu'elle enseignoit & des vertus qu'elle faisoit pratiquer. Ceux-mêmes qui croyoient par devoir être obligés de combattre & de persécuter les Adorateurs du CHRIST, rendoient des témoignages authentiques aux exemples de fermeté, de douceur, de patience & de charité qu'ils donnoient à tout l'Empire. L'Eglise primitive étoit une société d'amis & de freres. L'opulent étoit sans faste ; l'indigent sans bassesse. Les uns méprisoient les richesses ; les autres se mettoient au-dessus de la pauvreté. Les Vierges gardoient la pureté dans un rang éminent ; les femmes la chasteté conjugale. Les maîtres commandoient avec douceur ; les serviteurs obéissoient avec amour. On respectoit les Puissances, on honoroit ses parens on aimoit ses amis sans intérêt ; on pardonnoit à ses ennemis sans restriction ; on avoit de l'affection pour ses Concitoyens & de l'humanité pour tout le monde ; on accordoit une hospitalité généreuse aux étrangers ; on regardoit tous les hommes comme autant de freres, comme autant de créatures du même Dieu, d'enfans du même Pere. Ce tableau qui n'est ni fini, ni flatté, n'est-il pas le contraste de la conduite de nos Philosophes modernes ? S'il veulent que nous croyions à eux, qu'ils fassent des miracles ? Non : qu'ils aient des Martyrs ? non, ce n'est pas encore ce que nous leur demandons, mais qu'il nous donnent des exemples si touchants, qu'ils nous montrent des vertus si rares & nous nous soumettons à eux.

Le relâchement d'un grand nombre de Chrétiens de nos jours ne prouve point que le Christianisme ne soit plus le sanctuaire des vertus. Il y en a encore un très grand nombre ; mais elles se cachent au-lieu que le vice va la tête levée. Il y a des justes dans tous les états, dans le monde même. Il y en a encore plus dans l'état Ecclésiastique & dans les Cloîtres, sur-tout dans ceux où la vie présente n'est comptée pour rien en comparaison de la vie future, & où l'on est plus occupé à être vertueux qu'à le paroître.

RÉSULTAT.
VII.

Différence entre les grands Hommes qui ont défendu la Religion Chrétienne & les libertins qui l'ont combattue.

S'il y a des Incrédules d'esprit & qui la plupart ne soient point des Incrédules de cœur, qu'ils fassent réflexion à la soumission aveugle que tant de grands Hommes ont eue pour les vérités du Christianisme. " Quel plaisir (dit la *Bruyere* Chap. des esprits-forts) ,, d'aimer & d'embrasser une Religion ,, que l'on voit crue, soutenue & expliquée par ,, de si beaux génies & par de si solides esprits, ,, sur-tout lorsqu'on vient à connoître que, pour ,, l'étendue des connoissances, pour la profon- ,, deur & la pénétration, pour l'application des ,, principes, pour la dignité du discours, pour ,, la beauté de la morale & des sentimens, il ,, n'y a rien, par exemple, que l'on puisse ,, comparer à saint *Augustin*, que *Platon* & *Ciceron*. ,,

Dioclès, Philosophe Païen, voyant un jour *Epicure* entrer dans un Temple s'écria : *Quelle fête ! Quel spectacle pour moi de voir Epicure reconnoître les Dieux & leur rendre hommage !* Tous ceux qui doutent encore de la Religion & même ceux qui en sont convaincus, ne pourroient-ils pas dire, quoique dans un sens différent, à l'égard de la comparaison, *Quel spectacle ! Quel exemple ! Quelle autorité pour nous de voir tant de grands Hommes & reconnu pour tels dans tous les siecles, professer si hautement la Religion Chrétienne, en défendre la vérité, consacrer leurs talens & leurs plumes pour la soutenir, & vivre conformément aux préceptes qu'elle enseigne !*

Qu'on jette à préfent les yeux fur les Docteurs de l'impiété ? On verra qu'elle n'a été foutenue que *par des Stoïciens entêtés, par des Savans enflés de leur fcience, par des gens du monde qui ne connoiffent que leur vaine raifon, par des plaifans qui prennent de bons mots pour des argumens, par quelques théologiens enfin qui, au lieu de marcher dans les voies de Dieu, fe font égarés dans leurs propres voies.* C'eft l'aveu que la force de la vérité a arraché à M. *de Voltaire* dans des Lettres adreffées à Mr. le Prince de ⁂ & publiées en 1767.

VIII.

De l'impreffion que les preuves de la Religion doivent faire fur un bon efprit.

,, Si ma Religion étoit fauffe, dit *la Bruyere*,
,, je l'avoue, voilà le piege le mieux dreffé qu'il
,, foit poffible d'imaginer ; il étoit inévitable de
,, n'y être pas pris. Quelle majefté ! Quel éclat de
,, myfteres ! Quelle fuite & quel enchaînement de
,, toute la Doctrine ! Quelle raifon éminente !
,, Quelle candeur ! Quelle innocence de mœurs !
,, Quelle force invincible & accablante de témoi-
,, gnages rendus fucceffivement & pendant trois
,, fiecles entiers par des millions de perfonnes les
,, plus fages, les plus modérées qui fuffent alors
,, fur la terre, & que le fentiment d'une même
,, vérité foutient dans l'exil, dans les fers, con-
,, tre la vue de la mort & du dernier fupplice !
,, Prenez l'hiftoire, ouvrez, remontez jufqu'au
,, commencement du monde, y a-t-il eu rien de
,, femblable dans tous les temps ? Dieu-même pou-
,, voit-il jamais mieux rencontrer pour me fé-
,, duire ? Par où échapper ? Où aller ? Je ne dis
,, pas pour trouver rien de meilleur, mais quel-

,, que chose qui en approche. S'il faut périr c'est
,, par-là que je veux périr, il m'est plus doux de
,, nier Dieu que de l'accorder avec une trompe-
,, rie si spécieuse & si entiere; mais le l'ai appro-
,, fondi, je ne puis être athée, je suis donc ra-
,, mené & entraîné dans ma Religion. ,,

Ajoutons une réflexion du même Auteur, la plus sensée qui fut jamais. " La Religion est vraie
,, ou elle est fausse : si elle n'est qu'une vaine
,, fiction, voilà si l'on veut, soixante années per-
,, dues pour l'homme de bien, pour le Chartreux
,, ou le Solitaire, ils ne courent pas un autre
,, risque : mais si elle est fondée sur la vérité-même,
,, c'est alors un épouvantable malheur pour
,, l'homme vicieux. L'idée seule des maux qu'il se
,, prépare me trouble l'imagination ; la pensée est
,, trop foible pour les concevoir & les paroles
,, trop vaines pour les exprimer. Certes, en sup-
,, posant même dans le monde moins de certitude
,, qu'il ne s'en trouve en effet sur la vérité de la
,, Religion, il n'y a point pour l'homme un meil-
,, leur parti que la vertu. ,,

IX.

Quelle distinction il faut faire en combattant les Auteurs Impies ?

Il y a deux especes d'Incrédules. Les uns cherchant tranquillement la vérité, tâchent de la trouver & s'ils s'égarent, c'est malgré eux. Un travers d'esprit les mene au précipice. Il y a d'autres Incrédules qui, entraînés par la corruption de leur cœur & par la vivacité d'une imagination fougueuse qui cherche à se satisfaire aux dépens du sacré & du profane, n'embrassent le parti de l'impiété que pour satisfaire leurs plaisirs ou leur malice. Incapable de garder le moindre ménagement, ils infultent avec audace tout ce que les hommes refpectent. Il faut traiter avec modération les Incrédules du premier genre & avec une vigueur courageufe ceux du fecond, fur-tout fi leurs ouvrages ont été flétris par l'autorité publique & leurs Auteurs punis avec éclat. C'eft ce principe qui nous a dirigés. Nous favons qu'il y a quelques Philofophes célebres de ce fiecle, qui font accufés de mal penfer fur la Religion; mais l'erreur étant enveloppée avec fineffe dans leurs écrits & ces écrits n'ayant pas été condamnés, nous n'avons pas dû leur donner une place dans ce Dictionnaire de peur de nuire à la Religion en citant des noms qui ne font pas entiérement reconnus pour irréligieux. Cette excufe doit nous faire trouver grace devant quelques Lecteurs qui auroient voulu trouver dans notre Ouvrage les **, les **, &c. Ils doivent d'autant plus facilement nous pardonner notre réferve, que nous n'en avons pas ufé à l'égard d'aucun des Écrivains dont les Livres ont été brûlés par la main du bourreau. Ainfi l'on trouvera ici les Auteurs des *Penfées Philofophiques*, reproduites fous le titre d'*étrennes aux efprits-forts*; du livre de *l'efprit*; du *Dictionnaire Philofophique*; de la *Philofophie du bon fens*, &c. &c. La raifon en eft qu'aucun de ces Écrivains n'eft en droit de fe plaindre de nous. Un homme diffamé par la Juftice feroit mal reçu à déclamer contre celui qui n'a fait que citer l'arrêt qui le profcrit. C'eft un criminel qui, étant fous le glaive des loix, n'eft pas en droit de fe recrier contre celui qui conftate fon crime. D'ailleurs la plupart de ces Impies ont reçu de nous les éloges qu'ils méritent comme beaux efprits; & nous ne nous fommes expliqués avec énergie que contre ceux qui, ayant manqué à toutes les regles de l'honnêteté publique, ne sauroient plus les réclamer en leur faveur.

X.
De la soumission qu'on doit à l'Eglise.

Une Religion étant démontrée vraie, contre les téméraires qui l'ont attaquée, quelle sera la regle de la foi qu'elle exige de nous ? A quel Tribunal s'en rapportera-t-on ? A l'Eglise. Hors d'elle il n'y a que trouble & confusion. Tâchons de nous pénétrer des sentimens du grand *Fenelon* pour cette mere tendre & sensible. " O Eglise Romaine, s'é‑
,, crie-t-il dans les mouvemens d'une juste dou‑
,, leur, ô Cité sainte ; ô chere & commune pa‑
,, trie de tous les vrais Chrétiens ! il n'y a en
,, Jesus-Christ ni Grec, ni Scythe, ni Barbare,
,, ni Juif, ni Gentil. Tout fait un seul peuple
,, dans votre sein ; tous sont concitoyens de Rome,
,, & tout Catholique est Romain..... Mais d'où
,, vient que tant d'enfans dénaturés méconnois‑
,, sent aujourd'hui leur mere ; s'élevent contr'elle
,, & la regardent comme une marâtre ? D'où vient
,, que son autorité leur donne tant de vains om‑
,, brages ?.... O Eglise d'où Pierre confirmera à
,, jamais ses freres, que ma main droite s'oublie
,, elle-même, si je vous oublie jamais ; que ma
,, langue se séche en mon palais & qu'elle de‑
,, vienne immobile si vous n'êtes pas jusqu'au der‑
,, nier soupir de ma vie le principal objet de ma
,, joie & de mes cantiques. ,, Ainsi parloit assez peu de tems avant sa mort un Prélat dont le nom sera toujours l'ornement des fastes de l'Eglise. Apprendrons-nous à nos Lecteurs que ce grand Homme vient d'être déprisé dans une Brochure nou‑

velle, intitulée l'A. B. C. qu'on nous donne comme traduite de l'Anglois ; mais qui est incontestablement de cet Auteur infatigable, dont les ouvrages font la fatyre de Dieu & des hommes, des vivans & des morts, & qui femblable aux filoux qui fe déguifent pour commettre leurs larcins, prend tantôt le nom d'un Ruffe, tantôt celui d'un Quakre, ici celui d'un Juif, là celui d'un Efpagnol, & qui fous ces différens traveftiffemens eft toujours lui-même, le *Zoïle* de la vertu & des talens.

X.I.

Refumé des erreurs de l'Auteur du Dictionnaire Philofophique.

Après avoir vu ce qui réfulte du *Anti-Dictionnaire Philofophique*, voyons ce qui réfulteroit de l'Ouvrage qu'on y réfute, & qu'on a fi improprement intitulé *Philofophique*. On y dévoile ouvertement ce qui eft répandu plus infidieufement dans les autres Ecrits du même Auteur. Voici le précis de fa Doctrine, tel qu'on le trouve dans les erreurs *de Voltaire*; Livre où l'on n'a rien exageré.

I. " Y a-t-il un Dieu Créateur ? Ce qui eft certain, c'eft que tous les anciens Philofophes ont enfeigné l'éternité du monde ; c'eft que toute l'antiquité a cru la matiere éternelle. L'argument de la fucceffion des êtres ne prouve rien pour la Création ; car les athées foutiennent qu'il n'y a point de génération, qu'il n'y a point d'êtres produits, qu'il n'y a pas plufieurs fubftances.

II. " Les plus grands hommes, les oracles de l'humanité entiere, ne font point de l'avis de faint *Athanafe* fur la Trinité. Ils vous difent nettement que le Pere eft plus grand que le Fils. Les Unitaires (ceux qui nient la Divinité de JESUS-

„ Christ) raisonnent plus géométriquement que
„ les Catholiques.

III. „ Les Ecritures des Chrétiens sont l'ouvrage
„ de la nation la plus ignorante & la plus méprisa-
„ ble qui fut jamais. Ces Livres sont remplis d'ab-
„ surdités, de faussetés, de traits qui ne prouvent
„ que l'ignorance.

IV. „ La chûte d'*Adam*, sa punition, le péché
„ originel, ne sont que des fables dignes de mépris.

V. „ Toute la Religion consiste à connoître un
„ Dieu & à être juste ; le reste est arbitraire.

VI. „ Le Déisme est la Religion du bon sens, la
„ Religion des Philosophes & des Sages.

VII. „ Le Déisme est une Religion répandue
„ dans toutes les Religions : c'est un métal qui
„ s'allie avec tous les autres & dont les veines
„ s'étendent sous terre ; le secret n'est que dans les
„ mains des adeptes.

VIII. „ On peut abjurer le Christianisme, de-
„ venir le scandale de l'Eglise, sans s'écarter de la
„ raison, ni de la loi naturelle.

IX. „ Le préjugé nous représente Dieu comme
„ injuste, emporté, jaloux, séducteur & barbare :
„ idée absurde. Dieu ne se plaît point à déchirer
„ l'ouvrage de ses mains ; s'il est infini, c'est dans les
„ récompenses, & il ne punit point, par des tour-
„ mens affreux & éternels, quelques momens de
„ foiblesse & quelques plaisirs passagers.

X. „ Comme le Créateur conduit la matiere par
„ le mouvement, ainsi il conduit les hommes par
„ le plaisir ; les hommes n'ont point d'autre mo-
„ teur ; c'est par la voix du plaisir que Dieu nous
„ appelle.

XI. „ Il n'est pas démontré que la matiere ne
„ puisse pas penser. Tous les anciens Philosophes
„ ont cru l'ame corporelle ; plusieurs des Peres de

„ l'Eglife l'ont cru de même. Il faut donc mettre
„ la fpiritualité de l'ame au rang des chofes problé-
„ matiques, au refte, ce point n'influe en rien fur
„ la fociété civile, & l'on peut être matérialifte,
„ & en même temps très vertueux.

XII. „ Les Martyrs dont les Chrétiens fe font
„ tant d'honneur n'ont guere été que des hommes
„ factieux, des emportés, des rebelles, des fana-
„ tiques; le nombre en eft petit, & d'ailleurs les
„ fauffes Religions ont eu auffi les leurs.

XIII. „ Ce n'eft pas au fang de fes Martyrs que
„ le Chriftianifme doit fes grands progrès; c'eft
„ aux violences de *Conftantin*, aux barbaries de
„ *Charlemagne*, &c.

XIV. „ Les prieres, les facrifices, les offrandes
„ religieufes, ne font que d'adroites inventions des
„ Prêtres avides, pour leurrer & dépouiller un
„ peuple d'imbécilles.

XV. „ Le Clergé n'eft qu'un amas d'hommes
„ vicieux, inutiles, à charge à l'Etat, pour la ré-
„ formation duquel on devroit fuivre les exemples
„ qu'ont donnés l'Angleterre & le Nord au fixieme
„ fiecle.

XVI. „ Le célibat de Religion ne doit fon ori-
„ gine qu'à la fainéantife: c'eft une perte pour
„ l'Etat, une charge pour les peuples, un fcan-
„ dale pour la fociété.

XVII. „ Rien de plus mal imaginé que les Con-
„ ciles, qui ne font que des cabales de Prêtres
„ pour décider fur des mots.

XVIII. „ Rien de plus fage que la conduite des
„ Païens, qui laiffoient à chacun la liberté de
„ penfer, de croire & de parler comme il vouloit.

XIX. „ Le plus cruel ennemi de la fociété, c'eft
„ l'intolérance; c'eft elle qui a fait couler des ri-
„ vieres de fang depuis *Conftantin*, qui a allumé

,, les bûchers, excité les fureurs des persécutions,
,, rempli l'Univers d'assassinats, de meurtres, de
,, perfidies, &c.

XX. ,, L'intolérance est le vice & le péché des
,, Prêtres & des Théologiens.

XXI. ,, Les Prêtres & les Théologiens sont des
,, ames gonflées de vices & d'orgueil, à propor-
,, tion qu'elles sont vuides de vérités ; ils vou-
,, droient troubler toute la terre pour un sophisme,
,, & intéresser tous les Rois à venger par le fer &
,, par le feu, un argument in *Baralipton*. ,,

La morale qui découle de ces beaux principes se
conçoit aisément. Le meurtre & le vol sont les deux
seuls crimes que la Philosophie peut défendre ; tout
le reste est permis. C'est à entasser de telles horreurs
dans cinquante brochures & sous cent formes différentes que M. *de Voltaire* a consumé cinquante années, toujours avide de gloire & inquiet de la
gloire des autres ; se fuyant sans cesse & se retrou-
vant toujours ; ennemi de presque tous les gens de
lettres & encore plus ennemi de lui-même ; obligé
de changer à tout moment de domicile ; ne trouvant la tranquillité, ni à Paris, ni à Cirei, ni à
Nancy, ni en Angleterre, ni en Hollande, ni en
Prusse, ni à Geneve ; n'échappant à la poursuite
de la justice que par des désaveux dictés par la lâcheté ; & couronnant une vie turbulente par une
vieillesse inquiete. C'est pourtant cet homme qui a
fait tant de Prosélytes, non parmi les gens sensés,
mais parmi une jeunesse frivole & débauchée ; car
M. *de Voltaire* a beau exagérer la qualité des coupables, pour diminuer l'iniquité, nous ne connoissons aucune personne d'un âge mur que ses Ecrits
aient séduit & pu séduire. Un des plus forts argumens en faveur de la Religion, seroit la liste des
partisans de l'irréligion.

PLAN

De Preuves de la Religion, par *M.* Houdart de la Motte.

JE trouve du plaisir & de la douleur dans le monde. Chacun en est la preuve à soi-même.

J'y trouve aussi l'idée du Juste & de l'Injuste. Toutes les sociétés roulent sur cette idée. Par-tout & en toute langue on dit : vous avez bien fait ; vous avez mal fait : c'est agir en honnête homme ; c'est agir en fripon.

Nous ne nous donnons point le plaisir ni la douleur : nous ne nous sommes point donné non plus l'idée du Juste & de l'Injuste.

Or l'idée du Juste & de l'Injuste suppose nécessairement une loi, & en même temps une liberté.

Une loi ; parce qu'il ne sauroit y avoir de justice ou d'injustice qu'autant que l'on suit, ou que l'on viole quelque regle.

Une liberté ; parce que ce qui est nécessaire est sans choix, & que le Juste & l'Injuste supposent un choix à faire.

On ne sauroit louer ni blâmer la pierre de tomber, ni la flamme de s'élever.

Une loi suppose nécessairement un Législateur, & la liberté entraîne nécessairement le mérite & le démérite.

Le mérite & le démérite ont une liaison naturelle avec la douleur & le plaisir.

Selon ces idées. Je demande à tout homme, en supposant qu'il eût à distribuer le plaisir & la douleur, s'il n'appliqueroit pas le plaisir aux Justes & la douleur aux Injustes ? & toujours à proportion les plus grands plaisirs aux plus Justes, & les plus grandes douleurs aux plus Injustes.

Telle est sans contredit l'idée de la Justice distributive, imprimée dans tous les esprits.

Il faut donc conclure que c'est là la conduite du Législateur, autrement nous ne le regarderions que comme un Tyran insensé qui puniroit ceux qui lui obéissent pour ne récompenser que les rebelles.

L'intérêt & la raison obligent donc l'homme à bien étudier la Loi qui lui est imposée, & à s'y conformer, dans l'espérance du bonheur, comme il doit éviter de l'enfreindre dans la crainte du malheur.

Avant toute Loi écrite, l'homme devoit être fidele à certains principes qu'il trouvoit dans son cœur, & qu'il n'y avoit pas mis. C'étoit sa lumiere & sa Loi. Voilà l'état de la Loi naturelle.

Nouvel état. Dieu veut se manifester davantage à l'homme, & lui *donner une Loi écrite* comme le déployement & la perfection de la premiere. Que devoit faire l'homme ? S'assurer que c'étoit Dieu qui parloit, pour se soumettre à ses ordres.

Je me suppose témoin des merveilles que Dieu fit, en nous révélant ses volontés. Il change à son gré les Loix de la nature, pour me prouver qu'il en est le maître. Je fais ce raisonnement. Ou c'est Dieu qui parle, & je dois lui obéir, ou c'est Dieu qui prête toute sa puissance au mensonge ; & en ce cas ce seroit lui qui seroit le coupable. Ce qui renverse absolument l'idée que j'en ai, & qu'il m'a donnée lui-même.

Mais je n'ai pas été témoin des miracles & de la révélation. J'entends dire seulement qu'il en a fait : mon intérêt & ma raison m'obligent alors de m'en éclaircir, s'il y a quelques moyens, & il y en a.

Les faits se prouvent de deux manieres ; ou en frappant les sens de ceux qui en sont témoins, ou par la force des témoignages qui les attestent.

PLAN.

Cette force des témoignages peut être telle qu'elle tient lieu des sens mêmes.

Mais, dit-on, ces faits sont surnaturels, & par-là moins croyables. Ils sont éloignés pour nous; & par-là encore moins croyables.

Il n'en est pas ainsi. Les faits surnaturels n'ont pour Juges que les sens aussi-bien que les faits naturels; & les sens sont aussi sûrs pour les uns que pour les autres. Un peuple qui a passé la Mer à travers ses flots divisés, est aussi sûr de cette merveille que de l'état ordinaire des Mers.

Les faits éloignés naturels ou surnaturels se prouvent également par la force des témoignages. Il faut raisonner là-dessus de la distance des temps comme de celle des lieux.

On vient d'élire un Pape à Rome.

Les Habitans de Rome en sont assurés par leurs sens. Ils l'ont entendu proclamer; ils l'ont adoré. La nouvelle s'en répand uniformément dans toute l'Europe. Nulle contradiction. Tous les témoignages s'accordent. J'en suis aussi persuadé que si je l'avois vu.

Il en est de même de la distance des temps. César est assassiné à Rome en plein Sénat; les Romains l'ont vu: & toute l'Histoire dépose cet événement sans aucune contradiction. Le fait est arrivé jusqu'à nous d'Histoires en Histoires. Nulle raison d'en recuser aucune. Je suis encore convaincu du fait comme si je l'avois vu.

Voilà l'état de la Religion. Elle est arrivée à nous par les témoignages. Il s'agit d'en examiner la force.

Premier examen. L'Ancien Testament qui prépare l'Evangile. Il s'agit de voir si depuis *Moyse* les faits & les témoignages peuvent avoir été altérés.

Second examen. Jesus Christ vient établir la Loi de grace. Il prouve sa doctrine par ses miracles;

cles ; il les confomme par fa Réfurrection ; la Réfurrection eſt prouvée par le témoignage de ſes Apôtres, qui l'ont vu, qui ont converſé avec lui ; & en préſence de qui il eſt monté au Ciel. Ils ont tous verſé leur ſang pour ſoutenir, non une ſpéculation où l'eſprit eſt ſujet à s'égarer ; mais un fait ſur lequel leurs ſens n'ont pu ſe tromper. Ils prouvent leur propre témoignage par des miracles ; & même ils en communiquent le don aux autres. Nul intervalle de la Réfurrection de Jesus-Christ au premier établiſſement de l'Egliſe. Saint *Paul* écrit des Lettres à pluſieurs Aſſemblées de Fideles déja fondées. La date de ſes Epîtres eſt inconteſtable. Rien ne ſe dément. Les miracles ſe perpétuent, la converſion même des peuples en devient un nouveau témoignage. Enfin ſans intermiſſion, ſans interruption la lumiere arrive juſqu'à nous.

Quel embarras reſte-t-il encore ? Pluſieurs Sectes ſe partagent ſur la doctrine, & crient toutes, *Je ſuis l'Egliſe* : Mais peut-on s'y méprendre ? Jesus-Christ a dit aux Apôtres ; allez, prêchez, qui vous écoute, m'écoute. Je ſuis avec vous juſqu'à la conſommation des ſiecles. Chercherions-nous cette autorité divine dans des Sectes qui ſe ſont ſéparées du tronc; ou dans la ſucceſſion immédiate du Miniſtere Apoſtolique ?

Pourroit-on balancer ? Si je cherche cette autorité parmi les Sectes qui avouent leur ſéparation, je n'ai plus de regle. Mon diſcernement particulier va décider de ma doctrine. Autant de têtes, autant de Dogmes : mais en m'en tenant à ce corps viſible de Paſteurs, ſucceſſeurs des Apôtres ; je n'ai beſoin que d'une humble docilité pour les en croire.

Il faut donc croire & pratiquer ce que cette Egliſe viſible enſeigne. Il faut opérer ſon ſalut dans le tremblement & dans l'eſpérance.

Dans le tremblement, puisque celui qui me donne ici des douleurs paſſageres pour m'éprouver, peut me fixer dans un état malheureux, ſi je viole ſes Loix.

Dans l'eſpérance, puiſque celui qui me donne des plaiſirs paſſagers pour me ſoutenir dans la vie préſente, peut me fixer dans un état heureux, ſi je ſuis fidelle à ſa grace.

Je ſuis parti des principes certains ; & toutes ces conſéquence ont la même certitude, ſi elles en ſont bien tirées ; mais il ſuffiroit que de toutes les Religions qui ſont répandues dans le monde, la Religion Chrétienne fût ſeulement la mieux prouvée, pour obliger l'homme en conſcience à la ſuivre, parce qu'il y a un mépris évident de la vérité, à ne point préférer ce qui en a le caractere à ce qui ne l'a pas.

En un mot, c'eſt une diſcuſſion hiſtorique que l'Etude de la Religion ; & ſi les témoignages qui la prouvent ont toutes les conditions néceſſaires pour certifier un fait, on n'eſt plus reçu à la combattre par des objections philoſophiques ; on n'auroit pas oppoſé ces objections aux miracles, ſi on en avoit été témoin ; il ne faut pas non-plus les oppoſer aux témoignages des miracles, s'ils ſont inconteſtables.

ARREST

Du Parlement de Paris, qui condamne les jeunes Criminels d'Abbeville.

VU par la Cour, la Grand'Chambre assemblée, le Procès criminel fait par le Lieutenant-Criminel de la Sénéchauffée de Ponthieu à Abbeville, à la requête du Subftitut du Procureur-Général du Roi audit Siege, Demandeur & Accufateur, contre Jean-François *Lefebvre*, Chevalier Sieur de la Barre, & Charles-François-Marcel *Moifnel*, défendeurs & accufés, Prifonniers ès prifons de la Conciergerie du Palais à Paris; & encore contre Gaillard d'Eftalonde, Jean-François Douville de Maillefer, & Pierre-François Demaifniel de Saveufe, auffi défendeurs & accufés, abfens & contumax; lefdits Jean-François Lefebvre Chevalier de la Barre, & Charles-François-Marcel Moifnel, appellans de la Sentence contr'eux rendue fur ledit Procès le 28 Février 1766, par laquelle la contumace auroit été déclarée valablement inftruite contre Gaillard d'Eftalonde, accufé & contumax, & en adjugeant le profit d'icelle, il auroit été déclaré duement atteint & convaincu d'avoir par impiété & de propos délibéré paffé, le jour de la Fête-Dieu derniere, à vingt-cinq pas du St. Sacrement que l'on portoit à la Proceffion des Religieux de St. Pierre de ladite Ville, fans ôter fon chapeau qu'il avoit fur fa tête, & fans fe mettre à genoux; d'avoir voulu acheter au fieur Beauvarlet un Crucifix de plâtre qui étoit dans fa chambre, & d'avoir dit que c'étoit pour le brifer & fouler aux pieds; d'avoir proféré les blafphêmes énormes & exécrables contre Dieu, mentionnés au Procès ; d'avoir chanté publiquement & différentes fois deux chansons impies & remplies de blasphêmes les plus énormes, les plus abominables & exécrables contre Dieu, la sainte Eucharistie, la sainte Vierge, les Saints & Saintes, mentionnés au Procès ; d'avoir enfin un des jours de l'été dernier, donné des coups de canne au Crucifix qui étoit alors placé sur le Pont neuf de ladite Ville ; pour réparation de quoi, condamné à faire amende-honorable devant le Crucifix placé sur ledit Pont, & devant la principale porte de l'Eglise Royale & Collégiale de St. Vulfranc de ladite Ville ; où il seroit mené & conduit par l'Exécuteur de la Haute-Justice, dans un tombereau, & là, étant à genoux, nue tête & nuds pieds, ayant la corde au col, écriteaux devant & derriere portant ces mots : *Impie Blasphémateur & Sacrilège exécrable & abominable*, & tenant en ses mains une torche de cire jaune ardente du poids de deux livres, dire & déclarer à haute & intelligible voix, *que méchamment & par impiété, il a passé de propos déliberé devant le St. Sacrement sans ôter son chapeau, & sans se mettre à genoux ; a proféré les blasphêmes contre Dieu mentionnés au Procès ; a chanté les deux chansons remplies de blasphêmes exécrables & abominables contre Dieu, la sainte Eucharistie, la sainte Vierge, les Saints & les Saintes, mentionnés au Procès, & a donné des coups de canne sur le Crucifix qui étoit placé sur le Pont neuf de ladite Ville : dont il se répent, demande pardon à Dieu, au Roi & à la Justice* ; & audit dernier lieu avoir la langue coupée, & le poing coupé sur un poteau qui sera planté devant ladite porte de ladite Eglise ; ce fait, conduit dans ledit tombereau dans la place publique & principal Marché dans ladite Ville, pour y être attaché avec une chaîne de fer à un poteau qui y

ARREST. 549

fera à cet effet planté, & brûlé vif, son corps réduit en cendres, & icelles jettées au vent, tous ses biens acquis & confisqués au profit du Roi, ou à qui il appartiendroit, sur iceux préalablement pris la somme de deux cents livres d'amende envers ledit Seigneur Roi, au cas que confiscation n'eût lieu à son profit ; & seroit ladite Sentence, en ce qui regardoit ledit Gaillard d'Estalonde, accusé, contumax, exécutée par effigie en un tableau qui seroit attaché, par l'Exécuteur de la Haute-Justice, à un poteau qui seroit à cet effet planté sur ladite Place : en ce qui touchoit Jean-François Lefebvre, Chevalier de la Barre, il auroit été déclaré duement atteint & convaincu d'avoir par impiété & de propos délibéré, passé le jour de la Fête-Dieu derniere à vingt-cinq pas du Saint Sacrement que l'on portoit à la Procession des Religieux de St. Pierre de ladite Ville, sans ôter son chapeau qu'il avoit sur la tête, & sans se mettre à genoux, d'avoir proféré les blasphêmes énormes & exécrables contre Dieu, la sainte Euchariftie, la sainte Vierge, la Religion & les Commandemens de Dieu & de l'Eglise, mentionnés au Procès ; d'avoir chanté les deux chansons impies & remplies de blasphêmes les plus énormes, les plus exécrables & abominables contre Dieu, la sainte Euchariftie, la sainte Vierge & les Saints & Saintes, mentionnés au Procès ; d'avoir rendu des marques de respect & d'adoration aux Livres infâmes & impurs qui étoient placés sur une planche dans sa chambre, en faisant des genuflexions, en passant devant ; & disant, qu'on devoit faire des genuflexions lorsque l'on passoit devant le Tabernacle ; d'avoir profané le signe de la Croix, en faisant ce signe, en se mettant à genoux & prononçant les termes impurs mentionnés au Procès ; d'avoir profané le Myftere de la consécration du

ARREST.

vin, l'ayant tourné en dérision, en prononçant à voix à demi basse & à différentes reprises, dessus un verre de vin qu'il tenoit à la main, les termes impurs, mentionnés au Procès, & bû ensuite le vin; d'avoir profané les Bénédictions en usage dans l'Eglise & chez les Chrétiens, en faisant des croix & des bénédictions avec la main sur différentes choses, en prononçant des termes impurs, mentionnés au Procès; d'avoir enfin proposé au nommé Perignot qui servoit la Messe, & étant auprès de lui au bas de l'Autel, de bénir les burettes en prononçant les paroles impures, mentionnées au Procès; pour réparation de quoi condamné à faire amende honorable devant la principale porte de l'Eglise Royale & Collégiale de St. Vulfranc de ladite Ville d'Abbeville, où il seroit mené & conduit par l'Exécuteur de la Haute-Justice dans un Tombereau, & là, étant à genoux, nue tête & nuds pieds, ayant la corde au col, écriteaux devant & derriere portant ces mots: *Impie, Blasphémateur & Sacrilége exécrable & abominable*; & tenant en ses mains une torche de cire jaune ardente du poids de deux livres, dire & déclarer à haute & intelligible voix, *que méchamment, & par impiété, il a passé de propos délibéré devant le St. Sacrement, sans ôter son chapeau & sans se mettre à genoux, & proféré les blasphêmes contre Dieu, la sainte Eucharistie, la sainte Vierge, la Religion, les Commandemens de Dieu & de l'Eglise, mentionnés au Procès; & chanté les deux chansons remplies de blasphêmes exécrables & abominables contre Dieu, la sainte Eucharistie, la sainte Vierge, les Saints & Saintes, mentionnés au Procès; & a rendu des marques de respect & d'adoration à des Livres infâmes, & profané le signe de la Croix, le Mystere de la consécration du vin & les bénédictions en usage dans l'Eglise*

ARREST.

& chez les *Chrétiens*, dont il se repent & demande pardon à Dieu, au Roi & à la Justice; & audit lieu avoir la langue coupée; ce fait, conduit dans ledit tombereau dans la place publique & principal Marché de ladite Ville, pour, sur un échafaud qui y seroit à ce effet dressé, avoir la tête tranchée, & être son corps mort & sa tête jettés au feu dans un bucher ardent, pour y être réduits en cendres, & les cendres jettées au vent; & avant l'exécution seroit ledit Lefebvre de la Barre appliqué à la question ordinaire & extraordinaire, pour avoir par sa bouche la vérité d'aucuns faits résultans du Procès & la révélation de ses complices, tous ses biens acquis & confisqués au Roi, ou à qui il appartiendroit, sur iceux préalablement pris la somme de deux cents livres d'amende envers ledit Seigneur Roi, au cas que confiscation n'eût lieu à son profit; auroit été sursis à faire droit sur les accusations intentées contre Charles-François-Marcel Moisnel; & avant d'adjuger le profit de la contumace contre Pierre-François Douville de Maillefer, & Pierre-François Demaisniel de Saveuse, accusés, contumax, il auroit pareillement été sursis à faire droit sur les accusations contr'eux intentées, jusqu'après l'entiere exécution de ladite Sentence contre ledit Lefebvre de la Barre, & ordonné que le Requisitoire du Substitut du Procureur-Général du Roi audit Siége, du 7 Octobre dernier, & le Procès verbal de saisie de Livres faite en la chambre dudit Lefebvre de la Barre, en conséquence de l'Ordonnance étant au bas dudit Requisitoire, demeureroient joints au Procès; ce faisant que le Dictionnaire Philosophique portatif, faisant partie desdits Livres qui ont été déposés au Greffe de ladite Sénéchaussée, seroit jetté par l'Exécuteur de la Haute-Justice dans le même bucher où feroit jetté le corps dudit Lefebvre de la Barre & en même-temps. Ouis & interrogés en la Cour lefdit Jean-François Lefebvre de la Barre & Charles-François-Marcel Moifnel fur leurfdites Caufes d'appel, cas à eux impofés & faits réfultants du Procès. Oui le rapport de Me. Claude Pellot, Confeiller : Tout confidéré.

LA COUR, la Grand'Chambre affemblée, dit qu'il a été bien jugé par le Lieutenant-Criminel d'Abbeville, mal & fans griefs appellé par ledit Lefebvre de la Barre & l'amendera ; ordonne en conféquence que le Dictionnaire Philofophique portatif, qui a été apporté au Greffe Criminel de la Cour, fera, avec les autres livres, rapporté au Greffe Criminel de ladite Sénéchauffée d'Abbeville ; faifant droit fur l'appel interjetté par ledit Charles-François-Marcel Moifnel de la même Sentence, a mis & met l'appellation au néant ; ordonne que ladite Sentence fortira fon plein & entier effet à l'égard dudit Charles-François-Marcel Moifnel, le condamne en l'amende ordinaire ; ordonne pareillement que le préfent Arrêt fera imprimé, publié & affiché par-tout ou befoin fera, notamment en la Ville d'Abbeville : & pour faire mettre le préfent Arrêt à exécution, renvoye lefdits Jean-François Lefebvre de la Barre & Charles-François Marcel Moifnel, Prifonniers, par devant ledit Lieutenant-Criminel de la Sénéchauffée de Ponthieu à Abbeville. Fait en Parlement, la Grand'Chambre affemblée, le 4 Juin 1766.

Collationné, MASSIEU,

Signé, RICHARD.

FIN.

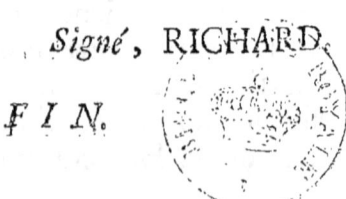

TABLE

Des Matieres contenues dans ce Volume.

LIBERTÉ. *Tous les Hommes sont intéressés à la reconnoître.* Page 1

LIBERTÉ DE PENSER. *Quelles bornes doit-on lui donner ?* 6

LICENCE DU STYLE. *Combien elle est opposée à la vraie Philosophie ?* 9

LIVRES. *Si les mauvais Livres peuvent faire du mal ?* 11

LOI NATURELLE. *Dieu l'a gravée dans tous les cœurs.* 14

LUXE. *Dangers du Luxe.* 17

MAHOMET. *Fausseté & impiété du parallele de* JESUS-CHRIST *& de* Mahomet. 21

MARM**. *Censure du Roman de Belisaire.* 24

MARTYRS. *L'opinion du petit nombre des Martyrs n'est pas fondée.* 26

MATÉRIALISME. *Auteurs qui le réfutent.* 32

MÉCHANT. *L'Homme est-il méchant ?* 33

MER ROUGE. *Réponses aux difficultés des Incrédules sur le passage de la Mer rouge par les Israélites.* 35

MESLIER. *Son impie Testament ; travers de son esprit.* 37

MESSIE. §. I. *Réflexions générales sur les Prophéties qui regardent le Messie.* 39

§. II. *Prophéties concernant les circonstances de la vie & de la mort du Messie.* 40

§. III. JESUS-CHRIST *a porté le caractere du Messie*

TABLE

il a consommé la révélation & l'alliance nouvelle. 47
MÉTEMPSYCOSE. *Examen de ce système* 50
LA METTRIE. §. I. *Idée de son caractere & de son esprit.* 53
  §. II. *Témoignages contre cet Auteur.* 55
MINISTRES DE L'ÉGLISE. *Leur Apologie.* 59
MIRACLES. §. I. *Notions préliminaires. Examen des Miracles de* Moyse. 61
  §. II. *Examen des Miracles de* JESUS-CHRIST. 66
  §. III. *Objections des Incrédules.* 70
MOINES. *Leur Apologie.* 76
MONDE. *Si le monde est aussi ancien que le prétendent les Incrédules ?* 80
MONTESQUIEU. *Caractere de ses Ouvrages.* 81
MORALE DE JESUS-CHRIST. *Si celle des Payens peut lui être comparée ?* 87
MOYSE. §. I. *Y a-t il eu un* Moyse ? 93
  §. II. *Examen de la premiere révélation faite à* Moyse. 96
  §. III. *Examen des faits que* Moyse *raconte. Ils sont conformes à la raison & à la nature.* 102
  §. IV. *Examen de la morale de* Moyse ; *elle est conforme à la Religion naturelle, & prouve la révélation.* 106
MYSTERES. *Raisons que le P.* Bourdaloue *donne pour les croire.* 110
OBJECTIONS *des Impies contre les Mysteres.* 117
  §. I. *Le Mystere de la Trinité.* 118
  §. II. *Le Mystere de l'Incarnation.* 121
  §. III. *Le Péché originel.* 122
  §. IV. *L'éternité des peines.* 124
NATURALISME. *Courtes Réflexions sur le système de la Nature.* 125
PAIENS. *Du salut des Paiens.* 129
PASCAL. *Apologie de cet Auteur.* 130

DES MATIERES.

PAUL. *Réponses à quelques questions de M. de Voltaire.* 135

PÉCHÉ ORIGINEL. §. I. *Preuves qui établissent le Dogme du Péché originel.* 140

§. II. *Réfutation des Réponses des Sociniens aux preuves que l'on vient d'apporter.* 142

§. III. *Difficultés des Philosophes contre le Dogme du Péché originel.* 144

§. IV. *Des differentes manieres d'expliquer le Péché originel.* 147

PENTATEUQUE. *Nouvelles preuves que ce Livre est de Moyse.* 158

PERSÉCUTION. *Doit-on punir les Impies dogmatisans?* 165

PHARISIENS. *Justice des reproches que Jesus-Chrit leur faisoit.* 171

PHILOSOPHE. *Examen du portrait que M. de Voltaire fait du Philosophe.* 175

PIERRE. *Examen de cet Article.* 179

PIÉTISTES. *Apologie de la dévotion.* 185

PLAGIAIRES. *Tous les Écrivains impies le sont.* 187

PLATONISME. *Si les Chrétiens puiserent leurs Dogmes dans les Livres de Platon?* 192

POPULATION. *Si le célibat du Clergé la diminue?* 200

PRADES. *Histoire de sa Thèse.* 202

PRÉDICATION (*Apologie de la*) *Voyez l'Article* BOSSUET.

PRESENCE RÉELLE DE JESUS-CHRIST DANS L'EUCHARISTIE. *Preuve de ce Dogme.* 205

PRESSE. *De la liberté de la Presse.* 228

PROPHETIES. §. I. *Notions Préliminaires.* 232

§. II. *Détail précis des Prophéties générales.* 233

§. III. *Objections des Incrédules.* 236

PROVERBES. *Ce Livre est de Salomon.* 250

PSEAUMES. *Apologies de ces divins Cantiques; leur morale sublime.* 251

TABLE.

PYRRHONISME. *Fausseté & impiété de la Doctrine de* Bayle *& de l'Auteur du* Dictionnaire Philosophique. *sur le Pyrrhonisme.* 254

QUERELLES PHILOSOPHIQUES. *Modération des Philosophes prouvée par la dispute de* Rousseau *avec M.* Hume. 260

RAISON. *Son usage dans les matieres de la Religion.* 263

RELIGIEUX. *Les Religieux sont-ils inutiles à la société ?* 266

RELIGIEUSES. *Lettre de la Sœur des* Anges, *Religieuse de l'Annonciade, à M.* de Voltaire *son Neveu.* 270

RELIGION. §. I. *Pensées sur la Religion.* 274
  §. II. *Pensées de deux Philosophes (* Rousseau *&* Montesquieu. *) sur la Religion.* 282
  §. III. *Objections contre toutes les preuves de la Religion, & Réponses.* 287 — à 314

RESURRECTION DE JESUS-CHRIST. *Preuves de cette vérité & Réponse aux Objections.* 314

RESURRECTION DES CORPS. *Réponse aux Objections faites contre cette vérité.* 322

RÉVÉLATION. §. I. *Nécessité d'une Révélation.* 324
  §. II. *Existence de la Révélation.* 326

ROMANS. *Combien ils sont nuisibles aux Lettres & aux mœurs. Dialogue.* 327

ROUSSEAU. *Caractere de ses Ouvrages.* 333

SAINT-EVREMONT. *Avis sur les Auteurs qui publient de productions scandaleuses sous le nom des autres.* 337

SAINT-FOIX. *Réflexion de cet Auteur sur la nouvelle Philosophie.* 338

SAINTS PERES. *Injustice des Philosophes modernes, lorsqu'ils rendent compte des sentimens des Saints Peres.* 340

SALOMON. *De la mort d'Adonias; du Temple de* Salomon. 344

SAMSON. *Des prodiges operés par Samson. Réponse aux difficultés des Incrédules.* 349

SCEPTICISME, *Voyez* PYRRONISME.

SENSATIONS. *Observations sur cet Article du Dictionnaire Philosophique. Digression sur les songes.* 356

SENTIMENS, PASSIONS. *Si les Philosophes ont raison d'être les Panegyristes des Passions ?* 362

SERVET. *Histoire de sa vie & de sa mort.* 364

SIBYLLES. *De l'usage que l'on fit de leurs Prédictions dans la primitive Eglise. Digression sur les Millenaires.* 385

SPINOSA. *Son monstrueux système.* 390

SPIRITUALITÉ DE L'AME. *Preuve de cette vérité.* 393

SUICIDE. *Raison qui doivent nous faire respecter nos jours.* 399

THÉATRE. *Autorité non suspectes qui le condamnent.* 402

THEOCRATIE. *Ce Gouvernement n'a été connu que des Juifs.* 407

THEOLOGIENS. *Voyez* MINISTRES, ABBADIE, BOSSUET, &c.

TINDALL. *Ses opinions, son caractere.* 410

TOLAND. *Notice raisonnée de ses Ouvrages, & idée de son caractere.* 411

TOLERANCE. § I. *Idée des Écrits de M. de Voltaire sur la Tolérance.* 426

§. II. *Les Juifs étoient-ils Tolérans ?* 428

§. III. *La Tolérance étoit-elle établie dans le Paganisme ?* 429

§. IV. *Pourquoi les Déistes sont-ils Tolérans ?* 430

§. V. *Inconséquences de Bayle, au sujet de la Tolérance civile & de la révocation de l'Edit de Nantes.* 433

§. VI. *Les Calvinistes ont-ils à se plaindre de la ma-*

niere dont on les traite en France ? 435
TOUSSAINT. Caractere de l'Auteur & de son Ouvrage des Mœurs. 438
TRANSUBSTANTIATION. Exposition de ce Dogme. 441
Difficultés & Réponses sur la Transubstantiation. 442 jusqu'à 447
TRINITÉ. Notions préliminaires. 448
  §. I. Est-il impossible que trois personnes existent dans une seule substance. 449
VERITÉS IMMUABLES ; DOGME DE LA TRINITÉ en paralleles. 450
  §. II. Le Mystere de la Trinité peut-il être l'objet de notre croyance ou de notre Foi. 454
  §. III. Le Dogme de la Trinité a toujours été cru distinctement dans l'Eglise. 458
TYRANNICIDE. Doctrine de M. de Voltaire sur ce crime. 464
VANINI. §. I. Ses travers & ses vices. Erreurs de Bayle à son sujet. 469
  §. II. Ses Ouvrages. 474
VERTU. Quels sont les motifs qui peuvent nous porter à la véritable vertu ; insuffisance de ceux qu'offre la Philosophie. 477
VICTIMES HUMAINES. Si les Juifs en immolerent. 480
VOEUX. Dialogue entre un Raisonneur moderne & un Novice Capucin. 483
VOLTAIRE. Analyse fidele de ses ouvrages, & de l'Esprit qui le lui a dicté. 489
  §. II. Portraits divers de l'Auteur du Dictionnaire Philosophique par M. Q***. 497
Relation d'un voyage aux Délices par un Chinois. 500
Autre portrait par M. de la B*. 502
Requête d'un ancien Domestique de M. de Voltaire. 503
Relation de la Communion de M. de Voltaire. 505

DES MATIERES.

Acte signifié à M. le Curé de Ferney, par M. de Voltaire. 509
Déclaration de M. de Voltaire. 511
Autre Déclaration de M. de Voltaire en recevant la Communion. 512
Profession de Foi de M. de Voltaire. 513
Second Dialogue entre l'Abbé Bazin & Dubois. 516
VOOLSTON, Ses discours contre les Miracles de J. C. & conclusion de ce Dictionnaire. 523
RÉSULTAT des Réflexions répandues dans ce Dictionnaire. 526
   I. De l'existence de Dieu. ibid.
   II. De la Providence & de l'immortalité de l'Ame. 527
   III. Nécessité d'admettre une Révélation. 529
   IV. De la promesse d'un Libérateur & de J.C. 530
   V. Des Apôtres, des Martyrs & de la propagation de la Religion. 531
   VI. De la pureté de la morale du Christianisme & des mœurs des premiers Chrétiens. ibid.
   VII. Différence entre les grands Hommes qui ont défendu la Religion Chrétienne & les libertins qui l'ont combattue. 533
   VIII. De l'impression que les preuves de la Religion doivent faire sur un bon esprit. 534
   IX. Quelle distinction il faut faire en combattant les Auteurs Impies? 535
   X. De la soumission qu'on doit à l'Eglise. 537
   XI. Résumé des erreurs de l'Auteur du Dictionnaire Philosophique. 538
PLAN des preuves de la Religion par M. Houdart de la Motte. 542
ARREST du Parlement de Paris, qui condamne les jeunes Criminels d'Abbeville. 547

Fin de la Table du second Volume.